평생교육의 육의전을 열다

이희수 · 김혜영 · 송영선 · 홍숙희 · 이소연
백수정 · 안동윤 · 황윤주 · 오성숙 · 장윤영
공저

Lifelong Education

학지사

머리말

이 책은 평생교육이 무엇인지 제대로 이해하고 싶다는 호기심에서 비롯된 산물이다. 학문적·직업적 배경이 다양한 저자들은 평생교육을 다채로운 관점에서 바라본다. 저마다 이해한 방식으로 풀어 쓴 평생교육의 모습에서 '스스로(自) 그렇게(然) 존재하는' 자연의 이치를 느낀다.

중앙대학교 교육학과 이희수 교수님과 평생교육을 전공한 박사들은 각자가 평생교육 현장에서 공부한 내용들을 중심으로 글을 썼다. 한국평생교육의 6대 영역에 해당되는 분야 중에서 본인이 관심을 갖는 영역을 풀어 쓰는 형식으로 구성하였으며, 완결된 연구라기보다는 연구 노트의 한 편을 차지한 메모처럼 가볍고 자유로운 아이디어를 담았다.

이 책은 크게 세 개의 파트로 구성하였다.

첫 번째 파트는 평생교육의 이론과 정책에 대한 것이다.

이희수 교수는 '경제부흥·국민행복·문화융성의 열쇠, 국민 평생학습 생태계'라는 글을 기고했다. 새로운 시대에 맞추어 국가 수준의 평생교육이 어떤 모습이어야 하는지에 관한 깊은 통찰을 담고 있다. 정책입안자들이 왜 이 시대에 평생교육이 필요한지를 알기 바라며, 국정 철학의 하나로 평생교육을 어떻게 실천해야 하는지 그 메시지를 가슴에 새겼으면 한다.

김혜영 박사는 '한국 평생교육사의 전문직화'라는 제목의 글을 실었다. 평생교육사의 역사와 사회화 과정을 전문직화라는 관점에서 들여다보았고, 평생교육사 양성을 위한 전문직 계속교육에 대해 제안하였다.

송영선 박사는 '학습조직 모델에 기반한 평생학습도시 재구조화'를 제시하였다. 현재 양적으로 성장한 평생학습도시 사업이 안정적으로 자리매김하고 질적인 성과를 내기 위해서는 체계적이고 다층적인 성과지표와 관리가 필요하며, Watkins와

Marsick의 학습조직 모델이 그 대안이 될 수 있다고 제안한다.

두 번째 파트는 학교와 지역평생교육에 대한 논의다.

홍숙희 박사는 '한국 평생교육의 기반인 지역사회교육의 전개과정'을 썼다. 광범위한 자료를 바탕으로 우리나라 지역사회교육의 역사적 전개과정을 정리하였고, 지역평생교육의 발전을 위해서는 공동체 지향의 체제적 접근이 필요하다고 제안하였다.

이소연 박사는 '학습공동체 성장 전략으로서 실천공동체 가능성 탐색'이라는 제목의 글을 실었다. 실천공동체(CoP)에 대한 현장사례연구를 통해, 평생교육이 지역에 어떻게 뿌리를 내리고 지역평생교육으로 활성화되는지를 보여 주었고, 평생학습사회 구현에 실천공동체의 역할이 중요함을 제시하였다.

백수정 박사는 '평생학습 현장에서의 퍼실리테이션'에 대해 썼다. 시민 참여가 활발해지고 있는 다양한 평생학습 현장에서 참여자들의 다양한 의견을 효과적으로 도출·수렴하고 합리적인 의사결정을 도울 수 있는 퍼실리테이션에 대해 살펴보고, 퍼실리테이션의 철학과 실제 현장에서의 모습들을 담아냈다.

세 번째 파트는 직업능력교육과 일터학습에 대한 것이다.

안동윤 박사는 '직업능력교육의 제도화와 무형식화'를 주제로 글을 실었다. 정부 주도의 직업능력교육이 어떻게 제도화되었는지 소개하였고, 그 과정에서 파생한 형식화와 획일화 문제를 해결하기 위해 무형식학습을 강화하자고 제안하였다.

황윤주 박사는 '재취업과정에서 마주하는 중년기여성의 학습경험'을 썼다. 중년기여성이 재취업 과정에서 경험하는 학습의 특징이 무엇이며, 학습의 여정에서 전환학습이 삶 전체에 어떻게 영향을 주는지를 보여 준다.

오성숙 박사는 '일터 고숙련자의 기업현장교사 도전기'라는 제목으로 글을 실었다. 기업의 고숙련자들이 현장교사, 즉 성인교육자로 전환되는 과정을 통해 일과 성장의 반복적 순환 관계가 왜 중요한지 살펴보았고, 성인 평생학습에 주는 시사점을 다루었다.

장윤영 박사는 '사례로 알아보는 일터학습'을 썼다. 그동안 성인교육 교재에서 다루었던 다양한 이론이 일터에서는 어떻게 적용되는지 사례를 들어 설명했다. 생생하게 살아 있는 경험 사례들이 현장 적용에 유익한 단서를 제공해 줄 것이다.

이 책은 '평생교육의 육의전을 열다'를 제목으로 하였다. 육의전(六矣廛)은 6가지 중요한 물품을 팔던 조선시대의 상점들이지만 우리는 역사적으로 존재했던 이 상업 제도에 대해 너무 진지한 의미를 부여하지 않기로 했다. 그보다는 종로 거리의 유쾌하고 활기찬 시장의 모습을 떠올리며, 평생교육의 큰 장을 열고 싶다는 마음을 더 담기로 했다. 이와 함께 「평생교육법」상의 육진 분류와 육의전이 묘하게 연상되어 이 책의 제목을 '평생교육의 육의전을 열다'로 택하게 되었다.

이 책이 다양한 독자에게 도움이 되었으면 한다. 평생교육의 제도적 지원에 대해 고민하는 공무원과 연구자, 지역에서 평생교육을 실천하는 평생교육사, 민간기업과 공공기관의 교육담당자, 평생교육을 전공하는 학생, 평생학습에 참여하는 성인교육자 모두가 구매자이자 판매자다. 우리는 단지 '평생교육 육의전'이라는 학습 상점(learning shop)을 열었을 뿐이다. 많은 사람이 이 가게에 들러 상품을 사 갈 뿐만 아니라 자신들의 상품도 진열하고 팔기를 바란다. 우리 모두 함께 '한국 평생교육 육의전'의 주인이자 고객이 되는 비전을 그려 본다.

저자 일동

차례

Part ❷ 학교와 지역평생교육

Part **3**
직업능력교육과 일터학습

Part
1

평생교육 이론과 정책

노트 1

경제부흥 · 국민행복 · 문화융성의 열쇠, 국민 평생학습 생태계[1)]

　새로운 평생교육체제를 구축하는 데 필요한 정부의 정책 방향을 제안하고자 한다. 정부의 국정 과제를 수행하기 위해서는 국가의 평생교육진흥 의무가 동반되어야 하며, 최근의 사회문화적 변화 양상 또한 평생교육의 역할과 책임이 중요하다는 점을 일깨운다. 문화의 변화 주기가 빨라지면서 교육의 패러다임은 필연적으로 평생교육 패러다임으로의 전환을 요구한다. 더 나아가 평생교육의 미래 이상은 학습사회이며, 평생학습이야말로 최고, 최선, 최상의 경제이자 복지임을 명심했으면 한다. 희망은 제도가 아닌 사람에 있고, 평생교육을 지키는 현장의 영웅들이 기억되기를 희망한다.

---

1) 이 장의 내용은 2013년 국가평생교육진흥원이 개최한 『2013년 제10차 평생교육정책포럼 행복학습사회로의 초대: 새정부 평생교육 정책의 비전과 과제』에서 발표한 필자의 '기조강연: 경제부흥 · 국민행복 · 문화융성의 열쇠, 국민 평생학습 생태계'(pp. 5-27)를 수정 · 보완하였다.

1. 행복사회

창조경제 시대의 포럼답게 오늘 강연에는 상상 속에서 현재와 과거, 미래를 대표하는 세 명의 여성 지도자를 모시도록 한다. 먼저, 새 정부의 국정철학을 말씀해 주시기 위해 대통령님을 모신다. 플라톤을 인용하지 않더라도 이상국가, 공화국의 최고 통치자는 철학자이자 왕이다. 철학자가 왕이다. 철학으로 통치한다. 오늘날에는 국정철학이라고 한다. 국정철학 하는 수고, 족보 있는 평생교육정책이란 카피를 남기실 것이다. 다음으로, 문화인류학의 어머니인 Margaret Mead 박사를 이승으로 잠시 다시 불러내었다. 우리가 '문화융성'으로 제2의 한강의 기적을 일으키기 위해 그분의 혜안을 빌리고 싶어서이다. 수직적 교육에서 수평적 교육으로의 패러다임 전환을 선언할 것이다. 문화인류학으로 교육을 재정의하고, 과거−현재−미래 패러다임이 아닌 미래−현재−과거 패러다임으로 변환하기 위해서이다. 달리 말하면, "아이는 어른의 아버지다."라는 말로 수평적 교육을 통한 문화사회를 주창하실 것이다. 끝으로 국가평생교육진흥원의 원장을 초대하여 '학습사회, 소크라테스의 변명'을 들어 본다. 이분의 어깨를 빌려 더 멀리 평생교육을 바라보고자 한다. 세 분은 각자 맡으신 행복사회, 문화사회, 학습사회를 들고 나와서 고유의 목소리를 내실 것으로 기대한다. 유행하는 'TED' 강의를 통해 한자리에 세 분을 동시에 모시는 영광을 누려 본다. 말문을 튼다. 평생학습 생태계를 튼다.

Robert Lois Stevenson은 "사람들은 뭔가를 팔면서 살아간다."라고 말했다(Gilley, Eggland, & Gilley, 2002: 456). 나는 오늘 하루를 오전 강의와 오후 강연을 팔면서 살아간다. 안 되었다 하는 눈으로 보지 말라. 인간관계, 사회질서 유지의 본질을 말함이다. 관계의 본질은 사회적 경제에 있다. 우리는 일상생활을 서로 교환하는 사회적 통화로 영위한다. 일상생활에서 사용하는 언어에는 경제가 묻어난다. '관심을 기울이다(pay your attention)' '존경을 표하다(pay your respects)' '사회적 빚을 갚다(pay off social debts)' '칭찬을 하다(pay a compliment)' '비용을 부담하다(pay the piper)'에서 보듯이, 우리가 쓰는 어휘에는 세일즈가 많다. 지불하면서 우리의 길을 간다. 이 포럼에 오기까지 시간과 돈, 에너지, 관심 등을 적지 않게 지불했다. 그에 상응하는 것을 얻어 가야 한다. 저승길을 가는 데도 노잣돈을 준비해야 한다. 주고받는다. '내

등을 긁어 다오. 그러면 네 등을 긁어 주마.' 이는 사회적 통화다. 사회적 경제가 세상의 이치다. 이렇게 우리의 일상생활에서 교환되는 사회적 통화에는 돈 외에도 사랑, 관심, 인정, 수용, 칭찬, 도움 등이 있다. 넓은 의미에서 사람들 사이에 흐르는 가장 중요한 통화 중의 하나는 '도움(help)'이다. 왜냐하면 도움은 인간이 표출하는 사랑과 여타 돌봄 감정을 표현하는 주된 방법 중의 하나이기 때문이다. 이쯤 되면 강연을 들으면서 마음속으로는 '또 뭐 파는 거야?' 하는 이도 있을 것이다. 내가 아니라 조직문화, 사회심리학, 프로세스 컨설팅의 대가인 Edgar H. Schein(2009: 14-15)의 도움을 주고받는 방법서인 『Helping』에 나오는 대목이다. 오늘 우리는 서로 도움을 주고받기 위해, 달리 말하면 사회적 통화를 나누기 위해 포럼의 형태를 빌려 모였다. 그것이 평생학습 생태계의 시작이다.

개인뿐만 아니라 국가를 포함한 조직도 무언가를 팔아 살아간다. 세상에 존재하는 모든 것은 무언가를 팔아야 존립이 가능하다. 국가는 국민에게 정책을 팔므로 존재한다. 파는 곳이 있으면 사는 곳이 있다. 포럼은 사고파는 장터다. 최근 5년 만에 대목장이 열렸다. '국정시장'이다. 가장 큰 세일즈맨은 대통령이다. 품목은 '국정철학'이다. 플라톤의 '공화국' 최고 통치자는 철학으로 다스린다. 국정은 철학이다. 거상은 프로그램(program)이 아니라 철학(philosophy)을 판다. 정책이 아니라 철학을 판다. 프로그램은 현장 사람이나 소상공인이 더 잘 만든다. 대통령이 격조 높은 '거상'으로 보이는 이유는 물건을 팔지 않고 철학, 그것도 국정철학을 이야기하기 때문이다. 철학도 판매의 대상이다. 철학과 함께 '패러다임'도 언급되고 있다. 국정 패러다임 변화, 교육 패러다임 변화도 많이 회자된다. '학문공동체의 과학적 세계관의 변화'를 뜻하는 패러다임의 변환은 철학의 변화를 뜻한다. 단순히 정부의 교체만을 뜻하는 것이 아니다. 한 자리를 차지하려는 사람은 정치(politics)의 끈을 붙잡기보다는 철학하는 수고를 먼저 해야 한다. 국정에도 철학이 있기 때문이다. 국정에도 철학이 있듯이 평생교육에도 철학이 있어야 한다.

인간은 여느 동물과는 달리 가치를 추구한다. 철학하는 동물이다. 철학은 인간의 존재와 가치, 인식을 규정한다. 철학의 3대 명제인 존재론, 인식론 및 가치론이 그것이다. 형이상학(metaphysics)이 궁극적 실재의 본질을 다루는 존재론(ontology)을 말한다면 인식론(epistemology)은 지식과 앎을 다룬다. 가치론(axiology)은 진·선·미와 같은 가치를 규정한다. 서로 밀접한 영향을 주고받는 역동적 관계이면서도 그

중에서 제일은 가치론이다. 존재론과 인식론, 가치론은 서로 밀접한 관계를 가지면서 한 사람 혹은 한 기관의 철학을 형성한다. 오늘날의 조직은 이윤뿐만 아니라 가치를 추구한다. 그것이 유행하는 핵심가치다. 기업이든 국가든 구멍가게든 철학이 있어야 한다. 철학은 기업의 핵심가치가 되며, 세계를 들여다보는 렌즈, 곧 세계관이된다. 이처럼 가치론의 표현인 세계관은 한 개인뿐만 아니라 국가를 포함한 조직에서도 중요하다. 가치가 가치를 낳으며, 국정철학은 정부의 핵심가치의 표현이다.

> 우리가 세상을 어떻게 '보느냐'는 우리가 세상에 대해 어떻게 '생각하느냐'를 형성하고 방향 짓는다. 우리가 세상에 대해 어떻게 '생각하느냐'는 세상에서 우리가 어떻게 '행동하느냐'를 형성하고 방향 짓는다. 마찬가지로 세상에서 우리가 어떻게 행동하느냐는 우리가 세상에 대해서 어떻게 '생각하느냐'를, 결과적으로 우리가 세상을 어떻게 '보느냐'를 형성하고 방향 짓는다(Ruona & Lynham, 2004: 154).

국정철학도 예외는 아니다. 국정철학은 새 정부의 대국민 가치 제안에 다름 아니다. 국정과제는 국정철학의 정책적 표현이다. 새 정부 평생교육정책의 맥락 · 내용 · 고객을 짚기 위해 국정과제 문건을 정독하였을 뿐만 아니라 청와대 홈페이지에도 자주 들어가 보고 신문도 열독했다. "대통령 취임사의 흐름을 여러분이 잘 보실 필요가 있다."는 정책기획수석의 말에 백번 공감한다. 대통령의 '취임사'는 국정철학을 농축시킨 우라늄에 비유된다. 취임사에서는 '경제부흥'과 '국민행복' 그리고 '문화융성'을 통한 희망의 새 시대, '제2의 한강의 기적'을 열겠다는 대통령의 의지와 의제가 함께 읽힌다. 선순환의 노출 빈도도 높다. 여기에 몇 달 지나서 8 · 15 광복절 기념사만 챙겨 보면 새 정부의 국정철학과 방향을 짚어 나가는 데 큰 어려움이 없을 것이다. 2013년 3월 16일 정부 서울 청사 별관에서 열린 첫 '장 · 차관 국정토론회'에서 대통령이 밝힌 정부 운영의 네 가지 원칙인, ① 국민중심행정, ② 부처 간 칸막이 철폐, ③ 현장 중심의 정책 환류체제, ④ 공직 기강 유지도 숙지할 가치가 충분하다. 무엇보다 환류체제에 시선이 집중되었다. 정책 시스템의 투입에 환류 장치인 피드백 고리를 연결해 주어야겠다는 스파크가 머리에서 일어난다.

국정과제, 취임사, 국정 운영 원칙에 근거하여 평생교육으로 국정철학을 풀어 본다. 국정철학과 평생교육 프로그램의 궁합을 맞추고자 함이다. 시작이 중요하다.

대통령의 말씀처럼 앞으로 100일이 5년을 결정한다. 이것은 정부뿐만 아니라 평생교육에도 적용된다. 지금은 튜닝을 잘해야 할 때이다. 기준은 국정철학이다. 그럴 때 노이즈가 발생하지 않는다. 적어도 자다가 봉창 뜯는 소리하거나 엄한 놈 넓적다리 긁는 우를 범하지 않는다. 국정철학, 국정과제, 국정 운영 원칙, 취임사 정도는 꿰차고 있어야 5년이 성과 있다. 국가정책은 국정철학으로부터 나온다. 철학은 정책에 우선한다. 정책은 철학의 그림자다. 이것은 평생교육에도 직결된다. 우리의 국가평생교육 정책(policy)과 사업(program)의 뿌리는 국정철학이다. 사업에도 위계질서가 있다. 수직적 통합과 수평적 통합을 조직원리로 하는 평생교육은 우선 국정철학과 수직적·수평적으로 접목되어야 한다. 그럴 때 국가 평생교육진흥을 위한 고생이 헛수고가 되지 않는다. 괜찮은 평생교육정책에는 국정철학의 지문이 묻어 나야 한다. 지문검사를 해야 할 때이다.

이런 맥락에서 본격적으로 국정철학의 위계부터 살펴본다. 첫째, 국가비전이다. 정부는 '국민행복, 희망의 새 시대'를 국정비전으로 내세웠다. 변화된 국정기조에 기반을 두어 국민행복을 국정의 최고 가치로 삼고, 한반도 평화와 지구촌 발전에 기여하는 '희망의 새 시대'를 지향한다. 둘째, 시대적 소명이다. 지금까지의 국가 중심 발전모델에서 벗어난, 국민행복과 국가발전의 선순환을 이루어 행복한 국민에서 행복한 한반도로 신뢰받는 모범국가를 이 시대의 소명으로 삼고 있다. 행복한 국민을 위한 네 가지 분야를 살펴보면 다음과 같다. 경제·과학 분야는 창조경제를 통해 고용을 창출하고 국민이 장래에 대한 불안감을 해소하며, 공정한 시장경제질서를 확립하고, 고용·복지 분야는 경제·사회적 평등을 보장하면서도 제도적 건강성을 유지한다. 사회 분야는 신뢰 공동체의 안락한 삶을 보장하며 이를 위해 정부는 국민을 중심에 둔 통합형·소통형 정부가 된다. 행복한 한반도를 위해서 튼튼한 국방력과 국제협력을 바탕으로 대한민국의 주권과 안전을 확실히 확보하고, 한반도 신뢰 프로세스를 통해 행복한 통일을 지향하며 전통 우방인 주변국 등과의 상생외교 및 외교 지평을 확대한다. 셋째, 국정운영 기조 역시 지속가능한 발전과 사회대통합을 통한 '100% 대한민국'을 위해, 경제·사회·정부 운영 패러다임을 새롭게 전환하고자 한다. 이 모든 것이 국가발전 패러다임의 전환으로서 〈표 1-1〉과 같이 요약된다.

표 1–1   **국가발전 패러다임의 전환**

분야	현재	미래
국정 중심	국가	국민 개개인
경제성장 모델	• 선진국 추격형 • 투입 중심 양적 성장(경제성장률) • 수출 · 제조업 · 대기업 중심 불균형 성장 • 원칙이 무너진 자본주의	• 세계시장 선도형 • 생산성 중심 질적 성장(고용률) • 내수 · 서비스업 · 중소기업 균형 성장 • 원칙이 바로 선 자본주의
사회발전 패러다임	• (성장 → 복지) 단선적 인과관계 • 물리적 자본 중시 • 사회 기반 시설 • 안전 불감증	• (성장 → 복지) 순환관계 인식 • 사회적 자본 중시 • 신뢰 공동체 • 안전 제일
정부 운영방식	• 정부 주도 민간 순응 • 정책집행 중심 • 부처 간 칸막이	• 민관협치 소통 • 정책평가 중심 • 부처 간 협력

출처: 청와대, http://www.president.go.kr/kr/policy/principal01.php에서 2013. 3. 18. 인출함.

제18대 대통령직인수위원회가 제안한 주요 국정과제를 중심으로 평생교육 관련 핵심 국정과제인 '100세 시대 국가평생학습체제 구축'을 다루어 본다. 먼저, 5대 국정목표를 살펴보면 '1. 일자리 중심의 창조경제' '2. 맞춤형 고용 · 복지' '3. 창의교육과 문화가 있는 삶' '4. 안전과 통합의 사회' 그리고 '5. 행복한 통일 시대의 기반 구축'으로 설정되어 있다. 이 중 세 번째 국정목표인 '창의교육과 문화가 있는 삶'의 전략인 '전략 11. 꿈과 끼를 키우는 교육' '전략 12. 전문인재 양성 및 평생학습체제 구축' '전략 13. 나를 찾는 문화, 모두가 누리는 문화 구현' 중에서 평생학습정책과 직결되는 것은 '전략 12. 전문인재 양성 및 평생학습체제 구축'이다. 전략 12를 달성하기 위한 75번 국정과제인 '100세 시대 국가평생학습체제 구축'이 핵심과제다. 앞으로 5년 내내 '100세 시대 국가평생학습체제 구축'을 주문처럼 외우고 다녀야 할 것이다. 그래야만 국가평생학습체제는 구축된다. 이의 하위 과제로 '평생학습 종합전달체계 구축' '행복학습지원센터 설치' '평생학습 네트워크' 그리고 '맞춤형 평생교육'이 눈에 들어온다. 이것이 새 정부의 국정철학 위계구조에서 본 국가평생교육진흥정책의 족보다.

시대적 소명	행복한 국민 · 행복한 한반도 · 신뢰받는 모범국가	
국정비전	**국민행복, 희망의 새 시대**	

국정목표 1 **일자리 중심의 창조경제**	전략 1. 창조경제 생태계 조성
	전략 2. 일자리 창출을 위한 성장동력 강화
	전략 3. 중소기업의 창조경제 주역화
	전략 4. 창의와 혁신을 통한 과학기술 발전
	전략 5. 원칙이 바로 선 시장경제 질서 확립
	전략 6. 성장을 뒷받침하는 경제 운영

국정목표 2 **맞춤형 고용 · 복지**	전략 7. 생애주기별 맞춤형 복지 제공
	전략 8. 자립을 지원하는 복지체계 구축
	전략 9. 서민생활 및 고용안전 지원
	전략 10. 저출산 극복과 여성 경제활동 확대

국정목표 3 **창의교육과 문화가 있는 삶**	전략 11. 꿈과 끼를 키우는 교육	국정과제 69. 학교교육 정상화 추진 국정과제 70. 대입부담 경감을 위한 대학입시 간소화 국정과제 71. 대학 특성화 및 재정 지원 확대 국정과제 72. 교원의 교육 전념 여건 조성
	전략 12. 전문인재 양성 및 평생학습 체제 구축	**국정과제 73. 전문인재 양성을 위한 직업교육 강화** 　73-1. 범부처 지원　　　　　73-2. 마이스터고 다양화 　73-3. 현장 중심 교육 운영　　73-4. 직업교육 기회 확대 　73-5. 고졸 취업자 학위 취득 인프라 구축
		국정과제 74. 전문대학을 고등직업교육 중심기관으로 집중 육성 　74-1. 특성화 100개교 육성 　74-2. 학위 과정 및 수업 연한 다양화 　74-3. 산업기술명장대학원 과정 설치 　74-4. 평생직업능력선도대학 육성 　74-5. 세계로 프로젝트 추진
		국정과제 75. 100세 시대 국가평생학습 체제 구축 　75-1. 평생학습 종합전달체계 구축　　75-2. 행복학습지원센터 설치 　75-3. 평생학습 네트워크　　　　　75-4. 맞춤형 평생교육
	전략 13. 나를 찾는 문화, 모두가 누리는 문화 구현	국정과제 76. 문화재청 2% 달성 및 문화기본법 제정 국정과제 77. 예술인 창작 안전망 구축 및 지원 강화 국정과제 78. 문화향유 기회 확대와 문화격차 해소 국정과제 79. 문화유산 보존 · 활용 및 한국문화 진흥 국정과제 80. 스포츠 활성화로 건강한 삶 구현 국정과제 81. 관광산업 경쟁력 강화 국정과제 82. 생태휴식 공간 확대 등 행복한 생활문화공간 조성

국정목표 4 **안전과 통합의 사회**	전략 14. 범죄로부터 안전한 사회 구현
	전략 15. 재난재해 예방 및 체계적 관리
	전략 16. 쾌적하고 지속가능한 환경 조성
	전략 17. 통합과 화합의 공동체 구현
	전략 18. 지역 균형발전과 지방분권 촉진

국정목표 5 **행복한 통일 시대의 기반 구축**	전략 19. 튼튼한 안보와 지속가능한 평화 실현
	전략 20. 행복한 통일로 가는 새로운 한반도 구현
	전략 21. 국민과 함께하는 신뢰외교 전개

[그림 1-1] 새 정부의 시대적 소명, 국정비전, 국정목표, 국정과제

출처: 제18대 대통력직인수위원회(2013). 제18대 대통령직인수위원회 제안: 박근혜 정부 국정과제. 보도 참고자료 2를 재구성함.

'100세 시대 국가평생학습체제 구축'을 핵심으로 하는 위계도에는 새 정부의 정책 키워드가 집합되어 있다. '창의교육과 문화가 있는 삶' 외에도 '일자리 중심의 창조경제' '맞춤형 고용 · 복지' '안전과 통합의 사회' '행복한 통일시대의 기반 구축'과 같은 모든 국정목표가 직간접적으로 평생교육을 표현하며, 평생학습과 상부상조한다. 이념 면에서 평생학습, 평생고용 및 평생복지는 선순환 체계를 구성한다. 생애주기별 맞춤형 복지는 생애단계별 평생학습을 필요로 한다. 「헌법」에 명시된 국민의 행복추구권은 국가의 평생교육진흥 의무를 다할 때 한 발짝 더 다가서게 된다. 이 외에도 여러 국정목표, 전략 및 국정과제가 평생학습과 직간접적으로 관련되어 있다. 이런 점에서 국정과제를 '평생교육의 마그나카르타'라고 해도 지나친 수사는 아니다. 국정철학과 학습철학은 궁합이 잘 맞는다. 국정철학과 국정과제의 키워드를 읽으면 국가평생교육진흥이 보인다. 우리가 국정철학에서 희망과 행복을 찾는 이유이기도 하다.

2. 문화사회

William Wordsworth의 시 〈무지개(The Rainbow)〉에 나오는 "아이는 어른의 아버지다."라는 말이 떠오른다. 우리도 대부분 한 번쯤 흥얼거렸을 시인 것으로 안다. 특히 무지개를 보면서……. 좋든 싫든 아동기의 중요성을 말할 때 인용되기도 하지만, 어른이란 과거가 아니라 '아이', 즉 나타나지 않은 미래의 입장에서 접근할 때 인용되기도 한다. 과거보다는 미래를 강조하는 말이다. 무지개를 바라볼 때마다 가슴이 뛰면 아이다. 요즘은 무지개를 보고도 무덤덤하다. 나이가 들어가나 보다. 나이에 관계없이 심장이 뛰어야 한다. 그래야 살아 있다고 말할 수 있다. 포인트는 무지개가 아니라 아이다. 과거가 아닌 미래다. 미래가 현재로 나타나야 한다. 미래는 지금이다. 이때 인용하는 말이 '아이는 어른의 아버지다.'라는 시의 구절이다. 나의 말이 아닌 문화인류학의 어머니인 Margaret Mead 박사의 말이다. 여기서는 '문화융성을 위한 평생학습'이란 차원에서 Margaret Mead 박사의 두 편의 글을 빌려서 문화인류학에서의 교육의 재정의, 청년의 반란, 문화융성을 위한 평생학습을 태어나지 않은 아이의 입장에서 접근하고자 한다.[2] 바야흐로 경제의 시대를 넘어 문화의 시대다. 100세 시대 국가평생학습체제 구축을 문화, 아이 그리고 미래의 입장에서 접근해 보려는 숨겨진 교육학의 의도다.

현대는 속도사회다. 그것도 정보화와 세계화의 결합으로 전 지구적으로 일어나는 속도와 범주의 사회다. 속도는 모든 것을 진부케 한다. 시골 구석구석뿐만 아니라 내 몸 구석구석까지 뒤지고 파고든다. 모든 게 변한다. 중3 때는 명문 공고로 대표되는 공업사회가, 대학 때는 Toffler의『제3의 물결』이 유행했으니 불과 50여 년만에 이 작은 몸뚱이로 농업 · 공업 · 정보 사회라는 제1, 2, 3의 파도를 다 받아 냈다. 이 정도로 급변하면 정신병원이 많이 생길 만도 한데 정신병원이 적은 것이 외국인의 눈에는 신기하게 비친다고 한다. 유일하게 변하지 않는 것이 있다면 그것은 나에게 '변화'라는 말이 실존으로 엄습한다는 것이다. 기술 변화를 문화 제도가 따라잡지 못하는 가운데서 발생하는 문화지체 현상이 나에게서 몸학습(embodied learning)으로 다가온다. Rogers의 혁신의 채택 유형으로 말하면 나는 초기 채택자가 아니라 지체자다. 혁신의 지체장애 1급이다.

이른바 김경동의 사회학이라고 칭하는『현대의 사회학』(1978)은 현대 사회의 격변상을 기술폭증으로 설명한다. 인류의 유사(有史) 시대를 1만 년 내외로 잡을 때 우리가 지금 이용하고 있는 발명의 대부분이 불과 두 세대 동안에 이루어졌다는 것이다. 이것을 시계에 비유하여 1만 2천 년을 한 시간으로 잡으면, 대부분의 기술혁신이 최근 1분 안에 이루어진 것이고, 앞으로 이러한 기술혁신은 더욱 가속화되고 시간이 더 짧아져 초 단위로 계산될 것이라는 말이 인상적이었다. 우리는 지금 초 단위 인생을 살고 있다. 안드라고지(Andragogy)의 대부인 Malcom S. Knowles는 물리학자이자 철학자인 Alfred North Whitehead를 출연시켜 물리학적으로 지식의 진부화를 계산하게 한다(Knowles, 1980). 개인의 생애 주기보다 주요 문화 변화 주기가 더 길 때는 이미 알려진 것을 전달하는 내용 중심의 교육이 의미가 있었다. 그러나 인류 역사상 처음으로 문화 변화 주기가 인간의 생명 주기보다 짧아졌다. 전대미문의 사건이란다. 따라서 훈련은 인간이 새로운 여건에 직면하도록 준비시켜야

---

2) Mead, M. (1959). A Redefinition of Education. *NEA Journal, October, 1959, Volume 48*, 15–17. Copyright 1959; Mead, M. (1970). Youth revolt: The future is now. *Social Education, 38*(4), 326–330. 지면을 빌려서 문화적 통찰에 빚을 겼음을 고백한다.

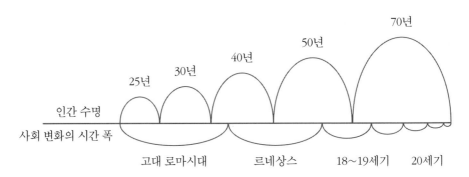

[그림 1-2] 인간 수명과 사회 변화의 시간 폭 간의 관계

출처: Knowles (1980), p. 41.

한다는 것이다. 그것은 훈련 자체가 변해야 한다는 것을 암시한다. 교육의 과제는 인간 수명과 지식 수명 간의 격차를 메우는 일이다. 전달에서 변화로, 내용 중심에서 과정 중심으로의 변화이다. 문화 전달과 계승의 교육학에서 문화 창조와 변화의 교육학으로 변할 것을 요구받는다. 버림의 학습을 하고(unlearning), 생성의 학습을(generative learning)함으로써 인간 수명과 지식 수명의 격차를 좁혀 치매를 예방하고, 지식의 진부화를 줄이는 것, 그것이 평생학습이다.

학습속도를 강조한 사람으로는 액션러닝(action learning)의 대부인 Reg Revans(1907~2003)를 빼놓을 수 없다. 격동의 세기를 살다간 그는 "변화의 속도가 학습의 속도를 앞설 때 우리는 고통에 빠진다."(Dilworth, 2010: 7-8)라고 일갈했다. 물리학자답게 공식으로 표현하기를 좋아했으므로 아마 '고통=변화＞학습'으로 하면 될까 싶다. 고통에서 벗어나려면 학습 가속도 페달을 밟아야 한다. 엄밀히 말하면, 학습 가속도 공식 정도가 되는데, 그의 학습 정의 공식이기도 하다. L=P+Q[L: Learning(학습), P: Programmed Instruction(전형적 교실, 교과서 연습), Q: Questioning Insight(문제 중심 탐구)]. 학습 경주의 관전 포인트는 글로벌 소용돌이, 급변하는 시대에서 P보다 Q를 더 강조해야 한다는 것이다. 오늘날과 같은 변화의 시대에는 전형적인 교실에서의 교과서식 수업보다는 교실 밖에서 무형식으로 끊임없이 주고받는 질의 가운데 번뜩이는 통찰이 더 중요하다는 것이다. 무게의 중심은 P에서 Q로 이동하고 있다. 학교 밖의 무형식 평생학습의 힘을 느끼게 한다. 고통은 불행을 낳는다. 불행의 반대는 행복이다. 행복하려면 변화보다 학습이 많아야 한다. 학습이 행복을 낳는다. 그래서 학습행복이란 말은 가능하다.

이쯤에서 Margaret Mead 여사가 출연한다. 먼저, "나의 할머니는 내가 교육을 누리기를 원했다. 그래서 할머니는 나를 학교 밖에 두었다."(Reimer, 1971: 6)로 말문을 연다. 문화인류학자의 대명사답게 문화로 설명한다. Mead에 따르면 세 가지 문화가 있다. 첫째, 성인의 가치관이 지배하는, 과거가 형성하는 문화다. 이 문화에서는 아동은 일차적으로 그들의 선조로부터 배우며 오래된 성인들의 가치관이 지배한다. 둘째, 동시대적 문화에서는 아동과 성인은 일차적으로 그들의 또래로부터 배우며, 각 세대가 독자적인 가치를 가진다. 동시대의 또래 중심적 문화다. 셋째, 전(前)형성적 문화에서는 오히려 성인이 그들의 자녀/아동으로부터 배우며 젊은 세대의 가치가 중시된다.

오늘날 전 세계 어느 곳에서도 아동이 아는 것보다 더 많은 것을 아는 성인은 없다. 아동은 성인의 선생이다. 새로운 인류의 문화다. 이 문화의 주인공은 태어나지 않은 엄마 배 속의 아이다. 그래서 미래는 지금이란 말이 가능한 것이다. 교육을 정의하는 패러다임이 과거─현재─미래 패러다임에서 미래─현재─과거 패러다임으로의 변환을 예고한다. 앞서 언급했듯이, 아이는 어른의 아버지이자 선생이다. 우리의 미래의 실마리를 어른이 아닌 아이에게서 찾아야 할 이유를 발견한다. 미래는 지금이다. 왜 새 정부에서 정부조직법을 바꾸면서까지 '미래'를 강조하는가? 이제는 이해할 수 있을 것이다.

그런데 이러한 발상의 맹아는 이미 1959년에 발표한 '교육의 재정의(A redefinition of education)'란 글에서 나타난다. Mead는 문화뿐만 아니라 교육 관련 글도 많이 남긴 것으로 알려져 있다. 이 글에서 Mead는 새로운 인류의 탄생을 말한다. 한 번 태어나서 죽을 때까지 전혀 다른 세상을 세 번 살게 되는 역사상 새로운 인류를 맞이하게 된다는 것이다. 따라서 전혀 다른 세상을 살아갈 교육 시스템을 마련해 주어야 한다는 것이다(Cross, 1981). 직역하면 "어느 누구도 그가 태어난 세상에서 그의 생을 다 살지 못할 것이며, 성인이 되어서 그가 일한 세상에서 죽지 못할 것이다."와 같다. 태어난 세상과 일하는 세상이 다르고, 늙어 죽을 세상이 다르다는 것이다. 이어서 "오늘날의 세상에서 어느 누구도 교육을 완성할 수 없다."는 말에서 평생학습으로의 전환을 예고한다. 그 유명한 '수직적 전달에서 수평적 전달'로의 교육 패러다임 변환을 선언한다. 달리 말하면, 학교교육에서 평생교육으로의 전환이다. 급변하는 오늘날의 세계에서 학교교육으로는 교육을 완성할 수 없지만 평생교육으로는 교육을 완성할 수도 있다는 가능성을 열어 놓는다.

먼저, 수직적 전달에 대해 살펴보고자 한다. 오늘날의 세상과 학습문제를 바라다 볼 때 우리 교육의 개념이 급속하게 변한다. 기본적으로 교육체제는 변함이 없지만 일차적으로 우리는 더 이상 교육을 수직적 전달로 정의하지 않는다. 제도가 의식을 따라잡지 못하는 것이다. 수직적 전달은 나이 들고 경험 많은 교사가 교실에서 나이 어리고 경험 없는 학생에게 문화를 전달하는 것을 말한다. 이것은 안정되고 변화가 느린 문화에서 발달한 교육체제였다. 아마 농경사회의 교육체제를 염두에 둔 것으로 보인다.

그런데 지식의 수직적 전달은 그 자체로 급속한 변화의 세계에서는 더 이상 교육의 목적에 기여하지 못한다. 오늘날 필요한 것은 학습의 또 다른 차원인 모든 사회의 구성원을 대상으로 한 수평적 전달(lateral transmission)이다. 즉, 방금 발견된 것, 발명된 것, 창조된 것, 제조된 것, 판매된 것을 전달하는 것이다. 이러한 수평적 전달은 더 이상 교실과 실험실보다는 경험 있는 고참과 경험 없는 신참이 같이 일하는 현장에 더 적합하다. 새로운 교육 기능은 변화하는 세계에 대한 급속한 자의식적 적응이다. 새로운 시대의 가장 생생한 진실에 직면하는 것을 피할 수 없다. 교사의 시대는 더 이상 적합하지 않다. 학습자의 시대가 도래하였다. 수직적 전달은 현명하고 나이 든 교사가 나이 어린 학생들의 머리에 지식을 쏟아 붓는 것으로, 이제는 더 이상 적합하지 않다.

나이에 관계없이 더 박식한 사람이 덜 박식한 사람과 지식을 나누는 것이다. 학습자에게 일차적으로 필요한 것은 알고자 하는 욕망이다. 효과적인 교육 시스템에서 우리는 청소년이 당면한 공부할 요구와 권리를 인정하는 것만큼 청소년의 일할 요구와 권리도 인정해야 한다. 동시에 우리는 성인이 65세가 될 때까지 현재의 일을 가질 필요와 권리를 인정하는 것만큼 더 공부할 요구와 권리를 인정해 주어야 한다. 우리는 모든 개인이 그들이 원하는 중등교육과 고등교육을 보장받고, 전 생애에 걸쳐서 어느 때든 이용할 수 있는 그런 교육체제를 필요로 한다. 국민평생학습체제 구축을 예견한 말이다.

Mead의 글을 보니 같은 문화인류학을 전공하는 유명한 교수님의 말씀이 떠오른다. 교수님은 서울마을공동체 운동과 관련하여 마을을 기획할 때 아동을 주제로 하라는 권면을 했다. 성인을 주제로 하면 서로 더 가지겠다고 싸움이 일어나는데 아동을 주제로 하면 뭔가 도우려 들고 나온다는 교수님의 말씀에 Mead가 오버랩된다. "한 아이를 키우려면 온 마을이 필요하다."는 말과 함께 아동의 관점, 미래의 관점에서 접근하라는 공통된 문화의 주문인 듯하다. 그러면서 아이들의 놀이터에서 마을공동체 조성의 비전을 말한다. 마을 놀이터를 살림으로써 서울을 공동체로 거듭나게 하겠다는 비전이다. 마을 놀이터에 누가 오는가부터 조사하라는 주문이다. '100세 시대 국가평생학습체제 구축'을 100세 된 성인의 입장에서가 아닌 태어나지 않은 배 속의 미래 아동의 입장에서 접근하라는 메시지다. 과거가 현재와 미래를 규정하기보다는 미래가 과거와 현재를 규정하도록 해야 한다. 미래는 현재이기 때문이다. 그렇다면 국가평생학습체제 구축은 더 이상 평생학습관 실내 설계가 아니라 마을이라는 시공을 초월하는 총체적 설계다. 100세 시대 국가평생학습체제 구축의 실마리를 마을의 한 아동에게서 찾는다. 평생학습관의 성인이 아닌 놀이터의 아동에게 우리가 구하는 답이 있다. 그것이 생태계적 접근이기도 하다. 아동은 평생학습 생태계의 씨앗이다.

문화의 양대 특성은 학습(learned)과 공유(shared)다. 생득된 것이 아니라 학습을 통하여 체득된 것이다. 혼자만 갖고 있는 비밀이 아니라 사람들과 나눔으로써 공유될 때 비로소 문화가 형성된다. 우리가 모여서 학습이 일어나고, 비밀의 벽이 허물어지고, 나눔이 있어 문화가 된다. 그런 문화는 세대 간 문화화 과정이란 이름으로 교육에 자리한다. K. Patricia Cross는 그녀의 명저인 『Adults as Learners』(1981)에서 1976년 「평생학습법(The Lifelong Learning Act)」 제정을 계기로 드물게 미국 평생교육체제 구축 정책을 논하고 있는데(권두승, 1996; Richardson et al., 1978), 여기서 Mead의 지적 유산을 발견하기란 어렵지 않다. 우선, '왜 평생학습을 해야 하는가'라는 자문자답이 범상치 않다. 내일은 어제의 단순 반복이 아니라 새로운 세상이다. "세계는 세대보다 빠르게 변하며, 개인은 자신의 생애 동안 여러 다른 세계를 살아야 한다." Mead의 표현이다. Kenneth Boulding의 말처럼, 그가 현재 살고 있는 세계는 로마시대 줄리어스 시저(Julius Caesar)의 세계만큼이나 그가 태어난 세계와 다르다. 우리는 평생학습을 해야 하는 운명체다. Mead의 수평적 전달의 비전은 Cross 교수의 '혼합형 생애 계획'으로 완성도를 더해 간다.

Cross는 청년혁명 대신 성인혁명을, 그리고 한 세대 내에 전혀 다른 세 세상의 도래 원인을 예리하게 분석한다. 즉, ① 베이비붐 세대의 성인 인구의 대대적 증대로 대표되는 인구변화, ② 시민의 학력수준 향상, 여성의 역할 변화, 조기은퇴, 민권, 여가시간 증대, 생활양식 변화로 성인교육은 필요한 것, 바람직한 것, 받아들일 만한 것, 거의 모든 사람에게 달성 가능한 것으로 받아들여지는 사회변화, 그리고 ③ 사람들은 생산자뿐만 아니라 소비자로서 기술변화에 적응해야 한다는 기술변화와 기술폭증이다. 이러한 세 가지 변화는 결합하여 상승작용하면서 평생학습사회를 성장시키는 요인이 된다. 1960년대가 '청년문화와 청년혁명' 시대라면 1980년대는 '성인문화와 성인혁명' 시대다. 베이비붐 세대가 나이 들어감에 따라 교육 팽창에 대한 압력이 초등학교, 중등학교 그리고 대학교를 넘어 성인교육으로 밀려 오고 있다. 이제는 성인교육의 시대다.

　그렇다면 한 세대 내에 맞이하는 전혀 다른 세 번의 세상을 어떻게 살아가게 할 것인가? Cross의 해법을 들어 보자. 생애 계획의 3단계 변화는 제1세대 단선형 생애 계획(Linear Life Plan), 제2세대 순환형 생애 계획(Cyclic Life Plan), 제3세대 혼합형 생애 계획(Blended Life Plan)으로 요약된다. 단선형 생애 계획의 경우, 산업화된 선진국의 역사에서 뚜렷이 나타나는 경향은 교육(education), 일(work), 여가(leisure) 간의 분리가 증대되는 것이다. 단선형 생애 계획 모델에서 자행된 횡포로 인하여 고질적인 일자리 부족은 심화되었다. 그 결과, 일하려는 청년은 노동시장에 진입하지 못하게 학교에 감금되었고, 노인은 가급적 조기에 강제 퇴직되었다. 결국 일은 중년기에 압축적으로 집약되고, 청년기와 노년기에는 전혀 일거리가 없는 추세가 증가된다. 제1세대 단선형 생애 계획의 대안이 제2세대 순환형 생애 계획이다. 순환적 생애 계획의 기본 목적은 전 생애에 걸쳐서 교육 · 일 · 여가를 재분배하는 것이다. 대표적인 것이 순환교육(recurrent education)이다. 순환교육과 순환형 생애 계획은 교육 · 일 · 여가의 패턴을 교차할 것을 강조한다. 순환교육 체제하에서는 교육 · 일 · 여가 각각이 지속되는 한 전일제를 전제로 한다. 그러나 공부가 되었건, 일이 되었건, 여가가 되었건 전일제에서 분산제, 시간제(part-time)로 변해야 한다. 제3세대 혼합형 생애 계획에 따르면, 교육 · 일 · 여가는 모든 생애단계에서 교차적으로 일어나는 것이 아니라 동시다발적으로 일어난다. 혼합형 생애 계획은 대부분 전 생애에 걸쳐서 교육 · 일 · 여가가 혼합 구성되어 있는 것을 말한다.

　이러한 베이비붐 은퇴의 파도, 성인교육혁명의 파도가 우리나라에 도달했다. 시간차일 뿐이다. 성인의 힘, 성인혁명이 사회 곳곳에서 나타나고 있다. 작금을 성인의 혁명, 베이비붐 세대의 혁명이라 부름직하다. 9남매 중의 여섯째인 1960년 생 필자야말로 베이비붐 세대다. 베이비붐 세대의 일원이라는 것은 부정적 측면도 있지만 규모의 경제 논리가 작용하면 정치적·경제적 힘이 되어 전 생애에 걸쳐서 사회의 관심을 받게 된다. 베이비붐 세대의 문제점에도 불구하고 그들은 결코 무시당하지 않았다. 베이비붐 세대의 어마어마한 규모 때문에 교육, 산업 및 정부의 관심은 지속되고 있다. '100세 시대 국가평생학습체제 구축'이 국정과제로 채택된 데에는 베이비붐 세대의 힘이 있었다. 모든 것은 힘의 표현이다. 미국의 1980년대 '성인혁명(adult revolution)', 1960년대의 '청년혁명(youth revolution)'에 비견될 만하고, 이러한 성인혁명의 파도가 오늘날 우리나라에서는 '평생학습혁명(lifelong learning revolution)'으로 표현되고 있다. 혁명의 뇌관이 바로 국가평생학습체제다. 국가평생학습체제 구축은 Cross가 말하는 생의 재설계, 혼합형 생애 계획을, Mead가 말하는 수평적 전달을, 미래문화가 지배하는 교육 시스템을 요구한다. '아이는 어른의 아버지다.'가 더 이상 시가 아니라 전략이 될 때 국가평생학습체제 구축이 가능하다.

3. 학습사회

국정철학 면에서 행복사회를 강의하는 대통령, 수평적 전달을 중심으로 문화사회를 강의하는 Mead에 이어서 국가평생교육진흥원 원장은 '국민평생학습 ted.com'에서 어떤 주제로 강의를 할까? 필연코 '학습사회'로 릴레이 강의의 마침표를 찍을 것이다. 표방하는 사회는 추구하는 이상사회를 은연중 내포한다. 평생학습하는 사람은 성과(performance)보다는 학습(learning)을 팔면서 살아간다. 평생교육의 궁극적 목적이 삶의 질을 유지·향상시키는 데 있다면, 이러한 평생교육이 추구하는 이상사회가 학습사회다. 평생교육이 대두되던 초창기부터 학습사회는 평생학습의 지향점이자 평생학습이 만개된 모습이었다. 학습사회는 우리가 돌아갈 본향과도 같다. 우리에게 있어 행복사회와 문화사회는 다름 아닌 학습사회다. 평생학습의 여정에도 종착역이 있다면 그 역 이름은 아마 '학습사회'일 것이다.

학습사회는 다면성을 특질로 한다. 학습사회에는 수많은 모델이 있다. 학습사회는 큰 그릇이다. 그 안에 행복사회·문화사회·고용사회·복지사회를 담을 수 있는 넉넉함이 있다. 학습사회가 실현되면 대통령 취임사에서 표방한 경제부흥 · 국민행복 · 문화융성은 자연스럽게 달성될 것이다. 평생학습은 취임사에 나타난 3대 과업인 경제부흥 · 국민행복 · 문화융성을 가능케 하는 가능자이자 촉매자 역할을 할 것이다. 학습경제 · 학습문화 · 학습행복이어야 한다. 나의 조어가 아니라 OECD의 지식경제, 평생학습 관련 문헌에서 발견되는 족보 있는 용어다. 학습을 팔면서 살아가는 사람으로서 경제가 교육을 주도했던 영국의 전철을 밟지 말라는 Michael Young(1988: 155)의 교훈을 상기하게 된다. "학습사회는 경제가 이끄는 교육체제보다는 교육이 이끄는 경제를 구현해야 한다."는 대학자의 주장에 공감이 간다는 말로 글을 연다. 학습이 선행자다. 제1의 한강의 기적이 학교교육의 보편화로 이루어졌다면 제2의 한강의 기적은 평생학습의 보편화, 이의 요체인 국가평생학습체제 구축으로 이루어질 비전을 공유한다. 100세 시대 국가평생학습체제 구축 사업 자체가 우리나라 학습사회 건설의 초석이다.

국가평생학습체제 구축을 위해 국가평생교육진흥원이 설립되었다는 데 이의를 제기를 할 사람은 없을 것이다. 국가평생교육진흥원은 여러 가지 일을 하고 있지만 정부에서 가장 중요한 사업은 '100세 시대 국가평생학습체제 구축'이다. 이 사업 하나만 잘해도 역사에 기록될 것이다. 이 사업의 총감독을 모셔서 시방서에 대하여 들어 보도록 한다.

William Wordsworth의 시에 나오는 '아이는 어른의 아버지다.'라는 말이 다시 떠오른다. 끝없는 상상력과 창조력 때문이다. 국가평생학습체제, 학습사회의 아이콘은 '아이'고, 학습사회의 주인공은 아이다. "상상은 정보보다 중요하다."라는 아인슈타인의 말이 상기된다. 국가평생학습체제에는 100세라는 나이가 아니라 아이라는 미래가 자라고 있다. 과거가 아닌 미래가 있다. "세상에 상상이 남아 있는 한 디즈니랜드는 결코 완성되지 않을 것이다."라고 말한 디즈니랜드 창업자 Walt Disney의 말을 나는 다음과 같이 바꾸고 싶다. '국가평생교육진흥원에 상상이 남아 있는 한 100세 시대 국가평생학습체제는 결코 완성되지 않을 것이다.' 평생학습자의 상상력과 창의력은 결코 마르지 않는다. Shakespeare가 말하기를, "학습은 우리의 그림자와 같다. 우리가 있는 곳에 학습이 있다."(Reimer, 1971: 114) 평생교육, 학습사회의 중요성과 가능성에 대해서는 더 이상의 수식어가 필요 없다. 그저 Shakespeare의 말로 갈음할 뿐이다.

평생학습하면 늘 '봄'이란 말씀이 용수철처럼 튀어나온다. '평생학습이 젊음의 묘약'이며 대표적인 항노화 신약 개발 사업이다. Peter Drucker의 명언인 "평생학습하면 젊어진다."가 떠오른다. 평생학습으로 늘 젊음, 봄, 창조력과 사고의 유연성을 유지한다. 창조경제와 문화융성의 원천인 창조력과 상상력은 평생학습으로 관리된다. 평생학습이 경제부흥, 국민행복과 문화융성의 샘물이다. 평생학습하면 영원히 젊게 살게 되므로 치매로부터 자유롭다. 그것만 해도 복지비용을 상당히 줄여서 경제부흥과 문화융성 사업에 돌릴 수 있어 대통령 임기 내 선진국 대열에 합류하는 데 효자 역할을 할 것이다. 평생학습은 영어로 비유컨대 'spring'의 세 가지 뜻인 '봄, 용수철, 샘물'을 동시에 내포한다. 평생학습으로 우리는 영원한 봄을 구가하고, 용수철처럼 절대적 회복탄력성을 지니게 되고, 우리의 창조력과 상상력의 샘물은 마르지 않아 창조경제와 문화융성에 자양분을 대줄 것이다. 평생학습하는 만큼 복지의 신세를 그만큼 덜 지게 될 것이다. 평생학습하는 사람은 여생을 요양시설이 아닌 평생학습관에서 향유하게 될 것이다. 평생교육이야말로 최고·최선·최상의 경제/복지라는 것을 우리 주변의 삶은 증명한다. 평생학습은 상선약수(上善若水)로서 만물을 이롭게 할 뿐 다투지 않는다.

　　학습사회를 뭐라 정의하든 평생학습은 반드시 해야 하는 것이므로 학습사회는 성장할 수밖에 없다(Cross, 1981). 오늘날과 같이 급변하는 사회에서 평생학습은 더 이상 특권도 권리도 아니다. 그저 가정, 직장, 지역사회, 세계 어디에서나 남녀노소 누구에게나 필요한 생필품이기 때문이다. 생필품 조사 항목에 평생학습이 들어가야 그 사회를 학습사회라 부를 수 있을 것이다. 학습사회·고용사회·문화사회는 행복사회를 구성하는 삼총사다. 학습사회는 학습하는 행위가 일상화되고, 삶의 모든 장면에 학습원리가 스며들어서, 사회 제반 기반 시설과 지원 시스템이 학습을 최우선 과제로 설정하는 사회다. 언제, 어디서, 누구나 필요에 따라 가르치고 배울 수 있는 사회다. "삶이 멈출 때만 학습이 멈추게 된다."(Richardson et al., 1978: 63)는 점에서 학습과 삶은 계속되는 자연스러운 사회다.

　　오늘날 21세기 학습사회는 새로운 사회계약의 대상이다. 내 말이 아니라 미국 대학 총장의 고뇌를 담은『대학혁명(A university for the 21st century)』에 나온다. 대학혁명은 다른 말로 하면 평생학습혁명이다. 잘 알다시피, 사회계약이라는 사회 질서는 신성한 권리로서 다른 모든 것의 기초를 이룬다. 이 권리는 자연에서 나오지 않는다. 그것은 계약에 기초한다. Rousseau의 말이다. 학습사회 도래에 따른 사회계약을 체결한 것이다. 『대학혁명』의 저자인 Duderstadt 총장에 따르면, 미국의 경우에 제1세대 사회계약은 국가안보, 제2세대 사회계약은 (대학)교육, 제3세대 사회계약은 학습사회로 예언한다. 왜냐하면 시민의 능력을 개발하고 유지하는 것이 국가의 최우선 과제기 때문이다(Duderstadt, 2004).

그렇다면 '100세 시대 국가평생학습체제 구축'은 우연히 정치적으로 결정된 것이 아니라 시대 발전의 필연이자 사회계약의 산물이라는 것을 웅변한다. 국정과제로서 국정철학에 기초하여 국가와 국민 사이에 체결한 사회계약이다. 이 사회계약이 실행될 때 학습사회도 실현될 것이다. 오늘 이 자리는 또 하나의 연례 포럼이 아니라 국민평생학습 진흥과 학습사회 건설을 위하여 국가와 국민 사이에 '100세 시대 국가평생학습체제 구축'을 놓고 사회계약을 체결하는 신성한 자리다. 그럴 때 경제부흥 · 국민행복 · 문화융성의 과업은 달성되고 대통령의 행복사회, Mead의 문화사회도 실현될 것이다. 평생학습에 고마워할 날이 올 것이다.

최고의 권리장전인 「헌법」을 보라. 제10조에 "모든 국민은 행복을 추구할 권리를 가진다."고 행복추구권이 명시되어 있다. 모든 사람은 행복하고 싶어 한다. 이어서 제31조의 5항에 "국가는 평생교육을 진흥하여야 한다."고 명시되어 있다. 국민의 행복추구 권리와 국가의 평생교육 진흥 의무는 「헌법」이라는 동전의 양면을 형성한다. 앞에서도 언급했지만 행복과 삶의 질은 거의 동의어에 가깝다. 청소년의 행복의 결정요인을 밝힌 최근 논문(송창용, 손유미, 2013: 197)에서는 일반적으로 행복이란 "삶에 만족하여 기분이 좋은 상태"로서, 대체 가능한 단어들로 '행복(감)(well-being)' '삶의 질(quality of life)' '주관적 안녕감(subjective well-being)' 등을 예시한다. 물론 행복과 삶의 질은 개인의 상태, 사회체제, 가치, 문화 등에 따라 좌우되는 개념이어서 몇 가지 요인 또는 지수로 나타낸다는 것이 어불성설이기도 하다. 그럼에도 행복과 삶의 질은 대체가능한 용어일 정도로 불가분의 관계다. 어떻게 정의하든 행복은 인간이 추구하는 궁극적인 목적이다. 평생교육의 궁극적인 목적은 삶의 질의 유지와 향상이다. 따라서 평생교육이 추구하는 목적과 새 정부의 비전인 국민행복은 동일 선상에 있다. 공동운명체다.

학습하는 데는 여러 가지 목적과 이유가 있을 수 있다. 흔히 Jacques Delors(1996)의 보고서에 나오는 '알기 위한 학습(learning to know)' '행하기 위한 학습(learning to do)' '존재하기 위한 학습(learning to be)' 그리고 '함께 살아가는 법을 익히는 학습(learning to live together)'을 읊어 댄다. Houle(1961)은 도구적 목적 달성을 위한 목적 지향적 학습자, 공부 이외의 활동 지향적 학습자, 학습 그 자체를 목적으로 하는 학습 지향적 학습자로 분류한 것으로 전해지고 있다. 그런데 궁극적으로 사람들은 "행복하기 위해 학습한다."를 덧붙이고 싶다. 이것은 추가가 아니라 기존 모든 학습의 목적을 포괄하는 상위 수준의 마스터 개념이라고 할 수 있을 것이다. 따라서 100세 시대 국가평생학습체제 구축의 목적은 국민행복, 국민 삶의 질 향상이다. 국민행복 앞에 평생학습을 통한 개인 발달, 고용가능성, 사회적 통합은 이를 구성하는 하위 요소일 뿐이다.

그렇다면 경제부흥 · 국민행복 · 문화융성을 위한 국민 평생학습 생태계를 어떻게 조성할 것인가? 나는 가장 원색적인 말로 마무리하고자 한다. 자유대학의 이념인 "누구든 가르칠 수 있고 누구든 배울 수 있다."(Draves, 1980)로 돌아간다. 학습과 교수는 평생교육이라는 수레바퀴다. 교수와 학습은 자연의 섭리이자 교육의 이치이다. 자유대학 이념이 운동으로 발전한 것은 인간의 심금을 울렸기 때문이다. 배우고 싶어 하는 욕망뿐만 아니라 가르치고 싶어 하는 욕망을 건드렸다. 인간은 교수-학습이란 RNA와 DNA로 구성된다. 인간의 타고난 교수-학습 본능을 슬쩍 건드려 주는 것이 바로 평생학습의 '넛지(nudge)' 철학이다. 생태계는 본능에 기초한다. 인간의 교육은 교수와 학습, 교육과정을 매개로 가르치는 자와 배우는 자로 이루어진다.

그를 통해 행복하고 싶어서다. 성인학습자의 목적은 동기가 아닌 욕망(desire)이라고 Houle(1961)은 말했다. 학습은 목적도 동기도 아닌 원초적 본능이다. 그 원초적 본능에 충실한 체제일수록 지속가능하고 비용 효과적이다. 인간과 사회 발전의 원동력은 욕망이다. 국가평생학습체제 구축이라는 인위적 공사가 아니라 원초적 교수-학습 본능에 따라 굴러가는, 평생교육이라 부를 욕망의 전차이면 족하다. 국민평생학습체제는 건물이 아니라 전차여야 한다. 그것이 가장 생명력 있는 국민 평생학습 생태계 조성의 씨앗이다.

그러나 국가평생교육체제는 욕망과 낭만만으로는 구축되지 않는다. 평생교육 관련 3대 고전인『의식화론』『탈학교론』『학교사망론』중『학교사망론』의 마지막 장을 빌려서 마무리하고자 한다. 두 문장이 지금도 뇌리에 남아 있다. 국정과제를 보니

이 3대 고전들을 다시 꺼내 들어야 하는 이유를 발견한다. 오늘날의 학교는 병들어 죽어 가고 있다. 학교폭력은 사회악 중의 하나로 분류된다. 학교는 협력보다는 경쟁을 가르친다. 평생교육은 학교교육의 비인간화 · 제도화 · 황폐화 · 획일화 · 관료화를 치유하기 위해 도입된 가장 인간적인 교육개혁, 대체의학으로 채택된 면을 간과할 수 없다. 학교교육의 결점을 돌보고 교정하기 위해 도입된 교정교육학의 특성을 평생교육은 태생적으로 내포하고 있다(Dave, 1973).

첫 번째 메시지는 "제도를 끄고 사람을 켜자."로 요약된다. '국가평생학습체제 구축'을 한다고 체제 논리를 넘어 제도주의로 경도되지 않을까 하는 노파심에서다. "전 세계의 젊은이들이 시스템을 끄고 자신들을 켜고 있다."(Reimer, 197: 163)라는 말이 신선하다. 우리는 내심 평생교육의 립 서비스에 질려 평생교육체제 구축에 환상을 갖고 많은 노력을 기울였다. 그래서 국가평생교육진흥원을 중심으로 시 · 도 평생교육진흥원, 시 · 군 · 구 평생학습관이 갖추어져 가고 있다. 나름 국가평생교육체제가 구축되어 가고 있다고 자부한다. 그런데 국민평생학습 생태계와 관련하여 우리가 체제에 함몰되어 정작 '사람'을 놓치지 않나 조심스러워진다. 필자의 필(feel)이 꽂힌 곳은 "사람을 켜고 제도를 끄자."이다. 사람들의 혁명이 시작되었다. 전 세계의 젊은이들이 제도를 끄고 자신들을 켜고 있다. 사람들이 움직이기 시작할 때 처음의 소리는 잘 들리지 않을 것이다. 그러나 결국 천둥처럼 들릴 것이다. 마지막 페이지 마지막 줄은 이렇게 맺고 있다. "우리는 켤 수 있다." 국가평생학습체제 구축, 국민평생학습 생태계 조성은 결국 제도를 끄고 사람을 켜는 것이다. 책을 덮은 이 순간에도 "우리는 켤 수 있다."란 말이 메아리쳐 울린다. 그래, 우리는 켤 수 있다. 제도가 아니라 사람을 켜야 한다. 사람이 희망이다. 희망은 제도에 있지 않고 우리 사람에게 있다. 사람이 자산이라는 대통령님의 취임사를 다시 한번 생각게 한다.

두 번째 메시지는 좀 비장하다. "오늘날의 교육 과업은 대체로 천재가 아니라 영웅을 필요로 한다."(Reimer, 1973: 151) 영웅은 항상 나타났다. 우리의 현실을 보니 더 없이 필자의 심금을 울린다. 국가평생학습체제 구축은 낭만적으로 이루어지지 않는다. 전쟁을 하듯 혁명적 접근을 요구한다. 평생교육은『의식화론』『탈학교론』『학교사망론』과 계보를 같이 할 정도로 낭만의 교육학이 아닌, 죽어 가는 학교를 되살리자는 생명의 교육학이다.

4. 나가는 말

오늘날의 평생교육은 상아탑의 천재가 아닌 현장의 영웅을 필요로 한다. 국가평생학습체제 구축은 천재가 아니라 영웅이 만들어 간다. 오늘 국가평생학습체제 구축을 위해 모인 우리 모두는 병원 침대가 아닌 평생교육 현장을 지킨다. 그러기에 이 자리를 끝까지 지킨 우리가 진정 영웅이다. 국가(민)평생학습체제 구축이란 대장정을 함께한 우리 모두가 평생교육의 영웅으로 기록되기를 기원하면서 글을 맺는다.

참고문헌

권두승(1996). 미국의 평생학습법에 관한 일 연구. **교육학연구, 34**(5), 331-352.

김경동(1978). **현대의 사회학**. 서울: 박영사.

송창용, 손유미(2013). 청소년의 행복 결정 요인. **제8회 한국 교육고용패널 학술대회 논문집.** 195-215.

이희수(2013). 기조강연: 경제부흥·국민행복·문화융성의 열쇠, 국민 평생학습 생태계. 행복학습사회로의 초대: 새 정부 평생교육 정책의 비전과 과제 (pp. 5-27). 제10차 평생교육정책포럼. 국가평생교육진흥원.

제18대 대통령직인수위원회(2013. 2.). 제18대 대통령직인수위원회 제안 박근혜 정부 국정과제(보도참고자료 2). 미간행자료.

Cross, K. P. (1981). *Adults as learners: Increasing participating and facilitating learning.* San Francisco: Jossey-Bass.

Dave, R. H. (1973). *Lifelong education and school curriculum.* Hamburg: UNESCO.

Delors, J. et al. (1996). *Learning: The treasure within.* Paris: UNESCO.

Dilworth, R. L. (2010). *Explaining traditional action learning: Concepts and beliefs. action learning: History and evolution.* Houndmills: Palgrave Macmillan.

Draves, B. (1980). *The free university: A model for lifelong learning.* Chicago: Association Press.

Duderstadt, J. J. (2004). **대학혁명**(*A university for the 21st century*). (이철우, 이규태, 양인

공역). 서울: 성균관대학교 출판부. (원저는 2000년에 출판).

Gilley, J. W., Eggland, S. A., & Gilley, A. M. (2002). *Principles of human resource development* (2nd ed.). New York: Basic Books.

Houle, C. O. (1961). *The inquiring mind.* Madison: The university of Wisconsin Press.

Knowles, M. (1980). *The modern practice of adult education: From pedagogy to andragogy.* Cambridge: The Adult Education Company.

Mead, M. (1959). A redefinition of education. *NEA Journal, 48,* 15-17.

Mead, M. (1970). *Culture and commitment: A study of the generation gap.* New York: Natural History Press.

Mead, M. (1974). Youth revolt: The future is now. *Social Education, 38*(4), 326-330.

Reimer, E. (1971). *School is dead.* Harmondsworth: Penguin Education.

Richardson, P. L. et al. (1978). *Lifelong learning and public policy.* Washington DC: Office of the Assistant Secretary for Education.

Ruona, W. E. A., & Lynham, S. (2004). A philosophical framework for thought and practice in human resource development. *Human Resource Development International,* 7(2), 151-164.

Schein, E. H. (2009). *Helping.* San Francisco: Berrett-Koehler Publishers, Inc.

Toffler, A., & Toffler, H. (2006). *Revolutionary wealth.* New York: Knopf.

Young, M. F. D. (1998). *The curriculum of the future: From the 'new sociology of education' to a critical theory of learning.* London: Routledge.

청와대. http://www.president.go.kr/kr/policy/principal.php (검색일: 2013. 3. 18.)

노트 2

한국 평생교육사의 전문직화[1]

우리나라의 평생교육을 이해하기 위해서는 우리 사회의 평생교육 분야의 종사자를 대표하는 평생교육사에 대한 이해가 필수적이다. 이 장에서는 우리 사회의 직업을 이해하는 전문직화 이론에 근거하여 해방 이후부터의 평생교육사 역사를 정리하고자 한다. 직업사회학에서 이야기하는 전문직 이론을 토대로 자격제도와 교육과정 형성, 전문(직업)협회 형성 등의 평생교육사 전문직업적 속성이 어떻게 변화하였는지 살펴보고, 전문직업인으로서 평생교육사에 대해 생각해 보는 기회를 제공한다.

1. 전문직으로서 평생교육사 개념

제6차 국제성인교육회의 후속 제언(Belém Framework for Action)에서는 성인교육

---

1) 이 장의 내용은 필자의 다음의 글과 이후 연구 내용을 포함하여 정리한 것이다. 김혜영(2011). 한국 평생교육사의 전문직화에 관한 연구. 중앙대학교 대학원 박사학위논문.

발달을 위해 성인교육자의 전문직화(professionalization)를 강조했다(UNESCO, 2011: 11). 즉, 우리 사회의 평생교육 발달을 위해서는 평생교육 인력의 전문직화가 중요하다는 것이다. 법으로 공식화된 우리나라의 평생교육 인력은 '평생교육사'다. 평생교육사 관련 법과 제도의 정책적 변화 추세도 평생교육 서비스의 전문성을 증대시키려는 목적을 가진다. 이러한 일련의 현상을 보다 보면 평생교육사의 전문직화 현황에 대해 '평생교육사는 전문직인가?' 혹은 '평생교육사 전문직화는 어떠한가?'라는 의문이다. 평생교육진흥을 위한 선결조건으로 평생교육사의 전문직화가 강조되는 상황에서 평생교육사의 불완전한 직업 상태를 개선하고자 하는 논의가 오랫동안 다각적으로 진행되었다. 그러나 평생교육사가 전문직으로 규정되는 현상과 전문직화 전개과정에 대한 자세한 설명은 부족하다. 이로 인해 '전문직으로서의 평생교육사'에 대한 개념 혼동이 있어 왔고, 현장에서는 그 의미 이해에 혼선이 있어 왔다. 이제는 보다 포괄적인 이해가 필요한 시점이다. 따라서 우리나라의 평생교육사가 어떻게 전문직화되고 있는가를 알아보기 위해 우선 전문직과 전문직화에 대한 개념의 이해부터 출발해 보겠다.

1) 전문직과 전문직화 개념

전문직이라는 개념에 대해 다양한 의견이 있으며, 여러 개념이 혼동되고 있다. 전문직(profession)이라는 개념은 때로는 전문직업성(professionalism), 전문직화(professionalization) 등과 혼용되어 사용되고 있다. 전문직 개념은 전문직 연구 관점의 변화에 따라 변화된 특징이 있다. 크게 다음 세 가지다.

(1) 정적 접근

초기 직업사회학에서의 전문직에 관한 연구(Etzioni, 1969; Flexner, 1915; Goode, 1969; Greenwood, 1957)에서는 고정된 전문직업성이 존재한다고 믿고 이를 규명하고 있다. 기본적으로 전문직은 그 특성이 고정불변하며, 전문직과 비전문직은 구분이 가능하다고 가정하고 있다. 전문직의 개념 역시 전문직이 다른 일반적인 직업과 구별되는 특성 요소로 정의한다. 예를 들면, Flexner(1915)는 전문직을 "지적인 수행 활동, 과학에 근거한 내용 기반, 명확하고 실제적인 목적, 교육적인 교류, 자기 조직화, 이타적인 속성"을 가진 직업으로 정의한다.

그러나 이런 식으로 일반적인 전문직 특성을 적용하여 전문직을 정의하고 전문직과 비전문직을 명확히 구분하는 데는 한계가 있다. 우선, 사회적 변화와 요구에 민감하지 못하다. 이를테면, 근대사회에 기업의 성장과 관료제 등장이 특정 전문직 종사자를 단순 관리자로 전락하게 하는 현실을 반영하지 못한다(Johnson, 1972). 다음으로, 개념적으로 모호하다는 문제가 있다. 즉, 전문직이라는 단어의 용도가 직업(occupation), 직무(job) 등과 혼동되어 사용되는 문제(Millerson, 1964), 그리고 전문직 용어 앞에 준(quasi)과 반(semi) 식의 구분과 같이 전문직업성의 정도를 어떻게 할 것인가라는 문제다(Johnson, 1972; Millerson, 1964).

(2) 과정적 접근

과정적 접근 방식은 전문직 형성의 역동적 변화에 관심을 둔다(Millerson, 1964). 이러한 관점은 모든 직업이 전문직 수준으로 가는 자연적 순서를 따르며, 다른 직업과 전문직을 구분하는 명확한 경계가 없다는 전제에서 출발한다. 과정적 접근은 정적 접근의 객관적 기준에 의한 정의가 사회에 따라 변화해 가는 양상을 지각하지 못한 이분법적 시각에 불과하다고 비판한다. 일반적 속성에 근거하여 영원불변한 고정적 의미로 정의하기보다는 사회적·역사적 맥락 속에서 역동적으로 변화하는 의미로 정의하고자 한다. 즉, 어떤 직업이 전문직인지 여부에 대한 논의가 의미가 없으며, 전문직이라는 용어 역시 실제로는 존재하지 않지만 직업이 완전히 전문직화될 때 나타날 직업집단의 이상적 모습이라고 정의한다(Vollmer & Mills, 1966).

과정적 접근이 역동적인 변화 측면에서 전문직 개념을 정의하고 규명한 측면은 이후 연구에도 지속적인 영향을 준다. 과정적 접근은 사회와의 관계 속에서 전문직 이해를 강조하고 있기는 하지만, 전문가 활동의 기능적 가치만을 강조함으로써 사회적 불평등에 대한 인식이 결여된 개념을 형성하고 만다. 대표적으로 사회에서의 권력(power) 관점에서 전문직을 이해하지 못했다는 한계점을 가진다(Cervero, 1988; Freidson, 1986; Johnson, 1972). 이는 과정적 접근을 포함하여 정적 접근 등 1960년대까지를 풍미했던 구조기능주의적 패러다임에 사로잡혀 있었던 것에서 기인한다.

(3) 권력론적 접근

전문직 형성의 역동적 측면을 강조한다는 면에서는 과정적 접근과 유사하다. 그러나 과정적 접근이 외적인 구조적 변화에 관심을 둔 반면, 권력론적 접근 방식은 내적인 상호작용적 변화에 관심을 둔다. 권력론적 접근에서 대표적인 전문직 관련 정의는 다음과 같다. 전문직을 "직업집단이 그들의 경제적 지위와 사회적 위치 혹은 위세를 증진시키기 위해 수행하는 집단적 이동 프로젝트(collective mobility project)"(Larson, 1977: 66)라고 정의하기도 한다. 사회적 상호작용 속에서 특정 직업집단이 경제적·사회적 위세를 획득하는 경우 전문직으로 불린다는 것이다. 권력론적 관점에서의 전문직 정의도 엄밀히 보면 과정적 접근 방식의 '역동적 변화' 개념에 근거하고 있다. 개념적 의미에서 큰 차이는 없다. 다만, 전문직 형성에 대한 이해 방식에서 차이가 존재한다. 예를 들면, 과정적 접근은 사회적 변화 속에서 특정 직업집단이 자연스럽게 전문직으로 형성된다고 보지만(Abbott, 1988), 권력론적 접근은 특정 직업집단이 주체적 행위자가 되어 그 사회에서 전문직이라는 사회적·경제적 지위를 획득하는 것으로 이해한다. 전자는 전문직을 사회적 환경 내에서의 수동적 변화의 결과로, 후자는 능동적 변화의 결과로 인식한다.

이처럼 전문직 정의에서 큰 흐름은 정적 접근과 과정적 접근 방식이 지배해 왔으며, 이후에 등장하는 권력론적 관점 역시 과정적 접근 방식으로 정의했다. 또한 비교적 최근의 논의들(과정적·권력론적 접근)은 전문직 정의의 한계점을 인정하고, 고정된 전문직업성 개념보다는 전문직화라는 역동적 개념을 선호한다(Houle, 1980). 이상의 관점에 기초하여 전문직 관련 유사 개념들을 정리하면, 전문직화는 거시적인 사회구조와 직업집단 내 구성원들과 연결된 역동적 과정이며, 전문직업성이 변화하는 추이, 즉 직업의 사회적 속성이 변화하는 현상을 지칭한다(Vollmer & Mills, 1966: vii-viii). 여기서 전문직업성은 특정 직업이 전문직화되는 과정에서 드러나는 특성으로, 고정된 것이 아닌 사회적·역사적 상황 속에서 변화해 간다. 한편, 전문직은 한마디로 정의하기 어려우나, 해당 사회에서 전문직업성의 이상적(ideal-type) 모습을 보이며, 사회적 위세를 획득한 직업집단을 칭하는 것으로 잠정적 정의를 내릴 수 있다.

2) 전문직화를 설명하는 관점

전문직화를 설명하는 방식은 통상 과정적 접근과 권력론적 접근으로 구분된다. 과정적 접근은 자연 발달적인 전문직 형성과정에 관심을 두었으며, 구조기능주의적 패러다임에 근거한 1960년대까지의 전문직 설명의 주류였다. 사회에서의 전문직 역할에 관심을 둔 구조기능주의적 접근은 1970년대 이후 전문직화의 상호작용적 행위로 관심사가 변화하게 된다. 사회에서 점유하고 있는 전문직의 역할에 대한 이론화에서 갈등과 권력에 대한 이슈로 그 관심이 변화한 것이다(Freidson, 1994).

권력에 관심을 둔 갈등론적 관점이 부각된다는 것은 전문직에 대한 사회학적 질문이 사회적 구조 내에서의 전문직 역할, '전문직이 사회 질서 내에서 수행하는 역할이 무엇인가'에서 '전문직이 어떻게 사회로부터 특권적 지위를 부여 받는가'로 바뀌는 것으로, '구조'에서 '행위'로 그 관심이 옮겨진 것을 의미한다(Macdonald, 1995). 혹자는 이를 권력론적 접근으로 부르기도 하나, 관련 연구들이 권력보다는 권력을 획득하고자 하는 행위들에 관심을 가졌으며(Berlant, 1975; Freidson, 1970; Larson, 1977), 그들 자신도 상호작용론적 관점으로의 구분을 선호했다는 점에서 상호작용론적 접근으로 분류한다.

상호작용론적 접근의 전문직화 설명은 Weber의 가정과 행위이론에 근거하고 있다. Weber(2001/2009)는 사회 개개인들의 이익추구 욕구가 집합의식을 소유한 집단을 형성하고 이렇게 형성된 사회집단들이 각자의 이익을 추구하기 위해 배제와 찬탈 등의 사회적 폐쇄에 참여한다고 주장한다. 여기서 사회집단들이 추구하는 것은 경제적 · 사회적 · 권력적 보상이며, 이는 사회에서 집단들의 위치(사회계층적 지위)를 구분 짓는 기준이 된다.

관련된 대표적인 학자 Larson(1977)은 Weber의 계층 관점에 기초하여 전문직의 역사적 발달과정을 설명한다. 전문직화를 특정 서비스 생산자들이 그들 자신의 전문지식(기술)에 대해 시장을 형성하고 통제하는 과정으로 정의한다. 이러한 전문직화 현상 규명에서 집단적 사회이동 행위에 초점을 두었으며, '전문직 지위추구 프로젝트(professional project)'라는 개념으로 설명하였다. Larson(1977)은 전문직화를 특정 지식과 기술 등의 희소자원을 사회적 · 경제적 보상으로 전환하는 하나의 시도로 규정한다. 그러므로 전문직 지위추구 프로젝트의 결과로 사회이동과 시장통제력이 부여된다고 주장한다. 전문직화와 그것의 결과물인 사회이동과 시장통제력은 분리될 수 없으며, 시장 및 교육 체제의 제도적 영역과 관련된다. 전문직 집단이 그들 스스로 지식을 표준화하고 지식에 대한 접근성을 통제할 수 있게 되면 그들 시장과 서비스 생산자들의 양성을 통제할 수 있게 된다.

Larson(1977)의 전문직 지위추구 프로젝트 개념은 Macdonald(1995)에 의해 정교화되었다. Macdonald(1995)가 구체화한 전문직 지위추구 프로젝트 분석 내용은 다음과 같다. 직업집단은 전문직 지위추구라는 목표 달성을 위해 ① 관할권 확보, ② 전문가 양성, ③ 전문지식 개발과 독점화, ④ 명망 획득의 4단계 흐름을 거친다. 전문직 지위추구의 첫 번째 행위는 자신만의 관할권 확보다. 관할권 확보는 경쟁자와의 경쟁과 타협을 수반하고 그들 실제의 정당성을 확보하는 활동을 수반한다. 이와 동시에 관할권에서 활동할 전문직 신입회원을 양성한다. 선발과 훈련 그리고 사회화를 통해 미래 신입회원이 될 표준화된 전문가 전형을 양성하는 것이다. 전문가 양성에서는 교육 내용에 대한 통제가 시도되며 전문지식 개발과 지식 독점화 현상이 나타난다. 관할권 확보, 전문가 양성, 전문지식 독점의 달성은 네 번째 명망 획득에 작용한다. 이렇게 형성된 직업집단의 업무 영역(관할권) · 구성원 · 지식의 특징이 사회에서 어떻게 인식되느냐에 따라 그리고 해당 시점의 사회에서 어떠한 가치가 있느냐에 따라 명망과 직업 평판이 결정된다.

Larson(1977)과 Macdonald(1995)는 전문직화를 전문직 지위추구 과정으로 규정하고 사회적 폐쇄 개념으로 전문직 지위추구를 하는 직업집단의 행위전략을 분석한다. 전문직 지위추구 행위를 사회적 폐쇄 개념으로 분석한 학자는 Collins, Witz, Parkin 등의 베버주의자들이다. Collins(1979)는 학력주의(credentialism)를 전문직이라는 지위 획득의 중요한 도구로 보고 있다. 교육 배경이나 교육 수준 또는 기능 수행을 위한 특수 자격증을 소유한 사람과 그렇지 못한 사람으로 계급화하는 학력주의에 주목하여 전문직화 현상을 설명하고 있다. 특정 집단이 희소자원을 독점하거나 독점에 필요한 권력 기반 조성을 위해 여타 집단성원들을 배제할 구실이 필요한데, 이때 교육 자격증이 독점적 배제의 기반이 된다는 것이다. Collins(1979)가 학력주의를 통해 폐쇄 행위를 분석했다면, Witz(1992)는 전문직 일터에서의 담론에 초점을 맞춰 성차별과 가부장적 이데올로기를 활용한 폐쇄 행위를 분석하였다. Parkin(1979)은 배제와 찬탈로 사회적 폐쇄 행위를 설명하였다.

이상의 상호작용론적 관점은 전문직화의 '행위'를 다음과 같이 분석한다. 첫째, 전문직 행위전략은 사회적 폐쇄다. 여기서 사회적 폐쇄는 한 집단이 자신의 집단성원들보다 열등하거나 소속될 자격이 없는 외부인 집단이 자신들의 희소자원에 접근하는 기회를 폐쇄함으로써 혜택을 독점하여 자신의 집단을 예속화시키는 과정이다(Murphy, 1988). 둘째, 전문직 지위추구 프로젝트는 해당 직업집단 외에 국가, 교육기관, 다른 직업집단, 일반 대중 등과 같은 다른 행위자들의 영향을 받는다. 셋째, 사회적 맥락은 이러한 행위자들과 상호 영향 관계에 있다. 이런 사회적 행위자들이 해당 직업집단에 영향을 미치는 입법과 기술혁신 등의 사회적 맥락을 구성하는 능동적인 행위자다.

3) 외국 평생교육 전문직화 분석

(1) 미국 성인교육 전문직화

영미권의 경우 평생교육이라는 용어보다는 성인교육이라는 명칭을 주로 사용한다. Merriam과 Brockett(2007)은 미국 성인교육 분야의 전문직화를 다음 세 가지, 즉 전문협회, 전문지식 자원, 대학에서의 교육과정 측면에서 정리하였다.

① 전문협회

미국의 성인교육 전문협회는 이민자 대상의 문해교육 프로그램 개발에 관심을 둔 국가교육협회(The National Education Association: NEA), 1926년 카네기 회사의 재정적 지원에 의한 미국성인교육협회(American Association for Adult Education: AAAE)의 설립으로 시작된다. 이후 AAAE와 NEA 성인교육국은 1951년 AEA/USA(Adult Education Association of the USA)로 창설된다. 이는 다시 전국공립성인교육협회(National Association for Public School Adult Education: NAPSAE)의 독립과 함께 전국성인계속교육협회(National Association for Continuing and Adult Education: NAPCAE)라는 이름으로 개칭하여 별개로 운영되다가 1982년에 해산되어 결국 오늘날 성인교육 주요 통솔 기구인 미국성인교육협회(AAAE)를 조직한다. 이러한 협회의 역할은 단일한 존재 속에 각각의 부분을 함께 통합하게 하는 통솔 조직으로서 임무를 수행하고, 성인교육 내 전문직화 부분 각각의 요구를 충족시키는 임무도 수행한다. 이러한 역할은 지역적 수준과 전국적 수준에서 수행되었다. 성인교육자들이 얼마나 많은 협회 혹은 어떤 협회 형태에 참여하고 있는지에 대한 정확한 집계가 불가능하지만, 각 다양한 전문성 계발에 도움을 줄 수 있는 여러 협회에 속해 있는 것이 일반적이다.

② 전문지식 자원

최초의 문헌으로 1926년에 Lindeman의 『성인교육의 의미(The Meaning of Adult Education)』가 나왔다. 그 외 대표적인 고전으로 1934년, 1936년, 1948년, 1960년, 1970년, 1980년(8권 시리즈) 그리고 1989년판 『성인교육 핸드북』 시리즈가 있다. 본격적인 성인교육 전문저널은 1929년 미국성인교육협회의 『성인교육저널(The Journal of Adult Education)』로 시작되었다. 이 저널은 1941년에 카네기 기업의 기금이 감소하면서 폐간되고 1942년에 더 작은 규모의 『성인교육지(Adult Education Journal)』로 이어지게 된다. 동시에 국가교육협회의 성인교육부에서 발행된 『성인교육회보(Adult Education Bulletin)』가 있었으며, 국가교육협회 성인교육부와 미국성인교육협회가 합병되면서 이 두 저널은 『성인교육(Adult Education)』으로 통합되었다. 이후 『성인교육』 저널은 오늘날 『성인교육학술지(Education Quarterly)』로 이어졌다.

한편, 성인교육 실천가 중심의 잡지 『성인 리더십(Adult Leadership)』이 발행되었으며, 이는 1977년 『평생학습: 성인기(Lifelong Learning: The Adult Years)』로 대체되고, 다시 1983년 『평생학습: 연구와 실천사례(Lifelong Learning: An Omnibus of Practice and Research)』로 개명되었다. 이후 오늘날 미국성인교육협회에서 발행하는 실천가 중심의 잡지 『성인학습(Adult Learning)』으로 이어졌다. 책과 저널이 핵심적인 문헌이라면, 이 외에 성인교육자들은 기타 서적, 정기 간행물, 연구 보고서와 컨퍼런스 회보, 웹 기반의 정보 등 방대한 영역의 자원을 활용하였다. Merriam과 Brockett(2007)은 성인교육의 지식 자원이 전문가들의 새로운 지식 공유와 비판적 사고를 촉진할 뿐 아니라 전문가 사회화를 촉진해 정체성을 강화한다고 분석하였다.

③ 전문교육과정

미국 성인교육 전문직화의 요소는 그 영역에서 일하는 사람들을 준비시키는 대학(원) 과정이다. 대부분 전문직 내에서의 대학 기반 연구 교육 모델은 지식 생산과 실천가 양성을 동일 구조 안에 통합하고 있다(Cervero, 1992). 이와 다르게 성인교육 분야의 공식적인 교육은 성인교육 분야에 입과하는 필수요건이 아니다. 실제로 성인교육 영역에서 일하고 있는 사람들의 대다수가 대학을 통한 직업 준비 교육을 받지 않았거나 자격증을 가지고 있지 않다.

그러나 성인교육 지식 기반의 많은 부분이 대학(원) 환경에서 생산되고, 대학(원) 프로그램이 그 영역에서의 사회화 수단을 제공하고 있으므로 대학(원) 과정은 성인교육의 전문직화를 평가할 수 있는 중요한 구조라고 할 수 있다. 최초로 '성인교육'이라는 타이틀로 대학 과정을 제공한 것은 1922년 컬럼비아 대학교 사범대학이다. 1989년 조사에 따르면, 약 4,000명이 성인교육 분야 박사학위를 받았다. Lifrendal의 1995년 보고에 따르면, 성인교육 전공과 관련 영역에서의 전공 논문 8,000개가 나왔다(Merriam & Brockett, 2007에서 재인용). Zeph(1991)는 전문성 개발 경험으로서 성인교육 분야 대학원 과정의 가치를 연구하였다. 그는 연구결과에서 성인교육자뿐만 아니라 일반인은 대학원 과정을 통해 지식을 배우고 특정한 기술을 소유하며 선택된 전문직을 수행할 자격을 가진다고 정리하였으며, 대학원 졸업을 전문직화 과정의 주요한 단계로 분석하였다.

(2) 유럽의 성인교육 전문직화

유럽연합(EU) 성인교육 전문직화의 주요 특징은 다음과 같다. 첫째, EU의 성인교육 담당자의 업무는 다양하지만 크게 네 가지 영역(직업교육, 기업과 기능교육, 사회윤리교육, 문화예술교육)으로 구분된다. 둘째, 전문직 진입 경로는 대학 또는 성인학습기관이 제공하는 훈련을 통해서다. 성인교육 전문가로서의 진입은 보통 단기 계약직 혹은 부업으로 시작한다. 셋째, 고용 상황은 낮은 수입과 불안한 직업 안정성을 보이며, 수당이 없다. 넷째, 자격 기준은 국가적 수준의 일관된 자격 요건이나 기준이 없이 기관마다 제각각이다. 다섯째, 자격 인증 및 관리가 권위 있는 공공기관, 전문협회에 의한 평가와 인증이 이루어지고 있지 않다. 여섯째, 직업으로서 매력도는 담당자 스스로는 높다고 인식한다. 그러나 다른 영역의 전문가 그리고 학생들은 매력적으로 인식하지 않는다(Research voor Beleid & PLATO, 2008).

한편, 발트 3국(에스토니아, 라트비아, 리투아니아)의 성인교육자 전문직화 경향을 보면 다음과 같다. 우선, 경제적·사회적·정치적·교육적 맥락에 영향을 받는다.

둘째, 전문성 개발 기회에 대한 교육정책이 취약하다. 성인교육자의 자격 기준이 없으며, 다양한 교육적 배경과 직업을 가지는 경향이 있다. 셋째, 성인교육자의 전문직업성 개발은 사회적 맥락과 교육 가능성, 개인적 생애사에 영향을 받는다. 경력 경로에 대한 명확한 형태가 존재하지 않는다(Jõgi & Gross, 2009).

요약하면, 외국 평생교육 관련 직업은 전문직화의 과정을 거치고 있으며, 해당 사회적 · 정치적 맥락에 영향을 받으며 변화해 가고 있다. 그러나 대체로 낮은 수입과 불안한 직업안정성으로 직업적 입지도 불안정한 상황이다. 전문성 개발과 관련된 교육정책, 자격 기준, 경력 경로의 개발도 요구되는 상태다. 한편, 외국의 평생교육 관련 직업의 전문직화 과정도 사회적 · 경제적 · 정치적 특성 등의 구조적 측면이 영향을 미치고 있다.

4) 한국 평생교육사 전문직화에 대한 분석 사례

(1) 미시적 전문직업성 분석

우리나라 평생교육사의 전문직화 자체를 주제로 한 분석 사례는 찾아보기 힘들다. 평생교육사 명칭이 본격적으로 쓰인 2000년대 초반에는 미시적으로 전문가로서의 주요 직무와 특성, 평생교육사의 전문직업성 요인과 정도, 영향 요인을 분석하는 식이었다. 우선, Hall의 척도에 따라 평생교육사의 전문직업성 인식 정도 분석 결과를 보면, 우리나라의 평생교육사는 '사회적 명성은 낮게, 봉사 정신은 높게' 나타났다. 또한 협회 모임 참석과 단체 행동 의지가 높을수록 평생교육사의 전문직업성을 높게 인식하였다(김소영, 2003). 한편, 평생교육사의 전문직업성 요인은 '운영 및 관리 능력, 기획 및 개발 능력, 전문가로서 헌신하려는 능력, 평가 능력'으로 정리되었다(이경아, 김경희, 2006). 또한 전문직으로서 평생교육사의 직무는 관리자, 프로그램 개발자, 교수자, 상담자, 조정자, 평가 및 컨설팅 전문가로, 그리고 평생교육사의 전문직으로서 자질은 교육 내용 영역에 대한 탁월함, 대인 및 인간관계 기술, 친숙한 인성을 갖추는 것으로 제시되었다(김진화, 2003).

(2) 거시적 전문직업성 분석

보다 거시적으로 평생교육사의 전문직업성을 성찰하려는 시도는 김진화(2002)의 전문직 사회학 이론에 비추어 분석한 것이다. 그에 따르면, 평생교육사는 과정이론 관점에서 전문직업성을 갖춘 직업으로 이행되고 있다. 사회적 과제이론 관점에서 평생교육사는 사회적 기능성과 유용성이 사회적으로 인정받기 시작하고 있다. 특성이론 관점에서 보면 평생교육사는 컨설턴트, 연구분석가, 관리운영자, 설계자, 교수자 등으로 특성화되고 있다. 그는 평생교육사가 전문직업성을 갖춘 직업으로 이행되고 있으며, 컨설턴트, 연구분석가, 관리운영자, 설계자, 교수자 등으로 특성화된다고 주장하였다.

사회적 변화에 따른 전문직업성 방향 성찰도 있다. 안상헌(2008)은 지금까지는 관리와 통제·획일화 시대의 평생교육사 정체성 논의로 법적 지위 강화, 양성·배치·연수의 효율성 강화, 자질 향상을 통한 전문성 향상 등 제도적 차원에 초점이 맞춰져 있었다고 비판하였다. 이어 자율화·다양화 시대에 부합하기 위한 새로운 평생교육사의 정체성 정립이 필요하다고 주장하였다. 그는 평생교육사의 전문직업성 방향을 평생학습사회 속성에 부합하는 전문직업성과 평생 직업인으로서 '문화적 일꾼'으로 정리하였다. 이러한 분석 사례는 역사적 변화 속에서의 평생교육사 전문직업성을 설명하기 위해 노력했다. 그러나 실증적 고찰이 아니라 이론적 고찰이라는 한계를 가진다.

(3) 실증적 전문직업성 분석

2011년 이후의 평생교육사의 전문직업성 분석은 실천 현장을 토대로 실증적으로 이루어졌다. 이는 평생교육사의 전문직업성 인식 분석(김영경, 이희수, 2013; 김혜영, 2012; 진선미, 2018)과 전문직업성 형성 경험 분석(국혜수, 2018; 김한별, 2016; 윤혜진, 김한별, 2014)으로 구분할 수 있다. 평생교육사의 전문직업성에 대한 이들의 공통된 설명은 이론과 실천의 간극, 현장의 처우와 인식의 한계 등으로 인한 정체성 혼란 상태라는 것이다.

최근에는 사회변화에 따른 실천 현장 평생교육사 직무와 역할 혹은 전문성의 변화를 탐색하는 사례가 등장하였다. 2007년부터 2017년까지의 평생교육사의 직무 중요도 변화(김진화, 신다은, 2017), 평생교육사 역할과 직무의 중요도와 교육요구도 분석(박근수, 김주후, 2012; 박명신, 장은숙, 박수정, 2012), 평생교육사라는 전문성 및 직무역량 수준에 자격증 변수가 미치는 영향력(신경석, 2018), 해방 이후 미군정기부터 현재 평생교육사 유사 활동가들의 전문성 변천내용 분석(김미향, 2014)이 있다. 이들은 현장의 평생교육사 실천 영역에 기초하여 직업적 전문성 탐색을 강조한다. 그리고 평생교육사가 놓인 상황 분석, 제도적 한계를 직업적 전문성 개선과 관계 짓는다.

이러한 분석들은 전문직업성 규명에 치중한다. 현재의 전문직업성 규명은 평생교육사의 전문직업성 형성을 기능주의적이고 정적인 관점에서만 바라보는 경향이 있다. 사회적 맥락과 상호작용하며 역동적으로 변화해 온 평생교육사의 모습에 대한 규명이 간과되고 있다. 현재의 전문직업성 형성에 어떠한 사회적 조건이 작용하였는지, 그리고 이러한 과정에서 관련 사회 구성원들 간의 어떠한 상호작용이 이루어졌는지에 대한 설명이 부족하다.

2. 한국 평생교육사의 전문직 요건 형성과정

지금까지 우리나라 평생교육사의 전문직업성을 규명하고 이를 구축하려는 노력들은 전문직으로의 입지를 확고히 하고자 하는 의도로 해석된다. 전문직이 사회에서의 직업적 위세를 획득한 지위 계층적 의미가 있다는 베버주의의 관점에서 보면 전문직으로의 입지는 사회적 조건에 의해 결정된다. 앞으로의 평생교육사의 전문직화 노력이 구체화되기 위해서는 현재의 모습을 조건 지어 왔던 과거의 역사 변화 이해가 필요하다. 여기에서는 전문직화 관점에서 우리나라 평생교육사 변천을 살펴본다. 우선, 우리나라의 평생교육 분야 기본 골격이 형성된 미군정기를 포함한 1945년 해방 이후부터 2010년까지의 역사적 흐름에 따라 전문직 요건, 즉 전문협회, 전문지식, 전문가 양성제도, 윤리규정이 형성되는 과정을 살펴본다.

1) 전문협회 형성과정

미군정기에 등장한 전문협회인 성인교육협회는 당시 미군정에 의해 양성된 성인교육지도자로 구성된 조직체였다. 주로 국가의 문해교육 프로그램을 대행하여 운영하였다. 민간단체를 지향하였으나 그 활동은 국가 시책을 성공적으로 이끄는 데 협력하는 등 국가권력에 종속된 형태였다. 따라서 자발적 결사체이며 특정 직업의 이익집단으로서 임무를 수행하지 못하였다. 1966년에는 국제 행사를 계기로 한국교육학회 사회교육연구회라는 학술모임이 결성되었다. 1976년에는 평생교육 영역의 이론가와 실천자의 협회로 한국사회교육협회가 탄생하였다. 직업집단은 아니지만, 평생교육 실천집단들의 조직화 작업이 시작되었다.

한국사회교육협회는 각 대학에서 사회교육 분야에 관심을 가지는 대학교수가 중심이 된 한국교육학회 사회교육연구회의 구성원이 주축이 되었으며, 사회교육 행정가, 각급 학교 교장과 교사, 종교 기관의 기관장 등이 참여하여 창립되었다. 초창기 협회는 당시 즐겨 칭해졌던 사회교육지도자라는 의미에서 유추할 수 있듯이, 그 시기 지도층 혹은 엘리트 계층에 의해 주도된 경향이 있었다.

1980년대, 1990대에 들어서면서 한국사회교육협회 구성에 지도층과 엘리트 계층 외의 각 사회교육 분야 평생교육 실천자들의 참여가 이루어지기 시작하였다. 다원화되는 평생교육 영역에 따라 영역별 세분된 협회 창설이 이루어졌다. 우선, 한국사회교육협회에서 두 개의 협회가 분화하였다. 당시 국가의 관심에서 멀어졌던 문해교육 진흥의 필요성과 유엔이 선포한 '문해교육의 해' 지정에 맞춰 1989년 한국문해교육협회가 설립되었다. 그리고 여성이 이 분야에서 활발한 활동을 전개하기 시작하였으며, 1990년 한국여성사회교육회라는 별도의 전문협회가 탄생하였다. 이후 1990년 전후로 하여 대학부설 사회(평생)교육원이라는 새로운 평생교육 기관이 생기면서 1989년 한국대학사회교육원협의회, 1996년 전국국공립대학평생교육협의회가 설립되었다. 1997년에는 한국성인교육학회라는 연구 전문협회가 창립되었다.

2000년대에 들어서면서 현장 일선의 평생교육사가 중심이 된 직업협회가 등장했는데, 2002년 창설된 한국평생교육사협회였다. 한국평생교육사협회는 평생교육사의 권익 보호를 목적으로 하고 전국단위로 조직화를 진행하고 있으며, 평생교육 영역의 통솔협회인 한국평생교육총연합회의 직능단체로 소속되어 있다.

표 2-1 평생교육 영역의 주요 전문협회 변천

구분	유형	1945~1970년대	1980~1990년대	2000년대
역할 (기능)	특권 협회	-	-	한국평생교육교수협의회, 전국 평생학습도시협의회
	연구 협회	한국교육학회 사회교육연구회	한국사회교육학회, 한국 성인교육학회	한국평생교육학회, 한국성인교육학회
	자격 검정 협회	-	해당 협회 없음 담당기관: 문교부(교육부) 및 위임 대학	해당 협회 없음(담당기관) 1999년 평생교육법: 교육인적자원부 및 위임 대학 2007년 평생교육법 전부개정: 교육부(교육과학기술부) 및 산하기관 국가평생교육진흥원
	직업 협회	성인교육협회(미군정기)	-	한국평생교육사협회
범위 (수준)	국제 수준	국제성인교육협회(ICAE), 아시아남태평양사회교육협회(ASPBAE), 동아시아성인교육학회(EAFAE)	국제성인교육협회(ICAE), 아시아남태평양사회교육협회(ASPBAE), 동아시아성인교육학회(EAFAE)	국제성인교육협회(ICAE), 아시아남태평양사회교육협회(ASPBAE), 동아시아성인교육학회(EAFAE)
	전국 수준	성인교육협회, 한국지역사회학교후원회	한국사회교육협회, 한국지역사회교육협의회(기관협의회: 한국대학사회교육원협의회, 전국국립대사회교육원협의회)	한국평생교육총연합회, 한국평생교육사협회(기관협의회: 전국평생학습도시협의회, 한국대학평생교육원협의회, 한국국공립대학평생교육원협의회)
	지역 수준	-	-	16개 지역 평생교육연합회(서울, 부산, 대구, 인천, 광주, 대전, 울산, 경기, 강원, 충북, 충남, 전북, 전남, 경북, 경남, 제주)
내용 영역	여성	-	한국여성사회교육회	한국여성평생교육회
	기초 문해	-	한국문해교육협회	한국문해교육협회
	지역 사회	한국지역사회학교후원회	한국지역사회교육협의회	한국지역사회교육협의회(기관협의회: 전국평생학습도시협의회)

주: 각 시기 단위 내에서도 명칭이 변경된 경우, 해당 시기 마지막 명칭으로 표기함.

2) 전문지식 형성과정

해방 이후 1980년대까지 평생교육 영역의 지식 자원 형성 내용은 교육학 영역에서 사회교육(평생교육)에 대한 독자적인 영역을 주장하거나 사회교육(평생교육)의 중요성을 강조하는 식이 대부분이었다. 이 시기의 지식은 이론적 체계화가 미약하여 이론과 실천 영역의 구분이 명확하지 않았다. 학자가 평생교육 현장을 이끌었고, 학자 역시 실천 현장에서 사회개혁 문제와 사회교육의 필요성을 연결하며 이론적 형성을 시작하였다. 지식 형성의 주체들도 교육학 분야의 학자가 주류를 차지하였다. 평생교육 영역의 전문 서적과 저널은 번역서와 학회의 학술대회 발표문을 편집한 형태가 많았다. 미국의 성인교육, 유네스코의 평생교육, 일본의 사회교육 관련 번역 서적이 그 중심을 차지하였다.

1980년대 제5공화국을 지나 1990년대 문민정부에 들어서는 국가의 교육개혁 논리로 평생교육이 주목받았으며, 「사회교육법」 제정과 이후 「평생교육법」으로의 전문개정을 계기로 평생교육 분야 전문지식의 양적 확대가 이루어졌다. 우선, 대학에서 사회교육 전문요원을 시작으로 법 개정 이후에는 평생교육사 양성과정이 시행되면서 법정 양성 과목을 중심으로 한 전문 서적 등이 비약적으로 증가하였다. 1990년대 연구 보고서의 발행이 「평생교육법」 제정 전후인 1990년대 말에 집중되었다. 2000년대에는 실천 현장에서의 유용한 자료로 활용되었던 평생교육 사업 관련 각종 자료집이 발간되기 시작하였다. 2000년대 연구 보고서와 각종 자료집 발간은 국가의 평생교육 추진기구였던 한국교육개발원 평생교육센터와 평생교육진흥원이 주도하였다.

이와 같이 「사회교육법」과 「평생교육법」 공포를 기점으로 전문지식의 외적 형성 차원에서 차이가 나타났다. 1982년 「사회교육법」, 1999년 「평생교육법」 공포 시점을 기준으로 세 시기로 전문지식 자원 수와 주요 생산자를 종합 정리하면 〈표 2-2〉와 같다.

표 2-2 | **평생교육 관련 전문지식 자원 수의 변천**

구분		1945~1982년	1983~1999년	2000~2010년
전문 서적	자원 수	28권	140편	206편
	생성자	전공학자(대학교수, 강사), 한국사회교육협회, 한국지역사회학교후원회, 한국교육학회 사회교육연구회	전공학자(대학교수, 강사), 한국사회교육협회, 한국평생교육기구	전공학자(대학교수, 강사)
전문 저널	자원 수	학술저널 약 116편 실천저널 약 255편	약 684편	약 1,001편
	생성자	한국사회교육협회 사회교육연구(45편), 대한교육연합회 새교육(120편)	한국사회교육학회(구 사회교육연구회) 사회교육학연구, 한국사회교육협회 사회교육연구, 대학부설 사회교육연구소	한국평생교육학회, 한국성인교육학회, 기타 교육관련 학회 및 대학연구소
학위 논문	자원 수	석사 97편	박사 55편	박사 106편(전공 75편, 비전공학과 31편)
	생성자	일반대학원 교육학과 교육사회학 전공, 특수대학원의 경우 경희대·계명대·고려대 등 교육대학원 사회교육전공, 중앙대 사회개발대학원 사회교육전공	교육학과, 관련학과인 지역사회개발학과, 농업교육학과(교육사회학전공, 사회교육전공)	평생교육전공, 비전공(교육관련 전공-교육행정/교육사회학/교육사철학/유아교육/정신지체아교육/미술교육/청소년지도/교육공학 등, 타학과 전공-사회복지학과, 체육학과, 행정학과 등)
연구 보고서	자원 수	17편	59편	192편
	생성자	한국교육개발원(구, 중앙교육연구소)(8편), 유네스코 한국위원회, 기타(대학연구소 등)	교육부(문교부)(15편), 한국교육개발원(15편), 한국직업능력개발원, 한국여성개발원	한국교육개발원(97편), 한국직업능력개발원(33편), 교과부/교육인적자원부/교육부(21편)
기타 자료집	자원 수	-	약 49편	약 432편
	생성자	-	한국교육개발원, 교육부, 지역 관계기관	한국교육개발원(137편/2008년 이후 5편), 평생교육진흥원(79편)

3) 전문가 양성제도 형성과정

미군정기에도 성인교육지도자라는 정부의 성인교육 계획에 의한 공식적인 양성과정이 존재하였다. 약 1개월 정도의 단기과정으로 양성되었다. 자격제도는 아니었지만 양성과정에 입과하기 전에 일정한 자격심사를 거쳐 대상자가 선발되었다. 이후 지속해서 명맥이 이어지지는 못하였다.

미군정기 이후 1982년 「사회교육법」이 제정되기 전에는 제도권에서 공식적인 양성과정을 찾아보기 힘들었다. 1970년대 들어서면서 일부 특수대학원에서 석사과정 형태로 평생교육 분야 전공이 존재하는 등 교육과정이 운영되는 정도였다. 국가에서 정책적으로 추진한 양성과정으로는 새마을운동지도자와 재건국민운동요원 양성 등의 국가 시책을 수행하는 지도자 양성이 특기할 만하다.

1982년 「사회교육법」 제정으로 사회교육전문요원이라는 자격제도가 등장하였으며, 1983년 「사회교육법 시행령」이 마련되고 1985년부터 사회교육전문요원 양성과정이 각 대학에서 운영되기 시작하였다. 자격제도는 1급과 2급으로 구성되었으며, 대학 수준의 학력을 요구하였다. 초기 자격 조건은 사회교육 관련학과 전공자에 한정하였으나, 1989년에 일부개정에 따라 학과 제한 조항이 폐지되면서 모든 과의 전공자가 취득할 수 있게 되었다. 사회교육전문요원에 대한 연수원 설치 등 법으로는 연수 관련된 조항이 마련되어 있었으나 실제로는 운영되지 못하였다. 양성 과목은 공통필수(2개), 사회교육학(13개), 사회·심리학(22개), 직업교육학(11개), 필수과목(7개), 선택(10개) 등의 일반지식 위주의 교과목으로 구성되었다. 실습은 4주 과정으로 운영되었다.

「사회교육법」이 1999년 「평생교육법」으로 전문개정되면서 사회교육전문요원은 평생교육사로 변경되었으며, 자격 등급은 사회교육전문요원 2등급 체제에서 3등급으로 세분되었다. 1급은 대학원(박사) 수준, 2급은 대학 수준, 3급은 전문대학 수준으로 그 조건을 상향 조정하였다. 양성은 대학 이외의 지정 양성기관에서도 가능하게 하여 이원체제로 운영되었다. 양성 교과목 내용은 사회교육전문요원 시기와 마찬가지로 이론 편향적 교육과정으로 구성되었다. 실습은 사회교육전문요원보다 짧아진 3주로 진행되었다. 한편, 국가의 평생교육 추진기구인 한국교육개발원 평생교육센터를 중심으로 현장의 실무자를 대상으로 연수가 진행되었다. 그러나 평생교육사 자격취득자만을 대상으로 한 연수는 사회교육전문요원 재교육 외에는 부재하였다.

　　2007년「평생교육법」전부개정에 따라 평생교육사 자격취득 조건이 강화되었으며, 특히 현장에서의 실무경험이 강조되었다. 크게 달라진 것은 1급을 승급 과정화한 것이다. 양성은 기관을 다원화하여 1급은 평생교육진흥원에서 그리고 2급과 3급

표 2-3 평생교육사 교육·자격제도 변천

구분			사회교육전문요원	평생교육사 (1999년 평생교육법~)	평생교육사 (2007년 전부개정~)	
역할			사회교육의 기획·진행·분석 및 평가	평생교육의 기획·진행·분석 및 평가, (추가)교수	평생교육의 기획·진행·분석 및 평가, 교수(시행령에서 세부 직무 범위 규정)	
자격	등급		1급, 2급	1급, 2급, 3급	1급(승급), 2급, 3급	
	자격요건	학력	대학 수준별 학점 차등이수 • 1급: 대학 및 대학원 수준 • 2급: 전문대학 수준	대학 수준별 학점 차등이수 • 1급: 대학원(박사) 수준 • 2급: 대학 수준 • 3급: 전문대학 수준	대학 수준별 학점이 차등이수되나 각 등급에서 대학 수준은 중요하지 않음(학점은행제 가능)	
		경력	경력별 학점 차등이수(초·중등교원·공무원 경력인정) • 1급: (2급 자격취득 후) 해당 업무 3년, 초·중등교원 3년 • 2급: 공무원 2년, 고등학교 졸업 후 해당 업무 3년 ※ 경력자를 위한 별도의 양성기관 미설치로 실제 적용 미흡	경력별 학점 차등이수(초·중등교원·공무원 경력인정) • 1급: 학교장·학력인정시설 설치 또는 경영자 5년, 5급 이상 공무원 5년 • 2급: (3급 자격취득 후·대학졸업 후) 해당 업무 3년, 초·중등교원 3년 • 3급: 고등학교 졸업 후 해당 업무 3년, 공무원으로서 해당 업무 2년	승급 시 경력 필수요건(초·중등교원, 공무원 중 해당 업무 경력자만 3급에서 인정) • 1급: 해당 업무 5년 • 2급: (3급 자격취득 후) 해당 업무 3년 • 3급: 해당 업무 2년, 공무원·초중등교원으로 해당 업무 1년	
자격증 발급			교육부(문교부)	해당 대학	2008년 ~ 발급권한 이원화: 해당 대학, 교육부(평생교육진흥원이 대행)	2013년 ~ 발급권한 일원화: 교육부(평생교육진흥원이 대행)

	기관	고등교육기관, 전문요원연수원(미설치)	고등교육기관, 지정양성기관	고등교육기관, 지정양성기관 (2010년 운영 종료), 학점은행기 관, 평생교육진흥원
양 성	관련 과목 및 특성	• 관련과목: 공통필수(2개), 사회교육학(13개), 사 회·심리학(22개), 직업 교육학(11개) • 실습: 기간(4주), 시기(방 학 중 1회) • 과목 특성: 교육학, 심리 학 등 일반지식 중심	• 관련과목: 필수과목(7개), 선택(10개) • 실습: 기간(3주), 시기(방 학 외에 재학 중, 졸업 후도 가능, 2·3회 나누어 가능) • 과목 특성: 평생교육 직무 중심의 교육과정	• 관련과목: 필수과목(5개), 선택 (21개: 실천영역 8개, 방법영역 13개) • 실습: 실습 교과과정으로 시행(현 장실습 4주) ※ 2014년부터 학기 중에만 운영, 실습지침 강화 • 과목 특성: 평생교육 직무 중심 의 교육과정
	과목 단위 학점	학점 제한 없음 (실습 비학점)	과목당 2학점 (실습 비학점)	과목당 3학점(실습 3학점): 각 급 수의 총 취득학점 상향 조정
연수		• 전문요원 연수기관의 설 립 인가 조항 존재함 • 실제 전문요원연수원 설 립이 이루어지지 못함	• 양성 및 연수를 위해 양 성기관을 지정. 시설·인 력·교육과정 및 위치 등을 고려하여 지정 여부 결정 • 실제 시행기관: 한국교육 개발원 평생교육센터	• 실시기관, 연수 소요 경비 일부 지원 등에 대한 내용 규정 • 실제 시행기관: 국가평생교육진 흥원, 시·도 평생교육진흥원

은 기존 대학과 지정양성기관 외에 학점은행제를 통해서도 가능하게 하였다. 실무
능력을 강조하기 위해 1급 과정의 경우 해당 업무의 5년 이상 실무경험자에게만 자
격을 취득할 수 있게 하였으며, 실습을 3학점 교과과정으로 운영하게 하였다. 2009년
부터는 보수교육이 진행되기 시작하였다. 2013년「평생교육법」일부개정을 통해 자
격증 교부 권한이 교육부로 일원화되고 국가평생교육진흥원에서 대행하여 발급하
는 등 자격관리가 체계화되었다. 2014년에는 실습지침 개정 등 실습과목을 강화하
였다.

4) 윤리규정 형성과정

과거 일부 평생교육 단체나 협회에서 실천강령이나 기본정신을 성문화한 흔적이 있지만 그 내용은 평생교육사를 대상으로 한 윤리적 방향이라기보다는 일반적으로 학습자에게 제공해야 할 평생교육의 목적과 관련되었다. 최근 한국평생교육사협회가 '평생교육사의 날' 선포문에서 유사 내용을 엿볼 수 있는 정도였다.

표 2-4 평생교육 실천집단의 윤리에 대한 논의 변천

구분	1945~1970년대	1980~1990년대	2000~2010년
윤리 규정 흔적	• 한국성인교육회 실천강령: 자아성취, 상부상조 및 단결, 예속상교·향토교화(1978년)	• 한국지역사회학교후원회(한국지역사회교육협의회) 지역사회교육운동의 기본정신 논의, 단체의 지역사회교육 운동의 이념과 목적을 성문화	• 한국평생교육사협회 2006년 평생교육사의 날 제정 선포문에서 '사회 구성원들의 삶의 질 향상, 사회공동체 복원'
윤리적 측면에 대한 논의	• 사회교육이 담는 내용이 윤리적 내용을 지향해야 함 −사회교육=윤리운동 −사회교육목표: 공민적 자질 향상으로 공민적 자질 향상 정립 • 사회교육지도자로서의 윤리적 방향 제시 −지도자 또는 봉사자로서의 사명감 및 희생 정신, 민주적 태도 −민주적·건설적·사회적 태도	• 사회교육기관의 담당자 윤리강령의 인식도 조사 −사회 봉사성 인식 수준: 전문대졸이 높고 대졸 학력 낮음, 업무 관련 학술 활동 참여 횟수가 많을수록 높음 −86% 윤리강령이 필요하다고 인식함 • 사회교육 실천가의 바람직한 모습(책임과 자질) −책임감, 존중의식, 민주적, 객관성, 진취성, 공평성, 열정, 기관과 단체에 대한 헌신성	• 윤리강령 제정의 필요성 강조 • 평생교육 분야의 윤리강령 제정 방향 제안 −보편원리: 신뢰(정직), 존중, 배려(돌봄), 책임, 정의와 공평, 시민·사회적 의식, 선행 −특별원리: 자기 자각·반성, 포괄적 철학, 다원주의, 능력이나 자질 • 실천 현장에서의 윤리적·철학적 문제 논의 −시장의 논리에 근거한 직업인으로서 평생교육사의 윤리적 측면보다는 사회와 학습자에 대해 이타적이며, 평생교육 이상에 대한 가치를 구현하는 반성적 실천자의 모습을 지향해야 함

평생교육 학계의 윤리적 측면에 대한 논의도 부족하였다. 윤리적 지침의 필요성을 강조하는 내용, 혹은 각 영역 실천가들이 가져야 하는 자세 측면에서의 논의가 대부분이었다. 비교적 최근에 선행연구 탐색을 통해, 그리고 실천 현장에서의 문제 속에서 윤리적 방향을 제안하는 연구가 소수 나오기 시작하였다.

3. 평생교육사의 전문직 지위추구 과정

여기에서는 우리나라 평생교육사 전문직화의 내적 전개과정을 '전문직 지위추구 프로젝트' 관점에서 정리해 본다. 전문직 지위추구 프로젝트에서 본다는 것은 평생교육사가 전문직이라는 지위추구를 위해 사회적 폐쇄라는 행위 전략을 사용할 가능성이 크다는 전제에 기초한다. 사회적 폐쇄는 특정 집단이 관할권을 확보·통제하는 행위나 표준화된 교육자격제도 그리고 고유한 전문지식을 형성하는 노력을 통해 여타 집단성원들을 배제하여 그들이 획득한 지식과 관할권(시장) 그리고 지위에 접근하지 못하게 하는 것으로 정의하였다.

1) 미군정기·사회개발정책기의 평생교육 영역 조직화

해방 이후부터 1970년대까지는 미군정에 의한 성인문해교육과 중앙집권적 정부의 재건국민운동·새마을운동이라는 사회개발정책 중심의 사회교육 시기였다. 중앙집권적인 정부의 통치구조는 교육과 성인교육 및 사회교육을 국가 정책을 뒷받침하는 수단으로 활용하였다.

이 시기에는 학자들이 중심이 되어 사회교육 영역의 조직화 및 지식 형성과 관련된 노력이 진행되었다. 대표적으로 1952년 김동선의 『사회교육개론』이라는 전문 서적 출판이 있었으며, 다음의 1962년 『사회교육』이라는 현대교육총서의 서문에서 사회교육 영역의 조직화 의지를 간접적으로 확인할 수 있다.

사회교육이라 함은, 학교과정 외에 행하여지는 모든 교육 활동을 말하는 것으로서 주로 성인들과 취학하지 못한 청소년들을 그 대상으로 …… 흔히 사회교육을 문맹교육, 성인학습,

공민학교 등으로만 생각하는 경향이 있으며, …… 사회주의 교육과 혼동하는 경우도 있다. 그
러므로 이 책은 학교 교사, 성인교육 전문가, 정책수립자, 행정가들에게 사회교육의 독자적
분야와 그 전문성을 인식시키는 한편, 우리나라 사회교육을 추진하는 데 필요한 여러 조직과
활동을 소개하려는 것이다(황종건, 1962: 3-4).

  평생교육 영역의 존재 자체가 명확하지 않은 상태였기 때문에 이들의 노력은 전
문직화보다는 평생교육 영역 확보와 관련된 것이었다. 이 시기 초기인 미군정기에
는 정부가 성인문해교육에 관심을 가지면서 평생교육 영역은 오히려 이후 시기보
다 활성화되는 경향을 보였다. 그러나 정부 주도하에 진행되다가 정부 지원이 약해
지는 시기에는 당시 조직된 협회의 맥이 끊어지는 등 자율적인 성장으로 이어지지
는 못하였다. 이후 1960년대와 1970년대 중앙집권적인 정부는 사회개발정책의 수
단으로 평생교육을 이용하며 평생교육 영역은 오히려 소외 경향을 보였다. 이 시기
전문직화 요건 형성 노력은 학자들을 중심으로 이루어졌다. 학자들은 사회교육에
관심을 가지는 교육학자들이었으며, 이론 영역과 실천 영역 조직화의 주도자였다.
  평생교육 영역 자체는 직업 영역이기보다는 사회봉사 영역으로 인식되는 경향
이 있었다. 평생교육 현장의 실천자를 보면 사회에 대한 봉사 정신을 가진 명망 있
는 지도자의 모습을 보였다. 미군정기의 성인교육지도자 양성과정의 입과 자격 조
건은 "중등학교 졸업 이상, 민중으로부터 신망이 높고, 애국정신이 투철하며, 건전
한 신체와 풍부한 활동력, 그리고 성인교육 사업에 관심과 경험이 있는 자"(문교부,
1947: 45)였다. 미군정기의 성인교육지도자가 문해교육을 하는 명망 있는 사회지도
층이었듯이 평생교육 영역의 최초의 전문협회 구성원도 사회독지가와 학자였다.
1976년 창립된 한국사회교육협회의 1980년 협회 명부를 보면 대학교수, 각 사회교
육기관장 혹은 직원, 각급 학교 교장과 교사, 종교단체 관계자였다(한국사회교육협
회, 1980). 이러한 다양한 배경은 실천가들이 공동의 이해관계를 가지고 응집력을
갖게 하는 데에는 한계를 줄 수 있었다. 그로 인해 교육학계에서 사회교육이라는 공
동의 관심사를 가진 학자들의 노력이 중심이 되었던 것으로 보인다.
  학자들이 중심이 된 협회 조직화를 기점으로 전문직화 노력이 구체화되는 양상
을 보였다. 평생교육 영역의 초기 조직화 사례는 미군정기 성인교육협회로 볼 수 있
으나 계속 이어지지 못하였다. 본격적인 것은 한국교육학회 사회교육연구회였다.

한국교육학회 사회교육연구회는 한국사회교육협회 창립과 연관되었으며, 이를 계기로 실천 영역과 이론 영역의 조직화가 진행되기 시작하였다. 한국사회교육협회 창립이 1976년 대구 계명대학교와 해인사에서 열린 제1차 전국사회교육세미나에서 이루어졌으나 1967년 7월 한국교육학회 사회교육연구회의 사업계획 수립 시기에 가칭 '한국성인교육협회'의 창립 추진이 이루어진 기록이 있으며, 1969년 9월 월례 연구발표회 후 간담회에서 '한국사회교육협회'의 구상이 이루어졌다(김수일, 1993). 한국사회교육협회는 평생교육 영역의 조직화뿐만 아니라 사회교육 영역에 대한 실천적 논의를 담는 『사회교육연구』라는 전문저널을 발간하기도 하였다. 한편, 학자들이 중심이 된 한국사회교육협회는 실천 영역의 교육을 진행하였으며, 「사회교육법」 제정을 위한 논의 등 다양한 노력을 기울였다.

이 시기에는 직업집단의 실체가 없었고 평생교육 영역도 제대로 형성되지 않았기 때문에 구체적인 전문직 지위추구 프로젝트는 이루어지지 못하였다. 평생교육 영역이 불명확한 상태에서 전문직화 관련 행위의 주체였던 학자들은 외부인의 접근 기회를 폐쇄하여 혜택을 독점하는 등의 폐쇄 전략을 구사할 수 없었다. 다만, 학자들이 중심이 되어 평생교육 영역의 조직화를 통해 교육 영역에서 실천적 특징을 가진 분야로 평생교육 영역을 확보하고 전문직 요건형성을 가능하게 하는 기반을 형성했다는 데 의미가 있다.

2) 「사회교육법」 시기의 자격제도를 통한 전문직화 기반형성

1980년 제5공화국 「헌법」에 국가의 평생교육진흥의 의무를 규정하는 조항이 삽입되었으며, 1982년 「사회교육법」이 공포되었다. 「사회교육법」을 배경으로 1980년대 평생교육은 여가 선용과 교양 증진, 시민의식 함양, 기업 인력개발형 평생교육 등의 다원적인 특성을 가지며 펼쳐졌다(교육부, 1998; 대한교육연합회, 한국교육신문사, 1986). 1990년대는 국내외에서 평생교육이 정책으로서 주목받기 시작한 시기였다. 유네스코와 OECD는 평생교육을 정책적 의제로 인식하기 시작하였으며(이희수 외, 2000), 문민정부는 평생교육 이념에 기초한 교육개혁을 단행하였다. 5·31 교육개혁안의 「사회교육법」 개정 논의가 1999년 「평생교육법」 공포로 이어졌다(교육개혁위원회, 1995).

「사회교육법」상의 사회교육전문요원의 양성과 자격제도 시행은 여러 가지 면에서 전문직화에 영향을 미쳤다. 전문지식 형성 측면에서 「사회교육법」 제정 1982년 전후의 전문지식 자원 수의 급격한 변화를 겪었으며 박사학위 논문이 생산되기 시작하였다. 다양한 지식 자원 생산 증대, 독자적인 학문형성을 위한 욕구 증대, 지식의 표준화, 그리고 전공 박사 배출로 평생교육 영역의 전문지식 생산 기반을 마련하게 되었다. 이러한 지식의 표준화와 체계화는 직업집단 차별화의 기초가 되며, 대중으로부터 인정을 받을 수 있게 하는 전문가 상품의 기초가 된다(Larson, 1977)는 데 의미가 있다.

그러나 사회교육전문요원은 직업집단으로 형성되지 못했으며, 여전히 학자가 전문직화를 이끌었다. 「사회교육법」상의 위치에서만 본다면 사회교육전문요원은 법적인 기반으로 사회교육 분야의 관할권 설정에서 주도권을 가져야 했다. 사회교육전문요원은 외형적으로는 국가에 의해 정당화되었으며, 일반적인 전문직처럼 고등교육과의 연결을 통해 지식뿐만 아니라 실제 업무 활동의 정당성을 확립하는 권위의 원천(Freidson, 2001)을 갖게 되었다고 할 수 있다. 실제에서는 사회교육전문요원의 경우 전문직에 버금가는 활동 영역과 지위를 보장받지 못하였다. 결정적으로 자격증이 현장에서의 통용성도 가지지 못하는 한계를 보였다. 이는 사회교육전문요원의 관할권 확보 실패와 직업집단 형성의 한계를 가져왔다. 사회교육전문요원 제도는 전문직화의 외적 요건을 형성하는 차원에서의 기여에 머물렀다.

행위자들은 사회적 폐쇄 행위에서 모순적인 모습을 보였다. 대표적인 사례는 사회교육전문요원 제도가 일부 개정된 내용에서다(〈표 2-5〉 참조). 1989년 「사회교육법 시행령」 일부개정을 통해 사회교육 분야의 학과로 제한되었던 내용은 학과 상관없이 과목 이수를 통한 자격취득이 가능한 구조로 개방되었다.

입과 조건에서 학과 조건을 없앤 것은 평생교육 이념인 다양성과 포용성을 따르려는 행위였다고 볼 수 있다. 그러나 특정 집단이 희소자원을 독점하는 데는 불리한 행위였다. 즉, 사회적 폐쇄를 기초로 한 전문직 지위추구 프로젝트에서는 실패한 행위였다. 반면, 대학이라는 3차 교육기관의 자격요건을 갖춘 사람에게 사회교육전문요원 자격을 부여하는 체제를 만들어 학력에 의한 사회적 폐쇄의 전형적인 모습을 보여 주는 등의 모순된 현상이 나타났다.

대학과정에 기초한 사회교육전문요원 양성과 자격제도 형성 자체는 전문직화에

표 2-5 사회교육전문요원 자격규정(「사회교육법 시행령」 제9조) 주요 변화 내용

구분	1983. 9. 10. 제정	1989. 2. 28. 개정
1급 전문요원	대학에서 교육학과 또는 문교부장관이 지정하는 사회교육 분야의 학과를 졸업한 자로서 사회교육학에 관한 학점을 10학점 이상 취득한 자	대학졸업자 또는 이와 동등 이상의 학력이 있는 자로서 사회교육학에 관한 학점을 20학점 이상 취득한 자
2급 전문요원	전문대학의 사회교육학과를 졸업한 자	전문대학졸업자 또는 이와 동등 이상의 학력이 있는 자로서 사회교육학에 관한 학점을 20학점 이상 취득한 자

서 의미 있는 행위전략이었다. 그러나 내적인 행위전략에서의 모순과 함께 사회적 인식 형성에는 한계를 가졌다. 사회적으로 자격제도 인식의 부재, 각 사회교육 기관을 포함하여 평생교육 시장에서 사회교육전문요원 자격제도가 교환가치로서 인정을 받지 못하는 등의 자격제도로서 통용성을 가지지 못하였다. 그로 인해 사회교육전문요원이라는 이름의 직업집단 형성은 불가능하였다. 이처럼 이 시기는 평생교육사 전문직화 역사에서 전문자격제도를 국가의 제도 속에 편입하는 성과를 올렸으나 사회교육전문요원이 시장에서 다른 직업집단의 침범을 막고 무자격자 활동을 규제하는 배타적 관할권을 획득하지는 못하였다.

3) 「평생교육법」 시기의 평생교육사 세력화 시작

2000년대는 세계적으로 '지식기반사회'가 시대적 화두로 떠올랐으며, IMF 구제금융체제를 겪었던 국내 상황은 정책적으로 국가인적자원개발을 통한 국가 경쟁력 강화를 표방하던 시기였다. 또한 시민의 학습을 통한 능력개발 욕구가 컸던 시기였다. 특히 평생교육이 정부는 물론 각 시·도 및 시·군·구 단위 지방자치단체에서 주요 정책 방향으로 설정되었으며, 평생교육의 공적·사적 영역의 확대가 이루어졌다. 이는 평생교육사에 대한 시장의 수요를 가져왔다. 직접적으로는 2000년 「평생교육법」이 본격적으로 시행되고, 평생학습도시 사업, 소외계층을 위한 평생교육 프로그램 지원사업, 방과후 학교 제도 등 정부의 평생교육 관련 사업이 시행되면서였다(교육과학기술부, 평생교육진흥원, 2008; 교육인적자원부, 한국교육개발원, 2007).

평생교육 사업의 추진은 평생교육사의 일터 확보와 직결되는데, 이의 체계화는 「평생교육법」에서 새롭게 규정한 국가 차원의 지원체제로 가능했다. 한국교육개발원 평생교육센터는 국가 수준의 평생교육 전담ㆍ지원기구로서 '평생교육에 관한 연구, 평생교육 종사자에 대한 연수, 평생교육에 관한 정보의 수집ㆍ제공'을 기본으로 한 중앙단위 사업을 추진하였으며, 지역 단위 사업 추진에서도 구심점이 되었다. 또한 평생교육사를 비롯하여 평생교육 정책연구와 현장의 컨설팅, 각종 자료집을 형성하는 활동을 수행하였다. 이처럼 전문직화 행위자로 정부의 평생교육 추진기구인 한국교육개발원 평생교육센터는 학자와 협력체제를 구축하면서 전문직화를 이끌었다.

한국교육개발원 평생교육센터는 평생교육사의 교육 및 자격제도와 전문지식 형성에서 주도적인 임무를 수행하였다. 그리고 평생학습도시 등 각종 사업을 추진하고 그 기준을 만들어 가면서 평생교육 현장을 통제하였다. 한국교육개발원 평생교육센터는 정부와 평생교육 영역의 학자 등과 상호작용하며 평생교육 영역을 확대하는 데에도 적극적이었다. 한국교육개발원 평생교육센터는 국가 평생교육 추진기구였지만 주로 학자 집단으로 구성되었다. 행위자로서 정부와 학자의 특징을 동시에 공유하고 있었다. 정책 사업 추진 내용은 정부의 활동으로 볼 수 있지만, 평생교육센터가 생산하는 각종 매뉴얼과 연구 보고서 등이 평생교육 영역의 학자와의 협력을 통해 작성되었다. 평생교육사 제도 개정 추진에서도 한국교육개발원 평생교육센터와 학자들의 협력이 이루어졌다.

이 시기도 여전히 평생교육사는 행위 주체자가 되지 못하였으며, 학자가 그 역할을 대신하였다. 2002년 새롭게 등장한 한국평생교육사협회는 평생교육 정책자문에 참여하고 「평생교육법」 개정에서 그들의 의견을 주장하기도 하였으나(교육과학기술부, 평생교육진흥원, 2008, 2009; 한국평생교육사협회 내부자료), 전문직화를 이끄는 중심적인 세력으로 성장하지는 못하였다.

평생교육사 교육 및 자격제도의 운영, 이론적ㆍ실천적 지식의 형성, 전문협회의 형성 측면에서 이전 시기보다 규모화가 이루어졌다. 이전 시기에는 존재하지 않았던 평생교육사 권익을 보호하는 직업전문협회가 창설되면서 평생교육 영역의 전문협회 구성도 다원화되었다. 그 외에도 교육 및 자격 제도, 전문지식에서도 양적인 진일보가 이루어졌다. 그러나 교육 및 자격 제도는 개선의 필요성이 시행 초부터 논의되는 등 내용에서 전문직업성을 강화하기에는 한계를 가졌다. 전문지식 형성에서는 학문적 체계화 논의가 시작 단계에 있으며, 실천지식 체계화는 여전히 미흡한 상황이었다. 평생교육사만의 전문협회도 조직화를 시작하는 단계였다. 요약하면, 전문직화 요건의 구조적 측면의 확대가 진행되었고, 미흡하지만 전문직화의 내실화를 기하려는 노력이 진행되었다.

이 시기의 주목할 점은 국가 차원의 평생교육 전담지원기구인 한국교육개발원 평생교육센터를 중심으로 각종 평생교육 사업이 활성화되고 「평생교육법」상의 평생교육 시설 등이 확대되면서 평생교육사에 대한 고용 시장에서의 수요가 나타났다. Wilensky(1964)가 전문직화 과정에서 최초의 단계로 규정한 전업의 형태가 본격적으로 나타난 것이다. 이와 함께 집단적 실체를 이루지 못하였던 현장의 평생교육사가 '한국평생교육사협회'라는 그들의 권익 보호를 목적으로 한 직업전문협회를 창설하는 등 직업집단으로서 정체성 형성을 시작한 것이다. 한국평생교육사협회라는 직업전문협회의 등장은 앞으로 전문직화 대상 주체가 직업집단으로 명확해졌다는 의미이며, 전문직 지위추구 프로젝트 수행 주체가 확실해졌다는 의미를 시사한다.

4)「평생교육법」전부개정 시기의 전문직 지위추구 프로젝트 추진

2007년 12월 5일 제2차 평생학습진흥종합계획이 발표되고 평생학습중심대학, 지역과 함께하는 학교 사업이 시행되었으며, 이명박 정부에서는 국가 차원의 학부모지원 프로그램이 강화되었다. 특히 2007년 12월 14일 「평생교육법」이 전부개정·공포되면서 평생교육사 전문직화에 관련된 몇 가지 큰 변화가 있었다. 첫째, 평생교육 내용 영역이 명확히 규정되었다. '학교의 정규교육과정을 제외한 학력보완교육, 성인 기초·문자해득교육, 직업능력향상교육, 인문교양교육, 문화예술교육, 시민참여교육'으로의 구체화다. 둘째, 평생교육진흥원을 설립하여 국가 수준의 평생교육추진체제가 재정비됨으로써 평생교육사 전문직화 행위자로서 정부의 활동이 확대되었다. 셋째, 평생교육 사업 영역의 확대 기반이 마련되었다. 교육청 중심이었던 지역의 평생교육 추진이 시·도 및 시·군·구라는 지방자치단체를 그 추진 주체로 포함하고 각종 평생교육 사업에 지방자치단체장의 참여·권한·의무를 확대하였다.

「평생교육법」전부개정을 통해 설립된 평생교육진흥원은 평생교육 정책의 주요 추진체로서 역할을 수행하였는데, 평생교육정책의 조사, 평생교육 프로그램 개발 지원, 평생교육사 및 종사자들의 양성과 연수, 평생교육 기관 간 연계체제 구축, 평생교육 종합정보시스템 구축, 평생학습결과 인정과 학습계좌제 사업 등의 평생교육 관련 업무를 담당하였다. 이러한 평생교육진흥원의 등장은 그 탄생 배경 자체가 평생교육 학자들의 관할권 투쟁의 산물이었다. 2007년 4월 국회 교육위원회 회의록(국회사무처, 2007)에 따르면, 한국교육개발원과 한국직업능력개발원 외에 별도의 기관(평생교육진흥원)을 설립하는 문제에 있어서 평생교육과 직업능력개발을 담당하는 두 기관의 견해 차이가 있었다. 여기에서는 평생교육 영역과 인적자원개발 영역이 각각의 이해관계 속에서 관할권을 확보하려는 모습이 보였다. 이해관계 대립에서 국회는 평생교육 학자 진영의 논리를 수용하였으며, 「평생교육법」전부개정에 따라 평생교육진흥원을 설립했다.

정부의 평생교육 사업 추진기구인 평생교육진흥원이 평생교육사의 전문직화의 핵심 행위자로 등장하였다. 교육 및 자격제도 등의 전문직화 요건을 견고히 하는 데 이바지하였으며, 적극적으로 평생교육사 관할권 확보 노력에도 참여하였다. 평생교육사와 학자 그리고 정부의 평생교육 사업 추진기구 '평생교육진흥원'이 협력체제를 구축하며 평생교육사의 관할권을 확보하고자 하였다. 대표적으로 평생교육사의 공무원 직렬화를 통해 공적 영역에서의 관할권 설정을 위해 노력하였다. 평생교육 지식형성에 대한 노력에서 시장에서의 관할권 확보 노력으로의 확대다.

「평생교육법」전부개정 이후 평생교육사 자격제도는 직무, 이수 과정, 연수, 배치 기준 등이 강화되었다. 교육 내용은 기존의 이론 위주에서 실무를 강화하는 형태로 변화하였다. 보수교육과 승급과정 체제를 구축하며 현장 실무 기반의 평생교육사의 전문성 강화 구조를 만들었다. 전문직들이 계속교육을 강조하고 실무에 기초한 지식 함양을 강조(Cervero, 1988; Houle, 1980)하는 전략을 통해 자신들의 전문직 입지를 유지하는 방법과 유사하다.

한편, 평생교육사 교육 및 자격제도 측면에서는 폐쇄전략과 개방전략을 동시에 취하는 등 일관되지 못한 전문직 지위추구 프로젝트 모습을 보였다. 전문직 지위추구 프로젝트는 사회적 폐쇄전략을 통해 경제적 차원과 사회적 차원에서의 직업 지위를 획득하는 행위다. 즉, 1급의 승급 과정화는 현장의 평생교육사 경력자들이 기존 박사학위를 가진 자들의 1급 취득을 배제한 사회적 폐쇄전략이다. 그러나 2급과 3급에서는 폐쇄전략보다는 학점은행제를 통한 자격취득을 가능하게 하여 개방전략을 채택한다. 학점은행제를 통한 양성과정 운영은 자격취득의 희소성보다는 용이성을 증대하는 전략이다. 2009년 「평생교육법」 일부개정을 통해서는 학점은행제 양성과정의 입과 조건도 학력을 철폐하여 전통적인 전문직들이 취하는 사회적 폐쇄 행위와는 반대의 방향을 취하였다.

4. 나가는 말

우리나라의 평생교육사 전문직화 과정에서 영향을 준 핵심 요건과 특징을 토대로 시기를 정리하면, 1945년부터 1982년까지는 평생교육 영역의 조직화 시기라 할 수 있다. 1983년 「사회교육법」 시행 이후부터 1999년까지는 전문자격 제도화 시기다. 2000년 「평생교육법」 시행 이후부터 2007년까지 그리고 2008년 「평생교육법」 전부개정 시행부터 2010년까지는 통합하여 평생교육사 전문직화 시작 시기라 할 수 있다.

평생교육사 전문직화의 본격적인 시작은 2000년 「평생교육법」 시행부터라고 정리할 수 있다. 「사회교육법」 시기는 전문직화 주체라 할 수 있는 직업집단의 실체가 없는 상태에서 전문직 요건형성에 대한 노력만 이루어졌다. 그러나 전문직화라는 일련의 과정에서 행위자들의 역동성을 볼 수 있는 전문직 지위추구 프로젝트는 계획적으로 일어난 일이 아니더라도 특정 행위 과정의 역사적 결과에서 일관성과 지속성이 보이는 경우를 포함한다(Larson, 1977). 즉, 앞선 시기에서 이루어진 행위 역시 전문직화라는 방향을 향해 일관된 모습을 보였으므로, 평생교육사의 전문직 지위추구 프로젝트의 연장선에 있다. 다만, 현재의 모습이 되기까지 과거 일련의 노력이 그 태동과 기반이 되었고, 2000년대 이후 본격적인 평생교육사 전문직 지위추구 프로젝트가 추진되었다.

평생교육사 전문직화 역사에서의 전문직 지위추구 프로젝트 특징은 다음과 같다. 첫째, 평생교육사의 전문직화는 평생교육사라는 직업집단이 주체가 되지 못하고 학자 그리고 정부와 정부의 평생교육 추진기구가 이끌었다. 학자들이 전문직화를 이끌었던 특징은 평생교육사 전문직화가 초기 단계임을 방증한다. 전문직화를 이끄는 전문협회가 초기 단계에서는 주로 학자 등의 엘리트 집단으로 구성되는 특징을 가진다(Freidson, 2001). 엘리트 계층인 학자가 중심이 되어 운영되는 우리나라 평생교육 영역의 협회 현실과 일치한다. 한편, 정부 주도의 전문직화는 평생교육사가 전문직화보다는 관료제화될 가능성을 함의한다. 전문직화와 관료제화 모두 기술적 전문성, 객관주의, 공평성, 그리고 고객에 대한 봉사를 지향한다(Hoy & Miskel, 1996). 몇 가지 특징에서 차이가 존재하는데, 전문직은 의사결정에 있어서 자율성에 기초하지만, 관료는 원리원칙에 기초한다. 전문직은 스스로 자기규제를 하지만, 관료는 조직의 명령에 따른다. 평생교육사 전문직화는 「사회교육법」과 「평생교육법」 그리고 「평생교육법」 전부개정을 거치며 자격제도와 양성과정이 제도화되면서 가속화되었다. 평생교육 제도화와 함께 이루어졌던 평생교육사 전문직화는 자율성에 있어 한계를 드러내고 있으며, 무엇보다 직업윤리 등의 자기규제를 위한 기제가 취약한 상태다.

둘째, 전통적인 전문직들이 사회적 폐쇄전략을 통해 전문직 지위추구 프로젝트를 수행하는 것에 비해 평생교육사 전문직화는 개방전략과 폐쇄전략을 모두 사용하면서 행위 방향에서 모순과 혼란이 존재하는 경향을 보였다. 대표적인 현상은 평생교육사의 자격제도 측면에서 드러난다. 사회적 폐쇄라는 전문직 지위추구 행위전략에 따르면, 평생교육사 자격제도의 엄격성과 학과 제한 등을 통해 자격증의 희소성을 증대한다. 그러나 평생교육의 개방성의 이념에 근거하면, 학점은행제 등으로 교육제도의 개방을 통해 누구나 자격취득을 가능하게 해야 한다. 평생교육사 전문직화를 추진해 온 행위자들이 전문직이 가지는 이념과 평생교육사가 가지는 평생교육 이념 간의 충돌로 인해 전문직화 행위 방향에서의 혼란 상태에 있다는 것이다. 평생교육사의 윤리규정이 부재한 현재 상태에서는 「평생교육법」상에 규정된 개념과 이념이 그들 실천철학의 대체재였던 것으로 보인다.

이상의 내용을 토대로 앞으로 평생교육사 전문직화의 바람직한 방향을 설정하기 위해 논의해야 할 과제를 제시한다. 첫째, 평생교육사의 전문적인 실천지식의 규명과 실천윤리 방향 설정을 위한 논의다. 최근 평생교육사의 직업적 전문성을 견고히 하기 위한 자격제도와 양성체제(강대중 외, 2017; 변종임 외, 2015; 오혁진 외, 2019), 보수교육 체제(신민선 외, 2018) 등의 제도적 연구에서도 일관되게 언급되는 것처럼 실천 현장의 평생교육사가 가진 직업적 전문성을 규명하고 이에 대한 개발을 지속해야 한다. 둘째, 직업으로서 평생교육사에 대한 확고한 사회적 인식과 동의를 얻을 수 있는 구체적인 프로젝트는 무엇일지에 대한 고민이다. 우리나라 평생교육사의 전문직화가 국가와 학자 중심에서 실천 현장의 평생교육사들 중심의 전문직화가 이루어지길 바란다. 이를 위해 국가 기관과 학자의 지지 및 지원이 지속되어야 할 것이다.

참고문헌

강대중, 김한별, 김현수, 한숭희, 현영섭(2017). **평생교육사 자격제도 발전방안 연구**. 서울: 국가평생교육진흥원.

교육개혁위원회(1995). **세계화 정보화 시대를 주도하는 신교육체제 수립을 위한 교육개혁 방안**. 서울: 교육개혁위원회.

교육과학기술부, 평생교육진흥원(2008). **평생교육백서**. 서울: 평생교육진흥원.

교육과학기술부, 평생교육진흥원(2009). **평생교육백서**. 서울: 평생교육진흥원.

교육부(1998). **교육 50년사(1948-1998)**. 서울: 교육부.

교육인적자원부, 한국교육개발원(2007). **평생교육백서**. 서울: 한국교육개발원.

국혜수(2018). 평생교육사의 실천 양상과 경험학습의 변용: 지방자치단체 근무 평생교육사의 현장경험을 중심으로. **평생교육학연구**, 24(2), 87-115.

국회사무처(2007). 교육위원회 회의록(2007년 4월 18일).

김미향(2014). 한국 사회교육자 전문성에 관한 제도적 규정의 변천과정 연구. **평생학습사회**, 10(3), 47-69.

김소영(2003). 평생교육사의 직업적 정체성에 관한 연구. 중앙대학교 대학원 석사학위논문.

김수일(1993). 학회의 태동과 창립. 한국교육학회 편, **교육탐구의 세월: 한국교육학회 40년사** (pp. 225-242). 서울: 한국교육학회.

김영경, 이희수(2013). 지방자치단체 평생교육사의 현장 목소리 탐색: 리조보컬리티(Rhizovocality) 개념 적용을 바탕으로. **평생교육학연구**, 19(3), 57-92.

김진화(2002). 평생교육사의 직업적 전문성과 직무의 탐구. **평생교육학연구**, 9(2), 219-247.

김진화(2003). 평생교육 프로그램개발의 전문성 탐구와 평생교육학의 과제. **평생교육학연구**, 8(1), 69-96.

김진화, 신다은(2017). 평생교육사의 직무중요도 변화에 관한 연구: 2007년과 2017년 비교분석과 논의. **평생교육학연구**, 23(4), 55-84.

김한별(2016). 평생교육사의 직업사회화: 지자체 근무 평생교육사 경험을 중심으로. **평생교육학연구**, 22(3), 27-53.

김혜영(2011). 한국 평생교육사의 전문직화에 관한 연구. 중앙대학교 대학원 박사학위논문.

김혜영(2012). 공공기관 평생교육사의 직업이미지 인식 유형 분석. **평생학습사회**, 8(3), 87-114.

대한교육연합회, 한국교육신문사(1986). **한국교육연감 1985 · 1986**. 서울: 한국교육신문사.

문교부(1947). **문교행정개황**. 서울: 문교부 조사기획과.

박근수, 김주후(2012). 평생교육사 역할의 중요도와 교육요구도 분석. **평생학습사회**, 8(3), 35-57.

박명신, 장은숙, 박수정(2012). 평생교육사 직무의 상대적 중요도 분석. **교육연구논총**, 33(1), 165-186.

변종임, 이범수, 채재은, 김현수, 박진형(2015). **평생교육사 자격제도 개선방안 연구**. 서울: 국가평생교육진흥원.

신경석(2018). 평생교육사 자격의 비금전적 효과: 직원의 전문성과 직무역량에 미치는 영향을 중심으로. 연세대학교 대학원 박사학위논문.

신민선, 강대중, 박선경, 김혜영, 박지숙(2018). **평생교육사 보수교육체제 구축 연구**. 서울: 국가평생교육진흥원.

안상헌(2008). 자율화 다양화 시대 평생교육사의 정체성. **평생교육학연구**, 14(3), 77-98.

오혁진, 전주성, 양흥권, 김영석, 김미향(2019). **평생교육사 양성체제 개편 연구**. 서울: 국가평생교육진흥원.

윤혜진, 김한별(2014). 네트워킹 직무 수행과정에서 평생교육사의 학습경험 탐색. **한국평생교육**, 2(1), 81-99.

이경아, 김경희(2006). 평생교육사 전문성 구인 타당화 및 전문성 형성에 영향을 미치는 요인 탐색에 관한 실증 연구. **평생교육학연구**, 12(2), 91-119.

이희수, 박인종, 백은순, 서혜애, 유균상, 최돈민, 홍영란(2000). **평생학습지원체제 종합 발전 방안 연구(I)**. 서울: 한국교육개발원.

진선미(2018). '평생교육사'의 역할 및 정체성 혼란의 원인으로서의 법적, 학문적, 제도적 여건의 탐색. **교육원리연구**, 23(2), 51-72.

한국사회교육협회(1980). **사회교육연구**. 서울: 한국사회교육협회.

황종건, 김종서, 김승한, 정원식, 천관우, 이범신, 김은우, 백현기(1962). **사회교육**(머리말). 서울: 현대교육총서출판사.

Abbott, A. (1988). *The system of professions: An essay on the division of expert labor*. Chicago: University of Chicago Press.

Berlant, J. (1975). *Profession and monopoly*. Berkeley and Los Angeles: University of California Press.

Cervero, R. M. (1988). *Effective continuing education for professionals*. San Francisco: Jossey-Bass.

Cervero, R. M. (1992). Professional practice, learning and continuing education: An integrated perspective. *International Journal of Lifelong Education, 11*(2), 91-101.

Collins, R. (1979). *The credential society: An historical sociology of education and stratification*. New York: Academic Press.

Etzioni, A. (1969). *The semi-professions and their organization*. London: The Free Press.

Freidson, E. (1970). *Professional dominance: The social structure of medical care*. New York: Atherton Press.

Freidson, E. (1986). *Professional powers*. Chicago: University of Chicago Press.

Freidson, E. (1994). *Professionalism reborn: Theory, prophecy, and policy*. Chicago: University of Chicago Press.

Freidson, E. (2001). *Professionalism: The third logic*. Chicago: University of Chicago Press.

Flexner, A. (1915). Is social work a profession? *School & Society, 1*, 901-911.

Goode, J. W. (1969). The theoretical limits of professionalisation. In A. Etzioni (Ed.), *The semi-professions and their organization* (pp. 266-313). London: The Free Press.

Greenwood, E. (1957). The attributes of a profession. *Social Work, 2*, 44-55.

Houle, C. O. (1980). *Continuing learning in the professions*. San Francisco: Jossey-Bass.

Hoy, W., & Miskel, C. (1996). *Educational administration: Theory, research, and practice*. New York: McGraw-Hill.

Jõgi, L., & Gross, M. (2009). Professionalisation of adult educators in the Baltic States. *European Journal of Education, 44*(2), 221-242.

Johnson, T. (1972). *Professions and power*. London: Routledge.

Larson, M. S. (1977). *The rise of professionalism: A sociological Analysis*. Berkeley: University of California Press.

Macdonald, K. M. (1995). *The Sociology of the professions*. London: Sage.

Merriam, S. B., & Brockett, R. G. (2007). *The Profession and practice of adult education: An introduction*. San Francisco: John Wiley & Sons.

Millerson, G. (1964). *The Qualifying associations: A study in professionalization*. London: Routledge and Kegan Paul.

Murphy, R. (1988). *Social closure: The theory of monopolization and exclusion*. Oxford: The Clarendon Press.

Parkin, F. (1979). *Marxism and class theory: A bourgeois critique*. New York, NY: Columbia University Press.

Research voor Beleid & PLATO(2008). *ALPINE: Adult learning professionals in Europe*. A study of the current situation, trends and issues. Final report. Zoetemer.

UNESCO (2011). Belém framework for action. https://unesdoc.unesco.org/ark:/48223/pf0000187789 (검색일: 2020. 9. 21.)

Vollmer, H. M., & Mills, D. L. (1966). *Professionalization*. Englewood Cliffs, New Jersey: Prentice-Hall.

Weber, M. (2009). **경제와 사회: 공동체들**(*Wirtschaft und Gesellschaft: Gemeinschaften*). 박성환 역. 서울: 나남. (원저는 2001년 출판).

Wilensky, H. (1964). The professionalization of everyone? *The American Journal of Sociology, LXX*(2), 137-158.

Witz, A. (1992). *Professions and patriarchy*. London: Routledge.

Zeph, C. (1991). Graduate study as professional development. In R. Brockett (Ed.), Professional development for educators of adults. *New Directions for Adult and Continuing Education, 51*, 79-88.

학습조직 모델에 기반한 평생학습도시 재구조화

평생학습도시의 목적은 시민이 학습을 통하여 지식을 창출하고 학습 네트워크를 통해 공유하여 삶의 질 향상과 지역경제를 활성화하는 데 있다. 우리나라의 평생학습도시는 2001년 광명시 등 3개 지역에서 시범사업으로부터 시작되었다. 학습공동체 문화운동으로 한 단계 거듭나기 위해서는 성과관리 및 평가체제의 재구조화가 요구된다. 이 장에서는 평생학습도시의 재구조화를 위해 Watkins와 Marsick의 학습조직 모델을 소개한다. 이 모델은 평생학습도시의 목표, 사람 · 체제의 두 가지 수준, 개인 · 팀 · 조직의 세 가지 차원, 인프라 · 시스템 · 문화의 세 가지 영역을 지표화하고 성과를 관리하는 데 적합하다.

1. 평생학습도시의 재구조화 필요성

평생학습도시(lifelong learning city)는 평생학습의 필요성에 대한 공감대가 확산되면서 이를 명시적이고 조직적으로 실천하기 위해 등장한 개념이다(Faris, 2006).

1990년 이후 학습조직, 학습마을, 학습도시 건설에 대한 전 세계의 관심이 쏠리고 있다(Boshier & Huang, 2006). 우리나라는 2001년부터 지정하여 2020년 현재 167개 도시에서 지역사회의 평생학습 활성화를 위해 노력하고 있다. 이 사업은 주민이 언제 어디서나 평생학습을 받을 수 있도록 지방자치단체가 평생학습 인프라를 구축하고, 지역의 여건 및 특성과 수요를 반영하여 지역을 발전시키고 사회문제를 해결하는 핵심기제로 작동하고 있다.

평생학습도시는 국민의 기본 인권으로서 학습권 보장 및 다양한 평생학습 프로그램 운영과 학습동아리 활동 등으로 지역주민의 평생학습 기회를 제공하였다. 평생학습 시설이 부족한 지역에는 찾아가는 프로그램을 운영하였고, 접근성 강화를 통해 읍 · 면 · 동 평생학습센터가 활성화되었다. 경력단절여성, 은퇴자 등을 위한 제2의 경력창출 지원 및 시 · 군 · 구 단위 학습공동체를 형성하여 학습형 일자리가 확대되었다. 자원봉사 활동 등 시민 참여의 동기를 마련하여 국제적으로 취약한 시민사회 참여 유도에 기여하였다(국가평생교육진흥원, 2019). 평생학습도시는 지역사회 속에서 사회적 책임을 다하는 능동적인 시민으로 성장하는 데 상당히 기여했음을 알 수 있다.

평생학습도시는 다양한 성과와 기여에도 불구하고 운영에 대한 지속적인 점검제도가 부재하여 성과를 확산하는 데 한계를 드러냈다. 평생학습도시를 대상으로 한 주기적인 성과평가와 환류체계를 통해 지속가능한 학습도시 발전을 담보할 필요가 제기되었다(이희수, 2019). 또한 평생학습도시의 지속적 운영 및 자립 유도를 위한 관리 기반을 강화하기 위해 재지정 평가 추진 계획을 수립하여 지속적인 사업 추진 기반을 확보하였다. 제4차 평생교육진흥기본계획(2018년)에도 이미 지정된 평생학습도시를 대상으로 특성화 및 사업 추진 노력 등 평생교육 역량에 대한 성과평가를 도입하였다. 평생학습도시에 대한 지속가능한 발전과 질 관리를 하여 행정적 · 재정적 지원으로 지속발전을 도모하겠다는 계획이다. 평생학습도시 관계자 정책세미나, 실무자 및 중간관리자 의견수렴, 관련 전문가 의견조회 등을 통해 세부적인 내용을 조정하였다(국가평생교육진흥원, 2019).

지속가능한 평생학습도시를 위해 정부와 관계기관이 제시한 해결 방안은 근본적으로 두 가지 관점에서 문제점을 가진다. 첫째, 평생학습도시의 기저가 되는 이론적 모델의 부재다. 평생학습도시의 개념, 목적, 구축전략 및 단계, 평가모델 및 준거 등의 전반적인 면에서 검증된 모델을 접목되어야 한다. 둘째, 평생교육 체제의 구축, 그리고 운영 대비 교육효과 및 성과관리 문제가 제기된다. 양적으로 성장한 평생학습도시 사업을 안정적으로 자리매김하고 질적으로 성과를 내기 위해서는 체계적이고 다층적인 성과지표와 관리가 필요하다. 무엇보다도 평생학습도시가 지역공동체, 경제공동체, 학습공동체로 거듭나기 위해서는 체계적이고 합리적인 평가절차를 통하여 사업의 목적 달성 여부, 학습자의 만족도, 지역발전에의 기여, 지역주민의 학습력 제고 등과 같은 성과를 다각도로 평가하는 것이 중요하다(홍진욱, 2017).

이와 같이 노출된 평생학습도시의 근본적인 문제점을 해결하기 위한 방안으로 미래 지향적인 방향으로 재구조화하기를 제안한다. 평생학습도시의 재구조화란 지속가능한 지적기반을 조성하고, 실천모델인 학습조직(Learning organization)에 맞게 구조화하는 것이다(Merriam, Caffarella, & Baumgartner, 2007). 학습조직은 사람(people)과 체제(structure) 수준에서 학습과 성장이 가능하고 지속가능한 학습공간을 조성하는 살아 숨 쉬는 유기체다(Marsick & Watkins, 1999). 또한 학습조직은 형식교육, 비형식교육, 무형식학습의 틀을 넘어 지역사회의 학습공동체화가 가능한 대안을 담고 있다. 학습조직 이론의 대가인 Senge(1990)는 학습조직을 조직, 마을, 도시 및 지역에서 학습이 가능하게 하는 모델임을 주장하였다. Senge의 주장은 학습조직 모델이 평생학습의 대대적인 개혁 방안으로 꼽히는 Faure의 마스터 개념(master concept)보다 관리가 더 가능하다는 것이다.

Faure 보고서(1972)의 핵심인 '존재를 위한 학습(Learning to be: The world of education today and tomorrow)'은 상하이에서 열린 2010 유네스코 'Better City, Better Life' 회의에서 시사한 바와 같이 이데올로기의 차이가 있음에도 불구하고, 학습사회의 가장 근본적인 요소를 광범위하게 담았다는 데 의미가 있다. 이희수(2001)도 유네스코를 중심으로 전개되던 평생교육의 사상적 맹아들을 학습사회라는 하나의 거대한 얼개로서 체계화하고 집대성하였을 뿐 아니라 유네스코의 평생교육에 대한 관점과 그 원형을 가장 잘 반영한 것으로 평가하였다. 그러나 Faure의 주장은 경쟁력 제고와 지속적 직업능력 개발을 목적으로 하기 때문에 학습사회의 의미가 축소되고, 인간소외와 사회적 배제를 가져올 수 있다는 비판을 받고 있다(김창엽, 2005). 학습사회는 학습자가 평생 동안 스스로 책임감을 가지고 학습하지 않으면 안 되기 때문이다.

따라서 현재까지 평생학습도시 선정과 시행과정에서 노출된 문제점과 근본 원인을 해결할 수 있는 대안, 즉 평생학습도시의 재구조화를 위해 이론과 실천적인 측면에서 검증되고 평가지표 및 성과관리가 가능한 Watkins와 Marsick(1993)의 학습조직 모델을 소개하고자 한다. Watkins와 Marsick의 학습조직은 정신모델을 변화시킬 수 있는 능력, 개인의 역량과 성과를 증대시킬 수 있는 조직구조 및 규범, 협력적이고 동반적인 문화, 신뢰와 상호존중 문화 등을 갖추었다(송영선, 2008). 이 학습조직 모델은 구성 요인뿐만 아니라 구축 방안이 단계별로 되어 있으며, 평생학습도시의 성과도 학습조직화의 정도에 따라 평가가 가능하여 구체성과 실제성 면에서 평생학습도시의 이론적 모델 및 성과관리의 대안으로 매력적일 수밖에 없다. Watkins와 Marsick의 학습조직 모델을 통해 지역사회를 단위로 하는 학습문화를 형성하여 인적자본과 사회적 자본을 형성함으로써 지역의 평생학습 공동체 구축과 활성화에 기여할 것으로 기대한다.

2. 평생학습도시 개념과 전개과정

평생학습도시는 1968년 Hutchins의 저서 『학습사회(The Learning Society)』에서 그 뿌리를 찾을 수 있다. 그는 전(全) 사회가 학교화 사회(schooling society)에서 평생학습사회(lifelong learning society)로 전환해야 한다고 주장하였다. 즉, 그가 주장하는 학습사회는 모든 사회 구성원이 계층이나 성별, 연령, 거주 지역, 직업, 교육 수준 등의 사회 귀속 변수에 상관없이 자유로이 배움을 주고받을 수 있는 사회, 즉 언제 어디서나 무엇이든 어떤 방법으로 누구나 누구에게서든지 자유로이 배움을 주고받는, 그러한 늘 배움의 사회를 의미한다(Merriam & Caffarella, 1999).

학습사회는 학습 참여, 사회의 역할분담과 협력체제, 학습을 지속하기 위한 시스템, 학습결과의 보상이 가능한 사회다. 더 나아가 학습사회는 학습의 사회적 총량과 학습의 관리 및 평가 등 학습의 강조를 넘어 사회의 변화와 혁신역량을 갖춘, 새롭게 공유된 규범과 양식을 만들어 가는 자기구성적 유기체다(조대연, 2009). 궁극적으로 학습사회는 일상생활에서 학습강도의 일반적 수준이 높아져 있는 상태로 국민 각자가 자아실현, 생활 향상 또는 직업적 지식 및 기술의 획득을 목적으로 생애에 걸쳐 자주적·주체적으로 학습을 계속하는 사회다(이희수, 2001, 2004). 학습사회는 그 지역에서 태생한 토착적 학습문화(embedded learning culture)와 그 지역의 특수성이 고려된다(Merriam et al., 2007). 이러한 학습사회를 구축하는 지역단위의 혁신운동이 바로 평생학습도시 조성사업이다. 따라서 평생학습도시는 지역의 경쟁우위와 지역 구성원의 잠재능력을 신장시키는 지렛대라고 볼 수 있다.

평생학습도시는 평생학습사회를 현실화하는 정책수단의 대안으로 등장하였다. 유럽평생학습추진위원회(ELLI)는 평생학습도시를 도시의 사회적 안정과 시민의 기본적 번영과 행복을 추구하고, 해당 도시의 잠재력을 완전히 개발하며, 해당 도시의 인적·물적·재정적 자원을 합리적이고 현실적으로 동원하는 도시, 마을, 지역이라고 하였다(Longworth, 2006). 평생학습도시 조성사업은 개인의 자아실현, 사회적 통합증진, 경제적 경쟁력을 제고하여 궁극적으로 개인의 삶의 질을 제고하고 도시 전체의 경쟁력을 향상시킬 수 있도록 언제, 어디서, 누구나 원하는 학습을 즐길 수 있는 학습공동체 건설을 도모하는 총체적 도시 재구조화 운동이다. 동시에 지역사회의 모든 교육자원을 기관 간 연계, 지역사회 간 연계, 국가 간 연계를 함으로써 네트워킹 학습공동체를 형성하려는 지역 시민에 의한, 지역 시민을 위한, 시민의 지역사회교육운동이다(한국교육개발원, 2002).

평생학습도시는 1979년 일본의 가케가와 시에서 선언한 이후, 1992년 스웨덴의 예테보리 시에서 개최된 OECD 회의에서 새로운 도화선이 되어 영국, 스페인, 호주, 캐나다, 미국, 남미, 아프리카 등 전 세계로 급속하게 확대되고 있다. 우리나라도 세계적인 추세에 맞추어 1999년 3월에 경기도 광명시가 최초로 평생학습도시를 선언하였다. 이는 2000년대 평생학습에 대한 사회적 관심이 크게 확산된 계기가 되었으며, 2001년부터 본격적으로 평생학습도시 조성사업을 시행하였다. 2001년부터 경기도 광명시, 대전 유성구, 전라북도 진안군 등 3개 지역에서 시범사업으로 시작하여 2019년 3월 현재 226개 기초자치단체 중에 전국적으로 167개 지역에 이르렀다.

3. 학습조직의 개념과 특징

학습조직의 이론적 토대는 Dewey(1933)의 무형식학습 이론과 Argyris와 Schön

(1996)의 조직학습 이론에서 출발한다(송영선, 이희수, 2010). 무형식학습은 문제의 발생, 분석, 전략의 선택, 새로운 학습 등을 하는 과정에서 개인과 조직 차원의 경험에서 발생하는 학습을 말한다. 무형식학습은 학습이 발생하는 요소가 개인뿐만 아니라 조직이 되며 더 나아가 환경 변화 등 외부적인 요인과 복합적으로 작용한다는 점에서 학습조직의 토대가 된다. Argyris와 Schön(1996)은 조직학습의 과정에서 유입되는 정보, 학습 과정과 결과 등에 대한 내면적·외면적 특징 등을 강조하였다. 그들은 학습조직에 대한 구체적이고 체계적인 접근을 시도하였다는 점에서 학습조직의 토대가 된다.

학습조직은 Senge(1990)가 시스템 이론 관점에서 연구를 시작하면서 본격화되었다. Senge의 학습조직 구축을 위한 자기 수련, 정신 모형, 공유 비전, 팀 학습, 시스템 사고의 다섯 가지 기반은 전체를 부분으로 나누어서 분석하는 사고 논리보다 전체를 직관적으로 통찰할 수 있는 입체적 사고 논리다. 그는 이 다섯 가지 분과학(discipline)의 발전을 통해 학습조직을 형성하기 위해서 [그림 3-1]과 같이 모델과 실천 전략들을 제시하였다.

나쁜 아이디어를 축출하는 좋은 아이디어, 즉 주도적인 아이디어는 두 가지 조건을 가진다. 하나는 철학적 깊이이며, 또 하나는 과정을 진행 중인 것으로 보는 관점

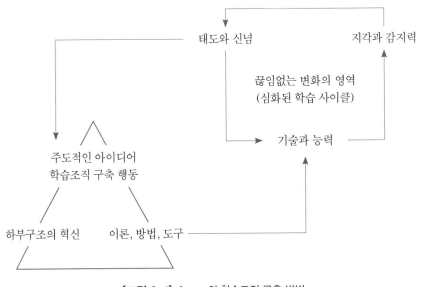

[그림 3-1] Senge의 학습조직 구축 방법

출처: Senge (1990), p. 215.

이다. 그리고 주도적인 아이디어는 비전, 가치, 목적과 함께 시작된다. 그는 학습조 직을 위한 새로운 하부구조 구축이 필요하다고 보았다. 조직구조는 팀제로의 전환 이 필요하며, 작업 프로세스에 대한 새로운 설계가 있어야 하고, 새로운 보상 시스 템, 정보 네트워크가 설정되어야 하며, 계획 활동과 전략은 학습의 일환이 된다. 그 리고 그는 방법이나 도구를 잘못 사용하면 그 숨은 전제가 가정(assumption)까지 함 께 전달되기 때문에 이론에 근거한 방법과 도구가 필요하다고 했다. 즉, 이론에 근 거한 방법만이 사고방식을 변화시킬 수 있다고 본 것이다.

학습조직 특징은 여섯 가지로 요약할 수 있다. 첫째, 학습조직은 지식의 창출, 공 유 및 활용에 뛰어난 조직이다. 학습조직은 조직이 당면한 문제를 해결하기 위하여 지식을 창출하고, 이 지식을 모든 직원이 공유하며 효과적으로 활용하는 데 뛰어난 조직이다. 둘째, 학습조직은 창조적 변화능력의 촉진이 가능한 조직이다. 학습조직 은 스스로 변화할 수 있도록 전략을 구상하고 실현하는 조직이며, 학습을 통해서 창 조적인 변화가 이루어지고, 비효율인 행동을 효율적인 행동으로 바꿀 수 있다. 셋 째, 학습조직은 지속적인 학습이 이루어지는 조직이다. 학습조직은 어느 시점에서 의 완성 상태가 아니라 환경의 변화에 지속적으로 적응하는 조직이다. 넷째, 학습조 직은 탈관료제 지향의 조직이다. 탈관료제 지향의 학습조직은 조직의 효율성을 높 일 수 있는 신축적이고 유연성 있는 원칙을 중요시한다. 학습조직은 조직원의 자율 성을 바탕으로 하는 상향식(bottom-up) 접근 방식의 업무수행을 강조한다. 다섯째, 학습자의 자생적 학습 · 자율성 · 참여성이 존중되는 조직이다. 학습조직은 개개인 의 학습자가 주체가 되어 자율적으로 학습에 참여하여 학습의 목표를 달성하는 것 이 특징이다. 이는 구성원들에게 학습기회, 학습방법, 지식 창출의 자율성을 부여함 으로써 적극적으로 학습할 수 있도록 한다. 여섯째, 학습조직은 조직, 조직의 구성 원 그리고 고객을 만족시키는 조직이다. 학습조직은 조직이 지향하는 새로운 가치 를 창조하고, 조직의 질적 수준을 높여 성과를 향상시키며, 이로 인해 구성원이 성취 감을 느끼고 지속적으로 고객에 대한 서비스를 개선하게 된다. 이러한 특징을 종합 하면 학습조직은 지속적으로 조직의 경쟁력 강화를 위한 기초 체력을 다지는 운동 이자 경영혁신의 전략이다. 따라서 기업의 학습조직화를 촉진하기 위해 최고 경영 자의 관심과 관리자의 솔선수범, 조직 구성원의 적극적인 참여가 더욱 필요하다.

학습조직은 개인학습이 조직 차원으로 끊임없이 확산 · 공유되고 조직학습이 반복적·습관적으로 이루어지는 조직으로(권석균, 1996), 학습은 일의 새로운 형태로서 일과 학습이 통합된다(권대봉, 2002). 일 자체가 학습이며 학습 자체가 일이 되는, 즉 일과 학습(Zuboff, 1988), 그 자체에서 발생하는 모순을 해결하는 것이 학습조직이다. 학습조직은 사회와 조직의 복잡성과 역동성에서 발생하는 학습속도의 위기와 다양성의 위기를 동시에 극복할 수 있는 궁극적인 조직의 형태이자 평생학습도시의 지향점이라고 할 수 있다.

4. 개인학습, 팀 학습, 조직학습과 학습조직과의 관계

학습은 인간의 가장 본능적인 활동이다. 가장 기본적인 인간경험인 학습은 한 개인의 전 생애를 통해 이루어진다(Garvin, 1999). 지식의 창출과 그 활용은 학습을 통해서 이루어지며, 지식의 창출·공유·활용되는 과정이 학습이다(Nevis, DiBella, & Gould, 1995). 학습 개념에 대해 학습심리학자 Morgan과 Lloyd(1994)는 학습에 대해 직간접적인 경험으로 인해 행동 또는 행동적 잠재력이 비교적 영구적으로 변화하는 것이라고 하였다. 인지심리학자 Bower와 Hilgard(1981)는 학습에 대해 새로운 행동이 일어나거나 어떤 행동이 변용되는 과정이라고 하였다. 이러한 정의는 개인을 분석단위로 하여 학습을 행동의 변화로 보고 있다.

학습조직에서의 학습은 사람과 조직의 인식, 행위, 신념, 정신모델, 전략, 정책, 절차를 변화시키며(Watkins & Marsick, 1993), 전략적으로 사용되는 지속적인 프로세스다. 이 프로세스는 직무와 동시에 진행되며 직무와 통합된다. 따라서 학습은 개인 발전뿐만 아니라 조직의 지속적인 경쟁력 향상을 위한 중요한 방법으로 기능한다.

학습조직은 개인학습, 팀 학습, 조직학습의 세 가지 차원으로 구성되며, 학습은 모든 차원에서 밀접하게 이루어진다. 개인학습은 팀 학습을 일어나게 하고, 팀 학습은 조직학습의 근본 바탕이 되며, 개인학습은 조직학습을 직접적으로 일어나게 하는 동력이 되기도 한다. 반대로 조직학습은 개인학습이나 팀 학습을 촉진하거나 지원하기도 한다. 이와 같이 학습조직은 조직의 모든 차원에서 학습이 이루어지고 지식이 창출된다. 따라서 학습조직은 개인학습, 팀 학습, 조직학습의 활성화를 통하여 복합적으로 이루어진다.

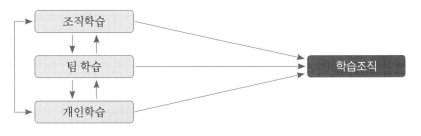

[그림 3-2] 학습조직화의 기본 체계

출처: 권석균(1996), p. 31.

　개인학습은 조직을 구성하는 가장 기본단위인 개인이 주체가 되는 학습이다. 개인학습은 조직의 교육 시스템, 직무경험, 자기계발, 관찰, 상호교류 등을 통해 개인이 받아들이는 학습이다. 개인학습은 팀 및 조직의 학습을 형성한다는 측면에서 학습조직의 필요조건이다. 즉, 학습하는 개인을 통해서만 조직학습이 이루어지고 모든 차원에서 학습하는 개인이 없으면 학습조직은 불가능하다(senge, 1990). 개인학습에 있어 학습조직의 역량은 개인에 달려 있으며, 개인학습은 조직학습에 필수불가결한 전제조건이다. 조직은 개인이 학습할 수 있도록 상황과 여건을 조성하고, 개인학습을 조직까지 확장해야 한다(Nonaka & Takeuchi, 1995). 조직 내부에서 개인의 학습활동이 조직활동으로 승화·발전하기 위해서는 무엇보다도 조직이 추구하는 전체 맥락과 일치해야 하며, 여러 조직원과의 공유과정이 절대적으로 필요하다.

　팀 학습은 개인학습과 조직학습의 중간 단위의 학습이다. 조직원들의 경험 공유와 공동과제의 수행 등을 통해 이루어지는 모든 학습이다. 팀 학습은 다른 팀이나 집단 및 개인에게 전파·확산되어 조직 전체의 학습활동에 영향을 미친다. 팀 학습은 조직원들의 개인학습 결과 얻은 지식이나 경험 등이 조직 전체 차원에서 교류와 공유를 통해 조직학습으로 발전한다. 따라서 팀 학습이 중요한 이유는 개인학습과 조직학습을 동시에 활성화하고 촉진하는 역할을 하기 때문이다.

　조직학습은 조직원의 경험, 즉 개인학습의 축적된 총합 이상이다(Fiol & Lyles, 1985; Nonaka, 1994; Watkins & Marsick, 1996). 조직학습이 이루어지기 위해서는 개인들의 지식이나 창의적인 발명들이 조직적으로 공유된 인지 체계나 루틴, 관행, 산출물들로 내재되어야 한다(Attewell, 1992). 조직은 개인이 지식을 생성할 수 있도록 여건을 제공해 주는 기능을 수행하고 지원해야 한다(Nonaka & Takeuchi, 1995). 개인

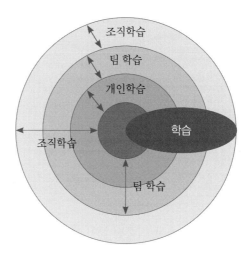

[그림 3-3] 개인학습, 팀 학습, 조직학습의 관계

출처: 송영선(2008), p. 42.

학습, 팀 학습 및 조직학습의 관계를 도식하면 [그림 3-3]과 같다.

개인학습은 조직학습의 필요조건이지만 충분조건은 아니다(Argyris & Schön, 1996). 조직을 구성하는 개인이나 집단이 각 수준에 맞는 독자적인 인지와 기억 체계를 갖듯이, 조직학습도 고유의 실체를 갖추고 있다(Fiol & Lyles, 1985; Hedberg, 1981; Probst & Büchel, 1997). 조직은 실제로 업무수행 방법이나 가치와 관점을 새롭게 유지하고 정교화할 때, 즉 실제적 변화가 일어났을 때 학습이 일어난다. 그리고 조직학습은 이러한 변화를 내재화하여 어느 정도 영속적으로 학습이 일어나도록 체계적인 노력을 기울인다(안동윤, 2005).

조직도 사람의 뇌와 마찬가지로 내부·외부의 관계에 대한 원칙, 가이드라인, 가치, 가설 등을 포함한 인지 지도(cognitive map)나 저장 시스템(storage system)을 가진다(Hedberg, 1981). 조직의 저장 시스템은 그 안의 행동규범, 가치, 과정 운영 패턴들을 기록하는 일종의 조직 기억(organizational memory)으로 역할을 한다(Walsh & Ungson, 1991). 조직 기억은 과거에 어떤 유형의 문제가 일어났을 때 어떻게 대처했는지에 대한 지식, 즉 조직의 과거에 축적된 정보를 말하는 것이다(Watkins & Marsick, 1996). 따라서 개인이 조직을 떠나더라도 조직은 독립적으로 어떤 행동 패턴이나 가치관 등을 공간, 시간, 계층 등에 맞게 공유된 학습으로 존재한다(Ulrich, Jick, & Glinow, 1993).

이상의 논의를 종합하면 다음과 같다. 첫째, 개인학습, 팀 학습 그리고 조직학습이 중요한 것은 한 번 획득되어 학습된 지식은 다른 지식들과 결합되어 다양한 새로운 지식들로 창출된다. 둘째, 개인학습, 팀 학습 그리고 조직학습은 그 특성 면에서 분명한 차이가 있으나 상호 연계되어 있다. 즉, 개인은 사회화를 통해 조직의 지식구조를 배우고, 조직은 개인의 신념과 해석을 적응하는 관계에 있다. 특히 지식의 양과 복잡성이 점점 증가하는 학습사회에 있어 조직은 개별적으로 획득되는 지식을 공유하기 위하여 상호작용 학습이 필요하다. 상호작용 학습은 조직 내의 학습을 통한 학습조직화뿐만 아니라, 조직 외에서 획득한 지식과도 결합되어 시너지 효과가 더욱 난다. 따라서 개인 수준뿐만 아니라 조직 수준의 상호작용 학습은 성공적인 학습조직에 이르는 매우 중요한 조건이다.

5. Watkins와 Marsick의 학습조직 모델

Watkins와 Marsick은 업무와 학습은 별도의 개념이 아닌 일체이며, 현장에서 체험과 경험을 통해 행하면서 배우는 것(learning by doing)을 강조하였다. Watkins와 Marsick(1993, 1996)은 학습조직 개념을 도전과제에 대한 대응방식을 변화시키기 위해 지식을 획득·공유·활용하는 조직이라고 정의하였다.

[그림 3-4]와 같이 이들의 학습조직 모델은 조직을 개인, 팀, 조직 차원으로 구분하고 개인과 조직의 학습이 서로 맞물려 조직학습으로 발전되어 통합되는 특징을 보여 주고 있다. 이 학습조직 모델의 핵심은 조직과 개인이 만나는 중복된 부분에 팀이 기능을 하고, 개인, 팀 그리고 조직의 결합된 자원들과 에너지의 이용으로 학습조직이 구축된다는 것이다(Marquardt & Reynolds, 1994). 이 학습조직 모델의 변인은 지속적인 학습기회 제공(continuous learning), 대화와 탐구의 촉진(inquiry and dialogue), 팀 단위 조직학습화(team learning), 자율적 임파워먼트(empowerment), 지식의 내재적 체계(embedded system), 조직과 환경과의 연계(system connection), 전략적 리더십(strategic leadership) 등이다.

지속적인 학습기회 제공이란 조직원 모두에게 지속적 학습기회를 제공하는 조직의 노력을 의미한다. 직무 안에서 학습이 계획되고 조직원들은 직무 현장에서 학습

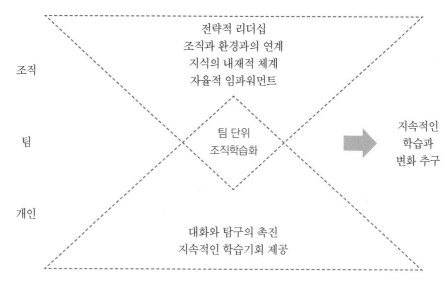

[그림 3-4] 학습조직 구축 모델

출처: Yang, Watkins, & Marsick (2004), p. 14.

을 할 수 있다. 대화와 탐구의 촉진은 표면적인 현상의 근본 원인에 대하여 탐구하는 자세를 갖고 서로에게 솔직한 피드백을 자유롭고 공개적으로 주고받으며 타인의 의견을 주의 깊게 경청하는 조직문화를 만드는 조직의 노력을 말한다. 팀 단위 조직학습화란 팀의 효과적 운영을 가능하게 하는 기술이나 팀 정신을 의미한다. 자율적 임파워먼트는 모든 조직원이 공동의 비전을 만들고 이를 공유하도록 하며, 조직원들의 비전과 현실의 인식 차이를 파악하는 조직 내 프로세스를 의미한다. 지식의 내재적 체계는 조직 내 학습을 공유하고 파악할 수 있는 체계를 말한다. 조직과 환경과의 연계는 조직 안팎의 다양한 통로와 환경을 올바르게 인식하고 관련된 역할을 찾는 것을 의미한다. 전략적 리더십은 조직 내에 변화를 만들어 내고 조직의 미래에 대하여 전략적 판단을 할 수 있도록 학습 환경을 만들어 내는 리더의 역할을 의미한다.

Watkins와 Marsick의 학습조직 모델의 특징은 다음과 같다. 첫째, 다른 학습조직 모델보다 분명하면서도 포괄적인 개념으로 조직 내 모든 계층에서 발생하는 학습을 설명할 수 있다. 둘째, 학습조직의 이론적 틀을 제시하고 있는 7개 변인들 간의 상관관계를 규명함으로써 학습조직화를 위해 필요한 측정도구를 개발하는 데 있어 유용한 근거를 제공한다. 셋째, 7개의 변인은 기업 내 실무에 적용 가능한 실천지침으로서 활용도가 상당히 높다. 이들이 주장하는 학습조직은 정신 모델을 변화시킬 수 있는 능력, 개인의 효율성을 증대시킬 수 있는 조직구조 및 규범, 협력적이고 동반적인 문화, 신뢰와 상호존중 문화 등의 특징으로 요약할 수 있다.

송영선(2008)은 학습조직의 개념을 "개인과 조직의 목적을 위하여 조직 각 수준의 학습이 지속적으로 이루어지고, 상황에 맞는 관계와 체제를 통해서 자기주도적인 학습능력 개발과 환경변화에 효과적으로 대응할 수 있는 조직"이라고 정의하였다. 여기서 '개인과 조직의 목적'이란 개인에게 요구되는 자아실현, 신뢰, 행복, 생애설계, 자기주도적 학습 등의 삶의 질 향상과 조직에게 요구되는 조직만족, 직무몰입, 생산성 등의 향상을 말한다. '조직 각 수준의 학습'이란 개인, 팀(부서), 조직 등의 단위에서 이루어지는 학습 및 학습형태를 의미한다. '상황에 맞는 체제와 관계'란 그 조직의 문화와 특성에 맞는 학습조직 구축 요인, 예컨대 비전, 지속적인 학습기회 제공, 체계, 리더십, 대화와 탐구, 임파워먼트, 팀 학습 등을 말한다. '자기주도적인 학습능력'은 어떤 상황에서든 유연하게 대응할 수 있는 자기인지 또는 자기 자신의 구조화 및 행동의 수정 능력을 의미한다. '학습조직 수준'이란 조직원이 자기조직의 학습(화)에 대해 지각하고 있는 정도로, 학습조직을 형성하는 요소를 측정함으로써 판단할 수 있게 된다.

6. 평생학습도시의 재구조화를 위한 학습조직화 성과평가 도구: DLOQ

Watkins와 Marsick(1997)이 개발한 학습조직 수준 검사(Dimensions of Learning Organization Questionnaire: 이하 DLOQ)는 조직의 학습문화를 측정하기 위한 도구다. 학습문화는 학습과 개발의 관점으로부터 조직의 행동을 성찰하는 개념이다 (Yang, Watkins, & Marsick, 2004). DLOQ는 이론적으로 다양한 학습조직의 개념을 포괄할 뿐만 아니라, 다수의 연구에서 타당도와 신뢰도가 입증된 분석틀이다. DLOQ는 글로벌 기업뿐만 아니라 세계의 많은 기업의 전략적 학습조직개발 및 변화관리를 위한 진단도구로 사용되고 있다(Watkins & Marsick, 2010; Yang, Watkins, & Marsick, 2004). 학습조직 수준의 측정도구로 DLOQ를 활용하는 이유는 다음의 두 가지로 요약할 수 있다. 첫째, 학습조직의 특성을 영역별로 구축하여 개인과 다양한 팀 그리고 전체 조직의 차원에서 개인의 지식이 조직의 지식으로 전환된다. 둘째, 조직차원에서의 학습, 그중에서도 학습조직이 성과에 미치는 정도를 정상적으로 측정할 수 있는 도구이다.

DLOQ 도구를 활용한 Yang, Watkins와 Marsick(2004)의 연구에서는 사람 수준인 네 가지 요인이 조직성과에 직접적으로 영향을 주는 것으로 나타났다. 예를 들면, '조직과 환경과의 연계'와 '지식의 내재적 체계' 변수는 '조직의 지식 획득'을 통해 간접적으로 조직의 성과에 영향을 주는 것으로 나타났다. 이와 같은 분석 결과는 학습조직의 구성 요인과 성과 간의 관계가 통계적으로 유의미하다. 또한 Yang 등(2004)은 [그림 3-5]와 같이 Watkins와 Marsick의 학습조직 모델을 사람 수준에서 체제 영역을 거쳐서 조직의 지식 획득과 조직의 재정적 성과 개선이라는 수행결과로 연결시켰다. 이와 같이 조직원의 생산적ㆍ재무적 성과나 심리적ㆍ주관적 성과 등은 여러 학자들에 의해 제시된 각각의 학습조직 구축요인들과 밀접한 관련이 있는 것을 알 수 있다.

DLOQ는 일곱 가지 변인을 측정할 수 있는 문항과 재정성과와 지식성과를 측정할 수 있는 문항으로 구성되어 있다. 〈표 3-1〉은 학습조직의 두 가지 수준에 따른

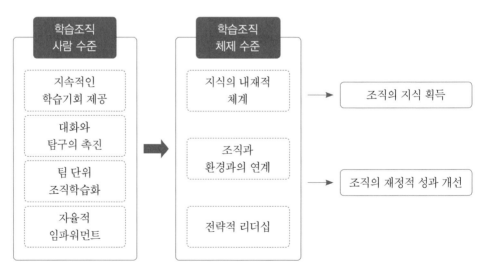

[그림 3-5] 학습조직 구축 수준과 조직 성과와의 관계 프레임워크

출처: Yang, Watkins, & Marsick (2004), p. 49.

세 가지 차원과 일곱 가지의 요인을 정리한 것이다.

　Marsick과 Watkins(1999)는 학습조직을 구축하는 전체 요인을 기본적인 인프라 지표와 다양한 운영 및 행위를 구성으로 한 시스템 지표, 인프라와 시스템 지표를 기본가정으로 설정한 문화 지표로 구분하였다(김영생, 장영철, 2005). 학습조직 구축 지표로서 인프라는 학습조직을 구축하고 실천하는 데 필수적인 요소로, 학습을 위한 시간, 필요한 자원의 배분 등을 의미한다. 학습에 가장 기본적인 지원체계가 이

표 3-1　학습조직의 일곱 가지 요인별 핵심 성과평가 질문

수준	차원	요인	핵심 질문	지표 문항(　): 문항번호
사람 수준	개인	지속적인 학습기회 제공	계속적인 학습기회가 창출되는가?	• 실패에 대한 토론 기회(1) • 새로운 기술의 탐색(2) • 학습에 대한 협력(3) • 학습에 대한 지원(4) • 학습시간의 보장(5) • 문제점을 학습기회로 인식(6) • 학습에 대한 보상(7)
	개인	대화와 탐구의 촉진	대화와 탐구가 촉진되 고 있는가?	• 자유로운 피드백(8) • 의견을 청취하는 구조(9) • 질문을 격려하는 분위기(10) • 의견을 묻는 구조(11) • 상호 존중(12) • 팀 활동 시간(13)
	팀	팀 단위 조직학습화	팀 단위의 학습이 조직 화되어 있는가?	• 팀별 권한 부여(14) • 팀에 대한 공정성(15) • 팀 운영에 대한 관심(16) • 정보수집을 통한 사고 변화(17) • 팀 단위 보상(18) • 팀별 제안, 건의의 수용(19)
	조직	자율적 임파워먼트	공동의 비전을 달성하 기 위하여 임파워먼트 가 되어 있는가?	• 자기주도성(26) • 개인선택권 부여(27) • 비전 실현에 기여(28) • 지원활동 위한 권한 배분(29) • 위험감수 지원(30) • 비전 공유(31)

구조 수준	조직	지식의 내재적 체계	조직에서 학습을 공유 하고 찾아내는 시스템 이 구축되어 있는가?	• 쌍방향 의사소통(20) • 정보 제공(21) • 조직단위 HR관리체제(22) • 조직단위 업무평가체제(23) • 학습결과 공유(24) • 조직단위 훈련결과 측정(25)
	조직	조직과 환경과의 연계	조직과 환경은 적절하 게 연계되어 있는가?	• 삶과 일의 조화(32) • 전체적 관점 사고(33) • 고객요구의 반영(34) • 직원 사기 고려(35) • 이해관계자와 공동노력(36) • 벽 없는 조직문화(37)
	조직	전략적 리더십	학습을 위한 리더십은 전략적인가?	• 학습기회에 대한 조직단위 지원(38) • 전 직원과의 정보공유(39) • 힘 실어 주기(40) • 고위관리자의 조언(41) • 조직단위의 학습기회 탐색(42) • 조직 가치와 행동의 일치(43)

루어질 때 다양한 수준에서 학습이 가능하다. 학습조직 구축 지표로서 시스템은 체계화된 행동체계로 인간관계를 결정하고 그것에 의해 형성되는 인간행위의 패턴이다. 팀 학습에 사용되는 팀 회의나 팀 논의 등이 해당된다. 팀 회의 방식과 의견교환 방식은 단순한 행동의 연속이 아닌 체계화된 인간관계의 학습결과다. 학습조직 구축 지표로서 문화는 좀 더 포괄적인 개념이다. 인프라와 시스템이 근거하고 있는 가치(value)와 기본 가정(basic assumption)이 문화 속에 존재하는 것이다. 학습조직의 세 가지 차원과 세 가지 지표에 따른 해당 핵심요인들을 도표화하면 〈표 3-2〉와 같다.

표 3-2 | 평생학습도시의 학습조직화를 위한 수준별 핵심지표

영역 차원	인프라 지표	시스템 지표	문화 지표
정의	학습에 가장 기본적인 지원체계	체계화된 행동체계	인프라와 시스템에 근거한 가치와 기본 가정
기본 요인	• 정보 인프라 • 데이터베이스화 • 커뮤니케이션 채널 구축 • 정보자료실 활용 • 업무개발 투자	• 조직 유동성 • 비공식적 활동 • 학습의 적용 • 업무 통한 활동 • 현장중심활동	• 실패 인정 • 다양한 사고 • 창의적 풍토 • 학습지지 분위기 • 자율적 수평조직
개인 수준 지표	• 학습시간 부여 • 학습예산 부여 • 학습시간을 개인경력관리에 반영	• 자기주도학습 방법 교육 • 자유로운 토의 및 참여	• 협력성 • 자발성 • 문제를 학습기회 인식 • 격려 및 존중 • 상담 프로그램 제공
팀 수준 지표	• 팀 제안, 토론, 연구 활동 체제 구축 및 예산 지원 • 팀 업무개선 기여 인정 및 보상 • 팀 학습동아리 활동 보장	• 팀 학습 및 기회 제공 • 팀 문제해결 권한부여 • 실패 사례 연구 및 발굴	• 팀에 대한 공정성 • 개인 존중
조직 수준 지표	• 금전적/비금전적 학습지원 보상 • 쌍방향 소통 • 인적자원관리체계 • 성과관리 • 훈련결과 평가 시스템 • 업무전문성 역량강화 • 제안제도 • 학습자원 배분 시스템 구축	• 리더십 • 정보 제공 및 공유 • 제안존중 및 결정권한 부여 • 위험감수와 협력분위기 부여 • 임파워먼트 • 멘토 및 코칭 모니터링 시스템 구축 • 정보공유 시스템 구축 • KM시스템 구축 • 학습결과 제공	• 연구 및 학습활동 존중 • 목표 및 비전 공유 • 삶과 일의 조화 • 벽 없는 문화 • 시민주도성 인정 문화
사회 수준 지표	• 사회봉사활동	• 지역사회연계 • 시민자원활동	• 사회적 책임 • 공공가치

결과적으로 평생학습도시의 학습조직화는 개인, 팀, 조직, 사회 수준에서 다양한 학습이 일어남으로써 전통적인 학습과 달리 일과 삶이 융합되는 과정에서 학습, 새로운 지식의 창출, 혁신, 성과로 이어지는 선순환이 일어난다. DLOQ는 학습조직의 통합적인 개념틀을 제공하면서 개인, 팀, 조직 차원과 나아가서는 사회까지를 범위로 구분하여 진단하는 과정을 설명하고 있다는 점, 그리고 조직의 학습화 정도를 일곱 가지 변인에서 어떤 수준과 어떤 영역에서 어떤 문제가 있는지를 정확하게 밝힐 수 있다는 점에 강점이 있다. 평생학습도시의 재구조화를 위해 측정도구로 DLOQ를 사용하는 이유도 여기에 있다.

7. 평생학습도시 재구조화를 위한 학습조직 모델 활용의 고려사항

첫째, 평생학습도시의 학습조직화를 위해 사람 수준과 체제 수준을 모두 고려해야 하겠지만 사람 수준을 체제 수준보다 우선해야 한다. 즉, 전략적 리더십, 지식의 내재적 체계, 조직과 환경과의 연계 등과 같은 체제 수준보다는 지속적인 학습기회 제공, 자율적 임파워먼트 등의 사람(관계) 수준을 먼저 고려해야 한다. 평생학습 담당자와 시민이 함께 평생학습 탐구와 대화를 촉진하는 것이 중요하다.

둘째, 평생학습도시의 학습조직화를 위해 학습조직의 개인, 팀, 조직, 사회 차원 중에 팀 차원을 우선적으로 고려해야 한다. 이미 Senge(1990)가 강조했듯이, 현대 조직에서 학습의 기본단위는 개인이 아니라 팀이다. Watkins와 Marsick의 학습조직 모델에서도 가장 중요한 학습이 팀 학습이다. 팀은 학습의 진정한 가치가 평가되는 장이다. 팀 학습이 이루어지지 않으면 조직학습이 일어나기 어렵다. 팀 학습은 수직적 통합과 수평적 통합의 접점이다. 팀 학습을 통해 실천공동체(community of practice)가 가능하며(Wenger, 1988), 네트워크를 통해 지식과 아이디어가 확산된다는 점(Marsick & Watkins, 1999)에서 학습조직의 허브는 팀 학습이라고 볼 수 있다. 학습조직 모델에서 팀 학습이 부각되는 이유다(Kasl, Marsick & Dechant, 1997).

평생학습도시에서의 팀 학습은 마을(지역)과 마을(지역)의 다양한 학습자원을 연결하여 활용할 수 있도록 도와주는 네트워크 학습(network learning)을 의미한다. 네트워크 학습은 실천공동체와 함께 지속가능한 학습이 발생하게 하는 중요한 새로운 발전으로 평가되고 있다(Watkins & Marsick, 2010). 네트워크의 밀착 정도에 따라 학습과 지식의 성격과 질이 달라진다. 이 네트워크 학습은 인적 네트워크, 사업 네트워크, 정보 네트워크, 공간 네트워크를 형성하여 지역사회 전체를 학습할 수 있는 환경을 조성한다. 네트워크 학습은 평생학습도시 사업에 참여하는 교육청, 지방자치단체, 대학, 기업, 평생학습관, 사회단체, 지역주민, 더 나아가 문화와 시스템, 인프라, 구조, 사람(관계) 등도 유기적으로 연결되어야 한다. 즉, 네트워크 학습은 마을(지역) 주민 간의 연계를 통해 학습활동이 가능한 지역을 조성하는 상호작용의 한 형태로 학습활동을 전제로 한 관계중심의 학습네트워크(Relation Centered Learning Network: RCLN)다.

[그림 3-6]에서 보듯이, 관계중심의 학습 네트워크에서는 지역주민 사이에 지식과 정보, 인적 교류의 중심이 되는 상호학습이 이루어진다. 상호학습이 반복되면서 지역주민은 팀 학습의 의미를 인식하게 되는 한편, 관계중심의 학습네트워크 활동이 강화되면서 점차 평생학습도시의 학습조직화가 이루어지게 된다. 이러한 관계중심의 학습 네트워크를 통해 지역주민은 자연스럽게 무형식학습을 한다. 결국 팀 학습은 개인이 해결할 수 없는 복잡한 문제나 지역의 핵심적인 문제를 해결하도록 지역주민의 아이디어를 받아들이고 해결책을 찾아내는 데 효과가 있다.

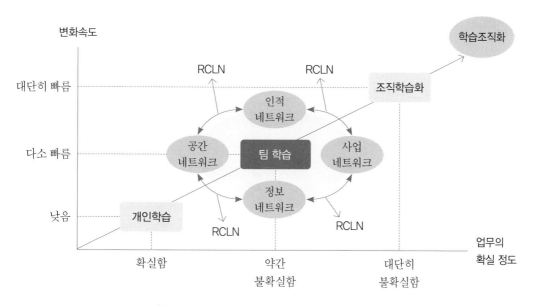

[그림 3-6] 관계중심 학습 네트워크로서의 팀 학습

출처: 송영선, 이희수(2011), p. 183.

셋째, 평생학습도시의 학습조직화를 위해 학습조직의 인프라·시스템·문화 지표와 개인·팀·조직 차원과의 관계를 고려해야 한다. 지역주민이 자기주도학습을 할 수 있도록 학습의 초점, 학습방법, 학습 프로세스, 학습의 성과 등을 종합적으로 고려해야 한다. 또한 업무가 학습에 연계되는 인프라와 평생학습체제를 갖춘 학습문화가 조성되어야 한다. 따라서 팀의 기능을 강화하여 팀 학습이 이루어질 수 있도록 하는 것과 더불어 조직 차원에서는 학습문화에 더 관심을 가지고 성과를 관리해야 한다.

넷째, 평생학습도시의 학습조직화를 위해 지역 특수성이 반영된 토착화된 학습공동체 문화를 확산해야 한다. 문화는 공유된 학습 결과로 나타난다. 문화는 사람들에 의해 공유되고 무의식적으로 작용하고 당연한 것으로 받아들여지는 기본 가정이다. 학습문화는 개인의 일과 생활이 전 지역으로 끊임없이 확산·공유되고, 학습이 습관적으로 이루어진다. 일 자체가 학습이 되고 학습 자체가 일이 되는 달리 말하면, 일과 학습의 경계가 없는 학습조직으로 발전하게 된다.

평생학습도시의 존재 의미는 그 지역의 특수성을 반영한 토착화된 풍토로 혁신하는 것이며, 지속가능한 경쟁력과 환경을 조성하는 학습문화운동으로 발전하도록 하는 데 기여하는 것이다. 학습공동체 문화의 원천은 지역의 특수성을 살리는 것이다. 다시 말하면, 지역을 중심으로 하는 학습공동체를 조성하는 것이다. 학습공동체는 인간 환경 창조, 학습기회 제공, 정당화 및 적극적인 참여를 통해 지역주민 모두의 잠재능력을 고양시킨다(Longworth, 2006). 따라서 지역의 특수성을 살리는 학습공동체 문화운동은 지역사회를 단지 지역주민이 거주하는 공간으로 보는 데서 벗어나 지역의 사회적·경제적 문제를 해결하고 그 과정에서 일과 학습이 통합되는 학습문화운동이다. 학습공동체 문화운동의 주체는 지역주민, 커뮤니티 비즈니스, 평생학습관이다. [그림 3-7]은 학습공동체 문화운동의 주체와 역할을 나타낸 것이다.

학습공동체 문화운동의 목적은 지역의 자원을 활용하고, 지역 공동체의 회복 및 강화의 선순환 구조를 형성하며, 더 나아가 일자리와 소득을 창출하여 지역 경제를 활성화하는 데 기여하는 것이다. 학습공동체 문화운동으로서의 평생학습도시는 지역주민이 그 지역의 특수성에 터하여 스스로 학습자원을 좀 더 효율적으로 이용하고, 지역을 풍요롭게 토착화하도록 한다.

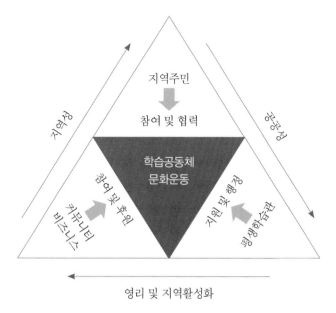

[그림 3-7] 학습공동체 문화운동의 주체와 역할

출처: 송영선, 이희수(2011), p. 184.

　다섯째, 빅데이터(big data)를 혁신적으로 활용해야 한다. 빅데이터는 현재와 미래의 평생학습도시 방향을 예측하고 자신이 속한 지역 내에서 학습 탐구 및 참여를 촉진하게 하는 정보를 제공한다. 특히 빅데이터 활용은 평생학습 기회의 불평등과 광범위한 삶의 문맹을 해소하고 해결요구를 촉진하게 하는 결정적인 역할을 할 수 있다. 도시마다 다른 그들의 문화적·경제적·사회적 역사와 전통의 맥락을 고려한 지표 값은 도시 간의 차이를 존중하게 만든다. 또한 빅 데이터는 평생학습도시와 관련된 다양한 요인과 결과뿐만 아니라 지속가능성, 사회 유동성, 교통의 효율성, 온라인 커뮤니케이션을 활성화하고 차별화된 사업으로 이어 준다. 분석된 데이터는 행정적인 데이터와 학습 참여, 성장도, 성취도를 경제학적 모델 안에서 평가하는 기초정보가 된다. 빅데이터 결과 활용은 지역 내, 더 나아가 도시 간 파트너십으로 이어져 글로벌 단위로 더 확대될 수 있다.

8. 나가는 말

필자는 학습사회 시대에 요구되는 평생학습도시 선정 및 시행 과정을 성찰하고 학습조직 차원에서 재구조화해야 함을 주장하였다. 학습조직화된 평생학습도시는 시민에게 평생학습의 기회를 제공하며, 다양한 방식과 제도로 보장이 가능하다. 학습주체는 개인과 조직 차원을 넘어 지역 및 사회 차원으로 확대된다. 개인과 개인, 개인과 조직, 조직과 지역, 지역과 사회 등의 모든 영역이 학습을 매개로 유기적으로 연계된다. 지식과 네트워크, 신뢰 등의 사회적 자본은 개인과 국가의 경쟁력으로 이어진다. 또한 다양한 평생학습 지원체계 구축으로 학습성과가 향상되고 성과 대비 투입 비용이 현저히 감소된다. 투자 대비 효율성 제고는 타 지역으로 확산되어 사회적 비용부담도 감소된다. 무엇보다도 학습자 개인은 학습기회를 사회적으로 균등하게 보장받게 된다.

결론적으로 평생학습도시의 재구조화를 위한 학습조직화는 지역의 전 주민(시민)이 팀(마을) 단위로 학습 네트워크를 형성하여 지식을 창출하고 공유하여 자발적으로 무형식학습이 확산하게 하는 것이다. 개인과 마을, 도시가 그 지역의 특수성을 반영하여 학습자원을 나누고 베푸는 인간성 회복과 지혜를 찾는 학습공동체 문화운동으로 승화하는 것이다. 이를 위해서는 학습조직과 같은 목표, 사람과 체제, 개인·팀·조직 차원의 연계, 인프라·시스템·문화 지표의 다양한 요인을 지표로 표준화하여 성과를 관리하는 재구조화가 선행하여야 한다.

참고문헌

국가평생교육진흥원(2019). 2018 **평생교육백서.** 서울: 교육부.

권대봉(2002). 일과 학습 통합시대의 평생교육 전문성 탐구. **평생교육학 연구,** 8(1), 1-20.

권석균(1996). 조직학습의 이론과 논쟁. **학습조직의 이론과 실제.** 서울: 삼성경제연구소.

김영생, 장영철(2005). 학습조직으로서 직장 내 평생학습체제가 조직성과 개선에 미치는 영향에 관한 연구: DLOQ를 활용한 유한 킴벌리에 대한 학습조직차원의 평가와 케이스 분석을 중심으로. 서울: 뉴패러다임 센터.

김창엽(2005). 'Learning To Be'와 'Learning: the Treasure Within' 비교 연구. **평생교육학연구,**

11(3), 151-176.

송영선(2008). 조직문화 유형과 학습조직 수준이 조직효과성에 미치는 영향. 중앙대학교 대학원 박사학위논문.

송영선, 이희수(2010). 조직문화 유형 및 학습조직 수준과 조직효과성과의 관계. 인력개발연구, 11(2), 115-151.

송영선, 이희수(2011). 학급조직 모델에 터한 우리나라 평생학습도시 재구조화 전략. 평생교육학연구, 17(3), 165-191.

안동윤(2005). 기업에서의 무형식학습에 관한 연구: Action Learning을 중심으로. 중앙대학교 대학원 박사학위논문.

이희수(2019). 포용국가 비전과 평생학습정책. 2018 평생교육백서. 서울: 국가평생교육진흥원.

이희수(2001). 학습사회에서 학습경제로의 전환 논리와 그 의미. 평생교육학연구, 7(1), 211-238.

이희수(2004). 지식경제 시대의 학습국가론 정립을 위한 한 시도. 중앙대 한국교육문제연구소 논문집, 20, 113-140.

조대연(2009). 인적자원개발 관점에서 학습사회에 대한 논의 확장 탐색. 한국교육학연구, 15(1), 187-206.

한국교육개발원(2002). 지역을 살리기 위한 평생학습마을·도시만들기. 서울: 한국교육개발원.

홍진욱(2017). 지역사회기반 평생학습도시 운영 평가 연구-충주시를 중심으로-. 충북대학교 대학원 박사학위논문.

Argyris, C., & Schön, D. A. (1978). *Organizational learning: A theory of action perspective*. Reading, MA: Addison-Wesley.

Argyris, C., & Schön, D. A. (1996). *Organizational learning II: Theory, method, and practice*. Reading, MA: Addison-Wesley.

Attewell, P. (1992). Technology diffusion and organizational learning: The case of business computing. *Organization Science, 3*, 1-19.

Boshier, R. W., & Huang, Y. (2006). Building for the future by expatiating the past: High drama from the submit of China's learning mountain. *International Journal of Lifelong Education, 25*(5/6), 351-367.

Bower, G. H., & Hilgard, E. R. (1981). *Theories of learning* (5th ed.). Englewood Cliffs, NY: Prentice Hall.

Cyert, R. M., & March, J. G. (1963). *A behavioral theory of the firm*. Englewood Cliffs, NY:

Prentice-Hall.

Dewey, J. (1933). *How we think: A restatement of the relation of reflective thinking to the educative process*. Boston: Health and Company.

Duncan, R. B., & Weiss, A. (1979). Organizational learning: implications for organization design. *Research in Organizational Behavior*. Greenwich, CT: JAI Press. 1, 75-123.

Faris, R. (2006). *Learning cities: Lessons learned*. In support of the Vancouver learning city initiative.

Faure, E et al. (1972). *Learning to be: The world of education today and tomorrow*. Paris: UNESCO.

Fiol, C. M., & Lyles, M. A. (1985). Organizational learning. *Academy of Management Review, 10*(4), 803-813.

Garvin, D. A. (1999). *Learning in action: A Guide to putting the learning Organization to Work*. Boston: Harvard Business School Press.

Gurbaxani, V., & Whang, S. (1991). The Impact of information systems on organizations and markets. *Communications of the ACM, 34*(1), 59-73.

Hedberg, B. (1981). How organizations learn unlearn. In P. C. Nystrom & W. H. Starbuck (Eds.), *Handbook of Organizational Design*. London: Oxford University Press.

Hutchins, R. (1968). *The learning society*. New York: University of Chicago Press.

Kasl, E., Marsick, V. J., & Dechant, K. (1997). Teams as learners: A research-based model of team learning. *The Journal of Applied Behavioral Science, 33*(2), 227-246.

Kim, D. H. (1993). The link between individual and organizational learning. *Sloan Management Review, 35*(1), 37-50.

Kogut, B., & Zander, U. (1992). Knowledge of the firm, combinative capabilities, and the replication of technology. *Organization Science, 3(3)*, 383-397.

Longworth, N. (2006). *Learning cities, learning regions, learning communities: Lifelong learning and local government*. London: Routledge.

Lundberg, C. C. (1989). *On organizational learning: Implications and opportunities for expanding organizational development*. Research in organizational change and development, 3, 612-682.

March, J. G., & Olsen, J. P. (1975). The uncertainty of past: Organizational learning under ambiguity. *European Journal of political Research, 3*, 147-171.

March, J. G., & Simon, H. A. (1958). *Organization*. New York: John Wiley & Sons.

Marguardt, M., & Reynolds, A. (1994). *The global learning organization*. New York: Irwin.

Marsick, V. J., & Watkins, K. E. (1999). *Facilitating learning organizations: Making learning count*. London: Gower.

Merriam, S. B., & Caffarella, R. S. (1999). *Learning in adulthood: A comprehensive guide* (2nd ed.). San Francisco: Jossey-Bass.

Merriam, S. B., Caffarella, R. S., & Baumgartner, L. M. (2007). *Learning in adulthood: A comprehensive guide* (3rd ed.). San Francisco: Jossey-Bass.

Morgan, C. Lloyd. (1994). *An Introduction to Comparative Psychology*. Thousand Oaks, CA: SAGE Publications.

Nevis, E. C., DiBella, A. J., & Gould, J. M. (1995). Understanding organizations as learning system. *Sloan Management Review, 36*(2), 73-85.

Nonaka, I. (1994). *The knowledge creating company: How japanese companies create the dynamics of innovation*. New York: Oxford University Press.

Nonaka, I., & Takeuchi, H. (1995). *The knowledge creating company: How japanese companies create the dynamics of innovation*. New York: Oxford University Press.

Probst, G. J. B., & Büchel, B. S. (1997). *Organizational learning: The competitive advantage of the future*. London: Prentice Hall.

Senge, P. M. (1990). *The fifth discipline: The art and practice of the learning organization*. NY: Double day.

Ulrich, D., Jick, T., & Glinow, M. A. (1993). High-impact learning: Building and diffusing learning capability. *Organizational Dynamics, 22*, 52-66.

Walsh, P. J., & Ungson, G. R. (1991). Organizational memory. *Academy of Management Review, 16*(1), 57-91.

Watkins, K. E., & Marsick, V. J. (1993). *Sculpting the learning organization; Lessons in the art and science of systemic change*. San Francisco, CA: Jossey-Bass.

Watkins, K. E., & Marsick, V. J. (1996). *In action: Creating the learning organization*. Alexandria, VA: America Society for Training & Development.

Watkins, K. E., & Marsick, V. J. (1997). *Dimensions of the learning organization questionnaire(survey)*. Warwick, RI: Partners for the learning organization.

Watkins, K. E., & Marsick, V. J. (2010). Group and organizational learning. In C. E. Kasworm, A. D. Rose, & J. M. Ross-Gordon (Eds.), *Handbook of adult and continuing education*(pp. 59-68). Thousand Oaks: SAGE.

Wenger, E. (1988). *Community of practice: Learning meaning, and identity*. New York: Cambridge University Press.

Yang, B., Watkins, K. E., & Marsick, V. J. (2004). The construct of the learning organization: Dimension, measurement, and validation. *Human Resource Development Quarterly, 15*(1), 31-56.

Zuboff, S. (1988). *In the age of the smart machine: The future of work and power*. New York: Basic Books.

Part
2

학교와 지역평생교육

노트 **4**

한국 평생교육의 기반인 지역사회교육의 전개과정[1]

  우리 사회에서 지역 평생교육의 활성화가 강조되고 있는데, 그 평생교육의 방향성을 논의하기 위해서는 우리 사회에 일찍이 적용되어 온 지역사회교육 논의가 어떻게 전개되어 왔는지에 대한 맥락을 이해하는 것이 우선되어야 한다. 이 장에서는 지역사회교육의 전개과정을 검토하고, 지역사회교육 논의의 역사적 변천과정을 탐색하여 쟁점들을 검토한다. 그리고 지역 평생교육으로서의 지역사회교육 논의의 방향을 분석하여 우리나라 평생교육학의 발전을 위한 지역사회교육의 발전과제를 제시하였다. 이를 통해 우리나라 평생교육의 토대인 지역사회교육의 이론적 논의와 실제를 이해할 수 있다.

---

1) 이 장의 내용은 다음의 글을 수정 · 편집하였다. 홍숙의(2010). 평생교육 기반으로서의 지역사회교육 논의의 역사적 변천 과정 탐색. **평생교육학연구**, 16(1), 25-62.

1. 평생학습사회의 등장과 지역사회교육의 부활

2000년을 기점으로 우리 사회에서 평생교육은 사회적 과제로 등장한 이래 빠른 성장과 전국적으로 명실상부하게 자리매김되고 있다. 2001년 시작된 평생학습마을/도시 조성사업은 경기 광명시, 대전 유성구, 전북 진안군을 시작으로 2019년에 이르러 167개 기초지방자치단체가 평생학습도시로 선정·추진되면서 '일상화'된 평생학습 문화를 접할 수 있는 환경이 마련되고 있다. 그리하여 이제 지역단위 평생교육 실현을 눈앞에 두고 있다.

이러한 변화는 1982년 제정된 「사회교육법」이 1999년에 「평생교육법」으로 전면 개정되면서 본격적으로 시작하였다고 볼 수 있다. 「평생교육법」에 근거하여, 국가적 수준에서의 체계적인 평생교육정책 구현을 위한 1차 평생교육종합발전 5개년 계획이 수립되었고 평생교육센터(한국교육개발원 위탁)의 설치운영, 지역 단위의 평생교육지역정보센터, 지역 평생학습관 지정운영 등이 시작되었다. 이와 같은 국가 차원의 평생교육체제 마련뿐만 아니라 제1차 평생학습진흥종합계획에 반영된 평생학습 마을/도시 조성사업이 2001년부터 시작되어 국가단위 및 지역단위 평생교육 실현이 구체화되면서 지역에 대한 관심이 커졌다고 볼 수 있다. 이와 함께 진행된 지역단위 인적자원개발사업 역시 '지역'에 대한 관심을 집중케 하였다.

2000년 이후 본격적으로 「평생교육법」이 시행됨에 따라 이희수 등(2001a)의 지역단위 평생교육체제 구축 방안 연구가 지역단위 평생교육 활성화를 위한 전환점이 되었다. 이희수 등은 이 연구에서 외국의 사례분석을 통해 평생교육 사업은 모두 지역사회 중심으로 이루어지는 교육 사업 형태를 취하고 있으며, 우리나라도 지역 평생교육체제 구축 및 활성화가 실제로 이루어지는 곳은 도시, 읍·면·동 등과 같은 지역사회라고 강조하면서 평생교육은 곧 지역 평생학습 운동이라고 밝히고 있다. 이희수 등이 제기하는 바와 같이, 지역평생교육 활성화를 위해서는 지역 평생학습체제가 구축되어야 한다. 당시에 이를 위한 대학의 역할과 네트워크 전략, 지역 평생교육행정지원 시스템 구축 연구(양병찬, 1998, 2000b; 이희수 외, 2000), 지방자치단체를 통한 지역평생교육 활성화 방안 연구(신경희, 2001; 신원득, 이희수, 하혜영, 2000), 지역사회교육 활성화 방안 연구(남정걸 외, 1998), 지역인적자원개발 추진체제 구축 방안 연구(이희수 외, 2001b; 임규진 외, 2000)와 같은 선행연구가 있었으나 지역 단위 평생교육체제 구축 운영 방안에 대한 종합적인 연구는 일천한 실정이었다(이 희수 외, 2001a: 3).

이후 우리 사회는 평생교육 활성화에 대한 성패가 지역의 평생교육체제화에 달 려 있다는 전제 아래 제시한 지역평생교육체제 모델을 기반으로 지역평생교육 활 성화 노력에 매진하였다. 그 결과, 지역평생교육 측면에서는 많은 변화를 맞이하였 다. 2001년 평생학습도시 조성사업을 기점으로 기초자치단체가 적극적으로 참여 할 수 있는 기회가 마련되었고, 지역사회 전 영역에 걸쳐 실질적인 정책적 접근이 가능해졌다. 교육행정과 일반행정이 분리되어 있는 행정 환경 속에서 평생교육은 불가능할 것 같았던 행정 장벽을 넘어서 전 지역주민을 향한 접근성을 확보할 수 있 었다.

이러한 변화는 2008년 전부 개정된「평생교육법」의 시행으로 이어져 지역평생교 육 체계 구축과 활성화를 위한 책임과 역할을 광역시 · 도지사가 맡게 되었다. 또한 평생학습도시 조성사업의 법적 기반을 마련함으로써 기초자치단체 차원의 평생학 습 활성화를 지원하는 토대를 확보하였다. 평생학습도시 조성사업은 초기에 30개 도시를 목표로, 이후 60여 개로, 그리고 100개를 목표로 수정되어 왔다. 이와 같이 평생학습도시 조성사업의 목표는 점차 평생학습도시 제도화를 통해 목표 수는 폐 기되었고, 국가가 관여하는 시 · 군 · 구 평생교육 정책이자 제도의 한 유형으로 인 식이 전환되었다.

평생학습도시 선정이 2007년 이후 기존 76개 기초지방자치단체 이외에 새롭게 선정될 수 있는 기회가 제한되면서 많은 기초자치단체들이 연초만 되면 국가평생 교육진흥원으로 평생학습도시 선정 재개에 대한 문의가 끊이지 않고 지속되던 때 가 있었다. 또 2007년까지의 기존 평생학습도시 선정과정에서도 치열한 경쟁률을 보였음은 물론이다. 동시에 지역 교육청 차원에서 충남과 인천, 경기 지역에 평생학 습관이 새롭게 건립되기도 하였다. 2009년 11월에는 경기도가 교육국을 신설하고 평생교육정책과를 신설하여 업무를 개시하기도 하였다. 이후 광역 시 · 도 단위 평 생교육진흥원이 설치되고 독립법인으로 거듭나는 변화가 생겨났다. 2019년에는 평 생학습도시가 167개에 이르게 되었다.「평생교육법」시행 이후 이제 20년의 시간이 흐르고 있다. 지역 평생교육의 필요성을 강조하며 활성화가 필요함을 주장하던 시절에서 격세지감을 느낄 수 있을 만큼 크게 한 걸음을 내딛었으며, 평생학습시대를 맞이하고 있다고 해도 과언이 아닐 것이다.

이와 같이 평생학습사회가 등장하고 평생학습시대의 도래가 감지되고 있는 가운데 평생교육의 원형으로서 지역사회교육의 부활이 요구되고 있음이 강조되었다(이희수, 2003a). 평생교육이 지향하는 이념은 다양한 삶의 영역에서 펼쳐지는 인간학습의 중요성에 주목하고, 사회 구성원 모두를 학습 주체로 여기며, 삶의 모든 장면을 학습이 이루어지는 공간으로 보고, 해당 사회 구성원의 학습을 지원하기 위한 체계적 학습지원 체제 마련을 지향한다. 이러한 평생교육 이념을 가장 함축적으로 나타내는 개념이 '평생학습사회'다. 학습자의 입장에서 자신의 경험을 구성해 가는 총체적 과정이 평생학습이라면, 사회 전체가 인간의 평생학습 촉진을 최우선 목표로 하여 움직여 가는 것을 평생학습사회라고 부를 수 있다(한숭희, 2006: 115-145).

학습사회론이 유토피아적 성격이 농후한 거대담론이라면, 지역 평생학습사회는 다소 현실적인 지역사회의 학습공동체를 지향하며, 평생교육의 현실적인 지향을 지역 평생교육이라 말할 수 있다. 지역 평생교육은 우리 사회에서 이미 적용되어 쓰인 지역사회교육이라는 개념으로도 제기되어 왔다. 지역사회교육이라는 용어는 최근 지역 평생교육, 지역공동체 평생교육, 지역 평생학습, 지역 평생학습공동체 등의 유사한 용어로도 사용되고 있으나, 여기에서는 본래적으로 사용되어 온 '지역사회교육'으로 용어를 통일하여 시대적 변화에 따른 논의 전개에 중점을 두고자 한다.

평생교육이 전환기적인 20년을 맞이하고 있는 현시점에서 '사회교육'이라는 용어와 함께 동시적으로 사용되어 온 '지역사회교육'의 전개와 '지역사회교육' 논의를 중심으로 그 역사적 변천과정을 고찰하고, 이를 기반으로 평생교육의 방향성을 모색하는 것은 매우 중요하다고 볼 수 있다. 이는 평생교육에 있어 Helena Norberg-Hodge(1991)가 제시한 '오래된 미래'라 할 수 있는 지역사회교육을 통해 평생교육의 미래를 가늠해 보고자 하는 데 그 의의를 부여하고자 한다.

2. 지역사회교육의 역사적 전개과정과 특성

지역사회교육의 시작 시점을 어디로 잡을 것인가는 지역사회교육의 발자취를 돌아보는 것뿐만 아니라 현시점에서의 지역사회교육의 정체성을 확인한다는 점에서 중요하다.

1) 해방 이후부터 1960년대까지의 지역사회교육 전개과정

일반적으로 우리나라 지역사회교육의 시발점은 지역사회교육의 일환으로 시작된 지역사회학교의 도입으로 보고 있다(권두승, 2002; 김종서, 1966; 김종서, 주성민, 1990; 정지웅, 2009; 황종건, 1978). 전쟁으로 폐허가 된 1950년대에 교육의 사회적 책임과 지역사회 재건이라는 학교의 역할이 강조되었고, 이때 국제연합한국재건단(United Nations Korean Reconstruction Agency: UNCRA, 이하 운크라) 내한 사절단의 보고서가 발간되면서 1953년 지역사회학교 운동이 싹트기 시작하였다.

이 보고서에 지역사회학교 이론과 그 필요성이 제시되었으며, 1954년에는 중앙교육연구소에서 Olsen(1945)의 『학교와 지역사회(School and Community)』를 번역 출판했다. 그 후 1956년에 경기도의 장학방침으로 "지역사회를 건설하자."라는 표어가 나타나게 되었고, 1959년 한국교육학회 제1차 교육학 학술연차대회에서 "지역사회발전과 교육"이라는 주제가 발표되었으며, 대한교육연합회도 1959년 제7회 교육주간에 "지역사회를 건설하자."라는 주제의 학술대회를 개최함으로써 지역사회학교가 일반에게 널리 알려지게 되었다(주성민, 1988: 21-31). 4 · 19혁명 이후 1960년에 민주당 정권이 들어서자 1961년에 지역사회학교의 이념이 문교부의 장학목표로서 채택되었다.

이후 당시 문교부가 '지역사회학교'를 '향토학교'라고 개칭하고 일선 학교나 지방교육행정기관의 수준에서 전개되던 지역사회교육을 1960년대에 들어서면서부터 문교부의 장학방침으로 정해 중앙정부의 정책 수준으로 전환하였다. 이어 문교부는 향토학교의 성격을 밝힌 『향토학교란』이라는 책자를 만들어 배포하였다. 이러한 명칭 변화에 대해 주성민(1988)은 용어가 바뀐 동기를 명확히 밝히기는 어렵지만 자유당 정권과의 차별적 정책 차원에서의 용어 바꾸기와 지역사회라는 말보다 향토라는 말의 친근함 때문이라고 하였고, 'community school'에 대한 일본의 지역사회학교, 대만의 사회중심학교라는 표기와 달리 우리식의 용어로 향토학교가 등장했을 것이라는 일부의 추측을 소개하였다.

1961년 문교부에서 제시한 '바람직한 향토학교의 일반적 성격'에 14개 항목의 향토학교 건설에 수반되는 행정원리를 명시하였으며, 문교부에서는 1962~1966년의 5개년에 걸쳐 모든 학교가 그 운영 방향을 전환시키도록 연차적 추진을 권고하였다(이규환, 1982: 주성민, 1988에서 재인용). 이는 민주당 정권의 '향토학교 계획'이 5·16 군사정변 이후에도 계승되었음을 알 수 있다. 1971년 전남 고흥군 교육청이 중심이 된 '전촌 학교', 경남 합천군과 고령군 교육청이 중심이 된 '온 마을 교육' 등이 등장하였다. 그러나 이와 같은 활동은 지역주민의 자발적인 참여에 의한 것이 아니었으며, 1970년대 초반의 새마을운동에 발맞추어 학교 차원에서 지역사회학교운동을 전개하였지만 지속적이고 활동적인 교육운동으로 정착되지는 못하였다(권두승, 2002).

한편에서는 1969년 1월 24일 민간지도자들이 중심이 되어 우리 사회의 전반적인 근대화 과정에서 불균형과 부작용의 등장에 따라 지역사회학교운동의 시대적 필요성을 인식하고, 지역사회학교운동을 후원하는 순수한 민간단체로 한국지역사회학교후원회가 발족되어 우리나라에서의 지역사회교육운동을 전개하게 되었다. 이후 한국지역사회교육중앙협의회, 한국지역사회교육협의회로 명칭이 개칭되었다(권두승, 2002).

우리나라에서의 지역사회교육은 해방 이후 1960년대까지는 재건 국민운동으로서 정부를 중심으로 하는 '문맹퇴치 5개년 계획(1954~1958)'을 실시하였으며, 향토건설지도자 양성, 학생봉사활동지원, 마을문고 보급, 가족계획, 농촌개발사업 등을 실시했다(정지웅, 2009).

2) 1970년 이후의 지역사회교육 전개과정

1970~1980년대에는 정부주도의 새마을운동이 전개되어 지역주민 대상 새마을교육을 실시하였다. 민간부문에서는 1969년에 발족된 한국지역사회학교후원회가 중심이 되어 추진한 학교운동장 개방운동을 시작으로 학교에 주민 평생교육과정을 개설하는 사업이 이루어졌으며, 지역 야학 등의 사업이 실시되었다. 1960년대, 1970년대 국민계몽을 위한 시민교육에서부터, 민간중심의 문해교육, 민간단체 중심의 사회교육 프로그램, 이후 백화점문화센터로 대표되었던 문화센터 중심의 시

민대상 프로그램으로 이어져 왔다.

1990년대 이후에는 「평생교육법」 정비에 따라 국가 추진기구인 평생교육센터의 한국교육개발원에의 위탁 설치를 비롯하여 국가 차원의 지역단위의 평생교육체계 마련을 위한 노력이 전개되었다. 2001년부터 시·군·구 단위 기초지방자치단체를 대상으로 하는 평생학습도시 조성사업을 전개하여 지역의 평생학습 활성화를 위한 노력을 기울였다. 2008년 전부개정된 「평생교육법」에 의하여 국가 단위 평생교육진흥원이 개원하였다.

학교 단위로는 2003년 서울과 부산에서 시작된 교육복지투자우선지역지원사업과 2007년부터 시작된 지역과 함께하는 학교 사업과 방과후 학교 활동 등이 등장하였다. 이와 병행하여 지역에서는 기존 공동도서관과 박물관을 비롯하여 주민자치센터, 여성회관, 노인회관, 문화원, 복지관, 문화예술교육지원센터 등 각종 기관들이 등장하여 지역주민을 위한 교육적 기능을 담당하기 시작하였다. 즉, 지역사회에서 YMCA 등과 같은 시민운동 단체 중심의 민주시민교육을 위한 평생교육과 대학 중심의 평생교육원의 등장, 그리고 학교에서의 학부모를 중심으로 하는 지역주민을 위한 평생교육, 도서관 이용자에 대한 교육 서비스를 위한 평생교육, 지역에 위치한 주민자치센터와 복지관 중심으로 지역주민을 위한 프로그램 중심의 평생교육 등을 비롯하여 아동·청소년·여성·노인 등을 대상으로 하는 기관에서 다양한 영역의 평생교육이 지역 단위에서 활발히 전개되었다. 즉, 지역 단위의 평생교육은 평생학습도시 조성사업을 통해 기초지방자치단체 차원의 평생교육 정책 접근성을 확보하기 이전에도 분명히 존재하였으나, 다른 색깔의 옷을 입고 다른 이름이나 비슷한 이름으로 불리어 왔기에 다른 양상으로 인식된 것이다.

3) 우리나라 지역사회교육 전개과정의 특성

우리나라의 지역사회교육 전개과정의 특성을 정리하면 다음과 같다. 첫째, 1950년대 전쟁 후 국가재건사업의 일환으로 외부로부터 도입하여 '지역사회학교운동'이 시작되었다. 둘째, 4·19혁명 이후 정권의 교체로 '지역사회학교'에서 '향토학교'로 명칭이 변경되고 중앙정부의 정책 수준으로 전환되었다. 셋째, 1970년대 초반부터 1980년대까지 정부주도의 새마을운동의 일환으로 지역주민 대상의 새마을교육으로 실시되었다. 넷째, 1970년대 이후부터 민간중심으로 학교개방을 통한 지역사회학교운동, 국민계몽을 위한 시민교육과 문해교육, 문화센터 중심의 시민대상 프로그램 등이 전개되었다. 다섯째, 1990년대 이후 「평생교육법」 정비와 더불어 지역 단위 평생교육체계 구축과 기초자치단체 대상의 평생학습도시 조성사업, 지역과 함께하는 학교 사업 등을 통해 지역 평생학습 활성화를 위한 노력을 기울였다. 즉, 지역사회개발, 지역사회학교 중심의 학교 평생교육, 지역 단위 평생학습 지원체계로서 발전되어 왔음을 알 수 있다. 국가 단위의 교육적 지원은 미약한 반면, 지역사회개발 차원의 정책적 접근은 하향식 지역사회 형성론으로 매우 강력하게 전개되었으며, 민간 차원의 활발한 활동의 전개와 참여를 통해 명맥이 유지되어 왔다고 말할 수 있다. 근래에 들어 기초지방자치단체를 중심으로 하는 평생학습도시 조성 사업에 이르러 학교의 울타리를 넘어 지역사회 기관 간의 연계 협력이 가능해졌음은 물론이다. 비로소 지역사회 단위에서의 교육에 관한 통합적 접근이 가능해졌다.

3. 지역사회교육 논의의 변천과정과 특성

김진화 등(2007: 90)은 2000년 이후 「평생교육법」이 본격적으로 시행되는 시점에서 평생교육학의 새로운 전환점이 이루어져 이후 평생교육이 사회교육이라는 용어를 대체하였다고 보았다. 이뿐만 아니라 우리 사회에서 요지부동으로 작동되지 않던 평생교육의 정책과 실천 현장이 활성화되었고, 많은 평생교육 학자가 평생교육이 확장되고 활성화되는 과정에 적극 지원하여 평생교육 현상을 객관적으로 연구하여 발표함으로써 평생교육학의 학문적 스펙트럼을 확장하고 정교화했다고 강조하고 있다.

그러므로 우리 사회에서의 지역사회교육 논의과정 역시 김진화 등(2007)의 연구에서와 같이 전부개정된 「평생교육법」이 시행된 2000년을 기점으로 그 이전 논의와 이후 논의를 나누어 살펴보고자 한다. 이를 통해 지역사회교육의 논의과정에서의 변화를 보다 깊이 있게 살펴볼 수 있을 것이다.

2000년대 이전의 논의과정은 김종서와 주성민(1992)과 황종건(1994), 정지웅(2005, 2009)의 연구에서 등장했던 출판물과 자료들을 비롯하여 사회교육학 연구에

게재된 논문 등을 중심으로 시대를 나누어 살펴보고자 한다. 이어 2000년대 이후의 논의과정은 평생교육학 연구에 게재된 논문과 박사학위논문, 국가연구기관의 관련 연구 보고서 및 자료 등을 포함하였다.

1) 2000년 이전의 지역사회교육 논의과정과 특성

먼저, 2000년 이전의 논의과정은 시대별 특성이 비교적 분명하게 나타나는 시기라고 할 수 있으므로 연대별로 나누어 살펴보았다.

1950년대와 1960년대의 지역사회교육 논의는 〈표 4-1〉에서 보는 바와 같이 1954년 유네스코·운크라 파한교육계획사절단의 대한민국의 재건 보고서 이후 1959년 지역사회개발지도원 훈련개요, 홍창기의 지역사회학교 건설 구상이 등장하고 있음을 알 수 있다. 이후 지역사회학교의 이론을 소개한 영국 Batten(1959)의 『지역사회학교 입문(School and community in the tropics)』이 1960년 김승한에 의해 번역 출간되었다. 이어 1961년 문교부의 『향토학교란』과 서명원의 「지역사회와 학교」, 1962년 황종건의 『교육사회학: 지역사회와 학교』, 1966년 김종서의 『지역사회

표 4-1 1950, 1960년대의 지역사회교육 논의

저자 및 연구자	연도	제목	출처
유네스코·운크라 파한교육계획사절단	1954	대한민국의 재건, 1953.2.	문교월보, 특집
경기도지편찬위원회	1955	경기도지 상권	서울: 선광인쇄주식회사
경기도지편찬위원회	1957	경기도지 하권	서울: 선광인쇄주식회사
부흥부지역사회개발 중앙위원회(NACPM)	1959	지역사회개발지도원 훈련개요	
홍창기	1959	지역사회학교 건설 구상	교육평론, 7
김승한 역	1960	지역사회학교입문: 후진제국의 학교와 지역사회(Batten, 1959)	서울: 집현사(London: Oxford University Press)
정태수	1960	지역사회학교를 건설하자	새교육, 5월호, 79-86
金善鎬	1961	大旺社會와 教育: 農村教育에 대한 教育社會學的 考察	경기: 교육과학사

문교부	1961	향토학교란?	**향토학교건설자료**, 제1집
서명원	1961	지역사회와 학교	서울: 현대교육총서출판사, 185-210(오천석 편, **교육사회학**)
황종건	1962	교육사회학: 지역사회와 학교	서울: 재동문화사
류달영	1963	새역사를 위하여: 덴마크의 교육과 협동조합	서울: 부민문화사
황종건, 오계희	1963	향토학교 건설의 문제점: 향토학교의 기초이론과 그 활동에 관한 연구	(중앙교육연구소 조사연구 19) 서울: 배영사
중앙교육연구소	1964	한국농업교육개선을 위한 조사연구보고서	
정범모	1965	발전론서설: 한국적 제 문제에 관한 공동연구	서울: 박영사
경기도교육위원회	1966	경기도농업고등학교 교육과정계획안 운영지침	
김종서	1966	지역사회학교의 실제 −미국의 중등학교에서 지역사회학교 이론 소개와 한국의 몇 사례분석	서울: 현대교육총서출판사
오병문	1966	교육 개선을 위한 농촌(벽지)의 사회구조에 관한 연구−충 · 효학구를 중심으로	전남대학교 논문집, 12, 47-68
채관식, 조민신, 김동희 외	1966	농촌지도론	서울: 홍문사
채병석	1966	농촌교도와 경영지도	**농업경제연구**, 8, 11-19
노창섭, 강우철	1967	한국농촌사회교육기관의 개관(Ⅰ): 실태조사보고서	**이대한국문화연구원 논총**, 11, 253-290
박기실	1967	덴마크의 교화와 협동정신	서울: 한진문화사
손인수	1967	일본통치기간의 농업교육의 성격	새교육, 150, 124-127
항운성	1967	한국농업교육사	대한출판사
강홍석	1968	농촌교육 이대로 좋은가?(현장백서 1)	**교육평론**, 119(1968.9), 106-110
이현금, 독고영창, 황우극	1968	농촌지방 이유실태조사	**한국영양학회지**, 1(2)
존네 스웨커와 함영만	1968	농업교육을 위한 효과적인 교수법	서울: 주한미국국제개발처 농업진흥국
강상철	1969	도시, 농촌의 학교차 요인	**교육학연구**, 7(3), 32-46
강우철, 이규환	1969	한국농촌사회교육기관의 개관(Ⅱ)	**이대 한국문화연구원논총**, 13, 191-250
鄭址雄	1969	農業教育, 金鐘喆 편, **技能의 教育**	서울: 培英社

학교의 실제』등이 뒤를 이어 지역사회학교의 이론을 소개하고 있다. 1961년에 김선호가 현재의 성남시 분당지역을 대상으로 한「대왕사회와 교육: 농촌교육에 대한 교육사회학적 고찰」을 통해 현지조사연구를 한 것을 알 수 있다. 1963년 류달영은 『새역사를 위하여: 덴마크의 교육과 협동조합』을 통해 협동조합 중심의 공동체 형성 사례를 소개하고자 하였다. 이후 지역사회개발의 일환으로서 농촌을 중심으로 하는 연구가 지속적으로 이루어졌음을 확인할 수 있다. 대체로 국가의 재건을 위한 노력의 일환으로 보고서와 입문서들이 등장하고 있으며, 학교중심의 지역사회학교와 향토학교를 비롯하여 농촌지역 중심의 논의가 전개되었음을 알 수 있다.

1970년대의 지역사회교육 논의는 〈표 4-2〉에서 보는 바와 같이 1973년에는 한국 지역사회학교 관련 이론의 기초를 이루었던 김종서와 황종건의『학교와 지역사회』가 출간되었다. 이어 1976년에 이규환의『학교와 지역사회』, 1978년에 황종건이 『지역사회와 교육』을 출간하였다. 1960년대에 이어 농촌 중심의 논의가 활발히 이어졌는데, 특히 국가주도로 진행된 새마을운동의 시작과 함께 새마을교육에 관한 논의가 1973년 김재만과 김도수의『새마을교육: 한국사회교육의 기저』를 중심으로 시작되었다. 이 시기 중요한 연구로 1974년 황종건은『산업화에 따르는 지역사회의 변화와 교육에 관한 연구: 충북 충주지역의 목행 지역사회와 포항지역의 대송 지역사회 주민들의 적응을 중심으로』를 실시하였다. 이 외 농촌지역을 대상으로 한 연구의 내용은 농촌지역의 생활과 영양, 농촌여성과 아동, 학교교육의 역할, 탁아소 운영, 태도 등 보다 세부적인 영역으로 진입하고 있음을 알 수 있다. 1970년대에는 새마을로 대표되는 국가주도의 지역 연구와 사회적 변화에 따른 지역 연구가 동시적으로 등장한 것을 확인할 수 있다. 지역사회개발 논의가 중심이 되면서 농촌사회가 논의의 중심 대상이 되고 있음을 알 수 있다. 이러한 시대적 환경 속에서 1978년 황종건은『지역사회와 교육』을 통해 기존의 지역사회학교 중심의 논의를 확대하고 본격적으로 지역사회교육 논의를 전개하여 체계화를 위한 노력을 기울였다.

표 4-2 1970년대의 지역사회교육 논의

저자 및 연구자	연도	제목	출처
박준희 외	1970	농촌사회개발과 여대생의 역할	이화여자대학교 한국문화연구원논총, 15, 333-363
박양자, 이양후	1972	한국농촌 취학전아동의 급식실태에 관한 연구	한국농업교육학회지, 4(1), 97-104
송해균, 박태식	1972	농촌지도공무원의 자질향상을 위한 신규임용자 교육과 보수 교육의 개선에 관한 연구	농촌진흥청. 1972년도 농촌지도사업평가자료집, 제2집(하)
함홍근, 태정학, 최병욱	1972	농촌사회교육의이론, 실제및 평가: 이화여대의 사회교육과정을 중심으로	서울: 이화여자대학교 사회교육위원회
김재만, 김도수	1973	새마을교육: 한국사회교육의 기저	대구: 형설출판사
김종서, 황종건	1973	학교와 지역사회	서울: 익문사
차옥희	1973	도시와 농촌에 있어서의 영유아의 양육 및 보건에 관한 비교연구: 이유와 이유식을 중심으로	한국영아학회지, 3(3)
朴泰植宋海均王仁槿李庸煥鄭址雄趙民新崔在律	1974	新製 農村指導論	서울: 향문사
백대현	1974	농업인력개발과 교육	서울: 청파문화사
신용하	1974	우리나라 최초의 근대학교 설립에 대하여	韓國社研究, 10, 191-204
정지웅	1974	농촌사회교육의 분석: 경기도의 사례	교육학연구, 12, 15-28
黃宗建	1974	산업화에 따르는 地域社會의 變化와 교육에 관한 연구: 大松과 木香 두 地域社會主民들의 適應을 중심으로	대구: 계명대학교출판부
고황경 외	1975	대학교육에 있어서 농촌생활실습의 교육효과와 지역사회에 미치는 영향	서울여자대학교 논문집, 4, 1-30
김종철 외	1975	한국 새마을교육에 관한 연구	한국교육학회
鄭址雄, 金善堯	1975	農村婦女會 購販事業 活動過程에서 나타난 農村婦女子의 知的 水準	한국농업교육학회지, 7(1), 37-42
한장덕	1975	농촌주민의 생활관 변화를 위한 사회교육의 방안연구(I): 마을개발학교 설치를 중심으로	安東文化(인문과학) 안동교육대학, 81-104
홍대식, 홍동식	1975	농촌개발을 위한 새마을교육의 개선방향: 사회교육을 중심으로	한국교육개발원

김선요, 정지웅	1976	동계농민교육이 농업기술수용과 생산량에 미치는 영향: 1개 부락 실천연구의 사례	교육학연구, 14(1), 42-58
김영찬	1976	개발도상 농촌지역사회에 있어서의 학교교육의 역할에 관한 연구	서울대학교사범대학 논문집, 13, 83-103
손원교	1976	도시, 농촌아동들의 문화적 배경에 관한 연구	한국농업교육학회지, 8(1), 60-68
이규환	1976	학교와 지역사회	서울: 형설출판사
이규환	1976	한국의 농촌성인교육계획을 위한 기초적 연구	이대한국문화연구원 논총, 27, 139-176
이양후, 전승규, 김혜숙	1976	농번기탁아소의 운영실태 및 효과에 관한 연구	한국농업교육학회지, 8(1), 85-91
정지웅	1976	농촌개발실습장사업 1차년도사업보고 1975~1976	서울대농대 농업개발연구소
鄭址雄 金善堯 공편	1976	濟州道의 두 奇蹟 －제2회한국농민교육협의회연찬회보고	한국농민교육협의회
홍동식	1976	농업발전을 위한 사회교육의 역할	교육학연구 14(3), 189-200
이동원	1977	농어촌 二世代의 거주지역, 교육 및 직업에 관한 태도연구	이대한국문화연구원 논총, 31, 167-193
최은숙 박양자	1977	농촌탁아소의 효과분석	서울대학교농학연구, 2(1), 369-390
황종건	1978	지역사회와 교육	대구: 계명대학출판부
정지웅	1979	농촌개발을 위한 교육의 역할과 과제	한국농업교육학회지, 11(1), 7-13
황인정 외	1979	한국의 농촌개발 1970~1979: 새마을운동의 평가와 전망	한국농촌경제연구원

　　1980년대의 지역사회교육 논의는 〈표 4-3〉에서 보는 바와 같이 1970년대의 새마을교육에 대한 논의와 함께 농촌중심의 지역사회개발에 관한 논의가 지속적으로 등장하고 있다. 그런 가운데 1988년 이순형의 박사학위 논문으로 「학교중심 지역사회교육의 조직모형에 관한 연구」가 이루어졌으며, 민간단체에 의한 지역사회학교운동의 성과를 정리한 주성민의 『한국의 지역사회학교운동』이 1988년에 출간되어 지역사회학교의 논의를 이어 갔다. 이 시기는 평생교육 용어가 등장하면서 사회교

표 4-3   1980년대의 지역사회교육 논의

저자 및 연구자	연도	제목	출처
김지자, 정지웅	1980	성인교육 방송학습요구조사, 교육방송연구 IV	한국방송공사
빈센트 S.R. 브란트, 정지웅	1980	주민주도형 지역사회개발계획: 한국의 지역사회종합개발사업(CBIRD)	서울:지역사회개발/ 아동복리재단(SCF/ CDF) / 국제교육개발협회
정지웅	1981	지역사회개발을 위한 참여연구, 현재선 외, 한국농가의 제문제	서울: 서울대학교출판부
새마을운동운동협의회 중앙연수원	1982	새마을지도사연수원 창립 10주년 기념 새마을교육연구논문집	
유네스코한국위원회, 서울대학교새마을운동종합연구소, 유네스코아세아태평양지역교육처	1982	새마을교육의 이론과 실제: 새마을교육에 관한 다학문간 세미나 보고서	
필립 H. 쿠움즈 (송해균 외 옮김)	1982	農村開發戰略: 學校外敎育을 중심으로	서울: 대한교과서주식회사
장진호	1983	평생교육과 대학	서울: 배영사
최상호	1983	새마을교육방법에 의한 말레이지아 청소년의 태도변화	농협대학교
이질현, 정지웅, 김성수, 오명헌	1985	농고생 특별지원사업에 관한 연구	새마을운동 학술논문집, 10(1), 96-126
정지웅	1985	농촌지역사회개발과 농촌사회교육	한국농업교육학회지, 17(2), 224-229
김영우	1986	한말의 사립학교에 관한 연구(2), 교육연구 2	공주사대교육연구소
전도일, 최병익 외	1986	새마을 교육기관의 현황과 발전방안에 관한 연구	서울: 지역개발조사연구단
정지웅	1986	농촌개발을 위한 다학문적 접근	한국농업교육학회지,18(2), 1-11
정지웅 김지자	1986	사회교육학개론	서울: 서울대학교출판부
최상호	1986	새마을형 사회교육의 효과와 그 관련변인 분석	서울대학교 대학원 박사학위논문
김성호 외 편	1987	농정사관계자료집	한국농촌경제연구원

鄭址雄 역 (크리스듀크 편)	1987	比較社會敎育論: 社會敎育과 國家發展 戰略	서울: 서울大出版部
최상호, 정지웅	1987	지역사회개발론	서울: 교학연구사
림영철	1988	고황경박사 그의 생애와 교육: 농촌, 여성운동을 위한 교육.	서울: 도서출판 삼향
이순형	1988	학교의 지역사회개발론	서울: 문음사
이순형	1988	학교중심 지역사회교육의 조직모형에 관한 연구	세종대학교 대학원 박사학위논문
주성민	1988	한국의 지역사회학교운동	한국지역사회학교후원회
정지웅 편	1988	대학사회교육	한국교육학회 사회교육연구회
崔敏浩 鄭址雄 金性洙	1988	綜合農村開發論: 要求分析的 接近의 理論과 實際	서울: 서울대학교출판부
평생교육기구	1988	평생교육과 학교교육(Ⅱ): 평생교육과 고등교육	서울: 정민사
정지웅	1989	한국의 농촌: 그 구조와 개발	서울: 서울대학교출판부
鄭址雄 외	1989	韓國農村女性의 文解水準	한국농업교육학회지, 21(1), 1-7

육 용어가 동시적으로 공동으로 사용되고 있음을 알 수 있다. 1980년「헌법」에 '평생교육 진흥' 조항이 삽입되었으며, 이를 기반으로 1982년에는「사회교육법」이 제정·공포되는 전환적 시기이기도 하였다. 그러나 법 제정과 시행령이라는 일련의 법·제도의 정비가 있었음에도 불구하고 사회교육진흥을 위한 국가의 행정적·재정적 지원은 거의 없었던 시기이기도 하다(양병찬, 2000b: 40).

1990년대의 지역사회교육 논의는 〈표 4-4〉에서 보는 바와 같이 1988년 제6공화국의 출범과 함께 새마을운동이 제5공화국 비리의 하나로 정치 문제화됨에 따른 영향으로 새마을교육에 대한 연구와 논의도 축소되고 있음을 알 수 있다. 이러한 시대적 상황 속에 1991년 정지웅의「2000년대를 향한 지역사회개발의 방향」이 발표되었고, 1992년에는 김종서와 주성민이 그동안의 우리나라에서의 지역사회학교운동의 성과를 집적하여『지역사회학교의 이론과 실제』를 출간하기도 하였다. 1997년에는 정지웅과 임상봉이『지역사회개발학』을, 최민호 등이『농민조직론』을 출간하였다. 한편, 정지웅은 1993년 한국 농촌개발의 기초를 이룬 새마을교육 20년의 회고를 통

표 4-4 1990년대의 지역사회교육 논의

저자 및 연구자	연도	제목	출처
정지웅	1990	복지농촌건설과 지역사회개발: 한국선명회 평창복지회 사례	서울: 교육과학사
김성수, 송해균, 이무근, 이용환, 정지웅, 최민호	1991	農村, 農業敎育의 方向	서울: 교육과학사
정지웅	1991	2000년대를 향한 지역사회개발의 방향	한국농업교육학회지, 23(2), 1-9
鄭址雄 외(한국교육학회 사회교육연구회) 편	1991	社會敎育學 序設	서울: 교육과학사
김종서, 주성민	1992	지역사회학교의 이론과 실제	서울: 교육과학사
새마을운동운동협의회 중앙연수원	1992	새마을교육 20년사	
이순형	1992	교육자치발전의 과제와 전망	서울: 문음사
정지웅	1992	한국 농촌개발의 기초를 이룬 새마을교육 20년의 회고	한일사회교육 세미나자료 (유인물)
한규무	1992	구한말 개신교선교사들의 농업진흥활동: 언더우드(H. G. Underwood)와 펜윅(M. C. Fenwick)을 중심으로.	성서, 토지 그리고 역사: 鶴村李鎭昊 교수 회갑기념논문집, 서울: 한림저널서, 539-557
金在基	1993	中韓未來農民培育工作之比較硏究	國立臺灣大學 農業推廣學硏究所 博士論文
정지웅	1993	한국 농촌개발의 기초를 이룬 새마을교육 20년의 회고	사회교육연구, 18, 129-137
김태호, 최민호, 정지웅, 김성수	1994	농촌사회문제론	서울: 농림수산정보센터
한국농업교육사편찬회	1994	한국농업교육사	서울: 대한교과서주식회사
정명채, 이영대, 이현수 편	1995	농림수산계 교육개혁방향	서울: 한국농촌경제연구원
정지웅과 참여연구회원	1995	참여연구법과 그 사례	서울: 서울대학교 출판부
이영대	1996	농어촌 청소년을 위한 교육개선방향	農村社會, 6, 61-86
이준학	1996	농촌교육체제의 변동요인 분석	農村社會, 6, 197-219
정철영	1996	농어촌 근로청소년의 교육훈련 및 고용실태와 대책	農村社會, 6, 87-121
이용환 외 7인	1997	농업교육학개론	서울: 서울대학교 출판부

정지웅, 임상봉	1997	지역사회개발학	서울: 서울대학교 출판부
최민호, 정지웅, 김성수, 최영찬	1997	농민조직론	서울: 서울대학교 출판부
이호철	1998	농촌사회발전을 위한 산학협동체제의 새로운 구축: 지역사회에서의 관련기구 개편문제를 중심으로.	農村社會, 8, 7-37
하서현	1998	농업경쟁력 제고를 위한 농학계 대학의 역할	제6회 전국농학계 대학 교수 심포지엄, 29-47
이용환	1999	농업교육, 직업교육훈련 100년사	한국직업능력개발원, 97-300
정지웅, 이용환	1999	한국 농학계 대학의 발전과 농촌발전에의 기여	한국농업교육학회지, 31(4), 51-66

해 새마을교육의 성과를 정리하기도 하였다. 1995년에는 정지웅과 참여연구회원이 『참여연구법과 그 사례』를 출간하기도 하였다. 이 시기는 우리 사회의 민주화 영향 속에 국가주도로 진행된 새마을운동의 퇴조와 주민주도의 지역사회개발학의 등장, 민간주도로 1970년대 이후 지속된 지역사회학교운동의 성과가 정리되고 있음을 알 수 있다.

한편, 『사회교육학연구』의 창간 이후 〈표 4-5〉의 연구들이 진행되었다. 지방화와 사회교육, 사회교육 개념과 과제, 인천 노동운동의 사례연구, 농촌지역사회교육 연구 등이 이루어졌으며 1998년 양병찬이 평생교육의 일환으로서 지역 평생학습체제구축을 중심으로 하는 논문을 처음 발표하기도 하였다.

표 4-5 『사회교육학연구』에 발표된 1990년대의 지역사회교육 논의

연구자	연도	주제	학회지
조용하	1995. 12.	지방화와 사회교육의 방향	사회교육학연구, 창간호
정지웅	1997. 12.	사회교육의 개념과 사회교육학의 과제 탐구	사회교육학연구, 3(2)
김민호	1998. 7.	인천 '노동자대학' 합법화 운동, 1988-1995	사회교육학연구, 4(1)
정유성	1998. 12.	농촌지역사회 사회교육 터전에 관한 연구	사회교육학연구, 4(2)
양병찬	1998. 12.	지역 평생학습체제 구축을 위한 대학의 역할	사회교육학연구, 4(2)

지금까지 살펴본 바와 같이, 2000년 이전의 지역사회교육 논의과정은 무엇보다 1950년대와 1960년대에 전쟁 후 국가재건을 위해 외부로부터 도입된 '지역사회학교' '덴마크의 교육과 협동조합'의 소개와 이를 자생적으로 적용하고자 하는 '향토학교' '농촌지역 중심' 관련 연구의 맥락이 형성되었다고 말할 수 있다. 이후 논의의 전개는 이러한 맥락을 바탕으로 체계화하고 심화하고자 하는 노력이 지속되었음을 확인할 수 있다.

1970년대는 1973년 우리나라의 지역사회학교 관련 이론의 기초를 이루었던 김종서와 황종건의『학교와 지역사회』의 출간에 이어 이규환(1976)의『학교와 지역사회』, 황종건(1978)의『지역사회와 교육』의 출간을 통해 그 변화과정을 확인할 수 있다. 기존의 지역사회학교 중심의 논의를 확대하여 지역사회교육 논의로 전개하고자 하였음을 알 수 있다. 또한 농촌지역 중심의 논의는 국가주도의 새마을운동의 시작과 함께 등장한 새마을교육에 관한 연구뿐만 아니라 산업화에 따르는 지역사회의 변화와 교육에 관한 연구와 더불어 지역을 대상으로 하는 논의가 이루어졌다.

1980년대는 1970년대의 새마을교육에 대한 논의와 농촌중심의 지역사회개발에 관한 논의가 지속되었다. 이와 함께 학교중심 지역사회교육의 조직모형에 관한 학위논문의 등장과 민간단체에 의한 지역사회학교운동의 성과를 정리한『한국의 지역사회학교운동』(1988)이 출간되어 지역사회학교의 논의를 이어 갔다. 이 시기는 1980년「헌법」에 '평생교육진흥' 조항이 삽입되고, 1982년「사회교육법」이 제정·공포되는 전환적 시기로 평생교육 용어가 등장하여 사회교육 용어와 동시에 공동으로 사용되기 시작하였다.

1990년대는 1988년 제6공화국의 출범과 함께 새마을교육에 대한 연구가 축소되는 가운데 정지웅(1991)의「2000년대를 향한 지역사회개발 방향」의 발표, 김종서와 주성민(1992)의『지역사회학교의 이론과 실제』, 정지웅과 참여연구회원(1995)의 지역사회종합연구 방법론을 제시한『참여연구법과 그 사례』, 정지웅과 임상봉(1997)의『지역사회개발학』, 최민호 등(1997)의『농민조직론』등의 출간을 통해 그동안의 성과를 정리하고 재도약하기 위한 논의가 전개되었다. 또한 학회지『사회교육학연구』의 창간(1995)으로 다양한 영역에 관심을 둔 논문들이 발표되어 지역사회교육 논의가 심화되고 있음을 알 수 있다.

2) 2000년 이후의 지역사회교육 논의과정

2000년 이후의 논의과정은「평생교육법」시행 이후 사회적 환경의 변화만큼 왕성한 활동을 전개한 평생교육 연구의 결과물들을 반영하여 주제별로 분류하여 지역사회교육의 논의 변화과정을 살펴보았다. 지역 평생교육이 활성화되는 가운데 김남선(2003)이『지역사회교육론』을 출간하여 지역사회교육을 정립하고자 하였으며, 정지웅(2005)이『지역사회종합연구』를 출간하면서 '지역사회교육학 서설'을 통해 지역사회교육학의 체계화를 과제로 제시하기도 하였다.

사회교육학회에서 평생교육학회로 학회 이름이 바뀌면서 학회지 명칭도 바뀌었는데,『평생교육학연구』(제6~25권) 및 관련 학술지에 수록된 논문, 학위논문, 국가연구기관의 연구보고서 및 정책보고서 등을 포함하여 지역사회교육과 관련되어 발표된 논문들을 유사 영역별로 구분하여 유목화한 특성을 추출하는 방식으로 '지역사회교육' 관련 영역을 구분하였다. 지역사회교육 개념 탐색, 지역 학습자에 대한 연구, 지역 평생학습 체제 및 발전방안, 평생학습도시 조성, 지역공동체 사례연구 등 다섯 가지로 임의로 범주화하여 분류하고 정리하였다.

(1)『평생교육학연구』에서의 지역사회교육 논의

지역사회교육 개념 탐색은 〈표 4-6〉에서 보는 바와 같이 오혁진이 지역사회교육의 개념과 성격을 규명하고, 지역사회교육을 지역공동체 평생교육으로의 재정립을 모색하였으며 다양한 인물의 사회교육사상을 소개하였다. 이어서 홍숙희(2010)가 지역사회교육 논의의 역사적 변천과정을 탐색하여「평생교육법」시행 이전과 이후의 지역사회교육의 논의 변화과정을 제시하였고, 김민호(2011)는 지역사회기반 시민교육의 필요성과 개념적 조건을 제시했으며, 이재민(2016)이 지역사회교육정책 변천과정의 특성 탐색으로 이어 갔다. 지역공동체 평생교육, 지역사회교육, 지역사회기반 시민교육, 사회교육 사상, 지역사회교육정책 등의 논의를 통해 시대 변화와 특성을 분석하여 이후의 방향을 제시하였다.

표 4-6 『평생교육학연구』에 발표된 지역사회교육 개념 탐색에 대한 연구

연구자	연도	주제	출처
오혁진	2006. 3.	지역공동체 평생교육의 개념과 성격에 관한 고찰	평생교육학연구, 12(1)
오혁진	2008. 3.	일가 김용기의 지역공동체 평생교육 사상에 관한 연구	평생교육학연구, 14(1)
홍숙희	2010. 3.	평생교육 기반으로서의 지역사회교육 논의의 역사적 변천과정 탐색	평생교육학연구, 16(1)
김민호	2011. 9.	지역사회기반 시민교육의 필요성과 개념적 조건	평생교육학연구, 17(3)
오혁진	2013. 6.	허병섭의 사회교육사상에 관한 연구	평생교육학연구, 19(2)
오혁진, 김미향	2014. 12.	배민수의 사회교육사상에 관한 연구	평생교육학연구, 20(4)
이재민	2016. 6.	한국 지역사회교육정책 변천과정의 특성 연구	평생교육학연구, 22(2)

학습자에 대한 연구 동향을 살펴보면, 『평생교육학연구』(제6~25권)에서 지역 차원에서의 학습자와 평생교육사(주민활동가)에 대한 연구가 17편으로 나타났다. 또한 연구 대상이 성인학습자뿐만 아니라 일정한 특성을 지닌 퇴직자, 도서지역 여성, 중년기여성, 농촌여성 등 보다 세분화되었다. 이러한 변화는 「평생교육법」 시행으로 평생교육 정책이 본격화되면서 평생교육사를 비롯한 주민활동가의 성장 사례와 활동 요구분석, 집단의 참여 동기와 특성 등 다양한 영역의 연구가 등장하고 있음을 알 수 있다.

표 4-7 『평생교육학연구』에 발표된 지역 학습자 · 평생교육사에 대한 연구

연구자	연도	주제	출처
김남선	2001. 7.	사회교육기관별 학습자 삶의 질 영향분석: 대구, 경북을 중심으로	평생교육학연구, 7(1)
김남선, 김희중	2003. 12.	대구 · 경북지역 퇴직자의 평생교육자로의 활용방안에 관한 연구	평생교육학연구, 9(3)
고인아	2004. 12.	지역 평생교육 발전을 위한 성인학습자 연구: 천안지역을 중심으로	평생교육학연구, 10(4)

박진영	2005. 9.	도서지역 여성의 평생교육참여 저해요인 분석	평생교육학연구, 11(3)
정미경	2009. 3.	지역사회 참여 평생학습프로그램이 중년기 여성의 생의 의미와 사회심리적 안녕감에 미치는 효과	평생교육학연구, 15(1)
박성희	2009. 12.	농촌여성노인의 생애사분석을 통한 성공적 노화에 관한 지역사회교육 전략	평생교육학연구, 15(4)
윤여각	2010. 9.	평생교육사의 성장과정에 대한 사례연구-평생학습 마을만들기 사업을 중심으로-	평생교육학연구, 16(3)
양병찬, 지희숙, 박혜원	2011. 12.	전업주부의 배움의 방식과 주체형성-대정 지역의 두 마을도서관 운동 사례 비교	평생교육학연구, 17(4)
김종선, 박상옥	2013. 6.	시민참여 실천조직으로써 남양주시 평생학습매니 저의 확장학습 연구	평생교육학연구, 19(2)
장소은, 이병준	2014. 6.	노인동아리의 의례적 학습과정 연구-탁구동아리를 중심으로	평생교육학연구, 20(6)
현영섭	2015. 3.	평생학습 주민활동가의 활동 요구분석	평생교육학연구, 21(1)
손지향, 김진화	2015. 6.	지역주민의 평생학습환경에 대한 KAP 분석: 부산지 역 중심으로	평생교육학연구, 21(2)
지희숙	2015. 9.	평생교육활동가의 학습 활동에 대한 사례 연구: 대 덕구 평생학습마을만들기 사업을 중심으로	평생교육학연구, 21(5)
박진영	2015. 12.	마을만들기 시민역량모델 개발 및 교육요구도	평생교육학연구, 21(4)
은주희, 정홍인, 이성	2016. 3.	주민평생학습활동가의 참여동기 탐색-G 광역자치 단체의 평생학습마을학교 운영위원을 중심으로-	평생교육학연구, 22(1)
김형 주, 김정태	2019. 6.	농어촌지역 직장인의 평생교육 참여특성-지역 간 차이를 중심으로-	평생교육학연구, 25(2)
김민호, 홍현미	2019. 6.	포토보이스를 활용한 지역사회기반 지체장애인 환 경교육 프로그램 연구	평생교육학연구, 25(2)

2000년 이후 평생교육의 변화 중 가장 두드러진 것으로 평생교육 실천 현장의 성
장을 들 수 있다. 지역 평생학습 체제 및 발전방안에 대한 논문은 〈표 4-8〉과 같이
15편으로, 지역사회 단위 평생교육 진흥과 학습문화 형성을 위한 체제 구축 및 발전
방안을 모색하기 위한 노력이 진행되었다. 2009년에 들어서 윤창국(2009)의 논문과
같이 거시적 접근을 넘어서 지역사회 네트워크 형성에 관한 논문과 평가에 관한 논
문이 등장하고 있음을 확인할 수 있다. 이어서 나타난 논문들은 실제 사례를 분석하

표 4-8 『평생교육학연구』에 발표된 지역 평생학습 체제 및 발전방안에 대한 연구

연구자	연도	주제	출처
김민호	2002. 7.	시민사회 주도의 지역 평생학습문화 형성 방안	평생교육학연구, 8(1)
양은아, 김재웅	2003. 12.	지역사회 평생교육의 문제 및 발전방안: 구리시·남양주시를 중심으로	평생교육학연구, 9(3)
권두승	2005. 12.	미국의 21C 지역사회학습센터(21st CLC)의 성립배경 및 운영성과 분석	평생교육학연구, 11(4)
최상근	2006. 3.	지방자치단체 평생교육 관련 조례의 평생교육 추진체제 분석 연구	평생교육학연구, 12(1)
윤기찬, 박혜영	2006. 12.	지방정부 여성평생교육 프로그램 평가에 관한 연구: 만족도 및 재이용 의도에 미치는 영향요인을 중심으로	평생교육학연구, 12(4)
권인탁	2006. 12.	지방자치 수준에서의 평생교육체제 구축 방안	평생교육학연구, 12(4)
윤창국	2009. 3.	지역사회 네트워크 형성과정의 장애요인과 학습의 의미	평생교육학연구, 15(1)
김진화, 고영화, 김소현	2009. 12.	농촌여성 평생학습센터사업의 학습자 만족도 가중치 부여 평가방식의 유효성 탐색	평생교육학연구, 15(4)
박상옥	2010. 6.	지역사회와 학습의 관계 탐색-지역사회 형성 및 발전과정으로서 학습활동-	평생교육학연구, 16(2)
이지혜	2010. 9.	지역교육네트워크의 진화과정 분석: 노원지역 사례를 중심으로	평생교육학연구, 16(3)
김미향	2010. 9.	지역평생교육 사례로서의 일본 공민관 제도의 전개과정과 그 특질에 관한 연구	평생교육학연구, 16(3)
위영은, 이희수	2014. 6.	평생학습 네트워크 평가지표 개발 연구	평생교육학연구, 20(2)
채재은, 변종임	2014. 6.	지역평생학습정책 집행에 영향을 주는 요인 분석	평생교육학연구, 20(2)
이효영	2018. 6.	학습생태계 구성 체제와 성인학습자 역량 간의 구조적 분석	평생교육학연구, 24(2)
장지은	2019. 3.	대학-지역연계에 의한 지역평생교육의 확장-일본의 대학 COC사업을 중심으로-	평생교육학연구, 25(1)

고 관계성, 지표 개발, 영향 요인, 구조 분석 등 세분화된 연구들을 통해 발전 방안
을 제시하는 데 중점을 두었다.

　2001년 당시 교육인적자원부의 평생학습도시 조성사업 이후 지역사회 전 범위로
평생교육의 접근성이 확보되면서 학계나 실천 현장 모두의 뜨거운 관심과 참여가
있었다. 평생학습도시 조성에 대한 연구 또한 그러한 사회적 반향을 반영하여 많은
연구와 논문이 발표되었다. 『평생교육학연구』에서는 〈표 4-9〉와 같이 12편의 논문

표 4-9 『평생교육학연구』에 발표된 평생학습도시 조성에 대한 연구

연구자	연도	주제	출처
이희수	2003.	평생학습도시에 대한 소크라테스 변명	평생교육학연구, 9(2)
김신일	2004. 10.	평생학습도시 조성을 위한 추진모형 연구	평생교육학연구, 10(3)
양흥권	2005. 6.	카케가와시 사례로 본 평생학습도시시스템 구축에 있어서 구성요소의 기능분석 연구	평생교육학연구, 11(2)
김남선, 안현숙	2007. 3.	평생학습도시 유형별 활성화 방안에 관한 연구: 대도시형, 중소도시형, 농촌형을 중심	평생교육학연구, 13(1)
오혁진	2007. 6.	일제하 이상촌 운동을 통해 본 평생학습도시 사업의 실천원리	평생교육학연구, 13(2)
양병찬	2007. 12.	학습도시에서의 주민 교육공동체 운동의 전개	평생교육학연구, 13(4)
변종임, 이경아, 김세화	2008. 3.	평생학습도시 조성사업에 대한 주민 만족도에 영향을 주는 요인 분석	평생교육학연구, 14(1)
권인탁	2008. 6.	문화역사적 활동이론(Cultural-Historical Activity Theory)을 활용한 평생학습도시의 발전전략	평생교육학연구, 14(2)
박혜영	2009. 6	DEA분석을 이용한 평생학습도시 교육사업의 효율성 비교평가	평생교육학연구, 15(2)
조대연, 김영호, 홍순현, 김벼리	2011. 3	평생학습 권역 설정과 권역별 프로그램 요구분석: 마포구 사례	평생교육학연구, 17(1)
송영선, 이희수	2011. 9.	학습조직 모델에 터한 우리나라 평생학습도시 재구조화 전략	평생교육학연구, 17(3)
양병찬, 박성희, 전광수, 이규선, 김은경, 신영윤, 최종성	2013. 6.	학습도시의 평생학습네트워크 실천 사례 분석	평생교육학연구, 19(2)

을 확인할 수 있는데, 평생학습도시 추진모형, 외국의 평생학습도시 사례 분석, 유형별 활성화 방안 모색, 주민만족도 요인분석, 실천원리와 발전 전략 등에 대한 논의들이 있었다.

지역공동체 사례에 대한 연구는 〈표 4-10〉과 같이 지역에서 자생적으로 이루어진 지역주민 운동으로서의 학습공동체에 대한 관심의 필요성을 확인하는 김민호(2003)의 논문과 정책사업으로 추진된 평생학습도시 조성사업과 지역 차원에서 진행되어 온 다양한 실천과정을 탐색하고자 하는 사례 연구들이 다수 등장하였다. 특히 2007년을 기점으로 2010년에 이르기까지 모두 10편의 논문, 그리고 이후 2019년 9월까지 10편의 논문이 발표되었다. 이를 통해 2000년 이후 평생교육 활성화를 위한 관심과 노력들이 지역 차원에서 구체적으로 자리매김하여 기반을 형성하고 있음을 확인할 수 있다. 지역공동체 사례 연구는 지역사회에서 이루어지고 있는 역동적인 학습자의 성장과 지역의 성장을 생생하게 담아낼 수 있다는 점에서 아무리 강조해도 부족할 것이다. 이는 황종건의 충주(1974)와 포항(1977) 지역에서의 사회변화에 따른 주민들의 과제에 대한 지역조사연구와 정지웅(2005)이 지역사회종합연구방법으로 제시한 참여연구 방법 등과의 연계성을 확인할 수 있다.

표 4-10 『평생교육학연구』에 발표된 지역공동체 사례에 대한 연구

연구자	연도	주제	출처
김민호	2003. 9.	지역운동 속의 성인학습에 관한 연구: 제주시 화북 주공아파트 운동을 중심으로	평생교육학연구, 9(2)
박진영	2006. 3.	지역인적자원개발에 대한 사회적 자본 관점에서의 분석 및 과제: 광주광역시를 중심으로	평생교육학연구, 12(1)
김경애, 김정원	2007. 9.	교육지원체제로서 지역 네트워크 형성과정에 대한 사례연구: 노원지역의 교육복지투자우선지역 지원 사례를 중심으로	평생교육학연구, 13(3)
이지혜, 홍숙희	2007. 9.	'학습'으로서의 네트워킹: 부천지역 교육안전망 사례연구	평생교육학연구, 13(3)
양병찬	2008. 9.	농촌 학교와 지역의 협력을 통한 지역교육공동체 형성: 충남 홍동지역 '풀무교육공동체' 사례를 중심으로	평생교육학연구, 14(3)

문정수, 이희수	2008. 12.	인천 지역평생교육정보센터의 네트워크 특성 사례 분석	평생교육학연구, 14(4)
박상옥	2009. 3.	지역사회 실천조직으로서 학습동아리에서의 학습과정－부천 생태안내자 모임 '청미래'를 중심으로	평생교육학연구, 15(1)
지희숙	2009. 12.	지역네트워크 형성과정에 대한 사례 연구－부산 해운대구 반송지역을 중심으로	평생교육학연구, 15(4)
김경애	2009. 12.	교육복지 네트워크에서 네트워커 역할의 의미 탐색－교육복지투자우선지역 지원사업 학교에서의 실천사례를 중심으로	평생교육학연구, 15(4)
양병찬	2009. 12.	농촌 지역 교육공동체의 주체 형성 과정－'청원교육문화연대'의 사례를 중심으로	평생교육학연구, 15(4)
이소연	2012. 9.	실천공동체(CoP)에 입각한 지역사회교육운동 사례의 성과요인 분석	평생교육학연구, 18(3)
유민선, 강대중	2013. 3.	마을공동체 형성발전 과정에서 나타난 집단학습에 관한 탐색적 연구－〈성미산마을〉 사례를 중심으로－	평생교육학연구, 19(1)
박진영	2014. 9.	문화예술을 통한 학습공동체 형성의 전개과정	평생교육학연구, 20(3)
김민호	2014. 12.	지역개발 반대 운동에 참여한 지역주민의 시민성 학습－밀양 송전탑과 강정 해군기지 반대 운동 사례	평생교육학연구, 20(4)
김종선, 이희수	2015. 6.	개념지도에 근거한 마을학교 정체성 연구	평생교육학연구, 21(2)
양병찬	2015. 9.	마을만들기 사업과 평생교육의 협동 가능성 탐색: 시흥시 '학습마을' 사업을 중심으로	평생교육학연구, 21(3)
장지은	2018. 9.	지역자산의 관점에서의 지역공동체 학습 과제－지역사회적 경제공동체를 중심으로－	평생교육학연구, 24(3)
양병찬	2018. 9.	한국 마을교육공동체 운영과 정책의 상호작용－학교와 지역의 관계 재구축 관점에서－	평생교육학연구, 24(3)
박형민, 정현주	2019. 9.	학교평생교육 관점에서 바라본 오산시 혁신교육지구 사업 운영사례와 시사점	평생교육학연구, 25(3)
성기정, 양병찬	2019. 9.	국민임대아파트 지역의 사회교육 실천과 마을공동체의 형성	평생교육학연구, 25(3)

(2) 『평생교육학연구』 외에서의 지역사회교육 논의

『평생교육학연구』 외에서 발표된 논문과 평생교육 관련 박사학위논문 중 지역사회교육 논문은 〈표 4-11〉과 〈표 4-12〉와 같다. 김민호(2000)의 사회교육의 지역화는 지역성을 강조하고 사회교육의 주체, 내용, 형태, 접근기회 및 연계체계 등에서 지역화 방안을 모색하고자 하였다. 권두승(2002)은 민간단체 차원에서 지속적으로 지역사회교육운동을 전개해 온 한국지역사회교육협의회의 발전과정과 성과를 분석하여 방향성을 모색하였고, 이희수(2003a)는 평생교육의 진화 속에 지역사회교육의 중요성이 더욱 대두되고 있음을 확인하여 지역사회교육의 발전방향을 모색하였다.

2009년 이후에는 지역사회학교의 사례연구가 재등장하였고, 주민참여 평생학습마을 만들기, 공동체 마을 학습활동 사례, 작은도서관 운영 사례, 마을교육공동체 사례로 이어지는 연구들로 확장되었다.

이 외에 평생학습도시 조성과 지역평생교육 활성화의 모색과 주민자치센터의 활성화 방안에 관한 연구가 〈표 4-12〉에서와 같이 박사학위논문에서도 등장하였다. 또한 허준(2006)은 전북 부안지역의 핵 폐기장 반대운동 과정을 통한 지역주민의 공동체 학습과정을 연구하여 발표하기도 하였다. 홍숙희(2011)의 부천 지역평생교육체제 형성과정 연구를 비롯하여 사회 네트워크 분석, 한국과 중국의 평생학습도시 비교분석, 도·농복합형 평생학습도시 비교분석, 실제 진행되어 온 지역사회교육운동, 작은도서관 학습공동체, 평생학습매니저 활동 사례, 마을공동체와 주민활동가의 활동과정을 담아내고 분석하는 박사학위논문들이 뒤를 이었다.

표 4-11 『평생교육학연구』 외에서의 지역사회교육관련 논문의 동향(2000년 이후)

연구자	연도	주제	출처
김민호	2000	사회교육의 지역화-제주지역을 중심으로	한국교육, 27(1)
권인탁	2001	지역평생교육정보센터의 운영체제 구축과 지역평생교육 활성화 방안	한국교육행정학회
신원득	2001	평생교육을 위한 지방자치단체의 역할	한국행정학회
권두승	2002	한국 지역사회교육 운동의 발전과정과 그 영향분석	한국교육학연구, 8(2)

이희수	2003a	평생교육의 진화와 지역사회교육의 갈림길	한국교육문제연구소논문집, 18
오홍석	2003	제주시 평생교육 기관, 단체 프로그램 운영 활성화 방안: 주민자치센터를 중심으로	한국국제지역사회개발학회
이창수, 김태희	2003	지역사회공동체를 위한 주민자치센터 평생교육 프로그램 제안	한국국제지역사회개발학회
주호수	2003	학교 특별활동을 통한 평생교육추진전략 실현 방안: 전북 지역을 중심으로	한국열린교육학회
이희수	2004	OECD 학습도시 정책동향 비교분석	비교교육연구, 14(2)
김향식, 최은수	2009	지역사회학교의 평생교육 실천적 함의: 지역사회학교의 평생교육 활동 사례를 중심으로	평생교육 · HRD연구, 5(1)
박은미, 최라영	2010	주민주도형 평생학습마을 만들기 사례 분석	평생학습사회, 6(1)
김규옥, 최운실, 김한별	2011	한센인들의 학습경험을 통한 변화에 대한 사례연구: P시 한센인 집성촌 사례를 중심으로	평생학습사회, 7(1)
박선경	2011	농촌마을 공동체 학습 활동의 생태학적 분석: Y시 행군 평생학습마을을 중심으로	평생학습사회, 7(1)
지희숙, 양병찬	2011	작은도서관 운영의 평생교육적 의미 분석: 대전지역 '알짬마을도서관' 사례를 중심으로	평생학습사회, 7(2)
이해주	2011	지역중심 평생교육으로의 회귀: 그 필요성과 전략의 탐색	평생학습사회, 7(1)
이지혜, 채재은	2012	지역교육 네트워크 리더십 분석	평생학습사회, 8(1)
이윤진, 이기성, 김남숙, 강은숙	2018	평생학습 주민활동가 정책 활성화를 위한 지자체 실무자의 인식	평생학습사회, 14(2)
장지은, 이준희	2019	일본의 지역연계기반의 커뮤니티스쿨의 특징	비교교육연구, 29(3)
김은경	2019	마을교육공동체의 협업체제 구축 방식에 대한 인식 분석	성인계속교육연구, 10(2)
배영주	2019	지방자치단체 '마을교육공동체' 사업의 실천공동체(CoP)적 운영 방안 탐색	교육문화연구, 25(3)

출처: 김진화 외(2007), pp. 111-115의 〈표 4-12〉 '인접학문의 평생교육학 연구의 동향(2000년 이후)'을 재정리하고, 2007년 이후는 학술연구정보서비스(RISS)에서 추출하여 추가함.

표 4-12 평생교육관련 박사학위논문 중 지역사회교육 관련 논문의 동향(2000년 이후)

연구자	연도	주제	출처
양흥권	2004	지역혁신형 학습도시시스템 구축과정에 관한 연구-일본 카케가와시의 평생학습도시 사례를 중심으로	서울대학교
양윤종	2004	학교교육과 지역사회 평생교육의 연계를 위한 학교시설배치모형에 관한 연구	성신여자대학교
최진학	2006	로컬거버넌스 구현과 평생교육 활성화를 위한 주민자치센터의 발전방안: 군포시 주민자치센터를 중심으로	중앙대학교
허준	2006	사회운동에 나타난 공동체학습과정의 특성에 관한 연구	서울대학교
고영상	2007	자생체제모형에 터한 한국 평생학습도시 정책의 지속가능성 탐색	서울대학교
문정수	2010	지역평생교육추진체제의 사회 네트워크 분석	중앙대학교
이병호	2010	지역사회 발전을 위한 평생교육정책 과정 추이 분석: 새마을교육과 평생학습도시 정책을 중심으로	숭실대학교
홍숙희	2011	지역거버넌스에 의한 부천 지역평생교육 체제 형성과정 연구	중앙대학교
신미양	2011	도서지역 평생학습 특성화 연구	서남대학교
Wang, XinXiu	2011	한국과 중국의 평생학습도시 네트워크 특성에 관한 비교연구: 서울 관악구와 상하이 양푸구 사례를 중심으로	서울대학교
신영재	2012	주민자치센터 평생교육프로그램 개발과정과 영향요인 탐구: 근거이론적 연구	숭실대학교
조대훈	2012	지자체 구성원의 인식을 통한 도 · 농복합형 평생학습도시 발전 연구	단국대학교
김영옥	2013	실천학습공동체 형성과정에 나타난 사회적 자본과 학습문화: '꿈마래 배움터' 사례를 중심으로	아주대학교
신성훈	2013	한국 지역사회교회의 시기별 평생교육활동 특성	중앙대학교
최인규	2013	지방자치단체 평생교육정책에 대한 업무담당자의 인식차이연구	창원대학교
방정은	2013	지역재생사업에서의 지역사회교육 현상과 특성에 관한 연구: 부산 산복도로 르네상스 사업을 중심으로	동의대학교
이소연	2014	지역사회교육운동의 전개과정에 관한 연구: 한국지역사회교육협의회 사례를 중심으로	중앙대학교
김영경	2014	부천시 작은도서관 운동의 학습공동체 연구	중앙대학교
지희숙	2014	마을만들기 사업에서의 평생학습매니저의 학습활동 분석	공주대학교
주옥채	2014	마을공동체 속 CoP의 형성과정에 관한 탐색: 장흥학당 사례를 중심으로	숭실대학교
마경희	2015	마을기업에 참여한 주민의 평생학습 경험: 노산동 누림마을공동체 사례 중심으로	경남대학교

홍은진	2015	세 마을평생교육지도자의 삶과 마을평생교육 실천전략	대구대학교
김경미	2016	마을평생교육지도자의 집단학습 과정에 관한 연구: 경주시마을평생교육지도자협의회를 중심으로	대구대학교
이규선	2017	평생학습마을만들기 참여실천연구: 시흥시 사례를 중심으로	공주대학교
유인숙	2017	평생학습마을 전개과정에 나타난 마을리더 간 갈등에 관한 질적 사례연구	백석대학교
김종선	2018	지역평생학습공동체 남양주 학습등대의 실천적 해석 연구	중앙대학교

출처: 김진화 외(2007), pp. 110–112의 〈표 4–11〉 '평생교육관련 박사학위논문의 동향(2000년 이후)'을 재정리하고, 2007년 이후는 학술연구정보서비스(RISS)에서 추출하여 추가함.

이와 같은 지역사회교육 관련 논문과 박사학위논문들은 2000년「평생교육법」시행에 따라 국가 평생교육센터의 한국교육개발원의 위탁 설치 이후 평생교육정책의 방향과 실행 방안을 제시한 연구보고서들이 밑거름이 되었기에 가능하였다. 그 시발점이 된 이희수 등(2001)의「지역단위 평생교육 체제 구축 방안 연구」이후 시대

표 4–13 한국교육개발원에서 진행된 지역단위 평생교육 활성화와 평생학습도시 조성사업을 위한 연구

연구자	연도	주제
이희수 외	2001	지역단위 평생교육 체제 구축 방안 연구
이희수 외	2002a	지역평생학습사회 실현 방안 연구
이희수 외	2002b	평생학습도시 시범 사업 평가 및 모델 도시 구축 운영 방안 연구
김신일 외	2003	평생교육지원추진체제 구축 및 강화 방안 연구
김신일	2004	평생학습도시 조성을 위한 추진모형 연구
최돈민	2004	평생학습도시 운영 사례집
이희수 외	2005	평생학습 지원 추진 기구 혁신 방안 연구
변종임 외	2005a	평생학습도시 향후 추진 전략 연구
변종임 외	2005b	지역 활성화를 위한 평생학습도시 운영 실태분석 연구
변종임	2005a	지역사회혁신을 위한 평생학습도시 활성화
변종임	2005b	평생학습도시 주민의 평생학습 참여율 조사
한준상	2006	평생학습도시 운동과 교육자본 측정의 과제
변종임	2006a	지역혁신을 위한 평생학습도시 지원체제 구축방안 연구
변종임	2006b	평생학습도시사업 성과에 영향을 미치는 요인 분석
정택희	2006	평생학습 참여실태 및 평생학습도시 주민만족도 조사 연구

적 상황에 따른 사회적 요구로 평생학습도시 조성사업과 관련된 연구가 뒤따랐고, 평생학습도시로 선정된 도시가 늘어나면서 평생학습도시 사업의 성과를 가늠할 수 있는 일정한 범주의 설정과 평가를 위한 연구가 진행되었다. 또한 사업의 진행을 뒷받침하기 위한 각종 매뉴얼 제작과 지역단위 계획 수립 등을 한국교육개발원 평생교육센터에서 중추적인 역할을 담당하며 진행하였다.

이 외에도 실제 평생학습도시 조성사업의 방향 제시를 위한 매뉴얼들이 제작되었다. 양병찬(2002)의『지역을 살리기 위한 평생학습 마을·도시만들기』, 이재분(2006a)의『평생학습도시 안내자료』, 변종임 등(2005)의『지역혁신의 성공적 실행을 위한 평생학습도시 매뉴얼』, 변종임 등(2007)의『평생학습도시 가이드북』등이 제작되었다.

또한 지역단위 계획 수립에 관한 연구도 최돈민 등(2004)의 부천시 평생학습도시 종합계획 연구를 시작으로 변종임 등(2005b)의 창원시 평생학습도시 중장기발전계획수립 연구, 양홍권 등(2006)의 부평구 평생학습도시 종합발계계획 수립 연구, 박인종 등(2006)의 단양군 평생학습도시 장기발전계획 수립 연구, 최상덕 등(2006)의 익산시 평생학습도시 중장기 발전계획 수립 연구-지식사회를 선도하는 생태역사관광 평생학습도시, 최상근 등(2006)의 서남권(목포/신안/무안) 평생학습도시 컨설팅 보고서, 이재분(2006b)의 평생학습도시 활성화 방안 및 신규 평생학습도시 실행계획 등이 뒤를 이었다. 이러한 흐름은 전국적으로 확산되어 평생학습시 조성사업을 위한 중장기 발전계획 수립이 일반화되기에 이르렀다.

한편, 한국교육개발원에 설치된 평생교육센터에서 정책연구와 더불어 평생학습도시 조성사업의 실행을 위한 연수와 세미나, 포럼 등이 진행되었다. 변종임(2006)의 '제3차 평생교육포럼, 제4차 평생교육정책포럼: 평생학습도시 발전을 위한 지원시스템 체계화 전략', 이종재(2003)의 '한·일 평생학습 국제세미나: 지역 혁신을 위한 평생학습도시 조성사업의 동향과 과제', 변종임 등(2006)의 제2, 3차 평생학습도시 최고지도자 연수·협의회, 박인종(2007)의 평생학습도시 실무자의 역량 개발과 전문성 함양을 위한 워크숍 등 사업의 실행을 위한 관계자 연수가 진행되었다. 2001년 이후 평생학습도시 조성사업의 성공적인 추진을 위한 관련 연구와 각종 사업들이 집중적으로 진행되었음을 확인할 수 있다.

3) 2000년 이후 지역사회교육 논의 변천과정의 특성

2000년 이후의 지역사회교육 논의과정은 「평생교육법」시행 이후 사회적 환경의 변화만큼 활발하게 전개되었다. 『사회교육학연구』에서 『평생교육학연구』(제6~25권)로 학회지의 명칭이 바뀐 이래 지역사회교육 개념 탐색, 지역 학습자에 대한 연구, 지역 평생학습 체제 및 발전방안, 평생학습도시 조성, 지역공동체 사례연구 등에 걸쳐 관심 영역이 확대되고 심화되어 왔다.

지역사회교육의 개념과 성격을 규명하고, 지역사회교육을 지역공동체 평생교육으로 재정립하기 위한 방안을 모색하였다. 또한 지역 차원에서의 학습자에 대한 연구에서 성인학습자뿐만 아니라 일정한 특성을 지닌 퇴직자, 도서지역 여성, 중년기 여성, 농촌여성 등으로 연구 대상을 보다 세분화하여 접근하였고 평생교육사와 주민활동가의 성장 사례, 그리고 활동 요구분석, 집단의 참여 동기와 특성 등 다양한 영역의 연구가 등장하였다. 2000년 이후 평생교육 실천 현장의 성장에 따라 지역 평생학습 체제 및 발전방안의 일환으로 지역사회 단위 평생교육 진흥과 학습문화 형성을 위한 체제 구축 및 발전방안을 모색하기도 하였다. 최근에는 거시적 접근을 넘어서 지역사회 네트워크 형성에 관한 논문과 평가에 관한 논문이 등장하고 있다.

2001년 당시 교육인적자원부의 평생학습도시 조성사업 이후 지역사회 전 범위로 평생교육의 접근성이 확보되면서 평생학습도시 추진모형, 외국의 평생학습도시 사례 분석, 유형별 활성화 방안 모색, 주민만족도 요인분석, 실천원리와 발전 전략 등에 대한 연구와 논문이 발표되었다. 지역공동체 사례에 대한 연구는 지역에서 자생적으로 이루어진 지역주민 운동으로서의 학습공동체에 대한 관심의 필요성을 확인하는 논문을 비롯하여 평생학습도시 조성사업 등의 지역 차원에서 진행되어 온 다양한 실천과정을 탐색하고자 하는 사례연구들이 등장하였다.

한편, 『평생교육학연구』 외에서도 지역성을 강조하고 사회교육의 주체, 내용, 형태, 접근기회 및 연계체계 등에서의 지역화 방안을 모색하고자 하였다. 또한 민간단체 차원에서 지속적으로 지역사회교육 운동을 전개해 온 한국지역사회교육협의회의 발전과정과 성과를 분석하여 방향성을 제시하고자 하였고, 평생교육의 진화 속에 지역사회교육의 중요성이 더욱 대두되고 있음을 확인하고 지역사회교육의 발전 방향을 논의하였다. 이 외에 평생학습도시 조성과 지역평생교육 활성화의 모색과

주민자치센터의 활성화 방안, 지역주민의 공동체 학습과정에 관한 연구 등이 박사
학위논문으로 발표되기도 하였다.

한국교육개발원에 국가 평생교육센터가 위탁 설치된 이후 지역단위 평생교육 체
제 구축방안 연구를 시작으로 하여, 76개 기초자치단체로 확대된 평생학습도시의
활성화를 위한 연구와 평생학습도시 사업의 성과를 가늠할 수 있는 일정한 범주의
설정과 평가를 위한 연구가 진행되었다. 또한 사업의 진행을 뒷받침하기 위한 각종
매뉴얼 제작과 지역단위 계획 수립 등은 평생교육센터(2008년 이후 평생교육진흥원으
로 독립 출범)가 중추적인 역할을 담당하며 진행하였다.

이와 같이 2000년 이후의 지역사회교육 논의는 지역사회교육 현장의 확대와 성
장에 따라 논의의 대상이 다양해지고 확대·발전되어 왔음을 알 수 있다. 그럼에도
불구하고 비로소 전 지역사회 단위로의 접근성이 확보된 현시점에서 지역사회에서
진행되고 있는 학습자와 지역의 역동적인 성장과 발전의 과정을 총체적으로 접근
하여 체계화해야 할 필요성이 제기된다.

4. 지역사회교육 논의과정에서의 쟁점

지역사회교육은 지역마다 다양한 환경과 우선순위를 반영할 뿐만 아니라 지역
마다 뚜렷이 구별되는 역사적·이념적인 근원으로부터 시작되기 때문에 다양한 유
형들이 생겨난다. 그래서 혼란스러울 정도로 다양한 정책과 실천모델이 존재한다
(Allen et al., 1987: 2). 지역사회교육의 현상과 모델은 지역사회 교육기관에서 확립
된 실천 활동에서뿐만 아니라 법적인 부문과 자발적 참여부문을 뛰어넘는 수많은
정책 자료와 기록들에서 찾을 수 있다. 우리 사회에서 지역사회교육의 도입과 전개
과정에 대한 특성을 확인하기 위해서는 관련 자료들을 재검토하여 그동안 내재되
어 온 다양한 쟁점들을 우선 검토하는 작업이 필요하다.

1) 지역사회교육의 출발 시점과 주체의 설정

무엇보다 지역사회교육의 시작을 어디로부터 잡을 것인가를 검토해야 한다. 그

리고 누구로부터 시작되었는가와 함께 검토되어야 할 것이다. 우리 사회의 지역사회교육의 출발 시점과 주체의 설정은 지역사회교육의 정체성을 확립하는 데 매우 중요한 기준이 될 것이기 때문이다.

오혁진(2006)은 평생교육을 정부 부문과 비정부 부문으로 나누어 볼 때 일본총독부에 의해 교화적인 차원에서 이루어졌으며, 민간 부문에서는 민족진영을 중심으로 지역주민 대상의 각종 평생교육사업을 실시한 일제강점기를 출발 시점으로 보고 있다.

반면, 황종건(1994)은 1945년의 해방, 1950년의 한국전쟁을 겪은 후 정치 · 사회 · 경제 · 문화 측면으로 해결되어야 할 많은 문제를 가지고 있는 우리나라에서 교육의 역할이 무엇인가에 대한 반성과 비판의 소리가 일면서 지역사회학교라는 새로운 학교의 이론과 모델이 소개되기 시작한 때로부터 지역사회교육이 출발되었다고 보고 있다. 동시에 해방 전후를 막론하고 우리나라의 각급 학교는 일제강점기의 야학, 간이학교, 청년학도 등과 밀접한 관계를 가졌으며, 당시의 '브나로드 운동(V narod movement)'과 같은 농촌계몽운동에 많은 중학생들이 참여하는 등의 활동으로 사회교육 발전에 많은 공헌을 하였다고 밝히고 있다.

김종서와 주성민(1991: 59-72)은 지역사회학교의 개념이 소개된 것은 다른 교육사조와 마찬가지로 주로 미국의 영향에 의한 것이라고 소개하고, 지역사회학교는 민주주의 사상에 기초하고 있으며, 해방 후 민주주의 사상이 들어옴에 따라서 지역사회학교운동이 시작된 것은 너무나 당연한 일이라고 하고 있다. 실천 면에서는 필리핀, 대만과 같은 동남아시아 국가의 영향도 받은 것이 사실임을 덧붙이고 있다. 지역사회학교에 관한 문헌은 1953년『문교월보』1월호에 실린 한기언 교수의 '지역사회학교의 구상'과 1952년에 한국교육을 돕기 위하여 내한하였던 유네스코 · 운크라 파한교육계획사절단이 1953년 2월 프랑스 파리에서 제출한 내한 최종 보고서에 포함된 '지역사회학교에 관한 건의'를 들고 있다.

이와 같은 지역사회교육 변천과정에 대해 먼저 지역사회교육의 시발점으로 지역사회학교의 도입을 기점으로 할 것인가와 사회교육의 도입에 의한 지역사회 차원의 주민 대상 교육의 시작을 기점으로 할 것인가에 따라 나누어 논의할 필요가 있다.

김종서와 주성민(1990: 59-69)은 과거 서당의 스승이 지역사회 전체의 스승이었다는 점에서 지역사회학교의 시초라고 볼지 모르나, 교육의 사회적 기능을 그 철학적 근거로 하고 있는 현대적 의미에서 보면 옳지 않은 해석이라고 문제를 제기하였다. 또 일제강점기에 야마나시(山利)나 우가키(宇垣) 등의 총독이 부임하여 실과교육에 치중하고 근로주의 농촌진흥에 힘쓴 것을 지역사회학교의 흔적이라고 보는 것은 다음과 같은 면에서 대단히 그릇된 생각이라고 하였다.

당시 야마나시가 실과교육에 치중한 것은 당시 제1차 세계대전 후 전 세계를 휩쓸던 자유주의적 사회주의 사상, 특히 우리나라에서의 민주주의 사상의 팽창을 막기 위하여 실리적인 면으로 우리나라 국민의 사상을 돌리고자 하는 의도였으며, 우가키의 농촌진흥정책, 근로애호정책은 우리나라를 양식보급지로 만들고, 일본은 공업국가로 발전시키려는 정책의 일환이었다. 또한 일제강점기 말년에 지리와 역사의 통합을 어느 정도 실천하고, 소위 향토교육이라고 하여 향토실 등을 각 학교에 꾸미게 한 것은 독일의 교육사조의 영향을 받은 것은 사실이었지만, 전쟁 수행을 위하여 일본에의 충성을 다하도록 하는 폐쇄적인, 애국사상의 고취를 위함이었다(김종서, 주성민, 1991: 59).

반면, 이정연(2003: 110)은 「구한말 통속교육 및 사회교육의 도입에 관한 연구」에서 한국의 개화파 지식인들을 중심으로 행해진 국권회복을 위한 애국계몽운동의 단계에서 일본 국내의 계몽주의자·사회개량주의자들을 중심으로 사용되고 있던 사회교육 개념에 착안하여 그 자신들에 의한 근대국가 형성을 위해 국가의 구성원인 '국민'을 창출해 가는 가운데 민중계몽의 수단으로 도입된 것으로 보고 있다. 이는 기존의 한국의 근대적 사회교육은 식민지시대에 일본이 조선인을 동화하기 위한 수단으로 강제 도입했다는 정설에 대한 반론으로 제기하였다. 당시 전개된 야학활동 또한 그들이 사립학교를 설립하여 국권회복에 이용하려 했던 학교활동과 나란히 이루어진 대표적인 사회교육 활동이라고 하고 있다. 이정연(2003: 100-105)은 개화파 지식인들이 당시 국권회복운동의 일환으로서 조직한 각종 '학회'의 기관지에 관한 분석을 하였다. 이들 학회의 기관지 중에서 가장 이른 시기에 '사회교육'이라는 용어가 등장한 것으로 보이는『대한자강월보』제1호(1906)에 실린 이 학회의 일본인 고문이었던 오오가키 타케오(大垣丈夫)의 '교육의 효과(教育의 效果)'란 제목의 연설의 소개를 비롯한 학회의 기관지에 실린 내용을 소개하고 있다.

한편, 천성호(2009: 158-161)는 한국야학운동사 연구를 통해 일제강점기 야학운동의 의의를 살펴보았는데, 개항 후 외세의 개입과 민중의 정치·사회·문화의 전반적인 인식의 변화는 조선사회의 변화의 동력으로 작용했으며, 민중 스스로 자신들의 존재를 깨치고, 자각된 의식을 가지게 되었다고 하였다. 이어 동학농민혁명은 민중의 요구를 가장 적나라하게 보여 주는 대표적인 사회변혁운동이었다고 하였다. 야학은 1898년에 시작되어 일제강점기가 끝난 1945년까지 약 47년 동안 운영되었으며, 지역주민교육을 통해 지역운동, 지역 공동체 교육을 했으며, 지역주민과 함께 지역을 변화시키고 삶을 변화시키는 민중교육의 역할을 하였다고 밝히고 있다. 그러나 개화기 및 일제강점기까지의 야학운동은 개화기 사립학교운동을 계기로 일부 지식인에 의해 설립된 야학이 1898년에서 1905년은 애국계몽운동으로, 1910년 대에는 계몽교육으로, 1920년대에는 문화, 교육운동, 여성대중운동, 아동교육(정규 초등교육기관 보완아동교육) 등 복합적 성격으로, 1930년대에는 혁명적 농민(노동자) 조합운동의 성격으로 실천과 해체, 그리고 개량화, 친일화의 성격으로 전개되었다고 하였다.

앞서 이정연(2003)의 주장은 사회교육의 기원과 맞닿아 있는 부분이라 매우 조심스러운 지점이기도 하다. 야학운동이 개화파 지식인들에 의한 시작되었다고 하나 실제로 개화파 지식인들의 힘으로 야학 활동이 확산되어 갔는가의 문제에 대해서는 검토가 필요하다.

김동노 · 김경일(1998)은 18세기 이래로 서구에서 진행된 근대화에 대해 우리가 주체적으로 변화를 시도한 시기는 일련의 사회개혁 운동을 통해 위로부터의 국가 개혁을 이룩하고 새로운 사회의 성립을 추구하였기 때문에 구한말 개화파의 등장부터라고 주장하였다. 그러나 순박한 국제 정세관과 일본에 의존할 수밖에 없는 한계로 일본에 대한 지나친 믿음이 자리 잡고 있어 있어서 조선의 식민지화를 피할 수 없었다고 밝히고 있다.

이정연의 글에서도 확인할 수 있듯이, 개화파 지식인들의 학회에 일본인 고문이 특정한 역할을 담당하였다는 점에서 과연 우리의 주체적 도입으로 볼 수 있는지에 대해 심도 있는 재논의가 필요하다고 생각된다. 구한말 시작된 야학 활동의 의미를 어떻게 부여할지에 따라 우리 사회에서의 지역사회교육의 시발점이 바뀔 수 있다. 그뿐만 아니라 그 의미 부여도 달라질 수 있으므로 앞으로 우리나라 근현대사에 대한 역사적 검토를 기반으로 하는 후속 연구가 필요하다.

2) 지역사회교육 영역에 관한 규정

지역사회교육 영역에 관한 규정은 오늘날의 평생교육과의 관계성을 어떻게 정립할 것인지의 문제이기도 하며, 지역사회교육 연구 범위와 대상, 그리고 방법론적 쟁점이기도 하다. 이는 이어서 다룰 개념 규정의 문제와 직결되는 것이기도 하다.

특히 우리 사회에서 지역사회교육의 개념은 전 지역사회적 접근이었으나 지역사회교육 논의에서는 학교중심의 지역사회교육인 지역사회학교, 향토학교에서 국가정책의 변화 흐름에 따라 변화된 새마을교육과 지역사회 개발 중심의 논의,「평생교육법」개정 이후 평생학습도시, 지역 평생교육, 지역단위 평생교육체계 등으로 전환되어 사용되어 왔다.

우리 사회에서 지역사회교육과 지역사회학교가 논의되던 당시 주로 사용되는 용어가 바로 '사회교육'이었다. 2000년대 들어 전부개정된「평생교육법」시행 이후 사회교육이라는 용어가 평생교육으로 전환되어 사용된(김진화 외, 2007: 90-91) 이후 사회교육과 함께 동시에 사용되었던 용어인 지역사회교육 또한 '지역단위의 평생교육'으로 전환되어 사용되어 왔다고 할 수 있다. '지방화'에 대한 사회적 관심이 증폭되면서 '지방분권' '국가균형발전' '지역혁신' 등의 용어가 지역의 중요성을 강조하여 평생학습도시 조성사업과 지역인적자원개발사업의 논의 과정에 즐겨 사용되기도 하였다(한국교육개발원, 2004). 근래 들어 이러한 용어들이 국가정책의 기조로 재등장하였다.

이와 같은 사회변화에 따라 지역사회교육 전통이 평생교육의 발전을 위해 평생교육의 원형으로서 계승되어야 할 필요성이 제기되기도 하였다(이희수, 2003a). 이는 2000년 개정된「평생교육법」에 따라 시행하게 되는 지역단위 평생교육체제 구축을 위한 연구의 필요성과 목적에서 다음과 같이 시작하고 있는 데서 확인할 수 있다.

평생교육은 지역주민들 스스로 자신들과 지역공동체의 발전을 위하여 전개하는 지역사회 개발운동이라고 할 수 있다. 지역사회는 학습의 주된 원천이자 학습의 장으로서 존재한다. 평생교육 발전의 시작과 끝은 지역사회에서 결정된다. 이와 같이 평생교육이 발전하려면 정책의 주안점을 두어야 할 부분이 바로 지역사회다. 그동안 우리나라는 오랜 중앙집권화 정책으로 인하여 평생교육에 있어서도 중앙단위에서의 체제 구축 및 통제 위주의 정책이 지배적으로 적용되어 왔다. 탈중앙집권화와 지역화의 시대를 맞이하여 평생교육정책에 있어서도 지역단위 평생교육체제 구축이 현안 정책과제로 대두되고 있다(이희수 외, 2001: 3).

지역단위 평생교육체제 구축 방안 연구는 2000년 이후 우리 사회의 평생교육을 지역단위로 실천하는 구체적인 방향성을 모색하는 전환점이 되었다. 지역 평생교육체제 모델 및 지역 평생교육 활성화 방안을 마련하여 제시하였으며, 그 영향으로 2000년도부터 지역 평생교육의 3대 기구인 지역평생교육정보센터, 평생학습관, 평생교육협의회를 발족 · 운영하였다. 또한 평생학습 마을/도시 조성 지원사업과 지역단위 인적자원개발 사업 추진을 비롯하여 지방자치단체가 추진하고 있는 주민자치센터의 마을 단위 평생학습 장으로서의 역할 수행 등과 같이 다양한 지역평생교육형태가 발현되었다. 이러한 변화과정을 통해 교육행정 영역과 일반 행정 영역의 구분 없이 지역사회 단위의 전체를 대상으로 하는 총체적 방안을 모색하는 접근방식으로 자리매김되었다.

3) 지역사회교육 개념에 대한 규정

지역사회교육 개념에 대한 규정에 차이가 크다. 지역사회교육은 지역사회와 교육의 복합어로서 지역사회(community)의 개념과 교육에 대한 견해의 다양함으로 인해 용어 자체에 복합성을 내포하고 있다(김종서, 주성민, 1992: 34-37). 지역사회에 대한 개념이 지역사회의 지리적인 특성을 고려한 지역성(region)과 지역사회 구성체인 사람들의 관계성을 중시한 공동체 성격(common feeling)의 두 개념을 포함하고 있는데, 지역적 성격과 공동체적 성격은 상대적인 관계다. 지역사회는 우리 사회에서 공동체, 지역사회 등으로 "목표나 규범, 수단을 공동으로 소유하는 집단"을 뜻하기도 하고, "공동의 삶을 영위한 자족적인 집단" 등의 의미로 폭넓게 사용되어 왔다. 미국의 농촌사회학자 G. A. Hillery가 1955년에 미국 사회과학 분야에서 많이 연구되고 있는 'community'에 대하여 정의가 내려진 논문 94편을 분석하여 서로 다른 의미로 사용되고 있음을 보고하면서, "일정한 지리적 영역 내에서 사회적인 상호작용을 통하여 공통의 유대감이 이룩되어 있는 인간집단"이라 하였고, 도덕적 또는 공통적인 정신적 연계를 이룬 인간집단으로 정의하였다(정지웅 외, 2002: 12). 이와 함께 공동체에 대해 F. Tönnies(1887)가 공동사회와 이익사회로 나누어 논의한 이후 더욱 분화되어 제기되었다. 이러한 용어 자체의 복합성만큼이나 지역사회교육 개념에 대한 규정도 연구자마다 비슷한 듯하나 조금은 다르게 이루어지고 있다.

지역사회교육 개념에 대해 P. Jarvis(1983: 44-51)는 ① 지역사회 실천(community action) 및 지역사회개발을 위한 교육, ② 지역사회 내에서의 교육, 그리고 ③ 학교나 대학의 울타리를 넘어선 성인교육(extra adult education)으로 구분을 지었다. 그리고 그는 지역사회교육을 협의적으로 해석하여 첫 번째 개념으로 한정하고 후자의 두 개념은 평생교육 범주에 속하는 것으로 보았다. 반면, Brookfield(1985)는 영국과 미국에서 사용하는 지역사회교육의 개념을 구분하여 영국에서는 갈등론적 입장에서 실천을 강조하는 경향이 있으며, 미국에서는 교양교육적 측면을 강조하거나 학교교육을 보완하는 성격이 강하다고 주장하였다(이희수 외, 2001: 17에서 재인용).

우리 사회에서도 역시 연구자마다 규정의 차이가 나타난다. 김종서는 지역사회교육에 대해 "지역공동사회를 기초로 하는 주민생활의 보다 전체적이고 역동적인 향상을 위한 사회교육활동"으로 정의하면서 사회교육의 한 형태로 구분하였다(김종서, 황종건, 1988: 290). 이후 지역사회교육은 "공동체를 형성할 수 있는 일정한 지역의 주민을 대상으로 지역사회의 모든 교육적 자원과 역량을 동원하여 평생교육을 통한 자기성장의 기회를 제공하며, 지역사회의 문제를 공동의 노력으로 찾아내고 그 문제를 지역사회의 통합적 노력으로 해결하고 충족시키는 과정"(김종서, 주성민, 1992: 37)이라고 규정하기도 하였다.

정지웅은 지역사회교육은 일정한 지역공동체를 다양한 교육활동을 통하여 이상적이면서 살기 좋은 지역으로 만들고자 하는 제반 노력이라고 하며, 일정한 단위의 지역에서 학교나 다른 교육 관련 기관에서 그 지역사회 내의 각 개인이나 집단을 대상으로 지역사회에 대한 공동체 의식을 함양하거나 지역사회개발을 위하여 실시하는 교육 활동 일체라고 하였다(정지웅, 2005: 293-295).

이순형은 "지역사회교육은 말하자면, 학교가 지역사회 수준에 있어 개인이나 지역사회의 문제해결을 위한 역동적 봉사체제로 이를 지원하고자 다른 기관과 제휴하여 실천하는 공교육의 역할확대를 강조하는 개념이라고 할 수 있다."라고 하며, 교육의 사회화와 인간화의 철학적 이념을 실천적으로 여과시킨 하나의 새로운 개념이며 지역사회학교를 바탕으로 해서 전개되는 프로그램 이상으로서 지역사회발전에로 향하는 과정을 의미한다고 하였다(이순형, 1985: 347).

한편, 오혁진은 "지역사회교육의 의의는 특정한 공간으로서의 지역을 기반으로 했다는 데 있다기보다는 지역주민들의 공동체를 추구했다는 데 있다."라고 강조하고, 평생교육의 원형으로서의 지역사회교육은 '지역성' 자체보다는 '지역공동체성'을 추구했다고 볼 수 있으므로 지역사회교육은 곧 지역공동체를 지향하며 지역사회와 더불어 이루어지는 교육이라고 할 수 있다고 강조하여 지역공동체 평생교육을 주장하기도 하였다(오혁진, 2006: 62-63).

이와 같이 지역사회교육을 사회교육의 한 형태로 보거나 평생교육을 통한 개인의 성장과 지역 문제해결의 과정, 교육활동을 통한 개인과 집단 대상의 공동체의식 함양 및 지역사회개발을 위한 교육활동 일체, 공교육의 역할 확대 및 지역사회학교 바탕의 프로그램 이상의 지역사회발전으로 행하는 과정, 지역공동체를 지향하며 지역사회와 더불어 이루어지는 교육으로서 지역공동체 평생교육 등과 같이 연구자들에 따라 중점을 두는 초점이 다르다는 것을 알 수 있다.

하나의 개념이나 이론은 그 사회가 가지고 있는 사회적 조건이나 요구들을 밀접하게 반영하는 것이므로, 그 상황 속에서 함께 살펴보고 분석해야 한다. 시대적 상황과 분리된 상태에서 동일하게 개념이나 이론을 적용하기에는 무리함이 따른다. 특히 지역사회교육의 논의과정 역시 시대적 변화 속에 있었음은 물론이다. 그러므로 앞에서 다룬 지역사회교육의 역사적 변천과정의 탐색을 ① 지역사회교육의 출발시점과 주체의 설정, ② 지역사회교육 영역에 관한 규정, ③ 지역사회교육 개념에 대한 규정 등 세 가지 쟁점들을 전제하여 지역사회교육 논의의 발전 방향을 모색하는 것은 평생교육의 토대를 군건하게 한다는 점에서 그 필요성이 대두된다 할 것이다.

5. 나가는 말

지금까지 지역 평생교육의 활성화가 강조되고 있는 우리 사회에서 지역평생교육의 일환으로 이미 적용되어 온 지역사회교육 논의를 중심으로 그 역사적 변천과정을 고찰하고, 이를 기반으로 평생교육의 방향성을 모색해 보고자 하였다.

평생교육 개념은 시대와 상황의 요구에 따라 동적인 개념으로 끊임없이 재정의되고 진화하여 왔다(이희수, 2001a: 216). 평생교육 이념이 대두되던 당시부터 '평생(lifelong)'을 강조하였던 것에서 진화하여 통생애(lifelong)로, 그리고 범생애(life-wide)가 강조된 학습으로 거듭나면서 'life-wide learning'을 강조하는 것으로 변화하여 지역 평생교육으로서의 지역사회교육과의 접점을 모색하게 되었다. 지역에서의 자생적이고 자발적인 지역사회교육의 활성화는 곧 평생교육의 활성화의 기반이다. 지역사회교육은 평생교육의 영역을 실질적으로 확대하고 풍성하게 한다. 평생교육의 이념을 구호로서가 아니라 실제로 구현하는 전달체계이자 전략이며, 실행과정이다. 우리나라 평생교육이 전환기적인 20년을 맞이하고 있는 현시점에서 지역사회교육의 발전과제를 다음과 같이 제시해 보고자 한다.

첫째, 지역사회교육은 문제해결을 위한 프로그램뿐만 아니라 공동체 형성 지향의 과정으로 초점을 맞추어야 할 것이다. 앞서 살펴본 바와 같이 농촌지역 사회교육연구의 활성화를 비롯하여 1970년대 새마을교육의 확대 이후까지 주된 관심으로 공동체성을 지향하였다. 이제 농촌 중심의 공동체를 넘어서 보다 복잡해지는 사회적 성격에 따라 점차 도시 내에서의 공동체 형성에 대한 관심이 높아지고 있다. 특히 주민자치센터 설치 운영 이후 지역사회를 중심으로 국가단위의 마을 만들기 지원 행정 등과 같은 다양한 시도들이 등장하고 있다. 이러한 시도들은 이희수(2003a: 73)가 지역사회교육의 지향성으로 제시한 제1세대 학교와 지역사회(school and community), 제2세대 지역사회교육(community education)을 넘어 제3세대 학습공동체(learning community)인 공부하는 공동체 건설인 'learning community, learning city, learning town'의 건설에 앞장서는 전향적인 자세이기도 하다. 그러므로 특정한 활동을 기술하는 문제해결을 위한 프로그램에서 공동체 교육발전의 궁극적 수준인 과정에 초점을 맞추어야 할 것이다. 학습자 개인 차원의, 집단과 조직 차원의, 마을(지역) 단위의 폭넓은 공동체 참여와 행동으로 공동체를 지향하는 과정을 통해 공동체의 잠재력이 발휘되어 공동체 문제에 대한 대처와 변화를 유도할 수 있기 때문이다(Minzey, 1979). 이와같이 지역사회교육의 방향은 지역사회 단위에서의 교육에 대한 통합적 접근으로 문제해결을 위한 프로그램뿐만 아니라 과정에 초점을 맞추어 개인과 지역사회의 요구와 잠재력을 실현하는 쪽으로 움직여 가는 것이기도 하다.

둘째, 특별한 정책이나 제도로서가 아니라 지역사회의 구성원들과 교육서비스로서 관계를 맺는 전체를 대상으로 하는 총체적이고 체제적인 접근이 되어야 할 것이다. 지역은 ① 개별 학습자의 자아실현의 장이 되고, ② 지역 고유의 문화를 전수할 수 있는 장이며, ③ 교육을 통한 사회화의 장으로 기능하고, ④ 공동체 정신을 구현할 수 있는 장이며, ⑤ 관계형성의 상호작용의 장이며, 그리고 ⑥ 지역 그 자체가 교육적 자원이라는 점에서 교육과 학습과 관련하여 그 의미가 강조되어 왔다(정지웅 외, 2005). 지역사회는 본질적으로 다양하며, 역동적이고 다원적이라고 할 수 있다. 그러므로 지역사회교육이 지역사회학교 활동과 같은 좁은 범주에 한정하여 접근함으로써 제한적 의미가 되어서 안 될 것이다. 시대적인 사회적 환경의 변화 속에 지역사회교육의 형태와 논의가 변화해 왔다. 궁극적으로 지역사회교육은 지역사회 모든 부문과의 파트너십과 결속에 관한 것이다. 또한 교육적 관계, 학습 맥락, 교육기회의 재분배(개인의 인생 내에서 수직적으로, 그리고 사회구조에서 수평적으로)를 위한 잠재력이라는 폭넓은 함의를 가져야 할 필요가 제기되는 것이다. 지역사회 전체를 단일 구조로 하는 총체적이고 체제적인 접근이 필요하다.

셋째, 지역사회에서 진행되고 있는 교육, 문화, 복지, 환경 등 전방위적인 영역 간의 관계성을 확립해 나가야 할 것이다. 지역사회 단위에서는 국가단위에서 이루어지는 모든 공공정책과 제도뿐만 아니라 민간 부문의 모든 영역이 동시적으로 만날 수 있는 공간이다. 지역사회에 자리매김을 하고 있는 주민자치센터, 지역사회교육정책의 일환인 평생학습도시 조성사업, 지역과 함께하는 학교사업, 마을교육공동체사업, 교육복지(투자)우선(지역) 지원사업, 방과후 학교사업, 성인문해, 다문화교육, 새터민교육, 고용 및 지역인적자원개발사업, 지역문화예술진흥사업 등을 비롯하여 지방자치단체 산하의 여성회관, 노인 관련 기관, 청소년 관련 기관, 장애인복지관, 문화원, 도서관, 사회복지관, 자활지원센터, 환경교육센터 등의 지역사회 교육기관들과의 연계성을 모색해야 할 것이다. 또한 지역사회교육의 세부 영역으로서의 각각의 내용적 독자성을 확보하기 위한 노력을 함께 기울여야 할 것이다. 지역사회 단위에서 이루어지고 있는 다양한 영역의 평생교육 활동에 보다 초점을 맞춰 연구할 필요성이 제기된다.

넷째, 지역사회교육의 특성을 반영한 연구방법론의 모색과 정립을 통해 지역사회교육학의 체계화를 모색해 나가야 할 것이다. 지역사회교육이 평생교육 이념의 실현을 위한 도구적 개념으로서가 아니라 상호 소통적 개념으로서 자리매김되어 평생교육의 발전과 함께 지역사회교육이 상호 성장해 갈 수 있는 관계형성이 요구된다. 또한 지역사회교육이 지역사회 중심에서 지역사회의 변화를 '교육적'으로 어떻게 이끌어 낼 수 있는지에 대한 총체적인 논의가 필요하다. 더불어 지역사회교육이 추구해야 할 가치와 철학, 하나의 완결구조로서 지역사회가 갖추어야 할 제도와 체제, 전달체계, 실행기제 등의 하드웨어적인 기반조건과 지역주민에게 제공되어야 할 프로그램, 참여의 접근성, 학습내용 등과 같은 소프트웨어적인 조건 등에 대한 논의가 필요하다. 이와 같은 논의의 활성화를 위해서는 무엇보다 지역사회교육을 학문으로서 재정립하고자 하는 노력이 따라야 할 것이다. 생활세계인 지역사회에 보다 더 초점을 맞추고 있는 지역사회교육의 특성을 반영한 연구방법론의 모색과 정립을 기반으로 하는 지역사회교육학의 체계화를 모색해 나가야 할 것이다.

참고문헌

고영상(2007). 자생체제모형에 터한 한국 평생학습도시 정책의 지속가능성 탐색. 서울대학교 대학원 박사학위논문.

권두승(2002). 한국 지역사회교육 운동의 발전과정과 그 영향분석. **한국교육학연구**, 8(2), 239-254.

권두승, 최운실(2009). **평생교육경영론**. 경기: 교육과학사.

권인탁(2008). 문화역사적 활동이론을 활용한 평생학습도시의 발전전략. **평생교육학연구**, 14(2), 1-29.

김남선(2003). **지역사회교육론**. 서울: 형설.

김남선, 안현숙(2007). 평생학습도시 유형별 활성화 방안에 관한 연구. **평생교육학연구**, 13(1), 25-49.

김동노, 김경일(1998). 한말 개화파 지식인의 근대성과 근대적변혁. **아시아문화**, 14, 27-60.

김민호(2000). 사회교육의 지역화. **한국교육**, 27(1).

김민호(2001). 지역 평생학습문화 활성화: 시민사회의 형성을 중심으로. 지역공동체 형성을 위한 평생교육의 과제. **2001년도 한국평생교육학회 추계학술대회 자료집**, 25-40.

김민호(2011). 지역사회기반 시민교육의 필요성과 개념적 조건. **평생교육학연구**, 17(3), 193-221.

김신일(2004). 평생학습도시 조성을 위한 추진모형 연구. **평생교육학연구**, 10(3), 1-30.

김신일 외(2003). 평생교육지원추진체제 구축 및 강화 방안 연구. 서울: 한국교육개발원.

김일철(1998). 지역사회와 인간생활. 서울: 서울대출판부.

김종서, 황종건(1988). 교육사회학. 경기: 교육과학사.

김종서, 주성민(1992). 지역사회학교의 이론과 실제. 서울: 교육과학사.

김진화, 고영화, 성수현(2007). 한국평생교육학의 학문적 동향과 과제. 평생교육학연구, 13(4), 89-122.

남정걸 외(1998). 지역사회교육 활성화 방안과 프로그램 개발 연구. 교육정책연구과제 보고서.

문정수, 이희수(2008). 인천 지역평생교육정보센터의 네트워크 특성 사례 분석. 평생교육학연구, 14(4), 155-183.

박상옥(2009). 지역사회실천조직으로서 학습동아리에서의 학습과정−부천 생태안내자 모임 '청미래'를 중심으로. 평생교육학연구, 15(1), 225-259.

박인종 외(2006). 단양군 평생학습도시 장기발전계획수집연구. 서울: 한국교육개발원.

변종임 외(2005a). 지역혁신의 성공적 실행을 위한 평생학습도시 매뉴얼. 서울: 한국교육개발원.

변종임 외(2005b). 창원시 평생학습도시 중장기발전계획수립연구. 서울: 한국교육개발원.

신경희(1997). 잠재적 지역문화시설 활성화 방안연구. 서울: 서울시정개발연구원.

신원득, 이희수, 하혜영(2000). 평생교육활성화 방안과 지방자치단체의 역할. 경기: 경기개발연구원.

양병찬(1998). 지역평생학습체제 구축을 위한 대학의 역할. 사회교육학연구, 4(2).

양병찬(2000a). 지역사회 평생교육 공동체 구축을 위한 네트워크 전략. 한국교육개발원 평생교육센터. −지역사회 평생교육 네트워크 구축 방안− 제1차 지역평생교육정보센터 관계자 워크숍 자료집.

양병찬(2000b). 평생학습지원시스템 구축을 위한 행정의 과제. 평생교육학연구, 6(1), 39-64. 한국평생교육학회.

양병찬(2002). 지역을 살리기 위한 평생학습 마을 · 도시만들기. 서울: 한국교육개발원.

양병찬(2007). 학습도시에서의 주민 교육공동체 운동의 전개. 평생교육학연구, 13(4), 173-201.

양병찬, 이희수, 김득영(2001). 군포 평생학습도시 건설 계획. 군포시 평생교육프로그램 개발 용역보고서.

양홍권(2004). 지역혁신형 학습도시시스템 구축과정에 관한 연구−일본 카케가와시의 평생학습도시 사례를 중심으로. 서울대학교 대학원 박사학위논문.

양홍권(2006). 평생학습도시 유형별 조성전략에 관한 비교연구. 比較敎育硏究, 16(1), 155-180

양홍권 외(2006). 부평구 평생학습도시 종합발전계획 수립연구. 서울: 한국교육개발원.

오혁진(2005). 학습공동체의 다차원적 성격과 구현 원리에 관한 연구. 평생교육학연구, 11(1),

23-41.

오혁진(2006). 지역공동체 평생교육의 개념과 성격에 관한 고찰. 평생교육학연구, 12(1), 53-80.

오혁진(2007). 일제하 이상촌 운동을 통해 본 평생학습도시 사업의 실천 원리. 평생교육학연구, 13(2), 23-47.

윤창국(2009). 지역사회 네트워크 형성과정의 장애요인과 학습의 의미. 평생교육학연구, 15(1), 31-65.

이경아(2008). 평생학습 참여의 사회적 자본 형성 효과에 관한 실증연구. 평생교육학연구, 14(2), 117-146.

이순형(1976). 농촌사회에 있어서의 학교의 지역사회개발과정 모형. 論文集, 5, 103-131.

李淳珩.(1982). 地域社會學校의 部落開發 活動類型및 그 合理的 推進過程에 관한 調査硏究. 제주대학교 논문집, 14(1), 413-468.

李淳珩.(1984). 學校의 地域社會開發過程에 관한 硏究. 제주대학교 논문집, (22/2), 215-242.

이순형(1985). 지역사회교육에 관한 연구. 제주대학교논문집, 20(2), 345-364.

李淳珩(1987). 教育體制의 統合的 管里方案에 관한 硏究. 새마을硏究論文集, 4. 89-109.

李淳珩(1987). 學校의 地域社會敎育의 過程 模型에 관한 연구. 논문집 24(1). 313-338.

李淳珩(1989). 教育的인 社會의 實現方案에 관한 硏究. 새마을硏究論文集, 6, 115-149.

李淳珩, 金洙賢, 許仁玉(1988). 마을單位 綜合開發을 위한 基礎調査硏究. 새마을硏究論文集, 5, 15-42.

이순형(1989). 교육적 사회론. 경기: 양서원.

이재민(2016). 한국지역사회교육정책 변천과정의 특성 연구. 평생교육학연구, 22(2), 55-84

이재분(2006a). 평생학습도시 안내자료. 서울: 한국교육개발원.

이재분(2006b). 평생학습도시 활성화방안 및 신규평생학습도시 실행계획. 서울: 한국교육개발원.

이정연(2003). 구한말 통속교육 및 사회교육 개념의 도입과 그 실태에 관한 연구. 평생교육학연구, 9(1), 83-115.

이희수(2001a). 학습사회에서 학습경제로의 전환 논리와 그 의미. 평생교육학연구, 7(1), 211-238.

이희수(2001b). 지역공동체 형성을 위한 지역평생교육추진기구의 현황과 역할 개선방안에 대한 토론. 지역공동체 형성을 위한 평생교육의 과제. 한국평생교육학회 추계학술대회.

이희수(2001c). 지식기반경제에서의 교육 패러다임 전환 논리의 재음미. 韓國敎育問題硏究所論文集, 제16호, 103-118.

이희수(2003a). 평생교육의 진화와 지역사회교육의 갈림길. 韓國敎育問題硏究所論文集, 제18호, 59-78.

이희수(2003b). 평생학습도시에 대한 소크라테스 변명. **평생교육학연구**, 9(2), 249-275.

이희수(2004a). OECD 학습도시 정책동향 비교분석. **比較敎育硏究**, 14(2), 143-163.

이희수(2004b). 평생교육의 미궁과 아리아드네의 실뭉치. **평생교육학연구**, 10(1), 137-167.

이희수(2005a). **평생학습의 새 패러다임과 학교교육**. 서울: 한국직업능력개발원.

이희수 외(2001a). **지역단위 평생교육체제 구축 방안 연구**. 서울: 한국교육개발원.

이희수 외(2001b). **지역인적자원개발 추진체제 구축방안연구**. 서울: 한국교육개발원.

이희수 외(2002a). **지역평생학습사회 실현 방안 연구**. 서울: 한국교육개발원.

이희수 외(2002b). **평생학습도시 시범 사업 평가 및 모델 도시 구축 운영 방안 연구**. 서울: 한국교육개발원.

이희수 외(2005). **평생학습 지원 추진 기구 혁신 방안 연구**. 서울: 한국교육개발원

이희수(2009). 홀리스틱 관점에서 지속가능발전의 평생교육적 의미. **홀리스틱연구**, 13(1), 37-59.

임규진 외(2000). **충청남도 인적자원개발관리체제 개선을 위한 정책연구**. 공주: 공주대학교 교육연구소.

정지웅(1991). 2000년대를 향한 지역사회개발의 방향. 한국농업교육학회지, 23(2), 1-9.

정지웅 외 공저(2005). 지역사회교육학 서설. **지역사회 종합연구－세계평화를 지향하며** 경기: 교육과학사, pp. 293-308.

정지웅(2009). 지역사회교육의 역사와 전망－20세기농촌지역을 중심으로. **평생교육 연구 영역과 담론의 새로운 조망**. 2009 한국평생교육학회 춘계학술대회, pp. 415-472.

정지웅 외(2002). **지역사회학**. 서울: 서울대출판부.

주성민(1988). **한국의 지역사회학교운동**. 서울: 한국지역사회학교후원회.

천성호(2009). **한국야학운동사－자유를 향한 여정 110년**. 서울: 학이시습.

최돈민 외(2004). **부천시 평생학습도시 종합계획연구**. 서울: 한국교육개발원.

최상근 외(2006). **서남권(목포/신안/무안) 평생학습도시 컨설팅 보고서**. 서울: 한국교육개발원.

최상덕 외(2006). **익산시 평생학습도시 중장기발전 계획수립연구－지식사회를 선도하는 생태역사관광 평생학습도시**. 서울: 한국교육개발원.

한국교육개발원(2004). 지역학습력 향상, 평생교육이 해법이다. **2004년 제3차 평생교육포럼자료집**.

한숭희(2006). **평생교육론: 평생학습사회의 교육학**. 서울: 학지사.

홍숙희(2010). 평생교육기반으로서의 지역사회교육 논의의 역사적 변천과정 탐색. **평생교육학연구**, 16(1), 25-62.

홍숙희(2011). 지역거버넌스에 의한 부천 지역평생교육체제 형성과정 연구. 중앙대학교 대학원 박사학위논문.

황종건(1978). **지역사회와 교육**. 대구: 개명대학출판부.

황종건(1990). 지방자치와 시민교육의 과제. 지방행정연구(제5권, 1호). 한국지방행정연구원.

황종건(1994). **사회교육의 이념과 실제**. 서울: 정민사.

Allen, C., Bastiani, J., Martin, I., & Richards, J. K. (1987). *Community Education: an agenda for educational reform*. Open University Press.

Chapman, J. D., & Aspin, D. N. (1997). *The School, The Community and Lifelong Learning*. Cassell.

Dave, R. H. (1976). Foundation of Lifelong Education: Some Methdological Aspects. In Dave, R. H. (Ed.), *Foundation of Lifelong Education*. Oxford: Pergramon Press.

Decker, L. E. (1987). *Foundations Of Community Education*. Pendell Publishing Company.

Faure, E., et al. (1972). *Learning to be: The World of Education Today and Tomorrow*. Paris: UNESCO.

Martin, I. (1987). Clarifying ideas. *Community Education: An agenda for educational reform*. Open University Press.

Ife, J. (1995). *Community Development: Creating community alternatives-vision, analysis and practice*. Longman.

Simmons, J. (2005). Mount Evelyn-A Learning Town in Action. International Conference *Making Knowledge*. Conference Proceedings.

Jarvis, P. (1983). *Adult and Lontinuing Education: Theory and Practice*. Lodon; New York: Routledge.

Jarvis, P. (1997). Paradox of the learning society. In C. G. H., & P. Jarvis (eds.), *Lifelong Learning: Reality, rhetoric and public policy*. Department of Educaion Studies. University of Surrey, Guilford.

Jarvis, P. (2006). *From Adult Education to the Learning Society: 21 Years from the International Journal of Lifelong Education*. London: Routledge.

Minzey, J. D. (1979). *Community education: from program to process*. Michigan: Pendell Pabishing company.

Minzey, J. D., & LeTarte, C. (1972). *Community Education: From Program To Process*. Pendell Publishing Company.

Yarnit, M. (2000). *Towns, Cities and Regions in the Learning Age; A Survey of Learning Communities*. London: LGA Publications for the DfEE, NCA.

학습공동체 성장 전략으로서
실천공동체 가능성 탐색

평생교육은 이제 이념이나 구호로서가 아니라 실제로 주민의 삶 속에 구현될 수 있는 도구나 전략이 필요한 시점에 와 있다. 이 장에서는 실천공동체의 개념과 주요 특징들을 살펴본 뒤 현장사례연구를 통해 지역평생교육 활성화 전략으로 실천공동체(Community of Practice: 이하 CoP) 활용가능성을 탐색하고자 한다. 학습의 사회문화적 측면을 강조하는 실천공동체는 자신의 삶터를 기반으로 활동하는 학습동아리, 주민자치회나 마을공동체, 마을 기업, 협동조합이 현장 지식을 창출하고 서로 공유하면서 지속가능한 방식으로 성장할 수 있도록 도울 수 있다.

1. 왜 실천공동체인가

우리나라는 세계에서 유례를 찾기 힘들 정도로 「헌법」에 국가의 평생교육진흥 의무를 명문화하고 있다. 2000년 「평생교육법」이 시행되면서 평생교육의 추진체제와 각종 제도가 갖추어지고, 2018년 제4차 국가평생교육진흥기본계획이 발표되기에 이르렀다. 그런 가운데 2020년 6월 기준 평생학습도시가 175개로 확대되면서 거의 모든 지역사회 영역에서 평생교육의 정책적 접근이 가능해졌다. 이러한 변화는 평생교육이라는 하나의 거대 담론을 학습의 원천이자 장으로서 지역사회라는 삶의 현장에서 일상성으로 끌어내리는 것을 가능케 했다. 이제 평생교육, 평생학습, 학습사회, 학습공동체 등의 이념과 가치는 이념을 넘어 실제로서 지역사회에서 자리를 잡아 가고 있다.

그러나 최단 시일 내에 민주화와 근대화를 동시에 성공적으로 이루어 낸 우리 사회에서는 공동체성에 근거한 사람들의 생활기반이 약화되고, 지역 문제를 함께 해결할 능력과 자기 확신이 감소되는 문제점이 나타나고 있다. Ivan Illich가 말한 인간의 공생적 삶이 파괴되고, 사람들 사이의 활발한 관계가 위협을 받게 된 것이다(Finger & Manuel Asun, 2001). 교육은 공동체를 위한 기제로 작동하기보다는 개인적 이해나 국가 경제력 향상을 위한 도구로 역할이 기울고 있다. 자율시장경제가 가져온 빈부의 격차와 상대적 빈곤은 사람을 끝없는 경쟁이라는 위험사회로 몰아넣었기 때문이다(Beck, 1986/1997).

이러한 위험의 시대에 평생교육은 양적으로는 성장하였지만 개인의 여가 활용이나 역량개발에 머무르고 있으며, 오히려 평생학습의 양적 확대는 5060 중장년 퇴직자들의 불안감 해소를 위한 주먹구구식 수강으로 평생학습 유목민을 만들어 내기에 이르렀다(조선에듀, 2019. 7. 29. 기사). 경제 논리에 따라 평생교육은 지방자치단체에서 무조건 퍼 주기식의 프로그램 공급으로 합리적이고 생산적인 인간 육성에 주력할 뿐 종래 평생교육이 지향했던 교육의 공공성, 학습자로서 시민의 주체적 참여, 지역 문화의 정체성 확립에는 소홀하였다(김민호, 2013: 2). 이제 평생교육은 학습의 사회적 가치를 재인식하고, 평생교육의 사회적 역할이 무엇인가에 대해 진지하게 성찰을 할 때가 되었다.

위기의 시대를 해결하기 위한 공동의 노력으로 지역사회기반 평생학습 생태계를 조성하는 것이 지역공동체 복원의 대안으로 떠오르고 있다. Putnam(1993)에 따르면, 사회변동이 빠르게 일어나고 현대화가 심화될수록 인간은 공동체를 추구하게 되는데, 이때 사회적 신뢰, 규범, 연결망과 같은 사회적 자본이 건강한 시민사회와 공동체를 유지하고 발전시키는 주요 동력이 된다. 인간 삶의 질에 관한 본질적 의미, 사회적 자본, 지역의 학습공동체라는 틀에서 평생교육 본연의 이념적 지향성에 대한 지루한 논의를 넘어 이제는 실천 전략을 찾고 실행할 때가 왔다.

오늘날 지방자치단체를 중심으로 전국적으로 확산되고 있는 평생학습도시의 밑그림은 지역사회교육에서 찾을 수 있다. 20세기 미국에서 학교를 중심으로 시작된 지역사회교육은 21세기에 지역사회의 다양한 학습단위들을 연계한 학습공동체로 발전한다(Longworth, 2000). 현대 조직사회에서 가장 기본적인 학습단위는 개인이 아니라 팀이라는 학습조직의 명제(Senge, 1990)는 지역사회교육에도 유효하다. 이러한 맥락에서 21세기 첫 10년간의 집단학습과 조직학습 영역에서 가장 획기적인 이정표 중의 하나로 CoP가 거론되고 있다. CoP는 기업에서 한때 유행처럼 운영되고 사라진 것이 아니라 새로운 조직 형태와 분석의 단위로서, 집단학습, 조직학습에 관한 틀 자체를 바꾸어 놓을 정도로 성인계속교육학계에서 관심 받고 있다(Marsick & Watkins, 2010). 집합학습의 대명사는 CoP로 통할 정도다(Garavan & McCarthy, 2008).

국외에서는 CoP가 제공하는 효과를 조직의 가치생성 및 사회적 자본과 관련지어 왔고(Lesser & Storck, 2001; Mcdermott & Rush, 2001; Wenger et al., 2002). CoP 구성원 사이의 관계형성을 통한 공동체적 학습을 강조하기도 했다(Brown & Duguid, 2000; Lave & Wenger, 1991; Wenger & Synder, 2000). CoP를 구성하고 있는 세 가지 구조적 요인(McDermott, 2000)과 CoP의 발달단계별 특성에 따른 도전과제들을 탐색(Wenger, 1998)한 연구들은 현장에서 CoP 활성화에 기여하였다.

국내에서는 주로 기업에서 CoP가 가져다주는 성과와 성과평가 기준을 개발한 연구들이 주를 이루었고, CoP의 발달단계에 따른 활성화 방안(장윤영, 2009)이 연구되었다. 그러나 사회적 맥락에서 학습을 보는 CoP의 공동체적 속성에도 불구하고, 국내 CoP에 대한 연구는 대기업 지식경영의 도구와 매뉴얼로 활용되면서 대기업과 정부부처 기관에서 여러 명칭과 형태로 실천공동체를 운영한 것으로 나타났다. 이는 여전히 CoP가 갖고 있는 교육적 의미와는 달리 이윤 창출을 위한 기업 지식경영의 도구로 CoP가 오남용되는 현상(Kerno & Mace, 2010)으로 분석되기도 했다. 결국 국내에서 CoP는 지식경영의 수단(Wenger et al., 2002)과 인적자원개발의 지렛대(Jørgensen & Keller, 2008) 역할로 자리매김해 왔다.

그러나 넓은 의미에서 CoP는 기업뿐만 아니라 미국 육군, 세계은행, 지방의제 21(Local Agenda 21), 지역사회개발, 글로벌 기업 등 다양한 맥락에서 적용되고 있다(Wenger et al., 2002). 공공부문에서는 지역교육청 CoP 추동 요인을 탐색하거나 CoP에 참여하는 과정 및 정체성 형성과정을 중심으로 학교 밖 청소년들의 대안적 학습경험을 분석한 사례들이 나오기도 했다. 이 외에 CoP가 주는 성과적 측면에서 '성인학습자의 공식적 CoP 참여동기가 학습성과에 미치는 영향 분석'(박창동, 이희수, 2011), 'CoP에 입각한 지역사회교육운동 성과요인 분석'(이소연, 2012), '지역사회 기반 커뮤니티 비즈니스 배양전략: CoP와 사회적 자본과의 연계를 중심으로'(송영선, 이소연, 이희수, 2012) 등의 연구들이 나오면서 지역사회와 평생교육 영역으로 확대되고 있다. 이러한 연구들은 CoP가 평생교육의 이념을 구호로서가 아니라 실제로 구현하는 데 필요한 도구와 전략, 분석 틀로서의 가능성 등을 보여 주고 있다. 이 장에서 소개하는 세 가지 현장사례연구를 통해 지역평생교육 활성화 구인 전략으로서 현장 적용의 가능성을 탐색하고자 한다.

2. 실천공동체의 개념과 특성

CoP에 대한 개념과 속성에 대해 논의하기에 앞서, 우선 전통적인 공동체(community)에 대한 개념과 성격을 살펴볼 필요가 있다. 웹스터 사전의 정의에 따르면, 공동체는 '개인들의 모임'이며, 공통의 관심사를 가진 사람들의 모임이라는 의미를 내포하고 있다. Tönnies(1957)에 따르면, 공동체는 "상호교류를 지속하여 공통된 가치를 부여받고, 집단 내의 동료애와 관습을 공유하면서 상호 간의 이해와 일치감을 갖는 공간"이다. 즉, 상호교류를 통해 동질성과 소속감을 형성하여 참여자들에게 정체성을 부여해 줄 수 있는 공간이 공동체인 것이다. 이처럼 공동체에 대한 전통적인 정의들은 지역적 경계, 개인 간의 상호작용 및 유대의식 등을 공동체의 중요한 요소로 언급하고 있다.

CoP는 전통적인 의미의 공동체의 중요 요소, 즉 상호관계와 이를 통한 유대를 담고 있을 뿐만 아니라, CoP로 규정하기 위한 본질적인 특성들을 가지고 있다. Wenger(1998)는 CoP는 우리가 사는 어디에나 존재하며, 가정에서, 직장에서, 학교에서 그리고 취미활동 속에서 이미 많은 CoP에 소속되어 있고, 우리의 일상적인 삶의 매우 중요한 구성요소라고 주장한다. 그것은 워낙 비형식적이지만 우리의 삶에 깊이 개입하고 있어서 밖으로 드러내기 어려운 경우가 많기 때문이라고 했다. Wenger(2007: 81)는 CoP를 다음과 같이 정의했다. "인간으로서 살아 있다는 것은 하나의 생물체로서 생존하는 일부터 고매한 유희에 이르기까지 온갖 종류의 일에 관여한다. 우리는 그러한 일들을 다른 사람들과 어울려 함께해 나가는 이상, 세상과 상호작용하며 살아갈 수밖에 없다. 이에 따라 우리는 그들과 모종의 관계를 형성하게 된다. 즉, 우리는 학습을 하며 살아간다. 오랫동안 학습은 실천을 낳고 그 실천은 우리의 노력과 사회적 관계를 반영해 왔다. 이들 실천은 오랜 시간 함께 일궈 온 공동체의 자산이다. 바로 이러한 공동체를 가리켜 CoP라 할 수 있다."

이러한 정의보다 현실적으로 피부에 와 닿는 정의를 한 학자는 유영만(2006: 71)이다. "CoP(氏悟皮)란 각자의 독자적인 성격과 성(成)을 갖고 있는 다양한 사람들이 모여서 실천적 경험, 노하우, 고통체험 등과 같은 프랙티스를 공유하면서 깨달음(悟)의 경지에 이르게 되고 나중에는 이러한 깨달음도 서로 믿고 신뢰하는 가운데 나누면서 각자의 허물(껍데기 皮)을 벗어던져 성숙의 여정으로 돌입하게 만드는 견인차라고 볼 수 있다."

앞에서 살펴본 바와 같이 CoP의 정의는 학자와 시기에 따라 또는 연구의 방향과 주제에 따라 일정한 차이를 보이며 진화(Cox, 2005)하고 있지만, 공통적으로 "특정 주제에 관한 관심과 열정을 공유하고 신뢰를 바탕으로 지속적인 상호작용을 통해 해당 분야에서 자신의 전문성과 지식을 향상시켜 나가는 사람들의 집단"(Wenger & Synder, 2000)으로 정의된다. 이렇게 학습의 사회문화적 측면을 강조하는 CoP는 구성원들의 경험과 지식을 비형식적인 방법으로 자연스럽게 공유하는 가운데 문제해결에 있어 새로운 관점과 방법을 창조한다(Wenger & Synder, 2000). 특히 지역사회를 기반으로 활동하는 다양한 집단들이 지역 상황에 대한 깊이 있는 학습을 통해 현장 지식을 창출(Stein, 2002)하도록 돕는 전략이 될 수 있다. "평생교육의 시작과 끝은 지역사회에서 결정된다."(이희수, 2001)는 말처럼 지역사회에서 일어나는 학습 특성에 대한 이해는 종래의 개인학습자 중심적 접근을 넘어 사회문화적 접근이 필요하다(이지혜, 홍숙희, 2007).

1) 실천공동체의 세 가지 본질적 특성

Wenger 등(2002)은 CoP의 형태가 매우 다양한 것은 사실이지만 잘 운영되기 위해서 공통적으로 갖는 세 가지 본질적인 특성이 존재한다고 했다.

(1) 관심분야

관심분야(domain)는 구성원들이 갖는 관심 주제이기 때문에 해당 CoP의 정체성, 즉 존재 이유와 목적을 제시하여 구성원들을 학습에 참여하도록 하며 구성원들의 행동에 의미를 부여한다. 관심분야는 지식의 영역으로 구성원들이 공통적으로 경험하게 되는 중요한 사안으로 공동의 입장과 정체성을 형성한다(Wenger, 1998). 이러한 관심분야를 갖고 있는 CoP는 단순한 개인 간의 네트워크인 동호회나 친목회 등과 구별된다(Wenger et al., 2002). 이 점에서 CoP의 중요한 특성 중 하나가 정체성이라 해도 과언이 아니다. 예를 들면, 다음에서 소개하는 현장사례연구 한국지역사회교육협의회 CoP인 지도자 연구회는 각각 다른 분야와 지역사회에서 활동하지만 궁극적으로 지역사회교육운동이라는 관심분야를 정체성으로 발전시켜 나갈 수 있다는 뜻이다. 여기서 우리가 관심 있는 학습은 기본적으로 관심분야를 통한 정체성 형성에 관한 것이며 정체성 형성은 과거·현재·미래를 연결하는 궤적 형성(Jørgensen & Keller, 2008)으로 이해할 수 있다.

(2) 공동체

공동체(community)는 관계의 네트워크나 정보의 유통이라기보다는 과정상 의미로서 실천을 더 비중 있게 강조하는 공동체라는 의미를 가진다(Wellman & Berkowitz, 1988). 이 공동체는 형성(emergent)의 개념에 가깝다(Cox, 2005; Juriado & Gustafsson, 2007). 형성되어 가는 공동체가 유지·존속하기 위해 중요한 것은 구성원들 간의 인간관계다. 공동체는 구성원들의 상호 참여를 통해 서로를 하나로 묶게 하는 요인과 목적 달성을 위해 할 수 있는 활동이 무엇인지 알게 하여 유지된다(Wenger, 1998). 이러한 특성은 그들만의 특별한 가치와 신념, 일하는 방식에서의 합의를 통해 고유한 역사를 만들며 발달해 간다. CoP에서 공동체가 중요한 요소 중 하나인 이유는 학습이란 것이 지적인 과정일 뿐만 아니라 소속감이 중시되는 과정이기 때문이다.

(3) 실천

실천(practice)은 CoP의 구성원들이 함께 개발하고 공유하는 지식, 방법, 도구, 이야기, 사례, 문서들의 집합체다(Wenger, 2004). 즉, CoP가 새롭게 개발하고 공유하는 구체적인 지식이다. Brown과 Duguid(2000)는 이러한 실천을 습득하기 위해서는 협동, 대화, 즉흥성의 세 요소가 필수적이라고 말하면서, 특히 현장에서 발생하는 문제 상황에 대한 즉흥적 조치들이 현실과 실천 사이의 격차를 해소한다고 보았다. 실천의 사회적 맥락을 강조하는 Lave(1996)의 관점으로 볼 때 학습은 언제나 사회적 맥락 속에서 복잡한 문제에 얽혀 있다. 그리고 이것을 지속적으로 해결해 나가는 과정에서 경험한 활동의 통합을 학습으로 간주한다. 이러한 실천의 의미는 CoP가 단순한 흥미 위주의 모임과 구별되는 중요한 기준이 될 수 있다. 결국, CoP 구성원들은 서로 간 사회적 상호작용을 통해 해당 관심 분야에서 실천의 결과물들을 산출하게 되고, 이것은 구성원들이 실제 활용하는 지식이 된다.

이와 같은 CoP를 구성하는 세 가지 주요 특성들이 모두 잘 작동될 때, CoP는 이상적인 지식구조, 즉 지식을 개발하고 공유하는 것에 책임을 지는 사회적 구조가 될 수 있다(Wenger et al., 2002). 지금까지의 CoP의 개념과 주요 특성들을 살펴보면, CoP는 관심분야를 중심으로 '학습'하는 공동체로 파악할 수 있다. 정의에 언급되었듯이, CoP는 공동체 구성원들과 상호작용을 통해 구성원들의 지식과 기술을 깊이 있게 만들고 새로운 지식을 창출하는 조직이다.

2) 실천공동체의 발달단계

다른 유기체들과 마찬가지로 공동체도 완벽한 모습으로 태어나는 것이 아니라, 시간의 경과에 따라 출생, 성장 및 죽음의 주기를 가진다(Wenger et al., 2002: 68). 그리고 공동체의 생애단계에는 대처하기 힘든 변화나 고통이 뒤따르며, 각 단계마다 인간의 발달과 유사한 주요 도전과제와 긴장을 자연스럽게 갖고 있다. 만약 공동체의 발달과정에 나타나는 문제들이 해결되지 않고 남아 있거나 구성원들이 에너지를 잃고 좌절할 때 공동체는 길을 잃고 제 기능을 상실할 수도 있다. 그러나 신뢰와 존경의 유대가 강하고 구성원들이 동일한 방향을 가지고 있다면 이러한 난관들은 공동체를 성장시키는 일시적 과정이 된다(Wenger et al., 2002). CoP는 자생적으로 발생하여 계속 진화하지만, 그 발달단계는 보편적으로 인간의 생애와 유사하며 잠재(potential), 융합(coalescing), 성숙(maturing), 유지(stewardship) 및 전환(transformation)의 다섯 단계로 구분된다. 커뮤니티 주요 발달단계마다 인간의 발달

표 5-1 실천공동체의 발달단계별 특징

발달단계	주요 특성 및 활동
잠재단계 (발견:상상)	• 공동의 관심사(이슈, 요구)를 가진 사람 찾기 • 공동체 형성의 가능성 찾기 • 공동체에서 제일 중요한 가치 찾기 • 지식선도자나 리더십을 보유한 실무자 배치
융합단계 (보육:즉각적인 가치생성)	• 구성원 간 충분한 신뢰를 개발하여 공동체를 출범하고 활동공간 만들기 • 상호작용의 잠재력 인지, 참여의 가치를 확립 • 느슨한 망의 공동체 만들기(신뢰) • CoP의 목적, 구성원, 일정 정하기 • 공동체의 가치와 성과를 전체의 것으로 이해하기
성숙단계 (초점:확장)	• CoP는 다양한 인간관계망과 하위집단 생성으로 다양한 변화 • 공동체의 초점, 역할, 경계를 명확하게 하기 • 지식을 조직하기 위한 아이디어 공유로 핵심 실천의 확립과 창출 • 해당 분야에 대한 새로운 이슈에 대한 관심 및 수용 • CoP의 고유한 방법, 도구, 틀, 언어 생김 • CoP 내에서 최상의 실천 공유 및 저장 • 부족한 지식 및 실천을 규명하고 획득하기 위한 노력
유지단계 (소유권:개방성)	• 공동체의 결속력 유지를 위한 재개발 워크숍 기획(신선함과 생기발랄함) • 실천에서 최첨단 이슈 유지 • 새로운 리더십 및 아이디어 확충을 위한 노력 • 추진력을 유지하면서 공동체의 목소리를 제도화 • 외부 조직과의 관계 맺음, 벤치마킹을 위한 활동 전개, 다양성 확보 • 내적으로 개발된 도구나 방법에 주인의식 갖기
전환단계 (소멸:지속)	• 공동체는 사라지나 사람들은 여전히 기여함 • 사람들은 떠나지만 지식과 경험은 구성원에게 남아 기록으로 보관 • 새로운 사람들이 들어와서 변화되며 새로운 성장단계로 돌아가기도 하고 완전히 사라지기도 함

출처: Wenger et al. (2002), pp. 68-112를 수정함.

단계와 마찬가지로 주요 도전과제가 생기는데, 커뮤니티가 성장하기 위해서는 두 가지 서로 반대되는 경향들의 갈등이 나타난다. 발달단계별 특성을 정리하면 〈표 5-1〉과 같다.

양흥권(2011: 48)에 따르면, '잠재'란 공동체가 조직이나 사회에서 중요성을 인정받고 있는 주제를 중심으로 잠재적인 네트워크를 형성하고 있는 사람들이 공동체 활동을 시작하는 단계다. '결합'은 구성원 상호 간의 이해를 기반으로 신뢰가 형성되어 구성원들이 해당 주제에 대한 지식을 공유하는 것이 가치 있다는 사실을 알게 됨으로써 공동체의 에너지가 충만되는 단계다. '성숙'은 공동체가 외적 환경의 변화에 대응하고 적응하며, 재조직하는 과정에서 에너지의 상승과 하강이 반복적으로 나타나는 변화의 단계다. '유지'는 공동체의 주인의식과 개방성 간의 균형을 유지하는 것이 어려워 대부분의 공동체가 중간지점에서 헤매는 단계다. 이 시기에는 에너지의 급격한 하락으로 아래의 단계로 회귀하기도 하고 공동체가 해체하는 종결단계로 급선회하기도 한다. 마지막으로, '전환'은 구성원과 에너지를 잃어버리면서 평범하게 사라지는 단계로 이러한 급격한 전환이나 죽음은 탄생, 성장만큼 자연스러운 과정이다. 사교클럽이 되면 공동체는 사라진다.

이러한 공동체 발달의 단계는 인간의 발달과 마찬가지로 도전과제가 생기며, 이러한 도전과제는 반드시 해결해야 하는 두 가지 서로 반대되는 경향들끼리의 갈등으로 설명한다. 지금까지 살펴본 CoP의 발달과정을 살펴보면 [그림 5-1]과 같다.

이러한 단계들을 거치면서 CoP는 세 특성을 중심으로 변화를 경험하게 된다. 가

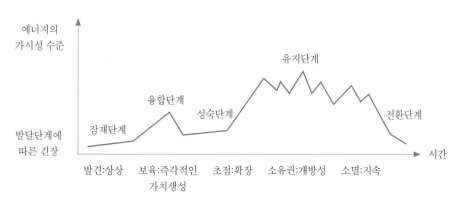

[그림 5-1] 실천공동체 발달단계

출처: Wenger et al. (2002), p. 69.

장 보편적인 변화는 관심분야의 비법이나 아이디어를 공유하는 차원에서 관심분야를 확립·보강·확장하며 이후 축적된 실천을 어떻게 관리할 것인가로 바뀌는 것이다. 개인적인 인간관계로 시작한 느슨한 네트워크도 공동체의 정체성을 지닌 집단으로 성장하게 된다. 물론 구성원들이 이러한 성장을 만드는 데 실패할 수도 있다. 그러나 신뢰와 존경의 유대가 강하고 구성원들이 동일한 방향을 가지고 있다면 이러한 난관들은 공동체를 성장시키는 일시적 과정이 된다(Wenger et al., 2002).

3) 실천공동체가 창출하는 가치

CoP는 조직과 개인에게 다양하고 복잡한 가치를 창출한다. CoP는 구성원들의 핵심역량을 지원하는 지식을 신속하게 창출·전파·보급하여 조직 전체의 경쟁력을 제고시킴으로써 개인과 조직 모두에게 단기적·지속적 성과를 창출한다. 또한 경험이 적은 구성원들은 숙련된 구성원들의 경험과 체험적 노하우를 대화를 통해 공유함으로써 특정 분야의 전문가로 성장하는 방법을 학습할 수 있다. 그리고 CoP 구성원들이 상호작용하고 협동하는 과정 속에서 다양한 의견과 관점을 가진 동료들을 알게 되고, 연대감과 소속감이 바탕이 되는 관계 지향적인 문화가 형성된다(이선, 유영만, 2004). 이러한 이유로 CoP와 성과 간의 연계는 늘 강조되어 왔다. 한 예로, CoP와 성과에 관한 연구에서 이정은과 김진모(2008)는 CoP의 구조적 요인이 잘 갖추어질수록 개인 성과가 높아진다는 사실을 보여 주었다. Hoopes와 Postrel(1999)은 CoP 구성원들은 개인적인 학습을 넘어서 공통된 문제제기를 심사숙고하여 아이디어를 탐색하는 활발한 활동을 통해 지식을 공유·창출·보급할 수 있으며, 이것은 문제해결 능력과 개인의 역량을 개발함으로써 핵심역량과 지적 능력을 향상시킨다고 보고했다.

한편, Lesser & Storck(2001)의 사례연구는 사회적 자본 창출을 통해 CoP의 성과를 증진시키는 과정을 논리적으로 설명하면서 CoP 성과 측정에 있어서 CoP 고유의 공동체적 성과요소를 고려할 필요가 있다는 것을 강조했다. 이선과 유영만(2004)은 CoP의 성과를 평가하는 기준을 지식창출, 개인역량 향상, 조직성과, 조직문화 변화로 분류하여 새로운 평가 기준을 제시하였다. 그러나 CoP의 성과는 보이는 것만이 다는 아니다. 기준 매뉴얼, 향상된 기술 혹은 감소된 비용 등과 같은 유형적인 면뿐

| 표 5-2 | 개인과 조직에 대한 실천공동체 성과 |

항목	단기 성과	장기 성과
개인 차원	• 전문적 지식에의 접근 • 조직에 공헌하는 능력향상 • 동료와 함께하는 재미 • 의미 있는 참여와 소속감	• 기술과 전문지식 개발을 위한 포럼 • 현장 감각을 익히는 네트워크 • 향상된 전문적 비평 • 전문가로서 정체성 발달
조직 차원	• 의사결정의 질 향상 • 문제에 대한 보다 넓은 관점 • 단일체를 넘어선 협력 • 상호작용의 질의 보장 • 공동체 지원으로 도전하는 능력	• 향상된 재능 보유 • 지식창출을 계획하는 능력 • 지식을 기반으로 한 연합관계 • 예견하지 않은 소질 개발 • 새로운 전략을 개발하는 능력

출처: Wenger et al. (2002), p. 16.

만 아니라 구성원들 간의 관계, 소속감, 신뢰, 정체성 형성과 같은 무형적인 가치에 보다 큰 의미가 있다(Wenger et al., 2002). CoP의 성과는 개인 차원과 조직 차원 외에도 단기 성과와 장기 성과로 구분하여 〈표 5-2〉와 같이 정리할 수 있다.

3. 현장사례연구를 통해 살펴보는 실천공동체 가능성

CoP의 발달단계, 주요 본질적 요소와 성과 그리고 사회적 자본과 연계하여 연구된 세 개의 현장사례를 통해 지역기반 학습공동체 육성 전략으로서 그 가능성을 탐색해 본다.

1) 지역사회교육운동 전개과정 분석 틀로서 실천공동체

이 연구는 한국지역사회교육협의회라는 민간단체가 1968년부터 2013년까지 주도한 지역사회교육운동의 전개과정에서의 특성을 실천공동체의 발달단계에 근거하여 분석하였다. 지역사회교육운동의 시기를 잠재단계, 융합단계, 성숙단계, 유지단계로 구분하였으며, 시기별 도전과제와 위기를 이들이 창출한 지역사회교육 본연의 가치와 연계하여 논의하였다. 권두승(2002: 245-247)은 지역사회교육운동이 지역사회학교를 중심으로 가정, 학교 그리고 사회가 연대하여 지역사회의 문제를 해결하고 이를 통해 지역의 발전을 도모하였으며, 나아가 참여주의적 정치의 민주화에 기여했다고 평가하였다. 그간 닫혀 있었던 학교의 문을 열고 지역주민이 학교 운영에 능동적으로 참여함으로써 교육공동체의 일원으로 소속감을 체험하도록 하고, 그와 관련된 활동을 지역사회 문제해결에 연계하여 '공공선의 추구'라는 공공영역의 확장을 시도하였다.

시민교육 주체적 관점에서는 지역사회교육운동이 지역주민을 변화시켜야 할 시민교육의 대상 혹은 도움이 필요한 사람이라는 계몽적 관점에서 바라보지 않고 시민교육의 책임 있는 주체로 인식하는 '시민적 관점'의 접근으로 조명되었다. 한국지역사회교육협의회가 전개해 온 지역사회교육운동의 발전과정과 사회적 성과에 관한 논의들에 따르면(곽삼근, 2004; 이소연, 2010; 이희수, 2003), 지역사회교육운동은 지역사회 주민의 자율성과 자주성의 증대, 시민사회 형성, 교육환경 개선, 평생교육 실시 등과 같은 사회발전가치를 증대시키는 데 기여했다.

더 나아가 지역사회교육운동은 후기 자본주의 시대에 뒤따르는 사회적 병폐에 대응하여 '생활세계'와 '시민사회'를 방어하기 위한 새로운 양식의 운동(김호기, 1997; Inglehart, 1983; Melluci, 1980; Touraine, 1994)으로서의 가능성을 보여 주었다. 적어도 지역·교육·학교를 일정하게 변화시키려는 개혁주의적 성격과 참여 그 자체에 만족과정의 구분에 따라 지역사회교육운동 전개과정에 영향을 미쳤던 거시환경의 요인을 살펴보고 전개과정의 특성과 그 실천동력을 살펴보는 것은 평생교육의 사회적 책무를 이행하고 보다 적극적인 의미에서 민주주의의 지평을 확대하기 위한 평생교육의 전략적 방법으로서도 주목할 필요가 있다. 구체적인 전개과정과 특징은 다음과 같다.

첫째, 1969년부터 1979년까지의 '잠재단계'는 운동의 이념을 보급했던 단계다. 이 시기의 특징은 지역사회교육운동의 가치를 중심으로 민간지도자들의 자발적인 모임이 점차 체계적인 상호작용이 필요해지면서, 운동의 이념을 보급하고 자원조직을 육성하는 데 있었다. 이 시기는 근대화에 따른 공동체 해체 및 교육의 문제를 학교를 지역사회에 개방하는 지역사회학교를 중심으로 자발적으로 해결해 보자는 문제의식과 봉사정신이 운동을 촉발했다. 학교와 지역사회와의 상호의존적 관계를 바탕으로 유대를 강화하고 교육과정을 지역화하고 학교의 지역사회센터로서 기능을 강

조하는 새로운 학교운동이 미국에
서는 1930년대에 시작되었다. 그
리고 우리나라에서는 1950년대에
보급되기 시작했으나 민간비영리
단체인 한국지역사회교육협의회
가 1969년 발족하면서 더욱 확대
되었다.

그러나 1970년대 정부가 주도
하는 지역사회학교운동과 새마을
운동의 영향 때문에 다소 활동의

출처: 평생학습타임즈(2017. 8. 31.). 민간운동으로서의 지역사회교
육운동(http://lltimes.kr/?p=10296)에서 2020. 1. 2. 인출함.

제약을 받기는 하였으나 의식을 갖춘 민간지도자 그리고 실무자와 당시 대학생들
로 구성된 '젊은 새이웃'의 자원력으로 운동을 전개시켜 나갔다.

둘째, 1980년부터 1989년까지의 '융합단계'는 운동의 가치를 공유하고 확산하기
위해 지방조직을 구축하고 프로그램 활성화를 통해 학부모의 지도력을 육성하는 시
기이다. 이 시기는 운동의 '융합단계'로 운동의 참여자들 간 이해를 바탕으로 신뢰가
형성되어 운동에 관한 정체성을 공유함으로써 에너지가 충만한 단계였다. 1985년
「사회교육법」이 시행되면서 평생교육의 법적 체제가 면모를 갖추게 되면서 평생교
육의 기회가 확대되었다. '삶의 질 향상'이라는 평생교육의 목적은 개인 취미 중심의
성인교육을 확산시키면서 지역사회학교 평생교육 프로그램은 다소 위축되었다. 한
편에서는 새로운 사회운동조직으로서 시민단체들이 성장하면서 환경운동, 소비자
운동, 여성운동, 지역사회운동 등이 출현하였다. 이러한 기류 속에서 1970년대부터
전개되어 온 지역사회교육운동은 그간 지역사회학교와 지역주민의 평생교육 기회
제공을 중심으로 전개했던 운동의 초점을 지역사회와 일반 주민으로 확대하면서 전
국적으로 지역협의회와 지역사회학교를 조직하여 지역 활동 주체를 조직화하는 데
역점을 두었다.

셋째, 1990년부터 1997년까지의 '성숙단계'는 운동의 책임을 함께하는 단계였다.
이 시기는 한국지역사회교육협의회가 운동 전개에 있어 최대의 위기에 직면하고
이를 해결하고자 하는 과정 속에서 새로운 국면을 맞이한 단계다. 오랫동안 지역사
회교육운동의 후원을 자임했던 정주영 회장의 대통령 출마와 낙선으로 운동단체로

서 이미지에 타격을 입었다. 현대로부터 후원이 중단되면서 최대 위기를 맞이하였으나 중앙과 지방의 조직을 독립운영체제로 개편하고 지역사회회관을 설립하면서 재정적 자립을 도모하던 시기였다. 지역사회교육운동이 성숙기에서 유지기로 접어들 수 있었던 이유는 주민의 요구와 시대적 요구를 반영한 중점 프로그램 개발과 이러한 프로그램을 실행할 수 있는 지도자 육성에 있었다. 특히 프로그램 지도자들은 지역사회학교에서 학부모 임원으로 활동했던 경험과 리더십을 바탕으로 지역사회교육운동에 관한 정체성과 의지를 보유하고 있었다. 당시 한국은 시민단체가 성장하면서 시민교육이 본격적으로 전개되고, 기존의 사회운동과 성인교육 간에 상호보완적인 관계가 형성되던 시절이었다. IMF 경제위기 시기를 맞이하여 지역사회교육운동의 전개도 잠시 주춤했지만, 지역의 여성주민들의 잠재력을 개발하여 다양한 영역에서 지역사회교육전문가로 성장시켜 평생학습의 인적자원으로 사회에 참여시키는 장을 마련하였다. 1994년 「지방자치법」의 제정은 지역의 시민운동단체들이 지역 안의 의제를 중심으로 함께 연대하여 지방자치단체와 협력하고 운동을 확산하는 계기를 마련해 주었다.

넷째, 1998년부터 2013년까지의 '유지단계'는 운동의 성과를 확대한 시기로, 성숙단계 이후 지방자치단체 협력사업을 통해 운동을 안정적으로 확대하는 단계다. 2000년대는 교육부가 시작한 평생학습도시 조성사업을 바탕으로 지역평생학습체제가 구축되면서 전국의 31개 지역협의회가 평생학습관 역할을 담당하게 되었고, 지역주민의 평생교육 접근성이 보다 구체화되었다. 2000년대 중반부터는 시민사회단체와 NGO 단체가 수행하는 역할이 확대되면서 사회과학 강좌 중심의 시민단체나 시민교육은 점차 쇠퇴하고 지역의 시민운동 차원에서 생활세계 영역의 다양한 운동들이 전개되었다. 특히 평생학습도시와 관련하여 민간단체로서 공공기관과 협력 사례가 확대되었다. 그러나 시민교육단체로서 초기 지역사회교육운동 정신과 이념 변질에 관한 고민이 이루어지던 시기로 운동성 회복을 위해 다양한 자체 목적 사업과 학습동아리 육성사업을 통해 학습사회와 풀뿌리민주주의의 형성을 위해 노력하는 시기로 평가되었다.

결론적으로 지역사회교육운동에 영향을 미친 외적 요인으로서 우리나라의 정치사회적 변화에 따른 전개과정 특성은 '학교개방' '평생교육의 장으로서 학교시설개방' '학교와 지역사회가 연계한 지역공동체 회복' '지역사회 교육력 강화를 통한 학

표 5-3	한국지역사회교육운동 전개과정의 특성			
구분 / 내용	운동의 이념을 보급하는 단계 (1969~1979년)	운동의 비전을 공유하는 단계 (1980~1989년)	운동의 책임을 함께하는 단계 (1990~1997년)	운동의 성과를 확대하는 단계 (1998~2013년)
외적 환경 — 기회 요인	• 물리적 근대화에 정신적 근대화가 따르지 못함 • 급속한 도시화 문제: 교통, 교육, 청소년, 공동체 해체 • 지역사회발전 사회교육 시기 • 미국지역사회교육운동 사례 유입	• 「헌법」에 국가의 평생교육진흥 의무 명문화(1980) • 사회교육 내실화 및 소외계층에 대한 평생교육제도 구축 시도 • 학력인정 평생교육시설 및 민간 평생교육기관 확대 • 대학사회교육원 운영 지역사회교육 확대	• 지방자치제 실시 • 평생학습사회와 교육복지사회 구축정책 시도 • 기업주도의 직업교육과 민간주도의 평생교육 및 인적자원개발 확대 • 지역사회교육회관 건립 및 운영(1995)	• 「사회교육법」에서 「평생교육법」 제정(1999) 및 평생교육정책 진흥 • 평생학습도시 조성사업 시작(2001) 및 제1차 평생교육진흥기본계획 수립(2002) • 지역사회의 학습역량강화 및 지역학습공동체 확산 지원(제3차 평생교육진흥기본계획, 2013)
외적 환경 — 걸림돌	• 권위주의적 학교 • 지역사회교육운동에 대한 무지 • 권위주의적 학교 • 정부중심의 새마을운동	• 권위주의적 학교 • 학부모의 이기주의	• 정주영 회장의 14대 대통령 선거 출마(1992) • 학교교육에 대한 신뢰감 상실 • 영리적 성인교육기관의 증가	• 교직원 단체의 학부모 활동 반대 • 다양한 평생교육 기관 및 프로그램 확대
전략 요인 — 조직	• 지역사회학교후원회 창립(1969) • 지식인들로 구성된 민간지도자, 젊은 새이웃 중심으로 조직이 운영됨 • 지역사회학교 23개 • 울산지역협의회 창립(1973)	• 지역사회교육후원회 명칭 변경(1989) • 실무자, 일반회원 중심으로 조직이 운영됨 • 지역사회학교 454개(1989) • 지역협의회 13개로 조직화	• 지역사회교육협의회로 명칭 변경(1997) • 실무자, 회원들의 자원 조직화로 전환 • 지역사회학교 1,344개 • 지역협의회 25개	• 2009 KACE 로고 사용 • 실무자, 프로그램지도자, 일반회원으로 운동 확대 • 학습동아리 140개 • 지역사회학교 1,650개교 • 지역협의회 31개 • 전국협의회 자립 운영
전략 요인 — 주요 프로그램	• 학부모에게 평생교육프로그램 제공 • 학교운동장 개방 • 지도자교육 실시 • 아동, 학부모 대상 취미교양 프로그램	• 6대 실천과제 영역 중심 프로그램 개발 • 지역사회학교 학부모 대상 리더십 교육 • PET 프로그램 시작 • 최초의 부모교육 프로그램지도자 양성	• 좋은학교만들기사업 • 학교도서관 활성화 사업 • 부모교육사업 • 소모임활동사업 • 프로그램지도자육성사업 • 전인교육프로그램 • 주민평생교육프로그램 • 공동체형성프로그램 • 지역사회문제 프로그램	• 전문프로그램지도자 양성 및 위촉 확대 • 학교돕기 자원봉사자 육성 프로그램(예절실, 도서실, 체험학습, 방과후교실 등) • 시민리더십 프로그램 • 학습동아리 프로그램 • 지방자치단체 협력사업 프로그램 확대

| 회원확보 및 홍보 | • 운영위원회 14명
• 총회회원 511명
• 새이웃 회보 창간
• 영화 〈새 이웃〉 제작
• 지역사회학교 영화 제작
• 정주영 회장의 지원으로 조직 운영 | • 평생회원 229명
• 일반회원 2,468명
• 단체회원(1988) 등록 시작 494개
• 지역사회교육 이념, 조직, 운영방법을 담은 슬라이드 제작
• 정주영 회장의 지원과 지역사회학교 단체회원 등록으로 회원증가 | • 평생회원 1,539명
• 일반회원 3,627
• 홈페이지 구축
• 30주년 기념 슬라이드 제작 보급
• 수첩 제작
• 좋은 부모 12계명 캠페인(1997)
• 재정적 위기극복을 위해 프로그램 운영과 지도자 양성을 통한 회원 확보 | • 평생회원 2,150명
• 일반회원 2,838명
• CMS회원제도 도입
• 홈페이지와 블로그 리뉴얼을 통한 홍보 및 출판
• 자녀와 함께 건강한 미디어 문화 만들기 캠페인(2007~2009)
• 목적사업, 캠페인과 홍보를 통한 일반회원 확보 |

출처: 이소연(2014), p. 189.

습사회 추구'라는 흐름으로 나타났다. 1980년대 융합단계를 기점으로 이전의 시기는 학교를 중심으로 지역주민에게 평생학습의 기회를 제공하고 지역사회교육운동의 이념과 가치를 확산하는 계몽적 수준의 운동을 전개했다. 이 시기에 운동을 이끌 수 있었던 동력은 한국지역사회학교후원회를 만들었던, 당시 교육과 경제계에 몸담고 있는 민간지도자들의 인적·물적 지원, 운동의 가치와 이념을 보급하기 위해 전개한 전국적 규모의 세미나와 전문적으로 훈련된 간사들의 리더십에 있었다. 1990년대 성장기를 맞이하여 국가의 평생교육 진흥 의무 명문화와 함께 시작된 평생교육 프로그램 확대, 지방자치제 실시와 평생학습도시 활성화에 따른 지역평생교육체제의 확립은 지역사회교육운동을 확대시키는 외적인 기회 요인으로 작용하였다.

이처럼 우리나라의 정치사회적 변화는 지역사회교육운동 전개에 영향을 미쳤으나, 45년간 생존할 수 있었던 요인은 운동의 대상이 명확하게 학교와 지역사회에 줄곧 있었으며, 운동의 목적을 특정 계급(단체, 지역)의 이익이나 목적 달성에 있는 것이 아니라 지역사회의 건강한 공동체성 회복을 위한 공공선에 두고 있었기 때문이다. 또한 운동의 참여자들 면에서 대학생, 주부, 은퇴자, 교육자, 학자와 같은 다양한 계층의 사람들이 협력적 관계와 소통의 기반 위에 운동을 전개하였다. 운동의 동원전략으로서 한편으로 프로그램은 지역주민의 현실적인 요구를 반영한 프로그램에 자발적으로 참여하도록 하였다. 다른 한편으로는 지역의 문제에 관심을 촉발하는 여론형성, 비폭력, 세미나, 거리 캠페인 등 온건적이고 합법적인 전략을 채택함으로써 운동의 행위가 가치나 정체성을 중심으로 전개되도록 하였다.

2) 실천공동체에 입각한 지역사회교육운동 주요 구인 분석

이번 사례에서는 지역평생교육 활성화를 위해 비영리단체 한국지역사회교육협의회에서 활동하는 지도자연구회 학습동아리들이 만들어 내는 성과를 CoP적 관점에서 분석했다. 지역사회교육운동을 실천하고 있는 지도자연구회는 Lave와 Wenger(1991)가 말하는 초기의 CoP 모습을 발견할 수 있다. Lave와 Wenger는 '합법적 주변 참여'라는 개념을 통해 사람, 지식, 활동 및 세계 사이에 존재하는 관계의 그물망으로 설명하면서 특정 분야에서 전문가가 된다는 것이 무엇을 뜻하며, 그 특정 영역의 지식이 무엇인지를 사회적으로 함께 구성해 나가는 실천가들의 집단으로 정의했다. 더 나아가 Wenger는 초기의 생각을 발전시켜 CoP를 사회적 관점으로 확대하면서, 사회적 참여로서의 학습은 사회공동체의 참여자로 성장하는 가운데 정체성을 형성하는 과정으로 설명한다.

한국지역사회교육운동의 핵심에 있는 지도자연구회는 지역사회교육운동이라는 공동의 비전을 가지고 함께 실행하면서 현장 지식과 이해를 공유하는 사람들의 집단이란 점에서, 함께 활동에 참여하고 그 과정에서 학습이 이루어지는 일종의 CoP 로서의 성격을 가진다. 따라서 한국지역사회교육협의회에서 활동하고 있는 전국의 지도자연구회를 CoP로 정의하고, 전국 23개 지역협의회에서 교육 프로그램 분야별로 활동하고 있는 지도자연구회 회원 377명을 연구 대상으로 하였다. 특히 주부전문인 클럽, 독서논술지도자회, 예절지도자회, 부모교육지도자회, 성교육·양성평등 연구회 등과 같은 주제로 모인 회원들은 전문능력 개발에 초점을 둔 평생학습 프로그램 지도자들로 구성되어 있다. 지도자연구회 구성원들은 전문적 지도역량과 지역사회교육운동 기여도에 따라 수석지도자, 전문지도자, 책임지도자 및 일반회원의 자격을 부여받는다. 이들에게는 한국지역사회교육협의회에서 인증하는 공식적인 자격증이 수여되고 있다. 구성원들은 실천공동체 활동을 통해 경험 많은 선배 지도자들을 관찰하고, 대화를 나눔으로써 성찰적 실천가가 되는 방법을 학습하여 함께 정체성을 확립(Hara & King, 2002; Lave & Wenger, 1991)해 나가고 있기 때문에 이 연구에 부합되어 연구 대상으로 선정하였다. 이들은 자신이 살고 있는 지역사회를 중심으로 좋은 부모대회, 학습동아리 운영, 문해교육, 성폭력·학교폭력 예방, 학교도서관 활성화 사업, 학교 관계자 리더십 함양 등을 위한 프로그램 지원사업을

표 5-4 실천공동체를 구성하는 세 가지 특성요인 및 성과변인

측정 변수		주요 질문	출처
CoP의 본질적 특성요인	CoP의 정체성	CoP의 정체성을 공유하는가?	Wenger (1998)
	구성원들 간의 상호작용	구성원들 간의 상호작용이 긴밀하게 일어나는가?	Wenger, E., McDermott, R., & Synder, W. (2002)
	지식의 창출 및 공유	새로운 지식이 창출되고 공유되는가?	
CoP 성과	개인과 공동체의 역량향상	개인과 공동체의 역량이 향상되었는가?	이선(2003)
인구통계학적 특성	조사대상자들의 연령, CoP 활동기간, 맡은 역할, 활동분야, 소속협의회 등		

출처: 이소연(2012), p. 67.

지속적으로 개최하여 건강한 가정, 즐거운 학교, 활기찬 지역 만들기 운동을 확산시켜 가고 있다.

이 연구에 사용된 설문지는 지역사회교육운동의 실천적 구인으로서 CoP의 개념과 CoP를 구성하는 본질적 요소들에 대한 Wenger(1998)와 Wenger 등(2002)의 문헌연구를 기반으로 하고 있으며, CoP의 성과는 구성원들 간에 이루어지는 관계성, 공동체 의식, 정체성을 포함한 개별적·협력적 지식창출, 그리고 이러한 지식창출이 개인과 공동체의 성과로 연결되는 것을 강조한 이선(2003)의 CoP 성과평가 기준 개발 문항을 수정·보완하여 사용하였다.

연구 결과를 중심으로 살펴보면 다음과 같다.

첫째, CoP를 구성하는 본질적 특성요인 세 가지에 대한 CoP 구성원들의 인식 수준은 전반적으로 높은 것으로 나타났다. 이는 CoP의 유지와 발전을 위한 세 가지 특성요인의 조화를 강조한 Wenger 등(2002)의 연구와 그 맥을 같이한다. 지도자연구회 구성원들은 학습에 자발적으로 참여하는 과정을 통해 지역사회교육운동의 비전과 목적에 대해 의미를 부여하고 정체성을 형성하였다. 구성원들 간의 상호작용에 대한 높은 인식은 상호 존중과 신뢰를 기반으로 하는 인간관계를 촉진하여 견실한 CoP를 만들고, 지식을 개발하고 공유하는 것에 책임을 지는 CoP로서 본질적인 요인을 충족하고 있음을 보여 주었다. 특히 오랜 시간 동안 활발히 활동해 온 수

석·전문 지도자들과 같은 핵심집단들의 CoP 본질적 특성요인에 보인 높은 인식
수준은 지도자연구회에서 필요한 지식과 노하우를 새롭게 창출하고 공유하는 열
린 조직문화를 창조하여 CoP를 유지하고 생명력을 높이는 데 기여한 것으로 해석
된다. 결국 CoP의 본질적 특성요인에 대한 구성원들의 높은 인식은 잃어버린 공동
체를 복원하고 재생하기 위한 지역사회교육운동의 가치를 재확인하고 실현하는 데
밑바탕이 되었다.

둘째, 지도자연구회 구성원들은 CoP 활동을 통해 얻게 되는 개인과 공동체의 성
과에 높은 인식수준을 갖고 있었으며, 특히 구성원의 특성과 성과 인식의 높은 관련
성을 확인할 수 있었다. 세부적으로 CoP에서 활동 기간이 길수록(10년 이상), CoP에
서의 역할이 중요할수록, 활동 분야에서 전문성을 가진 위치일수록(수석지도자) 성
과 인식이 높은 것으로 나타났다. 이러한 결과는 지속적인 CoP 활동을 통해 자신이
활동하는 분야에 대한 지식과 역할이 전문화되고, 수행능력이 향상되며, 네트워킹
역량의 확대 및 강화가 일어남에 따라 보유하고 있지 않던 새로운 역량이 개발되어
기존에 보유하고 있던 핵심역량이 더욱 향상된 것으로 해석된다. 지도자연구회 구
성원들은 팀 학습을 통해 함께 학습하고, 네트워크를 통해 아이디어를 확산(Marsick
& Watkins, 1999)하여 CoP의 지식과 전문성을 높이는 성과를 이루었다고 볼 수 있
다. 결국 개인과 공동체의 역량향상은 개인이 해결할 수 없는 복잡한 문제나 지역의
핵심 문제를 해결하도록 구성원들의 아이디어를 받아들이고 해결책을 찾아내는(송
영선, 이희수, 2011) 통로가 되었다.

셋째, CoP의 정체성, 구성원들 간의 상호작용, 지식창출 및 공유라는 세 가지 변
인은 개인과 공동체의 성과와 유의미한 상관관계를 가지는 것으로 나타났다. 이러
한 결과는 CoP의 본질적 특성요인이 잘 갖추어질수록 개인 및 조직의 성과가 높아
진다는 사실을 보여 준다. 특히 구성원들 간의 지식창출 및 공유가 개인과 공동체의
역량향상에 가장 많은 영향을 미친다는 결과는 무엇보다도 CoP가 구성원들의 지
식과 기술을 깊이 있게 탐색하여 새로운 지식을 창출하는 '학습하는 공동체'라는 사
실을 실증적으로 입증하고 있다. CoP 조직 역동의 핵심은 바로 이러한 학습에 있으
며, 학습을 통해 함께 만들어 내는 공동자산은 구성원들과 지역사회에 중요한 결과
물이 된다.

결론적으로 이 사례는 지도자연구회 구성원들이 Lave(1996)가 주장한 CoP 내 학

습에 참여하고 함께 배워 가는 과정에서 현장지식을 창출하는 '사회적 실천'을 통해 공동체의 실질적 주체로 변화되는 CoP 고유의 공동체적 성과 요소가 발휘되는 실천과정을 보여 주고 있다. 이는 CoP가 교육에 대한 개인의 요구와 사회적 요구를 통합시키는 평생교육의 이상을 달성하게 하고, 지역평생교육에서 사라져 가는 공동체성과 운동성을 회복하는 데 구인이 되는 역할을 수행할 수 있다는 가능성을 시사한다. CoP에서의 학습은 세상에 참여하는 우리의 능력을 변화시키고, 지역사회 구성원으로서 인식됨으로써 정체성을 전환(Wenger, 1998)하여 개인과 그가 속한 실천공동체 그리고 학습의 장으로 지역사회를 변화시킬 수 있다는 가능성을 보여 주고 있다.

3) 실천공동체와 사회적 자본 연계를 통한 커뮤니티 비즈니스 배양전략

경제의 글로벌화와 인구의 고령화 및 사회의 다원화 시대를 맞이하여 전 세계는 지역의 불균형 발전으로 인한 부의 양극화 문제에 직면하는 가운데 사회적 경제가 하나의 대안으로 급부상하고 있다(OECD, 2007). 이러한 상황에서 지역 중심의 자립적이고 지속가능한 사회적 기업의 한 형태로서(OECD, 1999) 커뮤니티 비즈니스 (Community Business: 이하 CB)가 정책적 조명을 받게 되었다. 그러나 정부의 관심과 재정적 지원을 통해 정부부처별로 추진되고 있는 사회적 기업 지원정책은 「사회적기업육성법」 명칭에서 알 수 있듯이 국가의 주도 아래 이루어지고 있다(이희수, 2010). 정부 일변도의 지원은 사회적 기업을 육성하려는 측면에 집중되어 당장의 부족한 자원을 보충하는 효과는 있으나 지속 가능한 성장을 촉진하는 데는 적지 않은 장애요인을 수반할 가능성이 있다. 이와 관련하여 OECD(2007)는 사회적 경제가 작동할 수 있게 하는 환경조성과 지원정책 실행, 재정적 지속가능성을 위한 메커니즘 개발, 그리고 민주적 참여주체들과의 적극적 시민정신과 연대의 중요성을 강조하는 정책제언을 하고 있다.

이러한 맥락에서 평생교육학계에서도 사회적 기업과 평생교육의 관계를 모색한 학술 논문들이 발표되기 시작했다.

강대중(2011)과 정연순(2011)은 사회적 기업의 지속가능성을 유지하기 위해 평생교육학적 맥락에서 다양한 유형의 교육활동이 중요함을 강조하였으며, 구성원들의 고용가능성을 높이기 위한 일상과 일터에서 지속되는 평생학습의 필요성을 제기했다. 한편에서는 지속가능한 CB 성공을 위해 공통적으로 학습과 교육을 기반으로 한 인간관계를 바탕으로 하는 사회적 자본의 필요성이 제시되었다. 같은 맥락에서 윤미희(2010)는 실천공동체론의 '의미협상과정'이라는 개념적 도구를 통해 사회적 기업의 사례분석을 하였는데, 구성원 개인의 정체성이 사회적기업이라는 공동체의 정체성과 유기적으로 연계되는 과정에서 나타나는 집단학습과정이 성장의 핵심 원동력임을 보여 주었다. 이처럼 사회적 기업이나 CB에서 일어나는 집단학습과정의 핵심은 구성원들 간 일어나는 사회적 상호작용을 통해 지식과 기술 노하우를 전수받고 공유하면서 새롭게 터득한 행동양식이 개인 · 집단 · 공동체 차원에서 인지적 · 행동적 변화를 촉진(Kerno & Mace, 2010)하는 데 있다.

이러한 가능성을 보여 주는 실제 사례로 B시 일자리 정책과에 등록되어 있는 CB 16곳, 구성원 168명을 대상으로 CB의 발달단계를 형성단계, 성숙단계, 유지단계 등 세 단계로 구분하고 CB를 성공적으로 배양하기 위한 구조적 특징과 CoP의 발달단계별 측면에서 사회적 자본과의 연계전략이 무엇인지 탐색하였다. 발달단계를 세 단계로 축약한 것은, 아직 발아 단계에 있는 CB 사업 특성을 반영하여 잠재기와 융합기를 형성기로, 성숙기는 본래의 성숙기로, 전환기는 아직 사례가 없으므로 유지기로 구분하였다. 사회적 자본은 구성원 관계의 구조, 신뢰, 네트워크, 상호호혜적 규범, 시민참여 문항으로 개발하여 측정하였다. 연구결과는 다음 세 가지로 요약할 수 있다.

표 5-5 ┃ CoP 발달단계별 커뮤니티 비즈니스의 개입전략

전략＼단계	형성단계	성숙단계	유지단계
개입단계	비전의 공유	책임의 공유	성과의 공유
개입대상	리더(경영자)	구성원	리더와 구성원의 상호보완
개입방법	리더에 의한 직장 내 훈련 (OJT)	개인 대 개인의 멘토링	팀 대 팀의 네트워크
개입내용	전파 및 생성	창출과 활용	활용과 축적
개입결과	개인 단위 경험학습	팀 단위 지식창출	조직 단위 메타학습

출처: 송영선, 이소연, 이희수(2012), p. 22.

첫째, CoP로서 CB를 활성화하기 위해서는 재정과 정책 등의 외부 지원도 중요하지만, 내부적으로 공동체의 비전과 정체성 확립, 구성원의 명확한 역할분담, 동료 간의 결속력 강화가 고려되어야 한다. CB를 인큐베이팅하기 위해서는 CoP 발달단계별로 세 가지 본질적 특성요인인 관심분야, 공동체 및 실천이 공유되어야 한다.

둘째, CB의 세 가지 본질적 특성이 공유 및 확산되기 위해서는 CB 발달단계에 따라 차별화된 개입 전략이 필요하다. CB 형성기에서 비전과 가치가 지속적으로 공유·확산되기 위해서는 구성원들에 대한 기대와 업무 전체 윤곽을 명확히 전달하여 구성원들이 그것을 수용할 수 있도록 자발적인 참여를 함께 이끌어야 할 필요가 있다. 이를 위해 리더(경영자)는 주도적으로 전반적인 상황을 진단하고 이끌어 가야 한다. 학습 자체도 리더가 직무 및 과업 매뉴얼을 직장 내 훈련(OJT) 형식으로 진행하여야 한다. 이때 주로 개입하게 되는 학습내용은 경영자의 경험과 지식이다. 경영자의 지식 및 노하우는 학습의 대상이자 결과물이다. 지식이라는 것은 결국 CoP 안에 있는 것이기에 참여함으로써 습득될 수 있다(장원섭, 김민영, 윤지혜, 2009).

따라서 CB 형성단계에서는 개인 단위 지식이 축적되어 시간이 지남에 따라 팀 및 조직의 지식으로 확산될 수 있다. CB 성숙단계에서 책임이 지속적으로 공유 및 확산되기 위해서는 구성원들이 서로 믿고 책임을 공유하여 아무리 어려운 과제(업무)라도 도전할 수 있어야 하며, 구성원들이 실수나 잘못이 있더라도 서로 격려할 수 있어야 한다. 그렇게 하기 위해서는 구성원 스스로 CB를 주도해야 하며, 학습의 방법도 숙련된 구성원이 초보 구성원에게 전달하는 멘토링 방법을 활용하여야 한다. 또한 각 구성원이 가진 암묵지를 멘토링 방법을 통해 전수받게 되고, 메뉴얼화된 형식지를 재조합하게 되어 지적 자산이 증가되는 효과도 나타난다. CB 유지단계의 성과가 지속적으로 전파·확산되기 위해서는 구성원들의 축적된 노하우와 팀워크로 과업이 성공적으로 이루어졌을 때 축하와 인정 등의 내적 보상과 소유의식을 갖도록 기여도에 대한 외적 보상이 있어야 한다. 그러기 위해서는 리더와 구성원이 상황에 따라 상호보완적으로 주도해야 하며, 학습의 방법도 팀(조직) 대 팀(조직)의 형식으로 이루어진 네트워크에 의해 유기적으로 이루어져야 한다. 네트워크 학습은 보다 작은 소규모의 하위 밀착 조직과 전체 조직 사이를 연결하는 다리 역할을 하는데 이때 학습하는 내용은 새로운 지식을 창출하는 방법이 된다. 따라서 CB 유지단계에서는 조직단위의 학습을 위한 학습(meta learning)을 할 수 있는 학습문화가 형성되어 진화된 CB, 즉 CB 그 자체가 CoP가 되어야 한다.

셋째, 지속가능한 CB 경영이 이루어지기 위해서는 CB 발달단계에 따라 사회적 자본과 연계되는 전략이 모색되어야 한다. 구성원들의 지식의 창출 및 공유, 학습과 같은 지식활동의 정도는 조직 내 사회적 자본에 의해 크게 좌우된다(Nahapiet & Ghoshal, 1998). 즉, 조직 내 구성원 간 신뢰, 네트워크, 비전 및 가치공유 등의 사회적 자본이 축적되어야 효과적인 지식의 공유 및 창출이 가능하게 되고 지속가능한 경영이 된다. 일 자체가 학습이 되고 학습 자체가 일이 되는, 달리 말하면 일과 학습의 경계가 없는 학습조직으로 발전한다(송영선, 이희수, 2011). 연구 결과에서 살펴본 것처럼, 전체적으로 CB는 모든 발달단계에서 전체 사회적 자본과 통계적으로 유의미하게 나타났다. 그러나 각 CB 발달단계별로 살펴보면 사회적 자본에 미치는 영향 정도에 차이가 있다는 것을 알 수 있다. 즉, CB 형성단계에서는 신뢰, 가치공유, 네트워크가 높으며, CB 성숙단계에서는 신뢰, 호혜, 가치공유, 시민참여가 높으며, CB 유지단계에서는 네트워크, 시민참여가 높은 것으로 나타났다.

이 결과에서 알 수 있는 점은, CB 형성단계에는 내부적으로 가치공유와 신뢰와 연계된 CB의 방향과 목적에 대한 정체성, 구성원들의 결속력을 높여야 하며, 외부적으로는 네트워크와 연계된 외부 인적자원을 확보하는 것을 동시에 고려해야 한다는 것이다. 특히 CB 형성단계가 호혜, 시민참여와 통계적으로 상관이 없는 것으로 나타났다는 결과를 통해 규범과 규칙 준수, 문서화, 자원봉사 활동, 다른 협의체와의 교류 등은 이 시기에 우선적으로 고려되어야 할 대상(업무)이 아니라는 것을 알 수 있다. CB 유지단계는 외부(활동)와 연계된 네트워크와 시민참여를 지속적으로 유도해야 한다. 또한 CB 성숙단계에서는 네트워크를 제외한 모든 자본을 집중적으로 강화해야 한다는 것을 알 수 있다. 이러한 결과가 시사하는 점은 CB를 지속가능한 방식으로 배양하기 위해서 발달단계에 따라 여러 사회적 자본을 전략적으로 다르게 연계해야 한다는 것이다. 왜냐하면 사회적 자본은 집단 내 또는 집단 간의 협동을 용이하게 하는 공통된 규범, 가치, 이해들의 조화로운 네트워크이며(Cote & Healey, 2001), 개인이나 조직이 특정한 사회구조 내에서 맺고 있는 사회적 관계를 통해 얻을 수 있는 자원의 집합을 의미하기 때문이다.

결론적으로 CB는 개인과 개인뿐만 아니라 집단과 집단의 관계를 통해 진화한다는 본질적 특성상 더욱 장기적인 외부 지원과 내부의 심도 있는 노력이 동시에 요청

된다. 또한 지역사회를 기반으로 하는 CB의 육성과 확산을 위해서는 발달단계별 구
조적 특성에 맞는 개입 전략을 수립하고, 지역의 실천적 과제들을 발굴하고 확산해
야 한다. 무엇보다 중요한 것은 지속가능한 CB가 되기 위해서는 CB 그 자체가 CoP
여야 하며 사회적 자본과 연계되어야 한다.

4. 나가는 말

이 장에서는 학습공동체 성장 전략으로서 CoP의 의미와 주요 특성들을 살펴보
고 세 가지 현장사례연구를 통해 적용 가능성을 탐색했다. 2020년 현재 우리 사회
는 과거 어느 사회에서도 경험하지 못하였던 저출산·고령사회, 4차 산업혁명시대
의 도래에 따른 노동시장의 변화, 사회경제적 양극화에 따른 불평등 구조의 심화로
유래 없는 불안과 경쟁 속에서 살아가고 있다. 이와 같은 맥락에서 정부는 최근 사
람 중심의 공생적 생태계를 조성하고, 초연결사회의 인적 네트워크 강화는 물론 사
회 공공재로서의 사회적 자본을 형성하기 위한 평생교육 강화정책을 추진하고 있
다(권두승, 2019). 그동안 평생학습정책으로 추진해 온 많은 사업들은 더욱 밀접하게
사람들의 일상 속으로 파고 들어가야 할 때가 왔다. 『보통사람들의 전쟁(The War on
Normal People)』의 저자 Andrew Yang은 갈수록 자동화가 확산하며 사회의 붕괴로
이어지는 현재의 제도적 자본주의를 개선하기 위해 새로운 형태의 자본주의 도입
을 제안했다. 그는 이것을 '인간 중심의 자본주의'라고 말하며, 자녀 양육이나 가족
보살피기, 환경보전, 독서, 예방적 보살핌, 여성, 공동체와의 의미 있는 연계에 필요
한 시간과 의미 그리고 가치의 중요성을 강조했다. 지역을 기반으로 활용되는 CoP
가 지니는 사회적 의의가 바로 여기에 있다.

그간 CoP가 이윤 창출을 위한 기업 지식경영의 도구로서 인적자원개발의 지렛대
역할로 자리매김되었다면, 이제 개인의 학습을 사회적 학습으로 전환시키고 학습
의 공동체적 속성을 발전시킬 수 있는 전략적 도구이며 평가 툴로 다시 재인식되어
야 할 필요성이 있다. 지역사회를 기반으로 하는 학습동아리, 주민자치회나 마을공
동체, 사회적 기업, 협동조합 등은 하나의 CoP로 모습을 갖출 때 온전하게 유지·발
전할 수 있다. CoP에서의 '학습'은 머릿속의 문제가 아니라 '상호 참여 과정' 그 자체

이기 때문에 구성원 간의 호혜적 관계형성이나 암묵지를 통한 문제해결과 지식창출 그리고 이에 따르는 공동자산의 성과를 창출해 낼 수 있다. 이제 CoP는 평생학습의 새로운 미션이다.

참고문헌

강대중(2011). 사회적기업과 평생교육학: 맥락, 현상, 미래. 평생교육학연구, 17(1), 1-24.

곽삼근(2004). 지역경쟁력 강화와 지역사회교육. 제22차 지역사회교육포럼자료집(pp. 6-24). 2004년 11월 23일. 서울: 한국지역사회교육협의회.

권두승(2002). 지역사회교육운동이 한국사회의 발전에 미친 영향과 성과. 평생학습실현: 지역사회교육(pp. 233-249). 서울: 한국지역사회교육협의회.

권두승(2019). 서울시 평생교육 정책 현황과 성과평가 그리고 향후 과제. 서울시 정책포럼 자료집(pp. 3-37). 서울: 서울특별시평생교육진흥원.

김민호(2013). 창조적 학습도시를 향한 시민의 권한 신장. 광명시 평생학습축제와 함께하는 동아시아 평생교육 국제세미나 자료집(pp. 1-10). 2013년 9월 13일. 경기: 광명평생학습원대강당.

김호기(1997). 현대 자본주의와 한국사회: 국가, 시민사회, 민주주의. 서울: 사회비평사.

박창동, 이희수(2011). 성인학습자의 공식적 CoP 참여동기가 학습성과에 미치는 영향 분석: K은행을 중심으로. 평생교육학연구, 17(3), 83-107.

송영선, 이소연, 이희수(2012). 지역사회기반 커뮤니티 비즈니스 배양전략: 실천공동체와 사회적 자본과의 연계를 중심으로. 평생교육학연구, 18(3), 1-30.

송영선, 이희수(2011). 학습조직 모델에 터한 우리나라 평생학습도시 재구조화 전략. 평생교육학연구, 17(3), 165-191.

양흥권(2011). 실천공동체(CoP)의 학습분석틀 구성연구. 역량개발학습연구, 6(4), 44-59.

유영만(2006). 행복비타민과 생태학적 HRD. 서울: 원미사.

윤미희(2010). 사회적 기업의 조직정체성 형성과 집단학습 과정 연구: 아름다운가게 온라인 소핑몰 구축 사례를 중심으로. 서울대학교 대학원 석사학위논문.

이선(2003). CoP 성과 평가기준 개발 연구. 한양대학교 대학원 석사학위논문.

이선, 유영만(2004). 실천공동체(CoP: Community of Practice)성과 평가기준 개발. 교육정보미디어연구, 10(1), 5-34.

이소연(2010). 실천공동체로서 지역사회교육운동 성과 연구. 중앙대학교 대학원 석사학위논문.

이소연(2012). 실천공동체(CoP)에 입각한 지역사회교육운동 성과요인 분석. **평생교육학연구,** **18**(3), 57-82.

이소연(2014). 지역사회교육운동의 전개과정에 관한 연구: 한국지역사회교육협의회 사례를 중심으로. 중앙대학교 대학원 박사학위논문.

이정은, 김진모(2008). 실행공동체의 구조적 요인과 개인 및 조직성과의 관계. **직업교육연구,** **27**(3), 1-23.

이지혜, 홍숙희(2007). 학습으로서의 네트워킹: 부천지역 교육안전망 사례연구. **평생교육학연구,** **13**(3), 215-242.

이희수(2001). **지역단위 평생교육체제 구축 방안 연구.** 서울: 한국교육개발원.

이희수(2003). 평생교육의 진화와 지역사회교육의 갈림길. 한국교육문제연구, **18**, 59-78.

이희수(2010). 사회적기업과 지속가능한 평생학습: 청년 진로개발을 중심으로. **한국평생교육학회 추계학술대회 자료집**(pp. 29-41). 2010년 10월 9일. 대구: GS프라다 호텔.

장원섭, 김민영, 윤지혜(2009). 실행공동체 공식화가 조직학습에 미치는 영향. **직업교육연구,** **28**(3), 209-228.

장윤영(2009). 기업에서 CoP 진화과정에 관한 연구. 중앙대학교 대학원 석사학위논문.

정연순(2011). 사회적 기업과 청년진로개발: 지속가능한 평생학습의 관점에서. **평생교육학연구,** **17**(2), 123-145.

Beck, U. (1997). **위험사회: 새로운 근대(성)을 향하여**(*Risikogesellschaft: Auf dem weg in eine andere moderne*). 홍성태 역. 서울: 새물결. (원저는 1986년에 출판).

Brown, J. S., & Duguid, P. (2000). *The social life of information.* Cambridge: Harvard Business School Press.

Cote, S., & Healey, T. (2001). *The well-being of nations: The role of human and social capital.* Paris: OECD.

Cox, A. (2005). What are community of practice? A comparative review of four seminal works. *Journal of Information Science, 31*(6), 527-540.

Finger, M., & Manuel Asun, J. (2001). *Adult education at the crossroads: Learning our way out.* London: Zed Books.

Garavan, T. N., & McCarthy, A. (2008). Collective learning processes and human resource development. *Advances in Developing Human Resources, 10*(4), 451-471.

Hara, N., & King, R. (2002). *IT support for communities of practice: An empirically-based framework.* Center of Social Informatics, SLIS, Indiana University Press. Online

Available: http://www.slis.indiana.edu/SCI/WP/WP02-02B.html.

Hoopes, D. G., & Postrel, S. (1999). Shared knowledge, "Glitches" and product development performance. *Strategic Management Journal, 20*(9), 837-865.

Inglehart, R. (1983). 조용한 혁명(*The silent revolution: Changing values and political styles among western publics*). 정성호 역. 서울: 종로서적. (원저는 1977년에 출판).

Jørgensen, D. M., & Keller, H. D. (2008). The contribution of communities of practice to human resource development: Learning as negotiating identity. *Advances in Developing Human Resources, 10*(4), 525-540.

Juriado, R., & Gustafsson, N. (2007). Emergent communities of practice in temporary inter-organisational partnerships. *International Journal of Knowledge and Organizational Learning Management, 14*(1), 50-61.

Kerno, S. J., Jr., & Mace, S. L. (2010). Communities of practice: Beyond teams. *Advances in Developing Human Resources, 12*(1), 78-92.

Lave, J. (1996). The practice of learning. In S. Chaiklin, & J. Lave (Eds.), *Understanding practice: Perspective on activity and context* (pp. 3-32). New York: Cambridge University Press.

Lave, J., & Wenger, E. (1991). *Situated learning: Legitimate peripheral participation*. Cambridge: Cambridge University Press.

Lesser, E. L., & Storck, J. (2001). Communities of practice and organizational performance. *IBM System Journal, 40*(4), 832-841.

Longworth, N. (2000). *Making lifelong learning work: Learning cities for a learning century*. London: Kogan Page.

Marsick, V. J., & Watkins, K. E. (1999). *Facilitating learning organizations: Making Learning count*. London: Gower.

Marsick, V. J., & Watkins, K. E. (2010). Group and organizational learning. In C. E. Kasworm, A. D. Rose, & J. M. Ross-Gordon (Eds.), *Handbook of adult and continuing education* (pp. 59-68). Thousand Oaks: SAGE.

Mcdermott, R. (2000). Knowing in community: Ten critical success factor in building communities of practice. *IHRIM Journal, 4*(1), 19-26.

Mcdermott, R., & Rush, D. (2001). *Assessing the impact of knowledge management: Combining qualitative & quantitative measure*. Proceeding of APQC Knowledge Management Conference 2001.

Melluci, A. (1980). The new social movements: A theoretical approach. *Social Science Information, 19*(2), 199-226.

Nahapiet, J., & Ghoshal, S. (1998). Social capital, intellectual capital and the organizational advantage. *Academy of Management Review, 23*(2), 242-266.

OECD. (1999). *Social enterprise.* Paris: OECD.

OECD. (2007). *The social economy: Building inclusive economy.* Paris: OECD.

Putnam, R. (1993). *Bowling alone: The collapse and revival of american community.* New York: Touchstones.

Senge, P. M. (1990). *The fifth discipline: The art and practice of the learning organization.* New York: Double day.

Stein, S. D. (2002). Creating local knowledge through learning in community: A case study. *New Directions for adult and Continuing Education, 95,* 27-40.

Tönnies, F. (1957). *Community and society.* Michigan: Michigan State University press.

Touraine, A. (1994). **노동운동의 제도화와 새로운 사회운동의 전개.** 정수복 역. 서울: 문학과지성사. (원저는 1980년에 출판).

Wellman, B., & Berkowitz, S. D. (1988). *Social structure: A network approach.* New York: Cambridge University Press.

Wenger, E. (1998). *Communities of practice: Learning, meaning, and identity.* Cambridge, United Kingdom: Cambridge University Press.

Wenger, E. (2004). Knowledge management as a doughnut: Shaping your knowledge strategy through communities of practice. *Ivey Business Journal, 68*(3), 1-8.

Wenger, E. (2007). **지식창출의 사회생태학 실천공동체**(*Communities of practice: Learning, meaning and identity*). 배을규, 손민호 역. 서울: 학지사. (원저는 1998년에 출판).

Wenger, E., McDermott, R., & Snyder, W. (2002). *Cultivating communities of practice: A guide to managing knowledge.* Boston, MA: Harvard Business School Press.

Wenger, E., & Synder, W. (2000). Communities of practice: The organizational frontier. *Harvard Business Review, 78*(1), 139-145.

하지수. 조선에듀 인터넷신문 7월 29일 기사.
http://edu.chosun.com/site/data/html_dir/2019/07/29/2019072901454.html 2020년 9월 21일 인출

노트 **6**

평생학습 현장에서의 퍼실리테이션

최근 민주적인 소통, 참여 문화에 대한 중요성의 인식이 확산되면서 평생학습 현장을 비롯한 다양한 영역에서 이를 현실화할 수 있는 퍼실리테이션(facilitation)에 대한 관심이 높아지고 있다. 이 장에서는 퍼실리테이션을 두 개의 틀로 구분하여 살펴보고자 한다. 첫 번째는 퍼실리테이션에 대한 전반적인 이해를 도울 수 있도록 퍼실리테이션의 정의, 퍼실리테이터의 역할과 철학을 소개하고, 두 번째는 실제 현장에서 활용할 수 있는 퍼실리테이션 프로세스와 퍼실리테이션 도구를 소개한다.

1. 민주적인 소통, 참여 문화 확산을 위한 퍼실리테이션

1) 왜 퍼실리테이션인가

어떤 모임이나 단체 혹은 조직에서 그곳의 목적을 달성할 수 있는 좋은 성과가 나오기를 바라지 않는 사람은 없을 것이다. 과거에는 한 명 혹은 몇 명의 소수가 그 집단을 이끌어 가며 성과를 창출해 낼 수 있었다면, 환경이 다변화하는 이 시대에는 여러 명의 지혜, 집단지성이 요구되고 있다. 여러 명의 다양한 의견을 모으기 위해서는 구성원 간의 협력적인 상호작용과 세련된 소통의 방식 그리고 주도성이 뒷받침된 참여 의지가 필요하다.

구글(Google)은 높은 성과를 내는 팀의 규범을 찾기 위해 '아리스토텔레스 프로젝트(Aristotel Project)'라는 이름으로 2012년부터 2016년까지 4년간 180개 팀을 관찰 연구했다. 그 결과, 성과를 내기 위해 가장 중요한 것은 심리적 안전감(psychological safety)이라고 발표했다. 상위 성과를 기록하는 팀들은 팀장을 포함한 팀원 간 비슷한 비중의 발언을 하며, 이 발언들에는 다양한 의견이 담겨 있고, 의견을 나누는 과정에서 서로를 이해하고 존중하는 문화가 생겨 안전감을 느끼게 된다고 한다. 이것이 그대로 성과에 영향을 주는 것이다.

평생교육 현장을 비롯한 대부분의 조직에서도 구성원들과 참여자들의 의견을 수렴하고 반영하기 위해 회의, 워크숍 등 다양한 노력을 하지만 그 회의에 참석한 구성원들의 만족도는 그리 높지 않다. 2016년 한 취업 포털사이트에서 직장인 739명을 대상으로 실시한 설문조사를 보면, '현재 회의 문화에 대해 만족하는가?'라는 질문에 62%가 만족하지 않는다고 대답했다. 불만족의 이유를 살펴보면, 흐지부지 끝날 때가 많고(40%), 회의의 진행과 구성이 비효율적이며(37.6%), 상급자 위주의 수직적인 회의가 많다(37.1%)는 것이다.

기존의 회의 문화가 갖고 있는 문제점을 보완하고 이해관계가 서로 다른 구성원들의 다양한 의견을 모아 지혜로운 결론을 만들어 갈 수 있는 세련된 소통의 방법으로 퍼실리테이션을 활용해 볼 수 있다. 사람은 자신이 제시한 아이디어에는 더욱 성의를 갖게 되며(Bens, 2008) 의사결정과정에 참여하게 되면 결정된 결과에 대해 동의의 확률이 높아지고, 추후 그 일이 추진될 때 훨씬 높은 주도성을 가지고 실행하는 특성을 지니고 있다. "전체는 부분의 합보다 위대하다(Whole is greater than the sum of its parts)."는 소크라테스의 명언과 퍼실리테이션의 철학은 맞닿아 있다. 퍼실리테이션으로 민주적인 소통과 참여 문화의 확산을 경험해 볼 수 있을 것이다.

2) 퍼실리테이션의 의미

퍼실리테이션이라는 단어는 '일을 쉽게 하다'라는 의미를 갖고 있는 프랑스어의 'facile'과 라틴어 'facilis'에서 유래하였다(Barnhart & Steimnetz, 1988). 퍼실리테이션의 사전적 의미도 '쉽게 만들어 주다, 용이하게 하다, 간편하게 하다, 촉진하다, 지원하다, 지지하다' 등이다(Webster's Dictionary, 2013). 퍼실리테이션은 목적지까지 수월하게 갈 수 있도록, 즉 성과를 잘 낼 수 있도록 돕는 활동이라고 말할 수 있다.

퍼실리테이션을 성공적으로 수행하기 위해서는 높은 수준의 인간 상호작용과 진정한 소통이 요구된다(Hogan, 2002). 또한 참여자들이 원하는 목적을 달성할 수 있도록 효과적인 기법과 절차에 따라 적극적으로 참여와 상호작용을 촉진할 수 있는 능력이 필요하다.

퍼실리테이션은 지난 20세기 후반 이후 경영, 교육, 심리, 지역사회개발 분야에서 발전하고 성장해 왔다(Hogan, 2002). 과업 중심적이며 경험을 중시하는 성인을 대상으로 하는 학습과정에서 학습의 효과를 극대화하기 위하여 학습자들의 자발적 상호협력을 증진하는 과정에서 퍼실리테이션이 시작되었다(Bergevin, 2006). 1960년대 미국에서는 집단체험에 의해 학습을 촉진시키는 기법으로 퍼실리테이션이 활용되기도 하였다.

학습을 촉진하는 방법이었던 퍼실리테이션이 1970년대 중반부터 미국을 중심으로 비즈니스 분야에서 회의를 효율적으로 진행하는 방법으로 발전되어 현장주도형 업무개혁 수단으로 활용되기 시작하였다(호리 기미토시, 2004). 이후 급변하는 환경에서 효율적인 의사결정을 위하여 현재는 회의와 워크숍, 컨설팅, 팀빌딩과 갈등해결, 그룹 코칭, 강의 등의 다양한 상황에서 퍼실리테이션이 활용되고 있다. 국내에서도 기업, 정부, 지방자치단체, 교육청, 평생교육 현장 등 다양한 장소에서 이해관계자와 구성원의 다양한 의견을 들어 정책에 반영하고 의사결정을 하기 위한 방법으로 활용되고 있다. 형태 또한 5~6명의 소규모 회의에서 100명 이상 단위의 원탁토론까지 다양한 모습으로 퍼실리테이션이 확산되고 있다.

3) 퍼실리테이션의 학자별 정의

퍼실리테이션에 대하여 많은 학자가 다양하게 정의를 내렸는데, 회의나 워크숍의 관점과 학습 상황의 관점으로 나누어 살펴볼 수 있다.

먼저, 회의와 워크숍 관점에서의 퍼실리테이션은 다음과 같다.

- 무엇인가를 도와주고 수월하게 만들어 주는 행위다(Bostrom, Anson, & Clawson, 1993; Kitson, Harvey, & McCormack 1998).
- 집단의 구성원들이 동의한 방식으로 그들의 목적을 수월하게 달성할 수 있도록 도와주는 과정이다(Hunter, 2007).
- 구성원들이 자율적으로 참여하여 문제해결을 할 수 있도록 지원하고 촉진하는 것이다(호리 기미토시, 2004).
- 구성원들이 업무를 완수하고 서로 협조하는 방식을 개선할 수 있도록 도와주는 프로세스다(Weaver & Farrell, 1997).
- 구속하거나 지배하지 않으면서 리더십을 발휘하는 것이다(Bens, 2008).
- 집단의 효과성을 증진할 목적으로 토의 주제에 대해서는 중립을 취하며, 의사결정을 할 수 있는 권한은 부여받지 않은 내부·외부의 사람이 집단으로 하여금 그들의 문제인식 방법과 문제해결 방법, 그리고 의사결정 방법을 개선하도록 돕기 위해 진단하고 개입하는 과정이다(Schwarz, 2002).
- 퍼실리테이터나 회의의 리더가 모든 참여자에 의해 만들어지고 이해되고 받아들여진 결과를 통해 목표를 달성하도록 안내하는 과정이다(Wilkinson, 2004).
- 중립적인 입장을 취하는 사람이 구성원 혹은 학습자들의 자발적인 상호작용을 촉진하여 목표를 수월하게 달성할 수 있도록 돕는 과정이다(백수정, 2013).

다음으로, 학습 상황에서의 관점은 다음과 같다.

- 학습자를 격려하고 학습의 기회와 자원을 제공하여 자신의 학습목적을 달성하도록 지원하는 과정이다(Rogers, 1969).
- 학습자가 학습을 쉽게 할 수 있도록 학습하는 여정을 안내하고 학습여행을 돕

는 과정이다(McCain & Tobey, 2007).

- 학습자원을 제공하고 상호 존중하는 분위기에서 학습자들이 서로 협력하도록 해 주는 역동적인 과정이다(Burrows, 1997).
- 학습자가 학습목표에 성공적으로 도달하기 위하여 상호 신뢰하는 분위기 속에서 학습자가 중심이 되어 학습할 수 있도록 돕는 과정이다(Cross, 1996).

결국 퍼실리테이션이란 원하는 목적지까지 잘 도착할 수 있도록 그 과정을 용이하게 도와주고 촉진하는 모든 활동을 의미하며, 이는 회의, 워크숍, 학습, 팀, 조직, 가정에까지도 적용이 가능할 수 있다. 실제 퍼실리테이션은 회의나 워크숍뿐만 아니라 비전 설정, 전략 수립, 의사결정, 아이디어 도출, 문제해결, 조직 내 갈등 해결, 팀 빌딩 등 다양한 상황에서 활용되고 있다.

4) 퍼실리테이터의 역할과 철학

회의와 워크숍 상황에서는 그 회의 및 워크숍이 각각의 목적을 갖고 있다. 그 목적지까지 참여자나 구성원들이 적극적으로 참여하여 목적과 목표를 잘 달성하도록 돕는 과정이 퍼실리테이션이며, 그 과정을 돕는 사람을 퍼실리테이터(facilitator)라고 할 수 있다. 퍼실리테이터는 다양한 역할을 수행하게 되므로 학자들은 메타포를 이용해 퍼실리테이터에 대해 정의하기도 했다. 오케스트라 지휘자(Spencer, 1989), 조산사(midwives)와 정원사(Hogan, 2002), 여행 가이드(McCain & Tobey, 2007) 등 다양한 용어들로 비유된다.

퍼실리테이터의 역할에 대한 비유가 다양하듯이, 퍼실리테이터가 필요한 장(field) 역시 다양하다. 학습 상황에서는 학습자가 그 학습의 목적과 목표를 잘 이룰 수 있도록 학습자원을 제공하고 분위기를 만들어 주며 촉진하고 지원하는 모든 과정이 퍼실리테이션이며, 따라서 교수자는 퍼실리테이터가 되어 학습자의 학습을 도와야 한다고 학자들은 주장했다(Brookfield, 1986; Knowles, 1980; Rogers, 2002).

일을 하는 팀과 조직에도 목적이 있으며, 그 목적과 목표를 잘 달성할 수 있도록, 즉 성과를 잘 낼 수 있도록 촉진하는 역할이 필요하며, 그곳의 리더는 구성원들을 독려하고 도와주는 퍼실리테이터의 역할을 맡아야 한다. 가정에서도 역시 가족의 리더가 퍼실리테이터로서 가족 구성원이 원하는 목적지까지 잘 도달할 수 있도록 지원하는 역할을 해 볼 수 있다.

결국 퍼실리테이션이란 구속하거나 지배하지 않으면서도 리더십을 발휘하는 것이며, 퍼실리테이터는 구성원이나 참여자들이 책임감을 갖고 일을 수월하게 할 수 있도록 돕는 역할을 한다(Bens, 2008). 또한 모든 상황에서 리더만이 퍼실리테이터로서 역할을 수행하는 것이 아니라 구성원 모두가 퍼실리테이터가 되어 서로를 돕고 서로의 발전을 위해 상호 촉진할 수 있다면 더 없이 좋은 팀이 될 것은 분명해 보인다.

학자들이 제시한 퍼실리테이터의 역할을 정리해 보면 다음과 같다.

- 집단의 토의와 역동성을 관리하여 집단 구성원이 긍정적이고 협력적인 교류를 기반으로 계획된 목표를 달성하도록 지원한다(Kolb et al., 2008).
- 집단의 구성원들이 다양한 프로세스로 그들의 아이디어를 끌어내고 표면화시켜 목표를 달성할 수 있도록 돕는다(Hogan, 2002).
- 퍼실리테이션으로 비전과 개발 계획을 세우며 구성원 모두가 그들의 합의된 목표를 달성하기 위하여 동기부여를 할 수 있도록 훌륭한 의사소통자의 역할을 한다(Spencer, 1989).
- 집단이 자체적으로 프로세스와 구조를 개선하여 스스로 효과를 증진하도록 도와준다(Schwarz, 2002).
- 문제의 내용에 대해 내용과 관련한 의사결정권은 갖지 않고 중립적인 제3자로서 집단 구성원들을 돕는다(Schwarz, 2002).
- 사람들이 책임감을 가지고 일을 수행할 수 있도록 도우며, 내용전문가가 아닌 프로세스 전문가로서 미팅을 관리하면서 내용은 참석자들에게 맡긴다(Bens, 2008).
- 힘을 최대한으로 끌어내어 최상의 문제해결로 이끌어 가며 의견이 아니라 프로세스를 통제함으로써 조직의 의사결정의 질을 높여 준다(호리 기미토시, 2006).

퍼실리테이션의 과정에서 퍼실리테이터는 구성원에 대한 신뢰와 진정성, 퍼실리테이션에 대한 철학이 바탕이 되어야 한다(Bens, 2008). 첫째, 사람은 기본적으로 현명하고 올바른 일을 할 수 있으며, 또 그렇게 하고 싶어 한다. 둘째, 사람은 자신이 참여한 아이디어나 계획에 대해서는 더욱 헌신적으로 임한다. 셋째, 사람은 자신의 결정에 대해 책임이 부여되면 진정으로 책임감 있게 행동한다. 넷째, 모든 사람의 의견은 지위와 계급 여하를 막론하고 똑같이 중요하다. 다섯째, 도구와 훈련이 주어진다면 팀은 갈등을 스스로 해결하고 성숙한 행동을 하며 좋은 관계를 유지해 나갈 수 있다. 여섯째, 퍼실리테이션의 프로세스가 잘 설계되고 계획대로 적용된다면 바라는 결과를 얻을 수 있을 것이다.

퍼실리테이터는 과업과 관계를 잘 성취해 내도록 돕는 것이 가장 주요한 역할이다(백수정, 2013). 구성원의 다양한 생각을 조정하기 위해 인간관계 기술, 자기 이해, 비언어적 커뮤니케이션에 대한 인식, 높은 수준의 커뮤니케이션 스킬이 요구된다(Bentley, 1994; Rothwell & Sredl, 1992; Wilkinson, 2004). 또한 사람에 대한 애정과 그들은 좋은 결과를 만들어 낼 수 있을 것이라는 믿음이 반드시 함께해야 한다.

2. 퍼실리테이션에 한 걸음 다가가기

퍼실리테이션은 요리에 비유될 수 있다. 퍼실리테이터는 요리사로서 맛있는 음식을 만들기 위해 많은 활동이 요구된다. 훌륭한 요리가 만들어지기 위해서는 다양하고 신선한 재료, 재료의 특성에 대한 지식, 요리 과정(recipe), 요리를 먹을 사람에 대한 이해, 그리고 요리사의 요리 솜씨와 맛에 대해 평가할 수 있는 능력이 필요하다.

퍼실리테이터 역시 좋은 퍼실리테이션을 만들어 내기 위해서는 요리사가 다양하고 신선한 재료와 특성에 대해 이해하고 있어야 하는 것처럼 다양한 퍼실리테이션 도구에 대해 이해하고 있어야 한다. 재료만으로 음식을 만들 수 없듯이 도구들의 나열만으로 퍼실리테이션을 진행할 수는 없다. 요리를 먹을 사람, 즉 퍼실리테이션에 참여할 참여자들의 특성과 토의 주제 및 다양한 환경적인 특성 등을 고려하여 최적의 퍼실리테이션 프로세스 어젠다(agenda)를 디자인할 수 있어야 한다. 이렇게 디자인된 어젠다를 기반으로 퍼실리테이터의 역량을 더해 퍼실리테이션을 진행해 최고의 요리를 만들어 내는 것이다. 퍼실리테이션이 진행된 후에는 퍼실리테이션에 대한 평가와 피드백도 필요하다. 다음에서는 성공적인 퍼실리테이션을 위해 퍼실리테이션 프로세스와 현장에서 활용가능한 퍼실리테이션 도구들을 살펴보고자 한다.

1) 퍼실리테이션 프로세스

학자들이 제시한 퍼실리테이션 프로세스(process)를 살펴보면 세부적인 부분이 다르기는 하나 큰 틀에서는 비슷한 흐름을 보이고 있다. Wilkinson(2004)은 준비하기, 미팅 시작하기, 초점 맞추기, 기록하기, 정보수집하기, 미팅 종료하기의 6단계로 제시하였다([그림 6-1] 참조).

ICA Associates ToP(Technology of Participant) Manual(ICA, 2020)에서는 퍼실리테이션 프로세스를 사전준비, 퍼실리테이션, 후속조치의 3단계로 구성하였다([그림 6-2] 참조). 사전준비 단계에서는 현재 상황 평가하기, 실행에 대한 이미지, 집단 이해하기, 목표설정, 디자인하기의 과정들이 포함된다. 퍼실리테이션이 시작되면 도

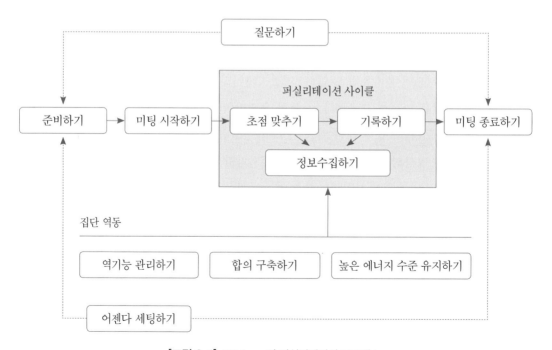

[그림 6-1] Wilkinson의 퍼실리테이션 프로세스

출처: Wilkinson (2004), p. 8의 [figure 1-3]을 재정리함.

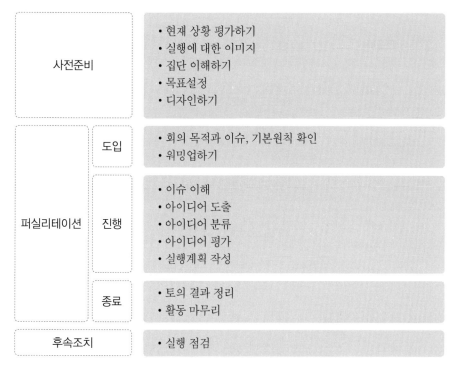

[그림 6-2] ICA의 퍼실리테이션 프로세스

입, 진행, 종료의 단계로 세분화하게 된다. 도입 단계에서는 회의의 목적과 이슈, 기본원칙을 확인하며 워밍업을 한다. 진행 단계에서는 이슈를 이해하고 아이디어 도출, 아이디어 분류, 아이디어 평가, 실행계획을 작성하는 단계로 이루어진다. 종료 단계에 들어서면 토의 결과를 정리하고 활동을 마무리하게 된다. 마지막 후속조치 단계에서는 실행 점검을 한다.

  Bens(2008)는 7단계로 퍼실리테이션 프로세스를 제시하고 있다([그림 6-3] 참조). 1단계 사전조사 및 디자인(assessment and design), 2단계 피드백과 조율(feedback and refinement), 3단계 최종 준비(final preparation), 4단계 퍼실리테이션 시작(starting a facilitation), 5단계 퍼실리테이션 진행(during a facilitation), 6단계 퍼실리테이션 종료(ending a facilitation), 그리고 7단계 퍼실리테이션 후속조치(following up on a facilitation)다. 1~3단계는 사전준비 단계라고 할 수 있으며, 4~6단계는 어떤 회의에도 적용 가능한 단계로 소규모 집단 토의에서 이 단계만 떼어 활용할 수 있다.

  특히 퍼실리테이션 시작 단계에서는 퍼실리테이션을 위한 좌석배치나 사용될

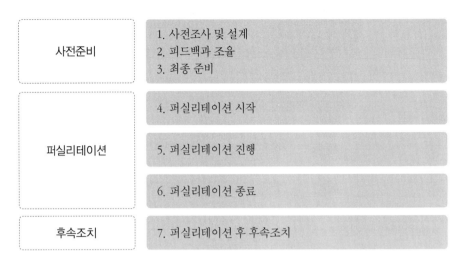

사전준비	1. 사전조사 및 설계 2. 피드백과 조율 3. 최종 준비
퍼실리테이션	4. 퍼실리테이션 시작
	5. 퍼실리테이션 진행
	6. 퍼실리테이션 종료
후속조치	7. 퍼실리테이션 후 후속조치

[그림 6-3] Bens의 퍼실리테이션 프로세스

재료들을 점검하고 함께하게 될 퍼실리테이터들과 디자인된 어젠다에 대한 간단한 점검을 한다. 도입(opening) 단계에서는 퍼실리테이터와 참여자에 대한 소개, 긴장을 풀 만한 아이스 브레이킹(ice-breaking), 함께 지켜야 할 그라운드 룰(ground rules)을 정하고 필요에 따라 기록자와 시간 관리자를 선정한다. 토의의 목적과 목표를 정확하게 설명하고 디자인된 진행 프로세스를 안내하여 참여자들이 바르게 이해한 후 적극적으로 참여할 수 있도록 촉진한다.

퍼실리테이션이 진행되는 중에 퍼실리테이터는 참여자들의 4P를 점검하면서 진행한다. 4P는 목적(purpose), 프로세스(process), 속도(pace), 구성원의 의중감지(pulse)이다. 퍼실리테이션을 종료할 때에는 결정된 사항에 대한 안내, 행동계획 확정을 하고 논제에서 벗어나 따로 적어 두었던 사안들과 다음 미팅을 위한 안건을 정한다. 퍼실리테이션 미팅에 대한 설문을 실시할 수도 있고, 참여자들이 퍼실리테이션에서 느낀 점을 나누는 것도 의미가 있다. 퍼실리테이터는 참여자에게 적극적으로 참여해 준 점에 대해 감사의 인사를 한다.

마지막으로, 후속조치에서는 퍼실리테이션 이후의 실행 점검, 퍼실리테이션이 도움이 된 정도에 대한 평가 등의 활동을 한다.

앞선 퍼실리테이션 프로세스를 살펴보면, 공통적으로 포함되는 단계가 사전준비다. 퍼실리테이터로서 범하기 쉬운 실수 중 하나는 참여자에 대한 사전조사나 퍼실리테이션에 대한 사전설계 없이 퍼실리테이션 장소에 나타나는 일이다(Bens, 2008). 성공적인 퍼실리테이션을 위해 사전준비와 퍼실리테이션 디자인은 필수적인 단계 이므로 철저한 준비가 필요하다.

2) 현장에서 활용가능한 퍼실리테이션 도구상자 열기

(1) 브레인스토밍

① 정의

브레인스토밍(brainstorming)은 1938년 광고회사 비비디오(BBDO)의 창립자 Alex Osborn이 개발한 것으로, 'brain'과 'storming'의 합성어다. 여러 사람이 집단을 만들어 자유자재로 공상과 연상 작용을 통해 아이디어를 발산하는 방법인데, 다양하면서 많은 양의 아이디어를 도출시켜 구성원들의 독창적인 사고를 자극한다는 점에의의를 둔다.

퍼실리테이션이라고 하면 많은 사람이 가장 먼저 떠올릴 정도로 많이 활용되고 있는 도구이기도 하다. 넓은 범위의 대안이 필요할 때, 창조적이고 독창적인 아이디어를 요구할 때, 혹은 집단 전체가 문제해결에 참여할 때 이용되는 기법으로 아이디어에 대한 평가를 아이디어 창출과 엄격히 분리시킨다는 개념에서부터 출발하였다.

② 지켜야 할 네 가지 원칙

- 자유분방(Free-wheeling is welcome): 우스꽝스럽거나 현실적이지 않은 아이디어라 할지라도 모든 아이디어를 환영한다. 엉뚱한 아이디어일수록 좋다. 아이디어는 색다른 시각으로부터 올 때가 많으며, 이때 아이디어는 더욱 풍부해질 수 있다.
- 비판금지(Criticism is not permitted): 다른 구성원의 아이디어 제시를 저해할 수있는 평가나 비판은 금지한다. 더불어 참가자는 아이디어를 내놓는 것에만 전념하고 판단은 추후에 한다. 좋고 나쁨에 대한 비판은 물론 실패의 경험에 대해서도 이야기하지 않는다. 참가자들은 비판을 받지 않기 때문에 상상력이 더욱 활발해지며, 뇌에 폭풍이 일어나는 현상이 가능해진다.

- 수량추구(Quantity is required): 아이디어의 수량을 중시한다. 아이디어의 수가 많을수록 훌륭한 아이디어가 나올 가능성이 높기 때문이다.
- 결합개선(Combinations and improvements should be tried out): 참가자는 자신의 아이디어를 제시하는 것뿐만 아니라 다른 사람의 아이디어를 더 좋은 아이디어로 바꾸거나 두세 개의 아이디어를 결합하여 훨씬 더 좋은 아이디어로 만들 수 있다.

③ 운영절차

    1. 6~8명 정도로 참여자 집단을 구성한다. 인원이 많을 경우에는 여러 집단으로 나눈다.

    2. 퍼실리테이터는 모든 구성원이 잘 볼 수 있는 칠판이나 보드에 명확한 문제 혹은 주제를 제시한다.

    3. 퍼실리테이터는 구성원이 엄수해야 할 원칙을 설명한다.

    4. 아이디어를 제시하고 싶은 구성원은 자유롭게 아이디어를 제시한다.

    5. 퍼실리테이터는 도출된 모든 아이디어를 구성원이 전부 볼 수 있는 보드에 기록하고 필요에 따라서는 새로운 아이디어를 자극하기 위해 이를 다시 읽어 주거나 처음 제시한 문제를 다시 설명해 주거나 아이디어를 촉진할 수 있는 질문을 던진다.

    6. 도출된 아이디어들을 정리한다.

④ 장점

- 집단구성원 간의 의사표시가 자유롭고, 창의성이 유발되며, 소수의 의견이 무시되지 않는다.
- 다른 구성원의 아이디어를 통해 새로운 시각을 자극받고 학습할 기회가 생긴다.
- 단기간 많은 양의 아이디어를 효율적으로 도출할 수 있다.

⑤ 제한점

- 규칙을 엄수하는 등 자유로운 분위기를 조성하기가 쉽지 않다.

- 때로는 올바른 결론이 도출되기보다 집단의 합의를 이끌어 내는 데 신경 쓰게 된다.
- 개별적인 아이디어를 구조화하기 힘들다.
- 아이디어를 이해하는 데 시간적 여유가 없어 엉뚱한 아이디어를 제시할 가능성이 있다.
- 발언하지 않고 아이디어를 제시하지 않는 무임승차자(free-rider)가 생길 수 있다.
- 상대적으로 복잡한 문제를 깊이 있게 논의하는 데는 적합하지 못하다.

(2) 멀티 보팅

① 정의

멀티 보팅(multi voting)은 회의 참여자가 많거나 아이디어가 많을 때 효율적으로 의사결정을 할 수 있고 평등하게 의사결정권을 행사할 수 있는 방법으로, 다양한 아이디어가 최대한 반영될 수 있는 투표 방식이다. 여러 아이디어에 대하여 투표를 진행함으로써 1인당 1표를 행사할 때보다 개인뿐 아니라 공동의 목표에 도움이 되는 합리적인 아이디어들을 선정할 수 있는 방법이다.

가장 많은 선택을 받은 아이디어의 우선순위대로 채택한다. 멀티 보팅과 반대로 제거해야 할 순서대로 투표를 진행하는 역멀티 보팅의 방식도 있다.

② 운영절차

1. 플립차트에 의사결정해야 하는 아이디어들을 기록한다.
2. 제시된 아이디어들에 대하여 투표해야 할 기준을 명확히 한다(기준에 따라 투표 결과가 달라질 수 있음).
3. 퍼실리테이터는 한 사람당 투표할 수 있는 개수를 정한다(아이디어가 많으면 좋은 아이디어도 많을 것이라는 가정하에 투표 개수는 아이디어 개수와 비례해서 정한다.).
4. 투표 기준에 따라 주어진 투표 가능 숫자만큼의 아이디어에 스티커나 별로 투표한다.

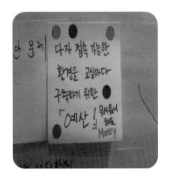

[그림 6-4] 멀티 보팅 예시

　5. 한 개의 아이디어에는 한 번만 투표할 수 있다.

　6. 투표 결과, 많은 스티커를 받은 순서대로 아이디어를 선정한다.

(3) 주먹오

① 정의

　주먹오(fist to five)는 참여자들이 제안된 아이디어에 대해 자신의 의견을 손가락으로 표시하는 기법이다. 여러 개의 안건이나 쟁점의 우선순위를 결정할 때, 그 지지(동의)나 반대의 정도를 손가락으로 제시한다.

　팀원 모두가 동시에 손을 들어 다른 팀원의 영향을 받지 않는 상태에서 실시할 수 있다. 절차가 간편하여 손쉽게 활용할 수 있고 신속한 의사결정이 가능하다.

　5: Strongly Agree(강력히 동의함)

　4: Agree(동의함)

　3: Okay(통과, 결정에 따르겠음)

　2: Disagree(동의하지 않음)

　1: Strongly disagree and can't support(강력히 반대하며 지지하지 않음)

　0: Totally against or Broke(절대 반대)

[그림 6-5] 주먹오 예시

(4) 완더링 플립 차트

① 정의

완더링 플립 차트(wandering flip chart)는 여러 가지 주제에 대해 동시에 아이디어를 발산할 수 있도록 고안된 방법으로, 차트별로 다른 주제를 적어 두고 참석자들이 차트 사이를 거닐며 해당 주제의 아이디어를 차트에 적는 방법이다. 완더링 플립 차트 기법을 사용하면 많은 수의 참가자가 특정 주제에 대해 안전하고 참여적인 방법으로 생산적인 대화를 할 수 있으며 짧은 시간 안에 많은 의견을 모을 수 있다.

차트에 아이디어를 써 붙이기 전에 참가자들이 소집단으로 주제에 대해 토론할 수 있도록 함으로써 참여를 독려할 수 있다. 익명을 보장하면서 보통 때 말하기 어려운 건의사항들을 수집할 수 있기도 하지만, 익명으로 인하여 오히려 부정적인 의견만 나오는 경우도 있으므로 유의할 필요가 있다.

② 운영절차

1. 3~7개의 플립 차트 상단에 각기 다른 논의 주제를 적어서 벽에 붙인다.
2. 참여자들은 플립 차트로 가서 주제에 관한 아이디어를 적는다.
3. 다음 주제로 이동을 해서 기존의 내용을 보고 아이디어를 추가로 적는다.
4. 플립 차트 수만큼 계속 이동하며 진행한다.

[그림 6-6] 완더링 플립 차트 활동 모습

(5) 브레인 라이팅

① 정의

브레인 라이팅(brain writing)은 참가자들이 아이디어를 정해진 시간 동안 종이에 쓰게 한 후 다음 참가자들이 그 아이디어를 읽고 새로운 아이디어를 추가해서 아이디어가 점점 더 발전해 나갈 수 있도록 진행하는 방식이다. 이 기법을 활용하면 내성적인 사람들이나 다른 사람 앞에서 말하기를 망설이는 개인의 참신한 생각을 두루 발굴할 가능성이 높다. 발표를 망설이는 다수의 의견을 이끌어 낼 수 있으며 타인의 아이디어를 참고하여 더 깊이 있는 아이디어를 내거나 아이디어를 확장할 수 있다.

브레인 라이팅의 기원은 두 가지가 있다. 첫째, 독일의 Holiger가 개발한 침묵의 집단 발상법으로 독일 직업 훈련 코스인 '로 백(Low Back)'에서 소개(1968)되었다는 설과, 또 다른 기원으로는 독일 프랑크푸르트에 있는 Batelle Insititute의 Horst Geschka와 그의 동료들이 Feynman의 문제해결을 위해 아이디어를 병렬 처리하는 창의적 사고 기술로 브레인 라이팅 방식을 제안했다는 이야기가 있다.

브레인스토밍은 아이디어 발굴을 위한 하나의 방법이지만, 브레인 라이팅은 참여자들의 목소리를 익명으로 볼 수 있게 하기 때문에 아이디어에 대한 경쟁에서 벗어나고 평가에 대한 두려움에서 해방시켜 준다. 또한 모든 사람이 동시에 아이디어를 내기 때문에 아이디어 발굴의 양과 속도를 높일 수 있다.

② 운영절차

1. 팀 구성은 팀당 4~6명 정도로 한다.

2. 참여자에게 브레인 라이팅 기록지를 배부한다.

3. 기록지의 윗 부분에 해결 과제를 기록한다.

4. 첫째 줄에 자기 아이디어를 세 개씩 기록한다.

5. 자기 아이디어를 적은 기록지를 옆 사람에게 넘기고 타인의 기록지를 가져 온다.

6. 타인의 기록지에 적혀 있는 아이디어를 참고해 자기 아이디어 세 개를 다음 활동지에 기록하고 이 단계를 반복한다.

	1	2	3
1			
2			
3			
4			
5			
6			

[그림 6-7] 브레인 라이팅 활동지 예시

(6) 명목집단법

① 정의

명목집단법(Nominal Group Technique: NGT)은 브레인스토밍과 브레인 라이팅 기법의 장점들을 살리기 위해 고안되었다. 브레인스토밍 기법에 토의 및 투표 기법 등의 요소를 결합하여 만들어진 것으로서 하나의 도구로 아이디어 발산부터 의사결정까지 진행할 수 있다.

'명목(nominal)'은 '이름뿐인, 침묵, 독립'이라는 의미를 내포하고 있는데 아이디어를 발산하는 단계에서 서로 이야기하지 않고 진행하기 때문에 함께 있는 집단이기는 하나 명목상 집단이라는 의미를 갖고 있다. 또한 모든 구성원이 동등하게 참여할 수 있고 우선순위 투표과정을 통해 집단의사결정에 동등한 영향을 끼칠 수 있는 기회가 있다는 것을 의미하기도 한다.

이 기법은 많은 구성원이 아이디어를 제시하고 이에 대해 어느 정도 집단 내 합의를 확보해야만 할 때 주로 사용된다. 특히 민감한 문제나 정보에 대한 평가를 할 때나, 탐색한 문제해결책에 대해 집단문제의 우려 사항을 밝힐 때 사용되며, 결과적으로 우선순위가 도출된다.

② 운영절차
    1. 주제에 대해 참여자들은 침묵하며 자신의 아이디어를 적는다. 이 활동을 하는 동안 자신의 아이디어를 다른 사람과 의논하지 않는다.
    2. 차례로 돌아가며 자신의 아이디어를 제시하고 퍼실리테이터는 이 아이디어들을 참여자들이 사용한 언어로 칠판이나 플립 차트에 적는다. 아이디어들은 모든 참여자가 볼 수 있어야 한다.
    3. 적힌 아이디어에 대해 의미가 불분명한 것은 명확하게 설명하고 장점과 타당성 등 다양한 측면에서 토의를 한다.
    4. 참여자는 가장 중요한 아이디어의 순서대로 5점부터 1점까지 점수를 주고 이것을 플립 차트상의 아이디어 옆에 기록한다.
    5. 점수를 합산하여 높은 점수 순으로 결론을 도출한다.

(7) 역 브레인스토밍

① 정의

문제해결을 위해 아이디어를 끌어내는 방법으로 A. F. Osborn이 개발한 브레인스토밍이 많이 활용되고 있다. 그러나 브레인스토밍 기법으로도 아이디어를 끌어내지 못하는 한계가 느껴질 때가 있다.

이때 효과적인 방법은 해결하고자 하는 문제점의 역질문을 통해 새로운 아이디어를 얻는 역 브레인스토밍(reverse brainstorming) 기법이다. 역 브레인스토밍은 아이디어가 잘 떠오르지 않을 때, 참석자들이 문제해결에 관심을 보이지 않을 때, 그리고 뻔한 해결안만 반복해서 이야기할 때 사용하면 유용하다.

② 운영절차

1. 원래 아이디어를 모으고자 하는 주제의 반대 주제를 제목으로 적는다. 이때 평이한 주제보다는 좀 더 자극적인 주제일 때 아이디어 발산이 용이하다.
2. 브레인스토밍과 같이 자유롭게 아이디어를 제시하고 기록한다.

(8) 역장분석

① 정의

역장분석(force field analysis)은 어떤 목적을 달성하는 데 있어 현재 지지하는 힘(긍정적인 힘)과 방해하는 힘(부정적인 힘)은 무엇이 있으며 그것들의 상대적인 크기는 어떠한지를 분석하여, 성공적인 변화가 이루어지도록 하는 분석도구다. 원인을 도출해야 할 때나 잠재적 해결책에 대한 대안이 필요할 때, 그리고 성공적 변화를 위한 방안 도출이 필요할 때 사용할 수 있다.

역장분석은 힘의 크기를 화살표로 표시하여 시각화함으로써 한눈에 원인이 영향을 미치는 정도를 볼 수 있다는 장점이 있다. 그러나 역장분석의 결과는 참여자들의 직관에 의존하고 있기 때문에 엄밀한 분석 결과와 다를 수 있음을 인식해야 한다.

② 운영절차

1. 달성하고자 하는 목표를 명확하게 기록한다.
2. 목표를 달성하는 데 있어 현재 지지하는 원인(도움이 되는 요인)과 방해하는 원인(요인)을 나열한다.
3. 참여자의 논의를 거쳐 지지하는 원인들 중 가장 큰 힘을 발휘하는 정도대로 화살표를 그린다.
4. 방해하는 원인 중 가장 큰 힘을 발휘하는 정도대로 화살표를 그린다.

5. 가장 크게 방해하는 힘을 가진 순서대로 원인을 제거할 수 있는 방법을 논의하고, 지지하는 힘은 더 큰 힘을 받을 수 있는 방법을 논의한다.

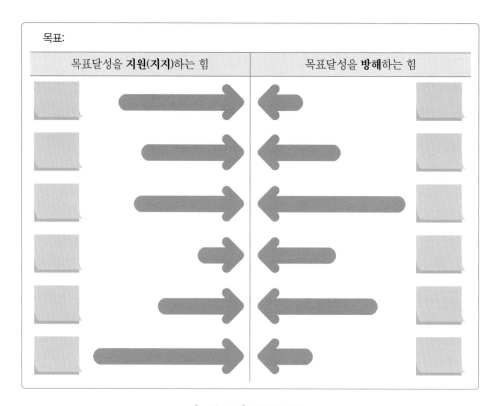

[그림 6-8] 역장분석 틀

3. 나가는 말

이 장에서는 퍼실리테이션과 몇 가지 도구들을 큰 틀에서 살펴보았다. 퍼실리테이션은 목적을 수월하게 이루기 위해 돕는 모든 과정이다. 퍼실리테이션은 급변하는 사회에서 사람들이 다양한 의견을 나누고 지혜를 모을 수 있는 세련되고 민주적인 소통의 방식이라고 할 수 있다. 퍼실리테이터는 이를 돕는 과정에서 사람에 대한 믿음과 적절한 도구의 사용, 효과적인 프로세스 디자인과 철저한 준비가 필요하다.

분량의 한계상 많은 내용을 담을 수는 없었지만, 퍼실리테이션에 대해 좀 더 가까워질 수 있는 기회가 되기를 원한다. 퍼실리테이션이 우리나라에서 활용된 지 얼마

되지 않아 아직까지 마땅한 번역어가 없어 대부분의 용어를 원어 그대로 사용하고
있는 점이 아쉽다. 실제 현장에서 퍼실리테이션을 진행하면서 느낄 수 있는 변화되
는 사람들의 모습, 아이디어가 발산되고 모여지고 결정되고 결정에 대해 모두 동의
하고 주도적으로 실행하는 감동을 모두가 누려 보기를 바라며, 평생학습 현장에서
퍼실리테이션이 지속적으로 확산되기를 간절히 바란다.

참고문헌

백수정(2013). 평생교육자의 퍼실리테이션 역량 진단척도 개발. 중앙대학교 대학원 박사학위
    논문.

호리 기미토시(2004). 문제해결을 위한 퍼실리테이션의 기술. 현창혁 역. 서울: 도서출판 일빛.
    (원저는 2003년에 출판).

호리 기미토시(2006). 퍼실리테이션 테크닉 65. 임해성 역. 서울: 비즈니스맵. (원저는 2004년
    에 출판).

Barnhart, R. B., & Steimnetz, S. (Eds.) (1988). *The Barnhart dictionary of etymology.* New
    York: HW Wilson.

Bens, I. M. (2008). *Facilitation at a glance!: A pocket guide of tools and techniques for
    effective meeting facilitation* (2nd ed.). Salem, NH: Goal/QPC.

Bentley, T. (1994). Facilitation: Providing opportunities for learning. *Journal of European
    Industrial Training, 18*(5), 8–22.

Bergevin, P. (2006). 성인교육철학. (강선보, 채성주, 김희선 공역). 서울: 도서출판 일빛. (원
    저는 1967년에 출판).

Bostrom, R. P., Anson, P., & Clawson, V. K. (1993). Group facilitation and group support
    systems. In L. Jessup & J. Valacich (Eds.), *Group support systems: New perspectives*
    (pp. 146–168). New York: Macmillan.

Brookfield, S. D. (1986). *Understanding and facilitating adult learning.* San Francisco:
    Jossey-Bass.

Burrows, D. E. (1997). Facilitation: A concept analysis. *Journal of Advanced Nursing, 25,*
    396–404.

Cross, K. D. (1996). An analysis on the concept facilitation. *Nursing Education Today, 16,*

350-355.

Hogan, C. (2002). *Understanding facilitation: Theory & principles*. London: Kogan Page.

Hunter, D. (2007). *The art of facilitation: The essentials for leading great meetings and creating group synergy*. San Francisco: Jossey-Bass.

ICA (2020). Retrieved April 16, 2020, from htps://www.ica-usa.org/top-training.html

Kitson, A., Harvey, G., & McCormack, B. (1998). Enabling the implementation of evidence-based practice: A conceptual framework. *Quality in Health Care, 7*(3), 149-158.

Knowles, M. S. (1980). *The modern practice of adult education: From pedagogy to andragogy*. Cambridge: The Adult Education.

Kolb, J. A., Jin, S., & Song, J. (2008). A model of small group facilitator competency. *Performance Improvement Quarterly, 21*(2), 119-133.

McCain, D. V., & Tobey, D. D. (2007). *Facilitation skills training*. Baltimore: ASTD Press.

Rogers, A. (2002). Learning and adult education. In R. Harrison, F. Reeve, A. Hanson, & J. Clarke (Eds.), *Supporting lifelong learning: Vol. 1.* (pp. 8-24). London: RoutledgeFalmer.

Rogers, C. R. (1969). *Freedom to learn: A view of what education might become*. Charles E Merrill: Columbus.

Rogers, C. R. (2002). The interpersonal relationship in the facilitation of learning. In R. Harrison, F. Reeve, A. Hanson, & J. Clarke (Eds.), *Supporting lifelong learning: Vol. 1.* (pp. 25-39). London: RoutledgeFalmer.

Rothwell, W., & Sredl, H. (1992). *The ASTD reference guide to professional human resource development roles and competencies*. Amherst, MA: HRD Press.

Schwarz, R. M. (2002). *The skilled facilitator: A comprehensive resource for consultants, facilitators, managers, trainers, and coaches* (2nd ed.). San Francisco: Jossey-Bass.

Spencer, L. (1989). *Winning through participation*. Iowa, CO: Kendall Hunt.

The New York Times (2016). *What Google learned from Its quest to build the perfect team.*

Webster's Dictionary (2013). Retrieved May 19, 2013, from http://www.webster-online-dictionary.net/definition/role

Weaver, G. R., & Farrell, D. J. (1997). *Managers as facilitators: A practical guide to getting work done in a changing workplace*. San Francisco: Berrett-Koehler Publishers.

Wilkinson, M. (2004). *The secrets of facilitation: The S.M.A.R.T. guide to getting results with groups*. San Francisco: Jossey-Bass.

Part
3

직업능력교육과 일터학습

노트 7

직업능력교육의 제도화와 무형식화

우리나라의 직업능력교육은 정부주도로 성장하였다. 현재에도 많은 개인과 기관, 기업이 고용보험료 환급에 의존하고 있다. 이 과정에서 표준화와 형식화는 직업능력교육의 획일화와 경직성이라는 부작용을 동반한다. 이 장에서는 직업능력교육이 발전하기 위해서는 학습의 형식성과 무형식성을 조화롭게 활용하는 것이 필요하다는 주장을 한다. 특히 가상학습과 온라인 기술을 활용한 학습여정(learning journey) 방식의 교육이 확대될 필요가 있음을 대안으로 제시한다.

1. 들어가며

일은 중요하다. 일을 함으로써 교환가치를 가진 재화와 용역을 생산하고 그 대가로 생계를 유지할 수 있다. 일을 함으로써 사회적 공동체의 한 구성원으로서 자신의 정체성을 느끼고 한 인간으로 살아가는 것에 안도한다. 그리고 일을 함으로써 성취감을 느끼고 자신의 소명을 완수하는 길을 걷는다며 행복해한다. 그런 일을 잘하도록 돕는 것이 평생학습의 6대 영역 중의 하나인 '직업능력교육'이다.

직업능력을 갖추는 것이 중요하다 보니 이는 개인에게 맡겨 둘 것이 아니라고 보고 정부가 관여하고 주도한다. 장기적 관점에서 정책을 수립하고 여기에 맞추어 예산과 인력을 투입할 뿐만 아니라 운영에까지 참여한다. 민간 기업이 자체적으로 직업능력교육을 하고 있지만, 이들의 교육훈련비는 정부에서 주는 고용보험료 환급에 상당 부분 의존한다. 기업은 자신들이 낸 돈(고용보험료)을 돌려받기 위해 훈련기관으로 인정을 받아야 하고, 교육계획을 제출하고 심사를 받으며, 교육을 한 후에는 교육실적을 접수하고, 교육훈련비에서 일부를 환급받는다. 개인도 정부의 지침에 따라 움직인다. 국가직무능력표준(NCS)에 맞춘 교육에 참여하고, 자격증을 취득하고, 채용기준에 따라 취업과정을 거쳐야 한다. 직업능력교육은 사실상 정부가 주도하고 있다. 즉, 제도화되었다.

직업능력교육(정부는 고용노동부에서 직업훈련을 실질적으로 주도하며 직업능력개발이라고 부름)에 대한 본격적인 제도화는 1967년 「직업훈련법」 제정으로 시작되었고, 1975년 사업장에 직업훈련의무제가 도입되었으며, 1999년부터는 고용보험제도의 도입과 「근로자직업훈련촉진법」 제정에 따른 민간 직업훈련 지원체제로 변화되어 왔다(정택수, 2008). 이 과정에서 1990년대 후반 정부주도 직업능력교육의 정당성과 투자효율성을 둘러싼 비판도 있었지만(심재용, 1997b), IMF 외환위기를 겪으며 직업능력교육이 실업자교육과 기업 구조조정에 사회안전망으로 기능하며, 실업급여 · 고용안정 사업과 연계한 적극적 노동시장 정책의 일환으로 자리매김하였다(강순희, 2014).

지금은 산업구조의 고도화, 고용형태의 다양화, 그리고 새로운 시대기준(new normal)으로 인해 정부주도 직업능력교육이 새로운 전기를 맞고 있다. 경영계에서는 정부주도 직업능력교육에 대해 초반부터 획일화 문제를 제기하였고(경제사회노동위원회, 2004. 7. 15.), 이후 규제 개선의 대상으로도 논의되었으며(유경준, 최바울, 2008), 제4차 산업혁명의 대두와 함께 새로운 개혁방안이 논의되고 있는 상황이다(정지선 외, 2017).

앞으로 직업능력교육은 공공훈련과 사업자 교육에서 벗어나 점차 민간 영역으로 확대되면서 불가피하게 평생교육과의 접점을 넓혀 갈 것이다. 그동안 평생교육에서는 직업능력교육 참가자에 대해 연구하거나(김지영, 이민영, 2018; 윤혜경, 2008),

평생교육 관점에서 직업능력개발의 실용성과 경제성 중심을 비판하고 어떻게 '인간의 삶의 차원'을 불어넣을 수 있을지를 고민하였다(김다슬, 2017). 평생교육에서 바라볼 때 직업능력교육은 정부와 기업, 다양한 민간기관이 얽힌 거대한 제도적 체제다. 평생교육이 직업능력교육을 낯설어 하지 않고 좀 더 포용할 필요가 있는데, 그러기 위해서는 직업능력교육이 어떻게 생성되어 지금에까지 이르렀는지 성장 경로를 이해하는 것에서 출발해야 한다. 직업능력교육의 형식은 어떻게 갖추어진 것인지, 그 과정에서 제도의 힘은 어떻게 정당화되고 강화되는지를 추적할 필요가 있다.

　직업능력교육과 관련한 다양한 관점과 논의가 있을 수 있지만, 여기서는 직업능력교육을 하나의 시장으로 바라보고 민간과 정부가 경쟁하는 노동경제학적 시각과 제도가 어떻게 우리의 행동을 규격화하고 형식화시키는지에 대한 신제도주의적 시각에서 논의하고자 한다. 그리고 사업장 내 직업능력교육에 깃든 과도한 형식화의 문제를 지적하고, 이후 평생교육에서 논의되는 무형식학습의 관점에서 어떻게 제도화와 형식화의 문제를 극복할 수 있을지에 대해 탐색하고자 한다. 이 탐구 과정은 다음의 세 질문으로 요약할 수 있다.

- 첫째, 직업능력교육은 어떻게 제도화되었는가?
- 둘째, 직업능력교육의 제도화는 어떻게 형식화를 가져왔나?
- 셋째, 직업능력교육은 어떻게 무형식성을 강화할 수 있을까?

2. 직업능력교육의 제도화

　직업능력교육은 국가 인적자원개발 정책의 요체로서 정부의 주도하에 관리되고 있고, 중요한 경제적 발전단계에 맞추어서 정부가 직업능력교육 정책을 실시해 왔다. 박태준, 손유미와 전재식(2016: 47-62)은 1960년대와 1970년대 우리나라 경제발전과 직업훈련 간의 관계를 집중적으로 연구하였는데, 우리나라 직업훈련제도를 크게 1967년 「직업훈련법」 제정 이전과 이후로 구분하였다. 그전에는 실업계 교육기관 중심의 인력양성이 주를 이루었다면, 1967년 제2차 경제개발계획에 맞추어 「직업훈련법」 제정으로 문교부 중심의 실업교육에서 벗어나 공공훈련만이 아니라 민간 사업장의 직업훈련소 설치까지 정부가 관리하게 되었으며, 1974년「직업훈련에 관한 특별조치법」에서는 중화학공업의 필요인력 공급을 위해 사내 직업훈련소 설치를 의무화하는 등 점차 정부의 관리가 확대되었다. 이후 직업능력교육 정책은 기존의 직업훈련에서 평생 직업능력개발 지원체제로 발전하였으며, 1995년「고용보험법」이 제정된 이후 1999년「근로자직업훈련촉진법」(현재의「근로자직업능력 개발법」)에 의해 현재의 모습이 갖추어졌다.

1) 직업능력교육에 대한 정부의 개입

직업능력교육에 대한 국가의 개입과 관련하여 몇 가지 유형이 존재한다. 이영현(2002: 15)에 따르면, 한 국가의 직업능력교육 유형은 그 국가의 교육제도, 사업주(기업)의 특징, 그리고 근로자 간의 관계에 의해 규정된다. 정주연(1996)은 직업능력교육의 유형을 정부가 주도적이고 독점적인 역할을 담당하는 정부주도형, 정반대로 개별 사용자나 근로자가 시장원리에 따라 각자 이윤이나 효용을 극대화하는 자유방임형, 그리고 앞의 두 유형의 중간으로 정부, 사용자 단체, 노동조합 등이 보완적 역할을 분담하는 사회적 합의형으로 분류하였다.

우리나라는 정부주도형으로 분류되는데, 정부가 직업능력교육의 정책 수립과 운영 과정에서 독점적 주체로 역할을 수행했기 때문이다. 심재용(1997a)은 정주연(1996)의 연구를 인용하여 우리나라의 민간기업, 교육기관, 노동조합은 경제개발 단계에서 직업능력교육에 관한 정책결정 과정에서 거의 배제되어 자신들의 요구를 전달할 수 없었기에 정부주도의 관료주의적 모델이라고 보았다. 유길상(2010: 44)은 직업훈련과 같은 공공서비스를 Mosley와 Sol(2005: 유길상, 2010에서 재인용)의 연구 모델을 참조하여 관료모델, 목표관리모델, 준시장모델, 우선공급자모델 네 가지로 분류하였는데, 여기서 관료모델은 정부 또는 공공기관이 공공서비스를 직접 제공할 때 사용한다. 정부는 1999년 사업장 내 직업훈련 의무제도를 폐지하고「근로자직업능력개발법」을 제정하여 민간의 자율적 직업능력교육을 촉진하고자 하였지만, 정부 주도적, 공급자 중심적인 직업능력교육 체제의 틀을 크게 벗어나지 못하고 있는 실정이다(유길상, 2007: 58).

직업능력교육의 유형과 관련하여 김진영(1999)은 시장중심 혹은 국가중심 접근

보다는 기업(조직)중심 모델을 제시하면서 기업 내 직업능력교육을 강화해야 한다고 주장하였다. 그는 영국을 시장주도 직업훈련체제로 분류하고 시장실패의 위험성을 보여 주는 대표적인 사례로 소개한 반면, 독일과 일본은 시장실패와 정부실패의 위험성을 적절히 피한 사례로 분류하였다. 독일은 정부주도이지만 사회적 직업훈련체제가 체계적으로 갖추어져 있고, 일본은 정부가 아닌 기업(조직) 중심의 직업훈련체계로 분류하였다. 서구와 달리 일본은 내부노동시장이 발달하였기에 직업능력교육에서 기업의 자발적 노력이 활성화되어 있다고 하였다. 그는 우리나라가 정부주도 관료주의적 모델에서 탈피하려면 우리가 지향할 모델로 독일 모델은 맞지 않는다고 보았다. 독일은 역사적으로 민간기업과 훈련기관, 노동조합이 정책결정 과정에 적극적으로 참여해 왔던 반면, 우리나라는 그렇지 않기 때문이다. 민간의 적극적 참여 없이는 산업 부문에서 통용될 수 있는 범사회적 자격체계를 구축하는 것이 어렵기에 독일 모델을 적용하는 것은 한계가 있다. 이에 비해 일본은 교육제도, 노동시장, 노동조합 등과 같은 숙련형성의 여건이 우리나라와 비슷하기 때문에 기업(조직) 중심의 직업훈련체계가 적합하다고 보고 있다.

한 국가의 숙련형성 과정이 다르고 이것이 직업능력교육의 모델에 영향을 주지만, 한편으로는 미래 지향적인 관점에서 살펴볼 필요도 있다. 향후 산업의 고도화와 고숙련자 필요에 적응하기 위해서는 기업 내부의 자발성·다양성·유연성을 최대한 살릴 수 있는 직업능력교육이 요구된다. 독일, 일본 및 우리나라의 숙련형성 체제를 분석한 장홍근, 정승국과 오학수(2009: 131-133)에 따르면, 기업은 국적과 관계없이 서로 닮아 가면서 숙련형성방식이 서로 수렴되고 유사해지는 현상이 있다. 이들은 유연생산방식이 중시되면서 숙련개발은 숙련자격 획득보다는 직무능력(competence) 개발에 초점을 두는 방향으로 변해야 하고, 이 과정에서 정부의 역할은 개발국가(developmental state) 방식에서 벗어나 기업이 숙련형성의 주체가 되어야 한다고 보았다. 광복 이후 우리나라 직업교육의 변동에 대해 연구한 박동열, 이무근과 마상진(2016: 243)도 미래 직업의 변화에 대응하기 위한 과제로서 학교와 기업 병행 직업교육체제 그리고 숙련 중심 직업교육으로 전환을 촉구했는데, 기존의 교실수업 중심에서 자습시간(숙련형성시간)을 포함하는 시간 패러다임으로 전환해야 하고, 숙련형성을 위한 도제 과정의 확대와 내실화를 촉구하였다. 이러한 변화는 숙련형성에서 기업(조직)의 보다 적극적인 역할을 요구한다.

2) 정부 개입의 정당성

지금까지 살펴본 여러 직업능력교육 모델은 정도의 차이는 있지만 정부의 개입을 전제로 한다. 그러나 정부의 개입에 대한 비판적 지적이 있다. 정부주도의 경제개발 단계에서 정부의 개입은 일시적으로 필요했다 할지라도 산업구조가 고도화되면 정부의 역할 또한 변화하기를 기대한다. 정부는 민간이 주도하기 어려운 최소한의 영역에 간접적으로 지원하는 것으로 자기의 역할을 한정해야 하고(심재용, 1997a), 직업능력교육 정책 전반을 정부 공급자보다는 민간 수요자 중심으로 운영해야 한다는 주장이다(한국경영자총연합회, 2004. 4. 19.).

정부의 개입이 정당하다는 측은 다음과 같은 시장실패(market failure)를 우려한다. 첫째, 기업과 개인이 아는 정보는 한정적이고 불완전하다. 직업능력교육을 기업이나 개인에게 맡겨 버리면, 이들은 자신에게 필요한 학습기회에 대한 정보를 모를 수 있다. 또한 능력개발에 대한 투자로 기대할 수 있는 이익이 있음에도 이에 대해 무지한 채 지낼 수 있다.

둘째, 기업과 개인은 단기적 이익을 중시한다. 경제학에서는 이를 시간선호(time preference)라고 한다. 불확실한 먼 미래의 이익보다는 바로 앞에 있는 분명한 이익을 선호한다는 뜻이다. 개인이든 조직이든 불확실한 미래에 발생할 장기적 이익의 가능성보다 현재의 분명한 이익을 더 중시하다. 따라서 직업능력개발을 개인이나 기업에 맡겨 버리면 미래를 위한 교육 투자를 꺼릴 가능성이 크다.

셋째, 기업은 직업능력개발에 투자되는 자본을 미래에 회수할 수 있는가에 대해 불안감을 갖고 있다. 따라서 교육 투자에 인색할 수 있다. 기업이 직업능력교육을 위한 투자에 나섰다 하더라도 새로 생겨난 능력은 기업이 아닌 교육받은 개인이 소유한다. 만약 교육받은 직원이 기업을 떠나면 기업은 이를 회수할 방법이 없어진다. 결국 다른 기업들의 '가로채기(poaching)' 혹은 '무임승차(free riding)'를 우려하지 않을 수 없다. 기업은 이러한 위험을 회피하기 원할 것이고, 투자 수익의 내부화를 위해 일반적인 기술보다 회사의 특수한 기술을 중심으로 교육을 제한하거나 교육비용을 최대한 감축하려고 할 것이다.

정부주도 직업능력교육을 주장하는 측에서는 이러한 일반적인 시장실패의 가능성 외에도 최근의 경제 및 노동 상황과 관련된 필요성을 부각한다. 이들은 이행노동시장이론 및 선진국의 정책 동향에 근거하여 정부가 더 적극적으로 개입을 해야 한다고 주장한다(유길상, 2007). 기존의 직업능력교육이 입직 단계의 취업 후보자나 실업자 대상의 취업 능력 개발에 초점을 두고 있었다면, 이제는 개인이 경험하는 다양한 직업의 이행(transition)을 생애적 관점에서 지원해야 한다는 것이다. 인생을 영위하는 동안 개인이 좋은 이행과정을 경험하도록 돕는 공공 직업교육의 역할을 강조한다. 기존의 고용정책이 완전고용, 즉 "가장이 안정된 직장에 취업하고 가족을 부양하는 개념이었다면, 이제는 완전고용의 개념이 근로시간을 축소하고, 일자리를 나누고, 여러 고용형태를 넘나들며, 가정 활동과 교육훈련 활동을 포괄적으로 관리하되 소득의 흐름을 유지하고 보전하여 사회통합에 기여하는 개념(정병석, 2010: 164)"으로 바뀌었다는 것이다. 정부 개입의 또 다른 정당성은 적극적 노동시장정책(Active Labor Market Policy: ALMP)의 필요성으로 설명된다. 예를 들어, 실업자에게 사후적으로 소득지원을 해 주는 것은 너무 소극적이다. 정부는 보다 적극적으로 근로자의 기술 향상 및 고용기회 창출을 위해 선제적·예방적 정책을 펴야 한다고 보는 것이다. 고령화와 저출산, 사회양극화 문제, 산업구조 및 노동시장 구조의 변화는 보다 강한 정부의 개입을 요구한다(강순희, 2011: 49).

3) 정부실패의 가능성과 형식화 문제

직업능력교육에서 정부의 개입이 필요하다고 하지만 시장실패가 반드시 정부 개입을 정당화하는 것은 아니다. 정부 개입에도 다음과 같은 정부실패(Government failure)의 가능성이 존재하기 때문이다.

첫째, 정부개입은 대리인 문제(agency problem)를 발생시킨다. 정부는 정책 결정과 집행에 공무원을 대리인으로 위임한다. 그런데 공무원이라고 해서 항상 국민의 이익을 위해 행동한다는 보장이 없다. 자신의 이익을 위해 관료적·낭비적 정책을 결정하고 실행할 수 있다. 정부의 의도가 선하다 할지라도 일선에서 이를 집행하는 공무원의 의지와 역량에 따라 정책 집행의 결과는 달라지는 경우가 많다.

둘째, 정치인의 시간할인율이다. 시간할인율이란 미래 가치는 현재 가치로 할인을 해야 하기에 현재 가치가 미래 가치보다 크다는 경제적 관점이다. 정치인은 임기가 짧기 때문에 유권자의 인기를 끌 수 있는 단기적 목표에 집착할 수 있고 이로 인해 장기적으로 가치 있는 교육 요구에는 소홀할 수 있다. 특정 정권이나 지방자치 단체가 집권 기간 동안에만 효과를 내는 과시적 목표에 치중하는 경우가 있고, 현재 정권이 아닌 차기 정권에 부담을 주는 정책을 도입할 가능성이 있다. 직업능력교육 은 장기적 관점에서 시행해야 함에도 불구하고 가시적인 성과에 집중하여 질적인 가치를 소홀히 할 수 있다.

셋째, 불완전한 정보의 문제다. 기업에서 필요로 하는 교육은 그 양이 많고 고도 의 개별성과 특이성을 갖고 있다. 고도화되는 사업구조와 확산되는 사업 영역을 고 려할 때, 중앙정부가 전체 산업의 동향과 교육 요구를 파악하는 것은 불가능에 가깝 다. 기업의 환경, 즉 시장과 경쟁, 기술이 변화하는 속도가 빨라지고 있어 민간에 비 해 정부의 대응은 느리고 불완전할 수밖에 없다. 정부가 이런 정보를 모두 통제하고 활용하고자 한다면 그 기능을 최대화해야 하고, 그러면 정부 조직의 확장과 비대화 를 가져올 수 있다.

정부의 역할을 어느 수준까지 볼 것인가에 대해서는 여전히 논쟁이다. 정부 또한 불완전한 존재로서 정부실패의 가능성을 갖고 있기 때문이다. 이에 대한 지적은 주 로 정부주도 직업능력교육 사업의 효과에 대한 문제제기에서 나타난다. '직업능력 개발 분야 규제발굴 및 규제개선방안연구'를 진행한 유경준과 최바울(2008: 45-47) 의 국내 실증연구를 분석한 결과에 따르면, 직업훈련에 시장실패가 존재하는지 명 확하게 알 수 없었고, 그 이면에는 시장실패에 대한 문제의식 자체가 부재한다. 김 안국(2008: 18-19)은 한국신용평가원의 자료를 이용하여 재직자 직업능력개발 사업 이 기업의 교육훈련을 통계적으로 유의하게 증가시킨다고 보았지만, 참여기업의 특성을 갖고 비교집단을 만들어 분석한 결과, 정부개입의 효과는 오히려 음(−)으로 나타나기도 하였다. 이러한 결과는 앞으로 더 정교한 연구방법을 통해 실증적으로 밝힐 필요가 있다.

직업능력교육의 정부실패에 대한 직접적 분석은 아니지만, 우리나라 기업의 교 육훈련 투자에 대한 비교연구 결과를 주목할 필요가 있다. 반가운, 김미란, 김봄이, 박동진과 최혜란(2018)은 한국기업의 교육훈련 투자를 EU 및 OECD 국가와 비교한 결과, 교육훈련 참여비율, 인당 교육훈련 참여시간, 인당 교육훈련비율이 대기업과 중소기업 모두에서 낮다는 것을 확인하였다. 이들은 그 이유로 투자효과에 대한 사 회적 신뢰 문제를 지적하지만, 과도한 정부 개입으로 인해 개별 기업의 주도성이 약화된 것이 아닌지 점검할 필요가 있다. 정지선 등(2017: 176-177)의 연구에 따르면, 사업체 재직자의 훈련 참여자는 20만 명 수준에서 정체되어 있고, 기업 규모별 참여율의 격차 또한 개선되지 않은 채 있으며, 고용보험 피보험자 수 대비 교육참여율도 지속적으로 하락 추세다. 김미란, 박라인, 설귀환, 노용진과 이상민(2017: 131)도 2007~2015년 기업인적자본조사(HCCP)를 분석한 결과, 기업의 교육훈련비 투자가 감소세에 있다는 것을 발견하였다. 이 조사는 직업능력교육에서 정부의 적극적인 역할이 기업의 자발적인 교육훈련 투자에 부정적 영향을 줄 수 있다는 점을 지적한다. 기업은 고도성장기에 국가에서 양성한 기능 인력을 저렴하게 공급받았던 경험이 있어 자체 투자에는 인색하면서도 정부의 역할에 대한 기대가 큰 것을 원인으로 본다.

지금까지 직업능력교육에 대한 정부 개입의 효과는 주로 노동경제학 관점에서 투자효과성에 대한 논쟁이 많았다. 이에 비해 교육의 효과성 측면에서 정부실패의 논의는 상대적으로 부족했다. 현재 정부주도 직업능력교육의 문제 중 하나는 지나친 형식화에 있다. 정부주도 직업능력교육은 관료화를 특징으로 하는데, 교육은 규정과 절차에 따라 일관성 있게 진행되는 경우가 많아 현장에서 습득해야 할 교육과정과 운영절차가 표준화될 수밖에 없다. 1999년「근로자직업훈련촉진법」을 시행하면서 과도한 행정규제를 완화한다고 하였지만, 여전히 훈련 기준, 교재, 교사, 표준훈련비에 대한 규정이 존재한다. 운영에서도 교육과정마다 신고하고 승인받고 보고하는 위계적 행정 절차가 있다. 직업능력교육이 학교의 형식교육을 닮아 있고 업무 현장과는 괴리된 채 운영되는 것이다. 이러한 괴리는 작업자의 숙련형성과 관련하여 예기치 않은 문제를 야기한다. 교육 중에 학습한 지식과 기술을 실제 문제해결에 적용하는 것은 직업능력교육자의 관심에서 벗어나기 쉽고, 동료들과 함께 일하며 배우는 집업 가치나 공통역량은 교육과정에서 생략될 수 있다. 숙련형성은 기술을 습득하는 것뿐만 아니라 일과 관련된 가치를 사회화하는 것도 포함하는데, 형식화된 교육은 이를 소홀히 할 수 있다. 개인의 사회화 과정은 시간이 오래 걸리고 내적 심리과정이기 때문에 관찰할 수 없는 경우가 많은데, 이러한 비가시적 활동은 행정적 지원의 대상에서 배제된다.

형식화된 교육은 결국 기능의 형성을 제약한다. 배우는 것은 행하는 것을 요구한다. 단순히 기술과 지식을 습득하는 것 이상으로 실제 현장에서 적용하고 아는 것을 실행할 수 있는 것으로 전환하는 과정이 필요하다. 현장의 상황과는 다르게 탈맥락화된 교실에서의 학습은 그 효과가 제한적이다. 교육의 효과에 제약이 있다면 교육참가자의 교육 동기나 참여율은 떨어지고, 사업주도 직업능력교육을 후원하는 것에 소극적일 수밖에 없다. 형식화는 또한 근로자의 주도적 학습을 약화시킨다. 업무 현장과 떨어진 교실에서 전문가가 주도하는 교육에 참여할 때, 참가자는 학습의동기나 열의가 약화되고 수동적으로 앉아 있는 경우가 많다. 자신이 원하는 것을 선택하고 자신이 선호하는 방식으로 배울 때 학습에 적극적으로 참여하지만, 자신이바꿀 수 있는 게 없다면 교육시간을 의미 없이 소극적으로 보내게 된다.

4) 교육의 제도적 형식화 기제

정부실패의 문제점으로 언급된 요인 중에서 기업 혹은 개인 참여자가 실제적으로 느끼는 문제는 관료적 획일화다. 사회과학 분야에서 획일화에 대한 선구적 연구는 Max Weber의 관료주의 연구인데, 그는 현대의 조직들이 합리성과 효율성을 추구하면서 점차 관료주의화된다고 보았다. 여기서 관료주의는 경멸적 의미가아니라 법규에 의해 조직화된 위계적 관계를 의미한다. 신제도주의학파로 알려진DiMaggio와 Powell(1983)은 관료화를 조직이 합리성이나 효율성을 위해서가 동형화(isomorphism)에 의해 서로 닮아 가고 획일화되는 현상으로 보았다.

신제도주의자들이 이야기하는 동형화의 단계는 다음과 같다. 조직이 처음 생길때는 유연할 가능성이 크다. 새로운 조직은 그 조직이 속한 모집단 내의 다른 기존조직과 차별화된 점에 주목하고 이를 존재 이유로 내세우며 출발하기 때문이다. 그러다 조직이 점차 성장하고 안정적으로 운영되면서 어떤 제도적 틀을 갖추어 간다. 이 과정에서 효율과는 관계없이 다른 조직을 닮아 가는 동형화 현상이 발생한다. 결국에는 기존 조직과 별로 다르지 않은 형식과 운영방식을 보이며, 밖에서 보기에도모두 비슷한 획일적 방식으로 운영된다. 신제도주의 학자들은 이를 제도적 동형화라고 불렀다.

조직은 자원이나 고객을 위해 경쟁하는 것뿐만 아니라, 정치적 권력과 행정적 적합성을 추구한다. 이들 기관은 외부 환경에 적응을 해야 하기에 자신을 제약하는 제도적 힘, 즉 상위 조직이 강제하는 힘의 영향을 받는다. 이들 기관은 제도에서 정한 기준을 내재화함으로써 다른 기관과 유사한 체계를 갖추고 합법적 정당성을 부여받고, 다른 기관에 비해 자원 획득 능력이 높을수록 자신에게 유리하다고 판단되는 사회적 압력(강제적 힘)을 오히려 자발적으로 수용하는 경향도 있다(최세경, 현선해, 2011: 1045).

제도적 동형화는 다른 조직과의 정보 교환, 인사 영입, 사회적 평판 유지, 행정적 지원을 받는 데 필요한 적격성 확보에 유리하다. 자신의 생존을 상위 조직에 의존할수록 더 강한 동형화가 나타나는데, 외부 경쟁보다는 모집단 내에서의 내부 경쟁에 더 유리하기 때문이다. 그러나 동형화를 확보한 조직은 그렇지 않은 조직보다 내부 경쟁에 유리할지 몰라도 외부 경쟁에 더 효과적이라는 증거는 없다.

오늘날 많은 정부나 공공기관은 규제, 인증, 감독, 재정지원 등의 방법을 통해 민간조직들의 유사성을 이끌어 내고, 우리나라처럼 국가주의적 중앙집권적인 교육행정구조와 문화를 가진 나라에서는 제도의 급격한 도입과 확산이 더 강제적이다(장덕호, 2009: 139). 직업능력교육에서도 고용노동부가 강제하는 힘에 의해 그 산하기관과 민간기관들은 큰 영향을 받는다. 민간 직업능력교육 시장이 활성화되어 있지 않고 정부주도의 성격이 강하므로 강제적 힘에 복종하고 의지하는 경향이 강하다고 볼 수 있다. 직업능력교육 기관들은 교육 자체의 성과나 내부 효율성보다는 제도적 합법성과 정부의 유인체제에 맞는 행동에 더 적합성을 두고 서로 경쟁할 가능성이 크다. 제도나 정책의 취지에 맞게 행동하는 것이 가장 큰 보상을 주기 때문이다. 그 결과, 각 기관들의 교육은 서로 비슷해질 수밖에 없다. 정부주도 직업능력개발사업의 제도 안에서 정책 취지와 규정에 맞게 잘 따라 하는 것이 유리하지 남과 다르면 불리하다.

제도적 동형화는 강제적, 모방적, 규범적 기제(mechanism)에 의해 일어난다. 직업능력교육에 관련된 규정이 만들어지면 직업훈련 기관은 이 규정을 따르고 반복적으로 규정을 준수한다. 이 과정에서 자신의 행동을 점점 규칙화한다. 고용노동부는 직업능력심사평가원을 통해 인증과 평가, 부정훈련 관리를 하고 고용보험료 환급권한을 갖고 각 기관들에게 제도적 압력을 행사한다. 직업훈련기관은 정부의 평가와 지원에 의존성이 크기 때문에 정부의 제도적 지침에 따라 각종 규칙에 동조한다(강제적 동형화). 예를 들어, 원격훈련과정은 최소 20시간 이상 실시되어야 하고, 원격훈련시간은 전체 교육시간의 20%를 초과할 수 없으며, 일일 교육시간도 8시간을 초과

할 수 없다는 규정이 있다(직업능력심사평가원, 2019: 5). 훈련시간에 대한 이런 종류의 상세 지침은 직업훈련기관에서 개발하는 인터넷 교육 콘텐츠의 형식을 유사하게 만든다. 이 제도를 따르지 않으면 교육과정으로 인정을 받을 수 없기 때문이다.

규정이나 규칙과 같은 강제적 기제는 공식성을 동반하지만 모방이나 규범적 동조는 비공식적인 기제다. 교육기관들은 모집단 내의 모범적인 기관을 모방하면서 이들의 행동 패턴을 도입하고 내재화하면서 닮아 가기도 한다. 고용노동부는 직업능력개발 기관평가를 통해 우수 기관을 포상하고 특정 기관을 유력하게 보이도록 만든다. 그러면 경쟁적 지위에 있는 다른 기관들은 유사한 보상, 즉 더 높은 등급이나 포상, 사회적 평판을 획득하기 위해 그 기관을 모방하게 된다.

어떤 집단이 공동체로서의 응집력이 강하고 구성원의 소속감이 클수록 각각의 구성원은 공동체의 규범을 내재화하고 서로 유사한 특징을 보인다. 직업훈련기관에 소속된 구성원들은 넓은 의미에서 직업능력교육 관련 공동체의 구성원이기도 하다. 대학, 연구기관, 심사 및 평가기관에 소속된 전문가들은 직업능력교육 공동체에서 일종의 규범(norm)을 형성한다. 이들이 만든 직업능력교육 관련 공동체의 규범은 교육과정에 대한 표준·규칙·가치에 대한 규범적 기대를 형성한다. 전문화를 추구하는 실무자들은 교육전문가 공동체로부터 규범 추종에 대한 압박감을 느낀다. 크고 눈에 잘 띄는 조직, 즉 정부 산하 기관이나 대기업에 소속된 실무자일수록 규범적 동형화 압력이 더 강하고, 교육기관 근무자들의 학문적 배경이 비슷할수록 전문가 집단으로부터 받는 규범적 압력도 더 강하게 느낀다. 이런 압력은 새로운 것을 시도하려는 의지를 자기 검열하게 하고, 보이지 않는 전문가 집단의 교육적 기대를 내재화하여 튀지 않고 서로 닮아 가려는 행동으로 이끈다.

직업능력교육 기관의 획일화를 촉진하는 동형화 현상은 직업능력개발 사업이 국가 인재의 육성과 개인의 직업능력 향상이라는 목적과 달리, 조직 내부의 논리에 따라 합법성, 자원, 안정과 같은 생존 전망을 높이기 위한 자기 정당화 논리로 작동될 수 있음을 암시한다. 특히 기업 내 교육부서는 영업부서와 달리 조직의 최종 산출물을 평가하기 어려운 조직이다. 이런 조직일수록 제도화된 규칙을 따른다는 정당성을 내세워 지지와 신뢰를 확보하려 할 가능성이 크다. 그리고 예산이나 고용보험료 환급과 같은 외부 자원에 대한 의존도가 클수록 자신이 의존하는 대상과 유사해짐으로써 더 정당성을 확보하려고 노력한다. 공공 직업훈련기관뿐만 아니라 민간 기관, 심지어 기업에 속한 사업주 교육부서까지 정부의 관료적 직업능력교육 제도에 스스로 종속되고 관료화 · 획일화되어 갈 가능성이 크다.

3. 직업능력교육의 무형식화

직업능력교육에 대한 요구는 변해 왔다. 산업의 변화뿐만 아니라 현 시대를 살아가는 사람들의 변화는 직업능력교육의 변화를 끊임없이 요구한다. 배은희와 박상옥(2019)의 연구에 따르면, 요즘 30대 직장인은 '내용은 체계적이지만 형식은 자유로운 학습'을 원하는 것으로 나타났다. 이러한 학습요구는 단순히 직무성과 향상에 한정되지 않는다. 자신의 생애발달의 과정에서 부딪히는 직업적 성공과 삶의 행복은 외부에서 주어지는 직업적 요구를 넘어서는 자유로운 탐색과도 연결되는 문제이기도 하다.

직업능력교육은 산업의 요구에 대응하여 인력을 양성하고 공급하는 역할에 한정되지 않는다. 교육의 궁극적인 목적은 개인으로 하여금 주체적으로 성장하고 발전하도록 돕고, 직업세계와 타인과의 관계를 설정하도록 도와주어 직업영역에서 만족할 만한 역할을 찾도록 하는 데 있다. 또한 노동시장에서 요구하는 취업 기준을 이해하고 필요한 역량을 갖춤으로써 직업인으로서의 성공이 가능하도록 도와주는 데도 목적이 있다.

그러나 실제 직업능력교육에서는 교육의 본질적 목적과 관계없이 제도적 형식 요건을 만족시키는 데 중점을 두고 운영하곤 한다. 단순히 '시간을 때우는' 교육 참가자가 많고, 교육기관은 운영횟수나 참가자 수를 기준으로 할 일을 다한 것처럼 여기곤 한다. 직업능력교육의 질 관리에 대한 관심에도 불구하고 현재의 표준훈련단가에 맞추어서는 여기까지가 한계라는 인식이 강하다. 그동안 정부의 직업능력개발 사업의 개선을 촉구하는 연구나 보도가 있었지만, 관리감독이라는 형식적 요건이 강화되었을 뿐, 질 관리에 대한 개선은 아직 요원한 상황이다.

직업능력교육이 과도하게 형식화되었다는 문제는 교육운영 과정에서 참가자의 학습 태만에 한정되지 않는다. 직업능력이 형성되는 숙련의 과정에서 지식과 기술이 현장의 맥락과 괴리되고, 이는 고숙련 기능을 습득할 기회를 사라지게 한다. 현재의 형식화 문제를 해결하는 길은 그동안 직업능력교육이 배제했던 무형식학습을 복원하는 것이며, 형식교육의 틀에 현장의 생명력을 불어넣는 일이라고 본다. 이에 무형식학습의 특성을 살펴보고, 직업능력교육의 형식성을 대체 혹은 보완하는 방안에 대해 검토하고자 한다.

1) 직업능력교육에서의 무형식학습

무형식학습은 업무 경험을 어떻게 학습으로 이어지게 할 것인가에 관심을 가진다. 업무 경험이 모두 학습으로 이어지는 것은 아니며, 잠재적 학습의 대상으로 남아 있을 뿐이다(Jarvis, 1987). 그러나 학습자는 자신의 다양한 경험을 자기주도적으로 성찰하며, 이를 통해 생산성 향상을 위한 기술을 향상할 뿐만 아니라, 자신의 세상을 바라보는 관점 그리고 타인과의 소통방식을 변화시킨다. 이러한 변화는 누군가 의도를 갖고 설계한 것이 아니며, 교육의 장이 아닌 일터에서 자연스럽게 혹은 자발적으로 일어난다.

기업의 인적자원개발에서는 일터학습, 즉 업무 현장에서의 학습에 대한 관심이 커져 왔다. 일터학습은 인적자원개발의 관심을 교육훈련이라는 좁은 영역에서 업무 현장에서의 학습 경험 전체를 포괄하는 넓은 방향으로 변화시켰다. 일터학습은 학교보다는 일의 모습을 점차 닮아 가고 있으며, 학습의 책임은 특정 교육조직의 역할이 아닌 조직 내 모든 사람의 책임으로 분산되어 가고 있다(Watkins, 1995: 15).

일터학습이 주목받으며 업무 현장에서의 무형식학습에 대한 관심 또한 커져 왔다. 예를 들어, 안동윤(2006)은 기업에서의 실천학습(action laarning)프로젝트를 관찰하며, 업무에 대한 성찰이 어떻게 학습으로 연계되는지를 보여 주었다. 이성엽(2006)은 금융기관 업무 현장에서의 무형식학습 활동이 동료와의 공식적 또는 비공식적 대화, 팀활동, 고객과의 접촉, 실제적인 일의 경험, 관찰하기와 모방하기, 현장방문, 피드백, 온라인 활동 등으로 다양하게 일어난다는 점을 밝혔다.

무형식학습에 대한 관심은 일터에서의 학습과정을 이해하는 데 한정되지 않는다. 무형식학습에 대한 기술적(descriptive) 연구를 넘어서 무형식학습을 촉진하려는 노력으로 전개되고 있다. 그 이유는 기존의 형식학습은 효용성이 감소하는 반면, 무형식학습은 아직 미지의 영역이지만 개척의 여지가 많아 보이기 때문이다. 현장에서의 무형식학습이 갖는 제한점을 극복한다면 학습이 더 촉진될 수 있다고 보는 것이다.

무형식학습의 제한점은 주로 효율과 불완전성 때문에 발생한다. 무형식학습은 시간이 걸리고 주로 수평적 관계에서 일어나는 것으로 알려져 있다. 업무에서의 어떤 경험은 학습이 주된 목적이 아니다. 따라서 학습은 선택적으로 일어나며 어떤 계기로 반성의 과정을 거쳐 지연되어 일어난다. 경험을 곱씹는 과정에 효율을 들이대는 것은 오히려 학습 경험을 중단시킬 수도 있다. 그리고 무형식학습은 상사나 전문가와의 수직적 관계보다 동료나 타 조직의 구성원과 같은 수평적 관계에서 더 일어난다. 권위자로부터는 정보가 일방적으로 주어지지만, 수평적 관계에서는 안전하게 자발적으로 탐색하고 교류할 기회가 많아진다. 그러나 수평적 관계에 있는 사람들은 비전문가일 가능성이 많다. 따라서 불완전한 혹은 잘못된 정보를 전달할 수도 있다. 게다가 무형식학습은 우연히 발생하고 학습내용도 한정적이다. 학습이 업무의 필요에 따라 그때그때 일어나기에 어떤 것은 배우고 어떤 것은 모른 채로 지나갈 수 있다. 직업능력교육을 무형식학습에 의존하는 것은 불안하고 어쩌면 무책임할 수도 있다.

무형식학습의 제한점을 극복하기 위해 일부 형식적 요소를 도입한 프로그램들이 있다. 코칭(coaching), 멘토링(mentoring), 동행학습(shadowing), 학습 CoP(Community of Practice)와 같은 활동이 대표적이다. 여기서 형식적 요소란 교육부서가 모임을 개설하고 참가자 모집, 모임 구성, 예산과 자원 등 행정적 자원을 제공하지만, 학습 과정에는 직접적으로 개입하지 않고 참여자들에게 상당한 자율권을 부여하는 방식이다. 이 외에도 관리자들의 육성피드백 역량을 향상하거나, 현장 OJT(on-the-job training)를 구조화하거나, 정보시스템을 통해 노하우 정보를 공유하는 등 다양한 활동이 펼쳐진다.

그러나 무형식학습을 활성화하는 것과 관련하여 아직 극복해야 할 문제들이 있다. 무형식학습을 너무 형식화하면 무형식적인 속성을 잃어버리고 형식학습으로 변해 버린다. 어느 정도까지 얼마나 형식화를 해야 하는지는 어려운 문제다. 형식화의 정도가 어떤 선을 넘는 순간 참가자의 자발성과 주도성이 사라지고 형식을 주도하는 사람에 의해 의존적으로 변한다. 그리고 그 정도를 결정하는 것은 참가자나 과제의 특성에 따라 다양한 요소를 고려해야 해서 구조화된 체계로 안정화하기 어럽다.

무형식학습의 형식화가 갖는 또 다른 한계는 학습과정의 분리에 있다. 학습과정 그 자체는 참가자들에게 자율성을 부여하지만, 그 앞뒤에 있는 학습의 발의와 실제 업무에의 적용은 여전히 분리되어 있다. 그리고 무형식학습 프로그램은 여전히 전달하는 자와 전달받는 자가 존재하고 전달 과정에서는 설명이 주된 매개체로 등장한다. 말로 설명하기 어려운 머릿속의 암묵적 지식을 명시적 지식으로 변환시켜 설명하는 것은 어려운 일이다. 모호하고 불확실하며 시간적 제한을 두기 어려운 지적, 기술적 활동을 일종의 '학습 프로그램'으로 구조화하는 것은 대단히 힘든 과정을 거쳐야 한다. '학습 프로그램'은 일종의 원형(prototype)과 모형(model)을 염두에 두고 구성되는데, 현장의 다양한 상호작용을 특정 모형에 맞추어 재단하는 과정에서 현장만이 가진 생생한 지식을 틀에 맞지 않아 포기하는 문제가 발생한다.

무형식학습의 형식화와 관련하여 교육부서가 부딪히는 또 다른 문제점은 역할과 책임의 한계다. 무형식학습은 현장의 관리자나 구성원이 주도하는 활동이다. 조직 위계에서 수평적 위치에 있는 지원부서가 현업부서의 업무에 관여하기는 어렵다. 어디까지가 일이고 어디까지가 학습인지 분명하지 않은 상황에서 인적·물적 활동을 가르고 개입하는 것은 부당한 간섭으로 여겨질 수 있다. 교육담당자는 결코 생산을 방해해서는 안 되며, 자신을 드러내지 않고 유령처럼 도와야 한다(Garrick, 1998: 97). 게다가 교육부서나 현업부서 모두 무형식학습의 성과를 가시화하기는 어렵다. 앞에서 지적했듯이, 무형식학습은 효율적 측면에서 성과를 드러내기 어렵다. 그리고 현업부서는 무형식학습에 대해 학점 인정과 같은 가시적 결과를 바라지만 이는 개인이나 부서의 역량을 측정하고 인증하는 거대한 역량체제를 요구하는 것이지, 이벤트 형식의 일회성 프로그램에는 관심이 덜하다.

무형식학습을 형식화하는 것과는 달리 형식교육에 무형식학습을 활용하는 방안이 있다. 기존 교육의 형식적 특징은 두고 무형식학습을 도입하여 보완적 역할을 함으로써 조화를 이루도록 하자는 것이다. 신은경과 현영섭(2019)은 무형식학습이 평생교육에서 발생하는 학습결손이나 학습의 어려움을 보완하고 추가학습이나 심화학습, 지식공유 등을 가능하게 하는 보완적 역할을 수행한다고 주장한다. 예를 들어, 학습 관련 정보를 탐색하거나, 다른 수강자와의 학습내용에 대해 대화하거나, 수업 내용에 대해 성찰하는 활동을 한다면 학습의 효과뿐만 아니라 학습에 대한 긍정적 인식까지 높아진다고 하였다. 형식학습에서 무형식학습을 활용하는 것과 관련하여, 기존 형식학습의 보완적 역할을 넘어서 좀 더 적극적인 역할을 탐색해 볼 필요가 있다. 교육을 형식학습과 무형식학습이라는 이분법으로 구분하는 것이 아니라 교육에 내재된 형식성(formality)과 무형식성(informality)을 이해하고, 이를 적절히 조합하여 활용하는 것이 중요하다. 기존의 형식학습이 효용에서 한계에 다다른 것은 교육의 전통적 구성요소들, 즉 교육의 목적·내용·방법·운영과 같은 요소들이 어떤 한계에 갇혀서 현장의 학습 요구를 개방적으로 수용하지 못한 데 있다고 본다. 만약 형식학습의 구성요소들이 무형식학습의 특성을 수용한다면 기존 교육의 안정적 기반 위에 형식적 자유로움을 갖추리라 기대할 수 있다.

1) 직업능력교육의 형식성과 무형식성

교육 프로그램을 구성하는 요소들은 다양하지만, 교육목적, 교육내용, 교육방법 및 교육환경으로 구분해 볼 수 있다. Malcolm, Hodkinson과 Colley(2003)는 교육 프로그램 전체가 아닌 각 구성요소마다 형식성과 무형식성으로 구분하였다. 그리고 〈표 7-1〉에서와 같이 각 구성요소의 하위에는 세부 요소들을 2개 혹은 3개씩 포함시켰다. 이 세부 요소별로 형식성과 무형식성을 갖는다. 보기에는 형식성과 무형

표 7-1 학습의 형식성과 무형식성

구분	세부 요소	형식성	무형식성
목적	목적	학습 그 자체가 목적	생산성 향상이 목적
	목적 설정	강사 등 타인이 설정	학습자 본인이 설정
내용	내용	전수를 위해 정해진 내용	새로운 내용 개발
	활용	교육 상황에서 습득	업무에서 실천
방법	학습과정	교사가 통제	학습자가 주도
	교사	(자격 있는) 강사	동료
	평가	달성도 평가	평가 없음
운영환경	위치	연수시설	업무 현장
	환경	처방적(교육시간, 진도)	개방적

출처: Malcolm, Hodkinson, & Colley (2003), pp. 315-331을 수정함.

식성이 양극단에 위치해 있는 것으로 보인다. 그러나 두 특성은 양극단에 위치해 있으면서도 중간에 다양한 값을 가질 수 있다. Stern과 Sommerlad(1999)는 이를 일종의 학습 연속체(a continuous learning continuum)로 소개하고 있다. 이러한 구분은 교육 프로그램을 형식학습과 무형식학습으로 구분하는 것이 아니라, 형식성과 무형식성의 정도에 따라 다양한 형식의 교육이 존재할 수 있음을 알게 해 준다.

직업능력교육에서 무형식성을 활용하기 위해, 교육의 주요 구성요소별로 나누어 살펴보고자 한다. 무형식성은 실제 업무 현장에서 일상적으로 일어나는 학습의 특성이다. 이를 형식학습에 활용한다는 것은 업무 현장의 학습 특성을 적극적으로 활용하자는 것이다. 교육 참가자는 현장과 괴리된 교육이 아니라, 업무 현장과 유사한 환경에서 학습의 몰입을 경험하고 학습 결과의 향상을 가져올 것으로 기대된다.

(1) 교육목적의 무형식성

일반적으로 교육은 학습 그 자체를 목적으로 한다. 교육 전문가는 배워야 할 교육목적을 설정하고, 세부적인 학습목표는 교수설계자나 강사가 설정한다. 이들 목적이나 목표는 학습자가 교육을 통해 달성해야 할 성취목표다. 따라서 교육의 종료 시점에 총괄평가 형식으로 측정되고 그 결과를 활용한다. 목적이나 목표는 대부분 지적 활동에 관련된 것이다. 교육목적은 흔히 행동의 변화처럼 기술되곤 하지만, 실제 행동은 현업에 복귀해서 일어난다. 강의실 내에서는 행동 변화를 일으킬 수 없다. 다만, 행동경향성을 높이는 것이다. 행동경향성이 높아지면 현업에 복귀해서 행동의 변화가 일어날 가능성이 높기 때문이다.

교육담당자가 교육목적에 대해 갖는 관점과 달리, 업무 현장에서는 생산성 향상을 우선한다. 학습은 생산성 향상을 위해서 하는 것이다. 교육을 도구적 용도로 인식해서 참여한다. 교육 참가자 자신의 필요에 따라 무엇을 배울지, 얼마나 배울지를 결정하고 자기 목표가 달성되면 언제든 그 자리에서 멈추고 싶어 한다. 반대로 필요하다면 교육 프로그램의 경계를 넘어서 자기 개발을 하기도 한다. 업무에 도움이 된다는 것이 장기적이냐 단기적이냐, 얼마나 가시적인 성과냐에 따라 개인마다 다양한 목적을 갖는다.

직업능력 향상을 위한 교육에서는 교육목적이 주로 통일되어 있고 일관성 있게 제시된다. 그러나 교육 참가자는 목적이 주어지더라도 자기만의 목적으로 전환한다. 안동윤(2006: 140)의 연구에 따르면, 교육에서 주어진 행정적인 목표, 주로 교육 성취나 이수조건에 관련된 목표가 있다 하더라도 참가자 개인은 자신에게 도움이 되는 참가목표를 따로 갖고 있다. 많은 직무기술서를 보면 역량 기술에서 정형화되고 구조화된 성취 수준을 설정하고 있다. 그러나 직무 수준이 올라갈수록 역량의 구성은 다차원적이고 복잡하며, 유연한 적용을 필요로 한다. 하위 수준의 직무역량과 달리 높은 수준의 직무교육은 필연적으로 개인화되고 유연해야 한다. 손민호와 조현영(2010)은 대학원 교육이 형식학습의 일부이면서 무형식학습 특성을 띠는 이유가 이런 유연성에서 나온다고 설명한다. 대학원에 개설된 수업시간과 평가는 제도적 규칙의 일부일 뿐이며 교수와 대학원생이 상호 합의하여 설정하는 목적이 더 구속력 있고, 학문 공동체 내의 평판이 학점과 같은 공식적 평가보다 더 중요하다고 주장한다.

　직업능력교육에서 교육목적과 관련된 무형식성을 강화하기 위해서는 교육의 목적을 느슨하게 가져가고 참가자 스스로 자신의 기대를 설정하도록 해야 한다. 그리고 이러한 개인의 목적은 진행과정에서 유연하게 변경할 수 있어야 한다. 다른 방법은 업무 현장에서와 같은 수행 압력을 활용하는 것이다. 개인적 성취의 목표보다는 팀 성취와 관련되어야 한다. 다른 사람들과의 협력 과정에서 개인의 성취와 기여가 분명하고, 이는 팀이라는 공동체 압력이 작용하는 환경이 필요하다.

(2) 교육내용의 무형식성

　일반적으로 교육은 전수할 내용이 정해져 있다. 교육 상황에서는 참가자가 이 내용을 습득해야 한다. 대부분의 교육 내용은 전문가나 강사에 의해 정해진다. 이들 내용은 업무 현장에서 일하는 데 필요한 지식으로 말로 표현하기 어려운 암묵적 지식들이 많다. 기능 수행에 필요한 대부분의 기술들은 절차적 지식이라 전문가라도 명료하게 설명하기 어렵다. 학교에서는 교육과정과 교과서 개발에 국가 단위에서 투자가 들어가는 데 비해, 직업능력교육에서는 교육 전문성이 높지 않은 직무 전문가들이 교재를 개발한다. 교재 개발은 곧 내용의 구조화 과정이다. 이들의 머릿속에는 학교 교육에서 습득된 교사 모델이 자리 잡고 있을 가능성이 크며, 입직 이후 직업능력교육에 참여하면서 일방으로 전수되는 강의식 교육방식에 익숙해 있을 것이다. 그 결과, 교재를 만드는 과정에서 암묵적 지식이나 모호한 내용은 제거되고,

설명하기 힘든 내용은 강의 전달 과정에서 생략된다. 무엇보다 내용이 나오게 된 구체적인 상황은 모호하게 배경으로 처리된다. 교재는 탈맥락적 상황에서 추상적이고 이론적인 내용들로 채워진다. 교재는 강사의 언어로 암호화되고, 이 암호를 강의 중에 풀면서 학습의 과정은 복잡하고 생기를 잃어 간다.

교육 현장과 달리 업무 현장에서는 정해진 내용이 아니라 그때그때마다 필요한 내용이 만들어진다. 일을 하는 것 자체가 숙련의 과정이다. 그리고 업무 중에 가르치고 배워야 할 상황에서 전문가는 그 자리에 맞게, 참가한 사람의 수준에 맞게 가르칠 내용을 정한다. 그리고 학습자는 업무 현장에서 배운 것을 바로 적용한다. 학습자는 자기가 적용한 결과를 곧바로 확인할 수 있다. 누군가 피드백을 주기도 하고 자기 스스로 결과를 확인하며 성찰을 한다. 습득과 적용, 피드백, 교정과 재적용이 현장에서 바로 일어난다. 이 과정에서 기술은 기능이 되어 몸에 베는 효과가 있다. 무형식학습은 업무수행을 둘러싼 문화적 맥락에 의해 영향을 많이 받는 것으로 알려져 있다. 조직에 팽배한 규범, 신념, 가치 및 관행은 무형식학습의 양과 질을 결정하는 데 중요한 영향을 끼친다. 자기주도적 경험의 강도가 클수록 조직 문화와의 접촉은 강렬하고 혼란스러우며, 그 과정에서 성찰과 학습의 가능성은 커진다.

직업능력교육에서 교육 내용은 다층적인 모습을 보인다. 단순히 업무에 관련된 기술만 배우는 것이 아니라 업무와 조직에 대한 관점, 다른 사람들과의 인간관계, 사회경제적 가치에 대한 관점, 자신에 대한 성찰까지 그 범위가 매우 넓다. 숙련된 작업자일수록 도구적 기술 습득을 넘어 더 폭넓고 다층적인 학습을 경험한다. 이러한 고숙련에 이르는 개념적 지식이나 절차적 능력은 전문가의 지도(guidance), 전문가와의 협력을 필요로 한다는 점에서 형식학습의 역할이 필요하다.

직업능력교육에서 무형식성을 강화하기 위해서는 교육 내용을 너무 구조화하지 않고 사례와 같은 비정형적 문제를 중심으로 구성하는 것이 필요하다. 참가자들은 이론보다는 문제나 이슈를 중심으로 활발하게 토론하고, 문제해결 과정에 몰입하면서 경쟁과 협력을 함께 경험하는 것이 좋다. 학습 설계자는 교육 내용을 도구적 지식에만 한정하지 말고, 문제해결 과정에서 경험하는 인간관계, 사회와 조직에 대한 관점, 자신의 정체성, 업(業)의 본질에 대한 생각 등을 포함하도록 교육과정을 구성할 필요가 있다. 아주 구체적인 상황에서 필요한 문제해결 같은 도구적 지식이나 기술을 다루면서 다양한 학습내용을 함께 편성하고 운영하는 방식, 한 번의 이벤트로 그치는 교육이 아니라 정기적으로 교육장과 현장을 오가면서 습득 과정을 추진하는 방식이 필요하다.

(3) 교육방법에서의 무형식성

일반적으로 교육의 과정은 강사가 주도한다. 강사는 교육 참가자보다 더 많은 것을 알고 소정의 자격 검증을 통과한 사람이다. 기업은 사내 강사에 관한 임용 및 운영 기준을 보유하고 이에 따라 교육을 운영한다. 아무나 강사를 할 수 없으며, 직무 전문성 및 교육자적 소양을 갖추어야 한다. 강사는 출결 및 교육 운영에 관여하고, 교육 결과에 대한 평가 권한을 갖고 있기에 교육 참가자보다 우위에서 권력을 갖고 있다.

이에 비해 업무 현장의 학습에서는 강사의 역할이 따로 정해져 있지는 않다. 일반적으로 상사나 선배가 지식이나 기술을 전수하는 역할을 하지만, 이는 역할의 일부이거나 비공식적이다. 그보다는 업무수행자 개인의 의지가 더 중요하다. 자기 스스로 가르쳐 줄 사람을 찾고, 관찰하고, 물어보고, 배우면서 알아 간다. 대상은 상사이기도 하고, 선배이기도 하고, 동료일 때도 있다. 상황에 따라 가르치는 자와 배우는 자가 구분될 뿐, 역할이 이분법적으로 정해지지 않는다.

형식학습에서는 평가 기준이 정해져 있다. 교육목적을 얼마나 달성했는지 알아볼 수 있는 평가의 내용들이 사전에 정해져 있다. 모든 참가자는 정해진 수준에 도달하도록 요구받으며, 평가 기준은 대상이나 시간에 따라 변경되지 않고 일관성이 있어야 공정하다고 인정된다. 평가는 교육 중간이나 종료 시점에 정해진 기준에 따라 일어난다. 공정성 문제가 생기지 않도록 엄격하게 관리되어야 한다. 평가가 업무수행에 어느 정도 타당한지 여부는 중요하게 여겨지지 않는다. 그보다는 공평하고 신뢰성이 있는지가 더 중요하게 여겨진다. 그렇기 때문에 객관식 시험을 주된 평가방법으로 운영한다. 평가 결과에 대한 채점이 효율적이고 서열을 정하기 쉽고 활용하기 편리하다.

업무 현장에서의 학습에서는 공식적인 평가가 없다. 업무수행자가 자신의 필요에 따라 주도적으로 학습하는 것이기에 평가 결과를 활용할 경우가 없기 때문이며, 평가가 이루어지더라도 학습자 스스로 자기주도적 평가를 한다. 학습자가 자신의 성취 정도를 파악하기 위해 준비되었다고 느낄 때 평가를 요청하고, 될 때까지 여러 번 반복하고, 마지막이라고 생각하는 평가 시도에 통과하는 것이 중요하다. 이때의 평가는 단순히 특정 지식이나 기술에 한정되지 않으며, 테스트 과정에서 보여 주는 사회심리적 태도, 인간관계 기술, 리더십 등 전인적인 측면이 평가된다. 그리고 평가는 한 번의 이벤트가 아니라 학습의 과정 전체에서 보여 주는 다양한 행동에 대한 관찰로부터 나오고 여러 사람의 입을 거치는 일종의 집단적 평판 평가가 압도적으로 많다. 이러한 학습평가 방식은 업무 현장에서 이루어지는 업무수행 평가와 매우 유사하다.

직업능력교육에서 교육방법과 평가는 강사 중심의 강의식 교육을 전제로 구축되었다. 반면에 업무 현장에서는 우선적인 목표가 학습이 아니라 업무다. 업무를 더 잘 수행하려다가 그 부산물로 학습이 일어난다. 형식학습에 참가한 학습자는 교육평가를 이수하기 위한 기준으로 생각하지 달성 기준을 넘어서 완벽하게 단련하려는 의지까지는 보이지 않는다. 왜냐하면 진짜 중요한 것은 업무에 복귀한 후이기 때문이고, 교육은 단지 통과해야 할 사전절차로 여긴다.

직업능력교육에서 무형식성을 증진하기 위해서는 학습을 전면에 내세우기보다는 수행(performance) 그 자체를 중시할 필요가 있다. 수행 과정에 몰입해야 경험 과정에 대한 성찰이 일어나기 때문이다. 참가자가 문제해결 과정에서 일차적 경험(primary experience)을 한 후에 성찰을 동반하는 이차적 경험(secondary experience)으로 진행하는 것이며(Dewey, 1938), 비학습(non-learning)에서 성찰적 학습(reflective learning)으로 발전하는 것이다(Jarvis, 1987). 이러한 성찰의 촉발을 위해서는 자신이 갖고 있는 의미체계를 문제 상황에 적극적으로 사용하는 과정을 거쳐야한다. 이 과정에서 기존에 가진 신념이나 인지체계에 대해 의문을 갖고 재평가하며 관점을 전환하는 학습을 경험한다(Mezirow & Associates, 1990). 따라서 무형식학습에서의 학습방법은 주제 중심이 아니라 문제 중심의 학습방법이 더 유용하다.

(4) 교육 운영에서의 무형식성

일반적으로 형식학습은 학습을 언제 어디서 얼마나 할지가 정해져 있다. 교육을 별도의 정해진 시간에, 정해진 기간 동안 진행한다. 그리고 별도의 교육 시설에서 운영한다. 교육의 구성요소들 중에서 정형화하고 관리할 수 있는 요소들은 많지 않다. 왜냐하면 교육의 과정이 학습자의 경험 속에서 발생하기에 관찰하기 쉽지 않다. 다만, 교육에서 정량화할 수 있는 요소들, 예컨대 교육시간, 참가자 수, 교육평가 점수는 가시화할 수 있고 정량화된다는 이유로 과도하게 중시하는 경향이 있다. 이런 보이는 요소들을 중심으로 관리가 집중되고 형식화가 심해진다. 예를들어, 직업능력교육에서는 특정 시간에 정해진 인원이 정확한 장소에서 정해진 진도에 따라 동일하게 교육이 일어날 것을 지시한다. 만약 이에 대한 기준을 준수하지 못하면 교육 인증이 취소되고 불이익을 받는다. 직업능력교육을 운영하기 위해 다양한 매뉴얼을 숙지해야 하고, 서류를 작성해야 하며, 공식적인 절차와 양식, 보고 체계들을 거쳐야 한다.

업무 현장에서의 학습과 형식학습의 가장 큰 차이는 교육 운영과 관련된 부분에서 관찰된다. 최근 들어 업무 현장은 기존의 업무 방식과 다르게 많은 변화를 겪는다. 정보통신기술의 발달로 업무 시간과 공간이 확장되었고, 다양한 정보시스템의 발달로 지식의 공유와 관리 방식이 달라졌다. 업무수행자의 공식, 비공식 네트워크 체계는 정교화되었고, 문제해결의 속도의 방법도 달라지고 있다. 사무직뿐만 아니라 제조 현장의 기능직도 다기능을 요구하거나 고숙련을 요구하고 있으며, 4차 산업혁명의 도래로 기계화되는 작업장에 적응해야 하는 과제를 안고 있다. Taylor 방식의 업무효율화에 자신을 단순히 적응시키기보다는 기계화와 경쟁하기 위해 자기 스스로 생각의 힘을 활용해야 하는 시기로 접어들고 있다. 이런 변화에서의 학습은 기존에 알던 것에서 벗어나 미지의 영역으로 계속 확장하고 탈바꿈하는 혁신적 학습이어야 한다. 기존에 알던 것은 너무 빨리 진부해진다. 빠른 적응과 유연한 아이디어가 중요해지면서, 직업능력교육이 가진 형식들은 불필요한 규제로 여겨질 가능성이 크다.

직업능력교육 참가자들은 교육기관에서 요구하는 각종 행정적인 절차, 시간표에 의한 진행, 제출양식에 적응하는 편이다. 대체로 형식에 따른 불편함이 크지 않다면 불만을 드러내지 않는다. 이는 오랫동안 학교 교육과 직장에서의 교육에 적응한 결과로 보인다. 이러한 순응적 태도는 적극적 학습자로서의 행동 기대에 오히려 장애물이 된다. 교육 참가자 주도의 교육활동을 설계하려고 해도 참가자는 강사 주도의 교육을 기대하거나 선호하는 경우가 많다. 따라서 무형식학습을 설계하고 운영하는 과정에서 참가자의 학습동기와 학습태도를 고려하고 적극적 학습자로의 변화를 유도하는 노력도 필요해 보인다.

직업능력교육의 무형식성을 촉진하기 위해서는 교육시간에 대한 개방적 태도도 필요하다. 공식적인 교육시간 외에 개인이나 학습팀이 주도적으로 설계하는 다양한 학습활동을 인정하고 촉진하는 실험이 필요하다. 어디까지가 학습이고 학습이 아닌지에 대한 경계는 사실 모호하다. 공공의 자원을 공정하게 집행해야 하는 관료적 관점에서는 위험 부담을 느끼기도 한다. 그러나 학습이 엄격한 제도적 통제가 아니라 공동체적 자발성에 의해 촉진된다는 가정을 인정한다면, 다양한 방법을 찾을 수 있다. 모든 직업훈련기관은 아니라도 어느 정도 인증 과정을 통과한 안정된 기관에 대해서는 보다 넓은 자율권을 부여할 필요가 있다. 교육의 세부 진행 과정을 시간표 단위로 평가하고 감독하기보다는 다양한 교육을 운영하도록 허용하고, 그 결과를 모형화하여 보급하는 방안도 필요하다.

4. 나가는 말

오늘날 직업능력교육에서 정부의 역할이 중요해지고 있다. 정부의 적극적인 개입과 주도는 공공뿐만 아니라 민간의 직업능력교육에도 광범위하게 영향을 준다. 정부의 보조금을 받는 개인이나 기관이 많고, 기업의 사업주 훈련도 고용보험료 환급에 의존하기 때문이다.

정부주도의 직업능력교육이 정당화되기 위해서는 정부실패 비용이 시장실패 비용보다 작아야 한다. 정부실패가 여러 가지 이유에서 일어날 수 있지만, 그중에서 관료화로 인한 획일화와 형식화 문제에 유의할 필요가 있다. 지나친 표준화와 경직된 형식은 학습의 유연성과 자율성을 저해할 가능성이 크기 때문이다. 그동안 직업능력교육 제도가 직업훈련의 품질을 끌어올리고 교육 운영을 체계화하는 데 기여하였지만 이는 주로 정형화된 기술 영역이나 저숙련 근로자의 교육에 효과를 발휘하였다. 정부에서 추진하는 국가직무능력표준(NCS)을 비롯하여 직업능력개발 관련 규정은 일종의 표준으로 작용한다. 그러나 표준(standard)은 최소한의 품질일 뿐이다. 어느 정도의 수준을 넘어가면 그 스킬에 대한 숙련 과정은 규격화된 공산품 생산과 다른 차원이 된다.

직업능력교육이 학교 교육을 닮아 가며 형식화를 강화해 온 길을 탈피하여 과감하게 자신의 길을 개척할 필요가 있다. 최근의 학교 교육 또한 형식화를 지양하는 논의가 등장하고 있다. 손민호와 조현영(2010)은 학교 교육의 진정성에 의문을 품고, 이는 이상과 실제의 괴리에서 오는 것이라고 지적하였다. 여기서 이상과 실제를 학교 안과 학교 밖에서 일어나는 학습의 차이로 해석하였다. 학교 안의 교육이 학교 밖의 학습과 차이가 많을 때 이를 형식적이라 여기고 진정성이 없다고 여긴다는 것이다. 최윤진(2011)도 학교 교육이 형식화를 과도하게 지향했고, 그 과정에서 학습자의 개별성과 생활 세계의 맥락을 무시한 채 권위적이고 획일적으로 흐르면서 오늘날 많은 부작용을 낳고 있다고 진단하였다. 두 연구 모두 학습의 무형식성을 복원함으로써 형식화의 폐단을 극복할 수 있다고 주장한다.

많은 연구에서 직업능력은 일상적인 업무 과정이나 타인과의 교류를 통해 개발된다고 지적한다. "직무와 관련하여 아는 것의 대부분은 무형식으로 알게 된 것이다."라는 증언은 이제 일반적이며 상식적이다. 무형식적으로 학습하기(learning informally)는 무형식적으로 개입하기를 요구한다. 교육을 구성하는 요소들에서 경직된 형식적 요소들을 유연한 방식으로 대체하자는 것이며, 행정의 운영 방식도 무형식성을 갖추어야 한다.

최근 들어 등장하는 '학습여정(learning journey)' 프로그램은 기존의 교육 방식을 혁신적으로 바꿀 가능성을 갖고 있다. Brinkerhoff, Apking과 Boon(2019: 25)은 학습여정을 "일련의 작은 학습 모듈들로서, 참가자들이 필요한 기본 지식을 획득하고 몇 차례의 적용과 피드백을 동반하는 활동이며, 목적한 수준의 역량에 도달할 때까지 점진적으로 스킬을 향상한다."고 정의한다. 보통 수개월에 걸쳐 작은 교육 모듈을 정기적으로 배치하고, 업무 현장에서 배운 것을 적용하며, 점진적으로 스킬을 숙련해 가는 과정이다. 일회성 교육 이벤트보다는 업무 현장에서의 성과 개선에 초점을 두고, 다른 사람들과의 사회적 관계를 통해 배우며, 학습자 주도적으로 자기만의 학습 경로(path)를 설정하고 실천한다는 점에서 무형식학습을 형식화된 구조와 도구로 보완했다는 특징이 있다(Brinkerhoff et al., 2019: 75-76). 과거에는 업무 현장에서의 적용과 학습을 촉진하는 데 한계가 있었지만, 학습 기술의 발달로 가상학습과 온라인 접촉이 활성화되며 학습여정 방식의 프로그램은 기업 현장에 더 많이 확대될 것으로 보인다.

교육의 무형식성을 증진하는 것은 필요하고 가야 할 방향이지만, 아직도 더 많은 연구를 필요로 한다. 무형식학습이 교육을 대체하는 것은 어쩌면 무책임하며 비효율적이다. 우리가 관심을 갖는 것은 교육의 형식성과 무형식성을 어떻게 조합하느냐다. 어떤 대상, 어떤 교육, 어떤 상황에서 어떤 조합이 어떤 결과를 가져올지에 대한 지식이 필요하다. 직업능력교육의 무형식화는 전문가들이 무형식학습 모형을 결정하고 실무자들이 집행하는 방식이 아니라 민간영역에서의 다양한 실험을 장려하고, 우수한 실천을 발굴하고, 서로의 실천 사례가 교류되는 생태 환경을 만드는 것이어야 한다. 직업능력개발이 제도나 매뉴얼 같은 형식을 강화하는 것이 아닌, 교육 공동체의 실험적 교육 실천이 활성화되고 교육 주체들 간의 토론이 장려되는 방향으로 전개되기를 바란다.

참고문헌

강순희(2011). 공공직업훈련의 의의와 개선과제. **월간 노동리뷰**, 1, 49-54.

강순희(2014). 한국의 경제발전과 직업훈련정책의 변화. **국제개발협력**, 2, 32-53.

김다슬(2017). 학원에서 학교로. **평생교육학연구**, 23(2), 61-87.

김미란, 박라인, 설귀환, 노용진, 이상민(2017). **한국기업의 인적자원개발: 2007∼2015 HCCP 분석 결과**. 세종: 한국직업능력개발원.

김안국(2008). **기업교육훈련의 정부개입과 그 효과: 한신평 50인 이상 기업을 중심으로**. 세종: 한국직업능력개발원.

김지영, 이민영(2018). 중장년 여성의 직업교육훈련 참여 의미와 발전 가능성 탐색. **평생교육학연구**, 24(1), 31-54.

김진영(1999). 사업내 직업훈련정책의 문제점과 개선방안. **한국사회와 행정연구**, 10(1), 225-243.

박동열, 이무근, 이상진(2016). **광복 70년의 직업교육 정책 변동과 전망**. 세종: 한국직업능력개발원.

박태준, 손유미, 전재식(2016). **한국형 산업발전−직업교육훈련 연계 모델 연구**. 세종: 한국직업능력개발원.

반가운, 김미란, 김봄이, 박동진, 최혜란(2018). **한국의 기업은 왜 교육훈련에 투자하지 않는가?** 세종: 한국직업능력개발원.

배은희, 박상옥(2019). 30대 직장인의 삶과 학습요구. **평생교육학연구**, 25(2), 61-98.

손민호, 조현영(2010). 학교 수업의 진정성에 관한 일고. **홀리스틱융합교육연구**, 14(3), 89-109.

신은경, 현영섭(2019). 비형식교육과 무형식학습의 하모니 효과: 비형식교육 적합성, 무형식
학습, 학습가치, 학습성과 간의 구조적 관계. **평생교육 · HRD연구, 15**(1), 101-130.

심재용(1997a). 근로자훈련을 위한 시장중심적 지원체제. 산업관계연구, 8, 61-96.

심재용(1997b). **직업훈련과 정부역할**. 서울: 자유기업센터.

심재용(2001). 미국 직업훈련체제의 개혁노력과 정책적 시사점. 경제정책연구, 7(1), 1-36.

안동윤(2006). 기업에서의 무형식학습에 관한 연구. 중앙대학교 대학원 박사학위논문.

안동윤(2006). 액션러닝에서 성찰의 조직화 사례-A사의 리더십 개발 과정을 중심으로. **평생
교육학연구, 12**(4), 253-277.

유경준, 최바울(2008). **직업능력개발 분야 규제발굴 및 규제개선방안 연구**. 세종: 한국개발연구원.

유길상(2007). 고용보험법상의 적극적 노동시장정책 관련 사업 재설계에 관한 연구. **사회보장
연구, 4**, 57-82.

유길상(2010). 직업훈련 민간위탁 성공조건: 직업훈련 민간위탁사업에 대한 평가와 개선방향
을 중심으로. **노동정책연구, 10**(4), 39-64.

윤혜경(2008). 고학력 경력단절여성의 직업진로 탐색 경험 분석. **평생교육학연구, 14**(1), 83-
112.

이성엽(2008). 은행신입사원들의 무형식학습에 대한 사례연구. **한국교육학연구, 14**(1), 271-
299.

이영현(2002). 숙련형성체제 유형 연구. **직업능력개발연구, 4**(1), 29-56.

장덕호(2009). 대학입학사정관제 제도화 과정 분석 연구: 신제도주의 동형화 이론의 적용. **교
육행정학연구, 27**(3), 121-144.

장홍근, 정승국, 오학수(2009). **숙련개발체제와 노사관계: 한국, 일본, 독일의 사례**. 서울: 한국노
동연구원.

정병석(2010). 한국 노동시장정책의 평가와 발전방안: 이행노동시장 이론의 활용. **노동정책연
구, 10**(2), 155-185.

정주연(1996). 비교적인 시각에서 본 한국의 산업인력양성제도. 송종래 편. **한국과 EU 국가들
의 노사관계**(pp. 383-418). 경기: 법문사.

정주연(2003). 영국과 독일의 직업훈련 · 숙련자격제도: 특성 및 최근 변화. **노동경제논집,
26**(1), 75-110.

정지선, 김덕기, 김정우, 박동열, 이영민, 정태화, 한상근(2017). **미래사회 변화에 대응하는 평생
직업교육 정책방향**. 세종: 한국직업능력개발원.

정택수(2008). **직업능력개발의 변천과 과제**. 세종: 한국직업능력개발원.

직업능력심사평가원(2019). 2019년 직업능력개발 훈련기관 인증평가: 집체훈련기관 설명회

발표자료. 한국직업능력심사평가원 훈련기관인증평가센터.

최세경, 현선해(2011). 제도적 동형화와 조직 정당성: 자원의존이론과 제도론의 결합. 대한경영학회지, 24(2), 1029-1050.

최윤진(2011). 교육의 형식성과 형식화 과정에 관한 고찰. 한국교육철학학회, 33(2), 181-206.

한국경영자총연합회(2004. 4. 19.). 근로자직업훈련촉진법 개정안에 대한 경영계 의견. https://www.kefplaza.com/labor/pm/insamanage03_view.jsp?nodeId=137&idx=1748&prod_id=3047&pageNum=20&urlparam=에서 2019. 10. 5. 인출.

한국경영자총협회(2004. 7. 15.). 직업훈련체계 개선에 대한 경영계 의견. 제13차 경제사회노동위원회 경제소위 회의자료. http://www.eslc.go.kr/bbs/data/ view. do?per_menu_idx=1993&menu_idx=1999&bbs_mst_idx=BM0000000142&data_idx=BD0000000025&tabCnt=16&root_yn=N 에서 2019. 10. 5. 인출.

Brinkerhoff, R. O., Apking, A. M., & Boon, E. W. (2019). *Improving Performance through learning*. Independently published.

Dewey, J. (1938). *Experience and education*. New York: Collier Books.

DiMaggio, P. J., & Powell, W. W. (1983). The iron cage revisited: Institutional isomorphism and collective rationality in organizational fields. *American Sociological Review, 48,* 147-160.

Camick, J. (1998). *Informal learning in the workplace: Unmasking human resource development*. London: Routledgr.

Jarvis, P. (1987). *Adult learning in the social context*. London: Croom Helm In K. E. Watkins & V. J. Marsick. (1992), Toward a theory of informal and incidental learning in organizations. *International journal of Lifelong learning, 11*(4), 187-300.

Malcolm, F., Hodkinson, P., & Colley, H. (2003). The interrelationships between informal and formal learning. *Journal of Workplace Learning, 15*(7/8), 313-318.

Mezirow, J., & Associates. (1990) *Fostering critical reflection in adulthood*. San Francisco: Jossey-Bass.

Mosley, H., & Sol, E. (2005). Contractualism in Employment Services: A Socio-Economic Perspective. In E. Sol & M. Westerveld (Eds.), *Contractualism in Employment Services: A New Form of Welfare State Governance* (pp. 1-20). The Hague, The Netherlands: Kluwer Law International.

Stern, E., & Sommerlad, E. (1999). *Workplace learning, culture and performance*. (London:

Institute of Personnel and Development). In H. Colley, P. Hodkinson, & J. Malcolm (2002). *Non-formal learning: Mapping the conceptual terrain a consultation report*, LSDA(Learning and Skill Development Agency).

Watkins, K. E. (1995). Workplace learning: Changing times, changing practices. In R. G. Brockett & A. B. Knox (Eds.), *Workplace learning*. San Francisco: Jossey-Bass.

재취업과정에서 마주하는 중년기여성의 학습경험

중년기여성 대부분은 임신 · 출산 · 육아와 가족구성원의 돌봄 등을 비롯해 다양한 생애사건을 경험한 자들이다. 그들은 이미 자신만의 생활방식과 사고방식이 확립되어 있는 성인이며, 자아정체성 재확립과 삶에 대한 성취욕, 관계에 대한 애착이 강한 생애발달적 특성을 가진다(Erikson, 1968; Levinson & Levinson, 2004). 이 장에서는 중년기여성을 이해하고 재취업과정 속에서의 학습경험을 밝힘으로써 재취업과정이 중년기여성에게는 '일'과 '직업'이라는 경제활동만을 위한 것이 아니라 자신의 생애 경험에 대한 주인이자 성장 욕구를 지닌 여성학습자라는 특성이 드러나는 성인학습의 여정임을 알게 한다.

1. 생애단계로서 중년기여성 이해하기

생애단계에 있어 뚜렷하고 독립적으로 나타나는 '중년기'의 출현은 평균수명의 연장과 출산율 감소라는 두 가지 인구학적 트렌드와 관련이 있다(Skolnick, 1991).

20세기 후반에 이르러 수명은 증가하는 반면, 출산이 줄어들면서 자녀의 양육에 드는 시간이 감소하였다. 이 두 가지 인구학적 변화는 가정 내 여성의 역할에 변화를 가져왔고, 여성의 중년기를 정의하는 데 영향을 미쳤다(Moen & Wethington, 1999). 여성들은 이때를 기점으로 그들의 가족과 자신의 삶을 돌아보면서 직업적 목표와 가치를 재검토하며, 새로운 사회관계를 시작하기도 한다. 역할과 관계의 변화는 중년기여성의 정체성 발달과도 이어지는데, 중년기에 노동시장에 재진입하려는 여성들이 겪는 다양한 학습경험은 이러한 특성을 근간으로 하고 있다.

1) 역할의 변화

중년기에 놓인 여성은 그동안 자신을 이뤄 왔던 정체성에 대한 혼돈 혹은 정체성의 재확립이라는 경험을 하게 되는데, 이것은 살면서 겪은 다양한 사건에 의해 혹은 개인마다 다르겠지만 나이 듦에 따라 발생되는 자연스러운 현상이기도 하다. 대체로 중년기라는 시기는 여성에게 '역할'을 변하게 만들고, 그것은 '정체성'과 그 맥락을 같이한다. 많은 연구에서 중년기는 35~45세 연령에서 시작해 55~64세에 끝이 난다고 정의하고 있다(Madsen, 2011; Papalia & Olds, 1995). 여성에게 이 시기는 자녀 양육에 대한 역할이 끝남에 따라 새로운 자신에 관심을 갖게 되는 시기다(박아청, 2000b). 여성이 가정에서 차지하는 다양한 역할을 생각한다면 여성의 역할 변화는 가정에서 시작된다고 볼 수 있다.

자녀의 출산과 양육에서 벗어난 여성은 빈둥지증후군에 빠질 수도 있는 반면, 자기계발, 파트너(남편), 일 그리고 지역사회에 더 많은 관심을 가지며(Etaugh, 2008), 과거에는 인지하지 못하거나 발휘하지 않았던 기술과 자신만의 강점을 종종 실현시키기도 한다(Denmark & Klara, 2007). 수명의 증가로 오늘날 베이비부머 세대에 속한 중년기여성은 자녀보다는 나이 든 부모를 돌보는 일에 더 오래 종사해야 할 것으로 예상되는 만큼 돌봄의 역할이 계속 부여되기도 하며, 부양에 대한 경제적 책임감으로 인해 뒤늦게 경제활동에 뛰어들게 됨으로써 가족 내 역할이 재정립되기도 한다. 반면에 새롭게 부여된 부모에 대한 돌봄 역할은 중년기여성이 향후 노동시장에 재진입하거나 일자리를 구하는 데 걸림돌이 되기도 한다(Sugar, 2007). 중년기는 가족 안에서 부모의 죽음을 경험하게 되는 시기인 만큼 자녀와의 분리 외에도 부모의 죽음을 겪음으로써 많은 혼란과 슬픔을 느낄 수 있다. 따라서 중년기여성이 겪는 부모의 죽음으로 인한 상실과 슬픔, 정서적인 감정들은 여성의 발달이나 생애 특성에서도 깊이 있게 다뤄져야 한다(김지혜, 2008). 마지막으로, 가정에서의 역할 변화는 남편, 배우자와의 관계에서 온다. 중년기는 배우자와의 이혼, 사별 그리고 재혼, 남편의 실직 등으로 다양한 인간관계가 재형성되는 시기이자 그로 인해 여성의 가정 내 역할에도 변화가 찾아오는 시기이기도 하다.

이처럼 중년기여성은 가정 안에서 기존 관계의 분리와 재형성이라는 역할 변화로 인한 혼란을 겪기도 하고, 부부 관계를 재평가하면서 역할 전이를 경험하기도 한다. 가정에서의 역할 변화 외에 직장 및 사회생활을 통한 역할 변화 역시 중년기에 경험하게 되는 특성이기도 하다. 어떤 중년기여성은 돈을 벌어 가계에 보탬이 되고 싶어 하거나 그동안 보류해 왔던 경력 성취를 위해 잠재적인 직업 능력을 갖추고 싶어 하는 반면, 어떤 여성은 이혼이나 사별, 남편의 실직, 부모의 부양 등의 환경의 변화로 비자발적으로 노동시장에 재진입하기도 한다.

재취업을 준비하는 중년기여성은 남성과 달리 실업 상태가 길었던 만큼 직업 탐색에도 어려움을 느끼며 새로운 일자리를 얻기 위한 기술이나 경험도 부족(Zikic, Burke, & Fiksenbaum, 2008)하기 때문에 노동시장 재진입은 그들에게 있어 일종의 도전이다. 이러한 역할의 변화는 자연스럽게 중년기여성에게 자신의 정체성과 주변인과의 관계형성에 변화를 가져온다. 내외적인 변화 속에서 자신의 역할을 찾아감으로써 중년기여성은 새로운 전환의 시기를 맞이하게 되고, '정체성의 재확립'이라는 의미를 갖게 된다.

2) 정체성 발달

성인기의 자아정체감 형성 연구(박아청, 2000b)에 따르면, 오늘날 많은 여성들이 Erikson이 제시한 생성감(혹은 생산성)을 표현하기 위한 기회로서 직업영역에 강하게 집착하고 있으며, 직업역할 수행이 중년기의 발달 특징인 생성감에 정적인 영향을 주고 있다. 따라서 직업역할 유무는 중년기여성의 위기감, 생성감 및 자아정체감에 영향을 미칠 것으로 유추된다. 중년여성의 역할 적응에 따른 자아정체감 형성과 발달에 관한 연구(이경혜, 김언주, 2001)를 보면 중년여성의 높은 역할 적응은 자아정체감 확립에 도움을 주었고, 중년여성의 위기감이 낮아질수록 그리고 생성감이 높아질수록 자아정체감은 높아지는 것으로 나타났다. 또한 직업을 가진 중년여성의 경우, 직업역할에 대한 적응이 자아정체감 형성에 가장 중요한 변인이 되었다고 보고하였다. 이와 같은 연구결과들을 종합하면, 중년기여성의 정체감 형성은 가정과 직업, 자신과 타인과의 역할관계 안에서의 적응 정도와 밀접한 관련이 있다고 할 수 있다.

가족과 직장 외 중년여성이 관계에 있어 새로운 역할 변화를 겪는 것은 주변인과의 사회관계망이라 할 수 있다. 중년기는 사회생활이 가장 활발한 시기로, 여러 개인 및 집단과 다양한 관계를 맺는다(김지혜, 2008). 가족관계 외에 중년기의 주요한 사회관계망은 형제자매, 친구 및 이웃관계, 자발적으로 참여하는 단체와의 관계 등이다. 친구관계는 부모 역할의 감소로 상실감과 소외감을 경험하는 중년기여성에게 중요한 정서적 지원망의 기능을 하며 인생주기의 진행에 따른 새로운 역할을 학습하고 사회화하는 데 유용한 자원으로 작용한다(김명자, 1998; Candy, Troll, & Levy, 1981).

여성의 정체성 발달은 타인과의 '관계' 속에서 형성된다고 보는 연구들(박아청, 2000a, 2004; Chodorow, 1974; Josselson, 1987; Miller, 1986)은 중년기여성이 겪는 역할 변화가 정체성 발달과 밀접한 관계가 있음을 증명한다. 여성은 역량과 능력의 상호작용 속에서 그들의 정체성을 발달시키면서(Josselson, 1996) 자기 자신의 문제보다 다른 사람의 요구에 민감하게 반응하는 경향을 보인다(Miller, 1986). 여성의 정체성 발달에 있어 갈등에 주목한 Josselson(1996)과 Luttrell(1997)은 여성이 능력과 관계의 교차점에서 그들의 정체성을 발전시킨다고 주장하였다. Josselson(1987)은 34명의 여성을 종적 연구한 결과, 여성의 정체성은 애착의 관계 속에서 달성된다고 보았다. 여성의 정체성을 이루는 가장 중요한 요소가 혼자가 아닌 가정, 직장, 사회적 장소 등의 관계 속에서 발현된다고 보는 이 입장은 중년기여성이 재취업을 통해 맺게 되는 관계 속에서 여성의 정체성 발달과 관련지을 수 있다. 이러한 관계성과 그로 인한 정체성 확립이라는 여성의 특성은 재취업과정에서 중년기여성이 경험하는 다양한 학습의 특성을 이해하는 데 도움이 될 것이다.

3) 생애발달 관점에서 본 중년기여성

　중년기여성의 발달을 이해하기 위해서는 성인발달을 단계이론들과 생애사
건을 중심으로 한 전환적 관점으로 바라볼 수 있다. 대표적 발달단계이론가인
Erikson(1968)은 중년기여성의 발달을 이해하는 데 유용한 8단계 발달단계이론을
제시하면서 각각의 발달단계마다 완수해야 할 발달과업이 있다고 주장하였다. 이
발달과업은 긍정적이고 부정적인 한 쌍의 대조적인 결과들에 의해 규정되는데, 바
람직한 발달은 각 단계와 관련된 위기나 딜레마를 성공적으로 해결함으로써 얻을
수 있다(Reeves, 1999). 에릭슨이 제시한 발달단계 중 성인기의 두 번째 단계가 바로
중년기에 해당되는 단계로, '생산성과 침체기'라는 발달과업의 특징이 있다. 이 시
기는 자녀를 바르게 양육하고, 일을 통해 자신이 속한 문화를 계승하며 사회발전에
기여하는 생산성(generativity)이 확대되는데, 이 시기의 과업을 성취하지 못하면 자
기 자신에게만 몰입하는 인격적인 결여와 현상의 공허함이라는 자아 침체기적 특
성이 나타난다. 이 단계의 성공적인 완성은 배려(care)다.
　발달은 안정기와 전환기가 교차로 발생하는 인생구조(life structure)에 의해 단계
별로 나타난다고 한 Levinson(1996)은 개인의 삶에 나타나는 변화를 인생의 계절이
라고 표현하였다. 그는 발달은 인생구조 안에서 단계별로 자연스럽게 나타나는 현
상이라 하면서 중년기를 40세에서 60세까지 보고 중년의 전환기(40~45세), 중년 입
문기(45~50세), 50대 전환기(50~55세), 중년의 절정기(55~60세)로 구분하였다. 각
시기는 고유의 특징과 과제를 안고 있는데, 특히 40~45세 중년의 전환기 때 수정된
자아가 삶의 내적인 모형을 형성하기 위해서는 개별화 작업이 중요하다고 강조하
고 50대 전환기에서는 자아와 세계에 대한 탐색, 다음 단계의 인생구조를 형성하기
위한 기초를 마련해야 한다고 언급하였다.
　이와 같은 단계이론은 인생의 각 단계는 이전 단계의 영향을 받으면서 이후 단계
에 영향을 미쳐 발달을 이룬다고 보는 반면, 성인발달을 생애사건과 전환의 측면으
로 보는 관점이 있다. 이 관점은 앞에서 언급한 단계이론들과는 달리 인간 행동에
있어서 가변성을 중시하며 일상의 사건들과 전환의 역동성을 강조한다. 생애사건
은 개인의 삶과 과정을 모두 형성하는 이정표(Reeves, 1999)라 할 수 있는데, 이는 결
혼, 졸업, 취업, 임신과 출산과 같이 대부분의 성인의 삶에서 일어날 것으로 예측되

는 사건일 수도 있고, 복권당첨, 건강문제 발발, 해고통지, 주변인의 죽음 등 성인의 삶 속에서 언제 일어날지 모르는 예상하지 못한 사건일 수도 있다.

생애사건을 통한 전환을 발달로 보는 관점은 개인이 경험하는 크고 작은 사건 속에서 좌절이나 트라우마 같은 전환의 촉매가 반드시 있어야 발달이 일어난다고 본다. 사실 앞서 살펴본 Levinson의 성인발달단계에도 부모, 근로자, 학생, 은퇴자 그리고 시민과 같은 성인들에게 부여되는 다양한 역할과 생애사건들이 관련되어 있다(Merriam, 2005). 샌프란시스코에 사는 남녀를 고등학교를 졸업한 노인, 신혼부부, 중년기 부모, 조기 퇴직한 커플 등 네 집단으로 나눠 12년간 종단연구를 실시한 결과, 이들이 모두 전환의 문턱에 있다는 것을 발견한 연구가 있다(Fiske & Chiriboga, 1990). 저자들은 나이가 마흔이 되었다는 사실은 청소년의 자녀가 있는 40대, 최근 이혼한 40대, 이제 막 은퇴한 40대 등의 상황보다 덜 중요하다고 결론 내렸다. 즉, 개인의 행동을 평가하고 이해하기 위해서는 연대순의 나이보다 전환(transition)이 더 중요하다는 것이다(Goodman, Schlossberg, & Anderson, 2006). 이 접근방법은 나이 순서 혹은 발달단계보다 생애사건 속에서 겪는 전환들이 인간 행동을 이해하고 평가하기 위한 틀을 제공한다고 보기 때문에 어떤 여성이 경력 변화를 꾀하고 있는지 건강 문제를 가진 노부모를 돌보고 있는지 또는 최근에 결혼을 했는지를 아는 것이 성인발달을 이해하는 데 있어 그 여성의 나이가 45세라는 것을 아는 것보다 더 중요하다고 본다(Reeves, 1999).

따라서 이 관점은 남성과 달리 출산, 경력단절, 육아, 재취업 등 인생에서 다양한 경험을 하는 여성의 삶을 이해하고 그 안에서 나타나는 전환적 요소들을 이해하는 데 유용하다.

2. 중년기여성의 재취업과정

1) 중년기여성 재취업 특성

여성은 역사적으로 아이가 태어나고 자녀를 돌보기 위해 노동시장에서 이탈해 왔다(Sugar, 2007). 하지만 수명의 연장은 중년기여성에게 부모를 돌보는 일에 오랜 시간 종사하게 만들거나 노인 부모 부양에 대한 재정적 부담을 지게 만들었다. 세계적인 경기 침체 및 악화로 인해 이미 부모를 떠난 자녀에게도 계속 경제적인 원조를 해야 하거나, 심지어 부모 곁을 떠났던 자녀가 다시 돌아오는 현상도 나타나고 있다(Etaugh & Bridges, 2013; Kulik, 2007; Pew Research Center, 2011). 경기 후퇴는 남편의 실직, 조기 퇴직, 임금 피크제 등의 문제를 가져오기도 한다. 중년기는 이러한 사회 경제적 환경의 변화뿐만 아니라 배우자의 사별, 이혼, 노인 부모 부양이라는 개인적인 환경의 변화로 인해서도 비자발적으로 취업을 하게 되는 경우가 생긴다.

반면, 빈둥지증후군으로 인해 사회생활을 하고 싶다는 막연한 욕구로, 돈을 벌어가계에 보탬이 되겠다는 의지로, 그리고 경력 성취를 위한 잠재적인 직업능력을 갖추고 싶어 하는 의지로 인해 자발적으로 중년기여성이 노동시장에 재진입하게 되는 경우도 있다. 실제로 중년기여성이 재취업을 하는 이유는 자아실현 등 자기 성장을 위한 것에서부터 경제적 필요와 경제적 독립, 사회적 존재감 추구, 건강한 노후대책, 능력 있는 어머니가 되고 싶은 욕구, 생애 역할 변화에 대처, 내면적 당당함 개발 때문이라는 연구(구명숙, 홍상욱, 2005; 윤혜경, 2008; 이수분, 이정희, 2014; 조순일, 2009)가 이를 뒷받침한다.

이와 같은 다양한 요인으로 인해 중년기여성은 노동시장에 재진입하게 된다. 이 과정이 누구에게는 고통의 시간이, 어떤 여성에게는 제2의 인생을 찾는 즐거움의 시간이 될 수도 있다. 하지만 오랫동안 단절을 겪어 직업생활에서 떠나 있던 여성이 노동시장에 재진입을 하기란 사실상 쉽지 않다. 처음 직업을 구하거나 기존 경력과는 전혀 다른 일을 하는 여성은 구직기술이나 자신감 부족으로 재진입에 많은 어려움이 있을 것이고, 그 과정에서 좌절과 새로운 도전에 봉착하게 된다. 여성은 직업을 선택하기 전에 우선순위, 직업에 대한 주변인의 기대, 고용기회, 부부의 요구사항, 자녀의 출생, 가족의 관심에 의해 영향을 받기 때문(Gallos, 1989: 진성미, 2010에서 재인용)에 스스로 취업을 결정하거나 경력전환을 시도하기도 쉽지 않다.

중년기여성의 재취업은 여성의 인생에서 내적·외적으로 많은 변화를 가져오는 생애사건으로 그 과정은 여성의 생애 맥락에 따라 다양하다. 따라서 중년기여성의 노동시장 재진입과정에서의 학습경험을 이해하기 위해서는 그들이 각자 가지고 있는 어려움을 어떻게 극복해 가는지, 그리고 그 극복의 과정에서 여성의 가족을 비롯한 기존의 생애경험들이 어떻게 유기적으로 관계를 맺고 있는지 우선적으로 파악해야 한다.

2) 중년기여성 재취업과정

다양한 내적·외적 이유에 의해 노동시장에 재진입하려는 여성은 대부분이 30대 후반에서 50대의 중년기여성으로, 경력이 단절되었다는 사실로 인해 자기주장과 자율성이 약하고 소극적인 자세를 보이는 경향이 있다. 실제 많은 연구에서 여성이 노동시장으로 되돌아오는 데 가장 큰 걸림돌은 자신감의 결여라고 밝혔다(Azibo & Unumb, 1980; Bianchi, 1990; Brandenburg, 1974; Brooks, 1976; Herr, 1989; Sperling, 1991).

경력단절여성[1]의 재취업 성공요인에 대한 연구(오은진, 2009)에 따르면, 학력과 연령, 이전의 직업경험(기업의 규모와 당시 임금) 그리고 구직활동과 직업훈련의 경험 중에서 여성의 재취업에 가장 큰 영향을 미치는 것은 직업훈련 경험과 같은 구직활동 유무다. 실제 경력단절여성 재취업지원 서비스 효과 분석(민무숙, 오은진, 김용민, 2010; 이시균, 2010; 오은진 외, 2011; 황윤주, 이희수, 2014) 등에서 '여성새로일하기센터'(이하 새일센터)를 중심으로 한 경력단절여성 재취업지원 프로그램의 효과성이 검증되었다.

중년기여성의 재취업과정을 이해하기 위해서는 2009년에 고용노동부와 여성가족부가 공동으로 지정한 새일센터 프로그램을 살펴볼 필요가 있다. 새일센터 사업은 기존의 여성 직업교육훈련기관들의 기능에 상담과 직업교육훈련, 취업알선 및 사후관리라는 원스톱 고용서비스를 제공하도록 설계해 재취업지원 프로그램을 강화한 경력단절여성 재취업지원 프로그램이다(오은진 외, 2011). 중장년여성 및 경력단절여성들의 재취업을 연구한 기존 문헌을 바탕으로 중년기여성의 재취업과정을 정리해 보면 [그림 8-1]과 같다.

---

1) 여기서 경력단절여성이란 30대 후반에서 50대 중년기여성 중 경력이 단절된 여성을 지칭하는 용어로 사용하고자 한다. 실제 많은 국내 연구에서 여성, 중년기여성 등을 포함하여 노동시장에 재진입하려는 여성들을 경력단절여성이라 지칭하고 있다.

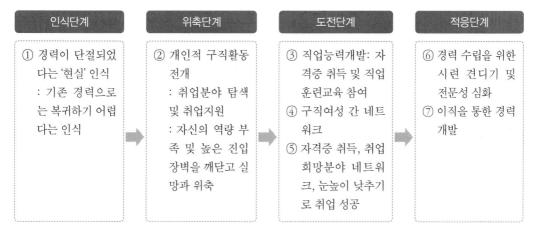

인식단계	위축단계	도전단계	적응단계
① 경력이 단절되었다는 '현실' 인식 : 기존 경력으로는 복귀하기 어렵다는 인식	② 개인적 구직활동 전개 : 취업분야 탐색 및 취업지원 : 자신의 역량 부족 및 높은 진입장벽을 깨닫고 실망과 위축	③ 직업능력개발: 자격증 취득 및 직업훈련교육 참여 ④ 구직여성 간 네트워크 ⑤ 자격증 취득, 취업 희망분야 네트워크, 눈높이 낮추기로 취업 성공	⑥ 경력 수립을 위한 시련 견디기 및 전문성 심화 ⑦ 이직을 통한 경력개발

[그림 8-1] 중년기여성의 재취업과정

출처: 황윤주(2015)를 재구성함.

이와 유사한 여성의 노동시장 재진입 과정의 패턴을 국외 문헌에서도 볼 수 있다. Ericksen 등(2008)은 2년 이상 10년 이하의 장기 경력 단절을 경험한 유자녀 여성이 노동시장에 재진입하는 과정을 [그림 8-2]와 같이 개념화하였다. 이 연구는 재취업을 위해서 일차적으로 여성들 각자가 처해 있는 개인적·환경적 동인 (driving force)의 영향이 작용하게 되는데, 필터(filters)가 어떻게 작용하느냐에 따라 취업에 성공하는지, 구직 효능감 향상을 위한 직업훈련이 필요한지, 혹은 취업을 포기하는지 등의 상이한 결과가 나타나기 때문에 무엇보다 필터의 역할이 중요함을 강조하고 있다.

이 연구가 제시하고 있는 개념틀에 따르면 중년기여성(유자녀 여성)은 다양한 동인에 의해 1차적으로 재취업에 관심을 갖게 되나 곧이어 필터라는 2차 단계를 거치면서 재취업 결정에 영향을 받게 된다. 경제적인 이유, 주변 지지라는 환경적 요인, 기술과 능력을 활용하고자 하는 욕구, 자신의 관심사로 인해 취업을 생각하지만 일과 가정의 양립에 대한 가족 내 요구, 자신의 교육 수준, 가족 및 이웃의 지지, 과거 일 경험 여부, 비용 대비 이익 등을 고려해 결국 재취업을 결심하거나, 포기하게 되거나, 재취업을 위한 훈련·교육에 참여하는 과정을 따른다는 것이다. 이는 새일센터와 같은 경력단절여성 재취업지원 기관을 찾아오는 경력단절 여성의 재취업 경로와도 매우 유사하다.

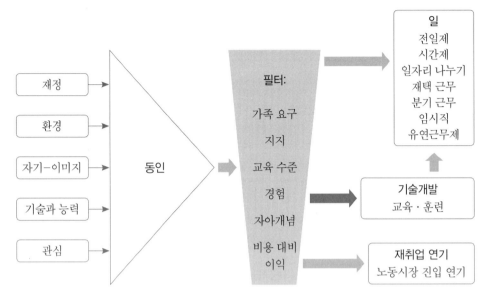

[그림 8-2] 유자녀 여성 재취업에 관한 개념틀

출처: Ericksen, Jurgens, Garrett, & Swedburg (2008), p. 158.

필터 중에서도 지지(support)와 교육 수준(education level), 자아개념(self-concept)
은 국내의 중년기여성의 재취업에도 적용될 수 있다. 지지는 재취업에 대한 가족과
친구들로부터의 지지(혹은 지지의 결여)를 말하는 것으로 여성의 최종 결정에 강력
한 영향을 미치게 된다. 여성이 재취업이라는 인생의 전환을 할 수 있으려면 일정
정도의 지지가 필요한데 다른 사람들로부터 지지를 구하는 것은 여성에게는 비교
적 자연스럽게 나타나는 현상이다. 여성은 가능한 지지 단계에 따라 그들의 피드백
을 뒷받침하는 의사결정을 하게 된다. 지지는 여성이 취하는 결정 경로를 확정할 수
있는 필터의 핵심 요소이다.

교육은 여성이 재취업할 수 있는 능력을 저해 혹은 강화할 수 있다. 잠재적인 소
득과 지식은 여성이 취업을 위해 고려하는 다양한 선택지를 결정한다. 이전 경험 또
한 개인이 얻고자 하는 취업 조건에 영향을 준다. 자아개념은 신념·태도·관념의
영향을 받아 지속적으로 자기를 평가하며, 시간이 흐름에 따라 그리고 결정적 시기
에 변할 수 있다(Ericksen et al., 2008).

이상과 같이 재취업과정에는 가족 안에서의 역할, 주변인으로부터의 지지, 교육
수준, 예전 일 경험의 정도, 정체성이라 할 수 있는 자아개념 그리고 일을 하는 경제

적 효과 등이 얼마나 긍정적으로 작동하는지에 따라 재취업을 하든지 아니면 다시 보류하든지, 그 결과가 매우 달라질 수 있음을 보여 준다. 이는 재취업과정 안에서 경험하는 중년기여성의 학습 특성을 이해하는 데 도움이 될 것이다.

3. 재취업과정에서의 중년기여성 학습경험

중년기여성이 겪은 재취업과정에서의 학습 특성은 크게 관계를 통한 학습, 인식 전환이라는 학습경험, 취업이라는 생애사건을 통한 학습 등 세 가지로 분류된다. 관계를 통한 학습은 여성학습의 두드러진 특성이라 할 수 있고, 전환적 학습은 중년기 여성이 재취업과정에서 직면하는 사건 혹은 성찰을 통한 관점전환과 같은 인식전환을 경험하는 학습이다. 취업이라는 생애사건에 따른 학습은 재취업과정에서 경험하는 총체적인 학습의 결과로도 볼 수 있는데, 재취업을 통해 중년기여성이 어떻게 적응하여 성인발달이라는 성장과 변화를 가져오는지를 보여 준다.

1) 관계를 통한 학습

30대 후반에서 50대에 이르는 중년기여성이 재취업과정에서 보인 가장 두드러진 학습경험은 바로 다른 사람과의 관계를 통한 학습이다. 이는 관계를 통한 배움을 선호하는 것으로 알려진 여성학습의 주요한 특징이기도 하다. 여성은 가정에서의 관계가 사회생활 및 직업세계로 바뀌게 되면서 관계가 확장되는 경험을 하게 된다. 그 안에서 혼자라는 고립감에서 점차 타인과의 관계를 인지하게 됨으로써 그들과의 상호작용 속에서 타인의 관찰을 통해 배움을 확장시켜 나간다.

여성의 학습방식을 이해하기 위해서는 관계(connection)의 중요성을 인지하는 것이 필요하다. 여성이 형성하는 관계들은 그들을 정신적·감정적·인지적으로 연결하는 관계망이 된다. 여성은 자신을 둘러싼 관계를 통해 학습을 경험하기 때문이다. 여성의 전환 경험과 관련해 관계의 중요성은 여러 번 언급되고 있다(Brooks, 2000; Ettling & Guilian, 2004; Grant, 2008; Hamp, 2006). 이것은 관계가 여성이 삶 속에서 겪는 학습경험과 밀접한 관련이 있음을 보여 준다. Cooley(2007)는 여성의 학습을 도와주는 요소로 우정, 신뢰, 그리고 거주지나 모임의 중요성을 언급하면서 한 집단에서의 깊은 관계는 의미관점의 변화를 가져온다는 것을 밝혔다.

여성학습의 특성에 대해 Belenky 등(1986)은 여성은 정서적인 지식, 삶의 경험으로부터 습득한 지식이 인정받는 환경에서 더 잘 학습한다고 보고하고 있다. 여성은 자신의 가치판단으로 직관 · 은유 · 정서를 사용하며 균형 있는 연역적 사고로 대안적인 사고방법을 찾기 때문에 총체성 · 균형감 · 통합성을 가지며, 가족, 네트워크, 공동체 그리고 집단 내의 균등한 분배와 돌봄, 지원을 강조한다는 특징이 있다(Hayes et al., 2000). 또한 성인 여성이 학습에는 많이 참여하지만 자신감이 결여된 모습으로 묘사되는 것에 문제제기를 하며 여성 135명을 대상으로 심층 면담을 실시한 결과, 남녀는 서로 다른 교육적 욕구를 가지고 있고 지식을 습득하는 과정이 다르다고 발표하였다(Belenky et al., 1986).

계속해서 관계와 관련해 Belenky 등(1986)은 『여성의 앎의 방식(Women's Ways of Knowing)』에서 여성이 새로운 지식을 습득하는 데 있어 협력적이고 공감적인 학습방법을 선호하는 '연관된 지식(connected knowing)'에 대해 밝혔다. 이는 여성이 안다는 것을 연결과 분리를 포함하는 지식으로 구성함으로써 침묵에서 벗어난다는 이론으로, 여성의 학습과 교육을 이해하는 데 매우 중요한 시사점을 주고 있다.

가정과 가정을 둘러싼 한정된 지역사회에만 국한되어 있던 여성이 재취업을 통해 경험한 학습은 조직 내의 사람들과의 관계 속에서 배워 나가는 학습의 과정이다. 이때의 학습은 동료의 어깨너머로 직무를 배워 역량을 향상시키는 것도 있지만, 동료나 상사와의 보이는 혹은 보이지 않는 관계 속에서도 일어난다. 직장 안에서 다른 사람들의 행동을 보면서 자신을 반성하고 스스로를 평가하는 성찰 학습을 경험하기도 하고, 동료와의 대화 및 소통을 통해 학습을 경험하기도 한다. 타인과 자신을 비교함으로써 위축되는 자신을 발견하기도 하고, 그들을 통한 간접경험을 통해 학습하기도 하는 것이다.

관계를 중심으로 한 여성학습의 가장 큰 특징은 중년기여성이 자신에게 내재화되어 있는 경험과 지식을 끌어내는 학습을 한다는 것이다. 그리고 그 학습은 서로의 지식과 경험이 연관되어 있다. Belenky 등(1986)은 여성은 주관적 학습자로서 자신의 내면의 목소리와 감정을 듣고 발견할 수 있으며, 그들의 지식의 근원이 직관적인 데 있다고 주장한다. 이는 중년기에 이르기까지 축적된 삶의 지식과 지혜 중 자신들에게.익숙한 사고와 경험들을 연결하여 새로운 학습으로 만들어 가는 '연관된 지식'으로 볼 수 있는데, 이것이 대표적인 여성학습의 특징이다. 다양한 자원봉사 경험이 지금 직업을 갖는 데 결정적인 영향을 미쳤고 기존의 경력을 바탕으로 현업을 새롭게 재구성할 수 있었다는 점은 여성이 자신이 알고 있는 지식과 경험을 새롭게 시작하는 활동이나 직업과 연관시키고자 하는 욕구가 발현된 것이다. 자신들의 생각이나 사고가 다른 경험에 부딪혔을 때도 문제를 배척하거나 폐기하기보다는 기존에 알고있던 지식과 새롭게 경험해 얻게 된 지식을 연결함으로써 새로운 학습경험의 가능성을 현실화시키는 특성으로 풀이된다(Hayes et al., 2000). 〈표 8-1〉은 재취업과정 속에서 중년기여성들이 경험하는 학습이 어떻게 관계와 관련이 있는가를 범주화한 것이다.

표 8-1 관계를 통한 학습 범주

주제	범주	개념
관계 중심의 학습경험	타인에게서 배움	• 다른 사람의 행동을 보고 배움 • 대화를 통해 타인을 이해함 • 타인과 비교함으로써 자기반성 • 주변인을 통해 현실 파악 • 동료를 통한 자극, 위축, 인식의 확장
	상호관계 속에서 성장	• 인정을 받는 만큼 더 열심히 하게 됨 • 의사소통학습 • 칭찬과 격려가 나를 성장시킴 • 인간관계 기술을 배우게 됨
	지지자와 조력자를 만남	• 남편, 자녀 등 가족은 나의 지지자 • 날 이끌어 주는 존재, 멘토의 발견 • 좋은 동료들과 선배에게 배우기 • 취업기관, 교육기관은 나의 디딤돌, 사다리
	관련 지식의 활용	• 과거의 배움이 관련이 있음 • 똑같지는 않지만 연관이 됨 • 기존의 모든 경험이 도움이 됨 • 과거의 경험을 현재 직업에 적용하기

2) 여성의 인식전환

중년기여성은 재취업과정에서 크고 작은 사건과 사고들을 접하게 된다. 그것들이 모두 혼란스러운 딜레마가 되거나 전환을 가져오는 것은 아니지만, 중년기여성은 사건에 부딪힐 때마다 혹은 새로운 일에 도전하면서 크고 작은 반성을 경험하게 되고 그것들이 인식의 전환을 가져오기도 한다. 본격적인 구직활동에 들어가면서 중년기여성은 새로운 도전에 직면한다. 전업주부에서 벗어나기 위한 사회생활의 첫걸음은 이력서 쓰기, 면접 등의 구직활동들로 시작된다. 이러한 도전의 과정에서 구직실패를 경험하거나 실패의 경험을 딛고 취업에 성공한다. 어떤 이에게는 구직실패가 자신을 반성하게 만들고 무엇이 부족한지 깨닫게 되는 기제가 되기도 하지만, 어떤 이에게는 아무런 성찰 없이 당연한 결과로 받아들이는 사건에 지나지 않는 경우도 있다. 구직과정에서 실패의 경험이 하나의 트리거(trigger)가 되어 인식전환을 가져오는 과정은 전환적 학습경험이 된다. 중년기여성은 실패를 통해 자기반성을 하게 되고 스스로를 객관화시키는 작업에 들어간다. 성찰을 통해 눈높이를 조절하기도 하고, 과거의 실패가 지금의 자신에게 도움이 되었다는 전환적 사고를 경험하기도 한다. 이러한 학습이 다음 단계로 나아가는 발판이 된다.

전환학습은 여성의 경험과 성인학습을 바라보는 데 유용한 관점(English & Irving, 2012)으로 중년기여성의 재취업과정에서의 학습경험을 이해하는 데에도 도움이 된다. 전통적인 정의에 따르면, 전환학습이란 기존에는 무비판적으로 수용되었던 가정, 신념, 가치 그리고 관점에 의문을 제기함으로써 자신의 경험을 새롭게 하거나 수정・재구성하고 나아가 그러한 사고와 관점들이 더 개방적이고 유연해지며 더 적합해지는 과정이다(Cranton, 1994, 2002; Mezirow, 1991, 2000). Mezirow(2000)는 성인기의 학습은 성인의 학습경험이 의미관점의 전환에 의존한다고 하였다. 성인은 같은 경험 안에서도 각자의 방식대로 그들의 경험을 해석한다. 이러한 인식은 경험을 통해 학습한 필터를 바탕으로 하기 때문인데, Mezirow(1991)는 필터를 '의미도식(meaning schemes)' 혹은 '의미관점(meaning perspectives)'으로 명명하였다. 이렇게 개인이 가지고 있는 의미도식 혹은 의미관점에 의해 경험은 학습으로 발달하게 된다. 인생의 혼란스러운 딜레마와 같은 사건을 통해 개인 스스로 비판적 성찰(critical reflection)과 이성적 담론(rational discourse)의 과정을 거치면서 개인의 관점

전환이 이루어지게 됨에 따라 학습에 이른다는 것이 전환학습의 주요 개념이자 과정이다.

여성은 과거의 실패와 좌절이라는 혼란스러운 딜레마에 직면한 사실을 기억한다. 딜레마를 경험한 여성은 '내가 뭐가 문제였지? 내가 왜 그랬지?'라고 자신을 돌아보는 시간을 통해 진지한 성찰을 한다. 경력이 많은 중년기여성이 자신의 경력을 살리지 못하고 새로운 일을 선택하는 경우에도 전환적 학습을 경험한다. 과거의 자신을 버리고 새롭게 일을 시작한다는 점은 그 자체가 바로 전환적 사건이 된다. 그들은 기존에 자신이 가지고 있던 준거틀을 버리고 새로운 의미를 형성하면서 각자 변화를 맞이했는데, 이것이 바로 전환적 학습경험이자 인식전환의 학습이다.

중년기여성은 직업을 구하면서 가족 안에서의 역할과 관계에 대한 관점이 변하는 특징을 보인다. 이는 중년기라는 생애단계의 특성에서 언급한 여성의 역할과 관계의 변화와도 밀접한 관계가 있다. 인식전환의 학습경험 중 가장 큰 변화가 바로 가족 내 관계에 대한 인식변화다. 중년기는 다양한 외부적·내부적 변화가 일어나는 시기로 그에 따른 역할과 관계의 변화가 매우 역동적으로 일어날 수 있다. 가정에서는 남편과 자녀 및 그들의 부모 관계에 대한 변화, 사회 및 지역사회에서는 취업으로 인해 다양한 관계망이 형성되거나 사회적 관계가 넓어지는 경험 속에서 일어난 인식전환은 여성으로 하여금 정체성 변화 혹은 정체성 발달을 가져오기도 한다. 특히 자신이 제일 소중하다는 자각은 세상이라는 커다란 원 가장자리에 있던 자신의 자리가 중심으로 이동되는 것을 의미한다. 자신의 존재, 자신의 역할을 어머니와 아내의 역할에만 한정시켰던 중년기여성이 재취업을 통해 자신의 세계를 사회적 관계로 확장시키면서 겪게 되는 이 관계 인식의 변화는 매우 뜻 깊은 변화라 할 수 있다.

재취업을 통해 경험한 전환학습 중에 가장 큰 비중을 차지하는 것은 바로 '일과 직업에 대한 가치관의 변화'다. 경력이 단절된 중년기여성은 다시 일터로 나가게 되면서 직업과 일에 대한 생각 및 가치관에 가장 큰 변화를 겪는다. 이 변화의 공통점은 '일에 대한 고마움'이다. 나를 살게 해 준 존재, 나에게 의미를 부여해 준 존재, 내게 기쁨을 주는 존재, 내게 미래를 그리게 해 준 소중한 존재로서 변화된 '일'의 가치를 인정한다. 물론 구직여성 모두가 계획대로 원하는 직업을 선택한 것은 아니다. 그러나 직업인으로서의 삶을 살게 된 데에는 자신만의 피나는 노력과 인내의 과정이 있었다. 그 과정을 통해 겪은 인식과 관점의 변화는 나이가 들면서 생기는 자연스러운 변화가 아닌, 정말로 이 일이 좋고 만족스럽기 때문에 나타난 결과다. 전환의 결과로 직업에 임하는 태도가 달라졌다는 해석은 우리가 여성의 학습경험을 논할 때 성찰과 비판의식보다는 긍정적인 감정이 가져오는 효과가 얼마나 큰 것인지를 알게 해 준다.

중년기여성이 재취업과정에서 겪는 다양한 전환적 학습경험은 〈표 8-2〉에서와 같이 네 가지 범주로 요약될 수 있다. 첫째, 구직 실패와 좌절이라는 사건을 통해 자

표 8-2 인식전환의 학습 범주

주제	범주	개념
인식전환의 학습경험	실패를 통한 자기반성과 성찰	• 자신에게 부족한 점 깨닫기 • 자신에 대한 실망 이겨 내기 • 과거의 실패가 있었기에 지금 직업이 가능 • 구직 실패와 좌절로 인한 눈높이 조절 • 일 경험을 통한 두려움 극복하기
	과거를 버리고 다시 시작	• 과거의 생애사건이 지금의 나를 만들었음 • 현실 직시로 경력 재설계 • 눈앞의 것이 아닌 미래를 생각함 • 직업적 전환으로 다시 태어남 • 직업을 위해 개명 • 아는 만큼 보이게 됨 • 부족함을 극복하기 위한 배움의 확장
	가족 내 관계에 대한 인식변화	• 남편을 이해하게 됨 • 가족의 재구성을 고려 • 남편과 자녀와의 분리 • 주변인에서 중심인으로 • 주변으로 관계 확장(사회적 관계 확장) • 세상의 중심이 나로 바뀜 • 홀로서기
	일에 대한 가치관 변화	• 경제적인 이유에서 나를 위한 것으로 • 나만의 공간이라는 의미로 다가옴 • 일에 대해 겸손해짐 • 내 자신에 대한 만족 • 일은 반드시 필요한 것

기반성과 성찰을 하게 되는 과정은 자신의 과거를 인정하고 새로운 시각으로 구직활동에 나서게 만드는 전환이다. 둘째, 전직을 한 여성은 과거의 경험, 과거의 경력을 버리는 과정이 쉽지는 않았지만 끊임없는 고민과 갈등을 거쳐 새로운 직업을 갖게 되는 경력전환 속에서 다양한 학습을 경험한다. 셋째, 일을 하게 되면서 가족 내 자신의 역할을 재평가하고, 가족을 바라보는 시각이 변함에 따라 기존의 가족관계에 대한 인식이 변화한다. 넷째, 과거와 달리 일은 반드시 있어야 한다는 생각, 나만의 소중한 공간의 필요성에 대한 자각, 자기만족이라는 가치관의 변화는 직장과 일에 대한 인식, 더 나아가 자기성찰, 정체성의 재확립에 커다란 변화를 가져온다.

3) 재취업 생애사건을 통한 학습경험

중년기여성에게 있어 재취업은 전환적 경험이 되는 생애사건이다. 생애사건이 발생하면 적응을 위한 다양한 대처방식이 발생하며, 이때 학습의 준비도가 최상이 되면서 성인학습이 촉발된다(Knox, 1977). 생애사건은 가정, 노동, 여가생활 등의 일상생활의 영역 안에서 일어나며, 여성의 재취업도 하나의 생애사건이라는 맥락에서 이해할 수 있다. 한 사람의 여성이자 어머니로, 때로는 직업인이라는 다층적 맥락에서 살아남아야 하는 여성의 학습의 장은 바로 생활세계(이지혜, 2004) 그 자체이기 때문이다.

중년기여성은 취업경험을 포함한 일련의 재취업과정을 통해 상당히 많은 인식의 변화를 보였는데, 두드러진 특징 중 하나는 타인에 대한 배려와 이해심의 증가다. 전업주부였던 여성이 취업이라는 생애사건을 통해 자신감을 찾고, 그로 인해 유대감 증진이라는 변화를 받아들이면서 그 변화를 외부로 표현한다. 재취업을 하려는 여성과 기존에 사회생활을 하고 있는 여성에 대한 유대감과 동질감은 서로가 자신이 가진 경험과 지식을 공유하게 한다. 이렇듯 타인에 대한 유대감 증대가 취업을 통한 첫 번째 학습경험이라면, 두 번째는 삶의 만족감과 자신감의 회복을 들 수 있다.

나이 40세 이후에 첫 직장을 갖게 되거나, 50세를 앞둔 나이에 20년의 단절을 극복하고 직업생활을 시작한 중년기여성은 설사 돈이 필요하고 경제적인 이유에서 일을 시작했다 하더라도 그들에게 있어서 직업은 하나의 즐거움과 행복을 주는 존재라 인식한다. 대부분의 여성은 가정주부일 때도 행복했지만 사회생활을 하는 지금은 그때와는 다른 행복, '사회적 소속감'과 직업생활로 인한 '성취감'으로 인해 삶의 만족감이 더 커졌다고 밝힌다. 성취감은 중년기 발달과업인 '생성감(generativity)'과도 관련지어 생각해 볼 수 있는데, 취업경험을 통한 성취감 및 사회적 소속감은 중년기 적응에 긍정적인 영향(박금자, 2001)을 미친다. 여성은 이렇게 느낀 성취감을 통해 일에 대한 생각, 자기 자신의 존재, 자아성찰의 학습을 경험한다.

또한 여성이 재취업한 직종과 관련해 매우 흥미로운 사실을 발견할 수 있었는데, 그들이 선택한 직업에 어떤 일관성이 있다는 것이다. 경력단절을 겪은 중년기여성이 일정 기간의 직업교육훈련을 통해 선택한 직업은 직업상담사, 사회복지사, 병원코디네이터, 강사, 어린이집 보육교사, 어린이집 조리사 등에 집중되어 있다. 앞서 중년기여성이 일을 '돈을 버는 경제적 활동'으로만 한정짓는 것이 아니라 사회적 소속감이나 성취감 등으로 의미를 추구하고 있음을 살펴보았다. 이와 같은 사실은 중년기여성이 직업을 선택하는 데 있어 남을 돕는 것에서 보람을 느끼는 이타심이 작용함과 동시에 일을 통해 도덕성 발달이라는 중년기 발달과업을 보이고 있는 것으로 해석된다. 이러한 남을 위한 배려, 남을 위한 돌봄의 확장 등 이타심의 발달은 여성의 도덕성 발달의 맥락에서도 풀이될 수 있다. 여성의 생애발달에 있어 도덕성 발달을 주장한 Gilligan(1982)은 『다른 목소리로(In a different voice)』에서 중장년기여성에게 나타나는 심리적 변화, 사회적 활동에 대한 욕구를 '도덕성 발달' 차원에서 설명하였는데, 이것은 돌봄과 보살핌의 욕구가 긍정적이고 발전적인 상태라 해석하였다.

도덕성 발달은 개인의 성장과도 깊은 관계가 있다. 많은 중년기여성이 재취업을 준비하면서 보여 준 인식변화는 그들에게 다가올 다음 인생구조(life structure)인 노년기를 준비하게 하는 성장의 학습경험이다. 중년기여성은 재취업과정에서 겪은 다양한 학습경험으로 인생에서 유연한 자세를 취하게 되고, 자신의 행복을 남에게 전파함으로써 매사에 긍정적이 되며, 미처 몰랐던 자신의 진짜 모습을 발견하기도 한다. 생애사건을 중재하고 적응하는 과정에서 중년기여성이 유대감이나 남을 위한 이해심이 깊어지는 것뿐만 아니라 긍정적 에너지로 자신의 성장을 가져오는 학습의 결과를 보인다. 더 나아가 이타심과 도덕성 발달은 스스로를 성장시키고 있는 것으로 보인다.

우리가 일상생활에서 경험하는 것들은 각각의 의미를 가지고 있으며 학습으로 연계된다. 학습이란 단순한 정보나 사실을 획득하는 것이 아니라 의미를 만들고 이 전에 알고 있었던 지식을 전환시키는 역동적인 과정(Jarvis, 1995)이기 때문이다. 이 와 같은 맥락에서 삶 속에서 겪는 사건을 통해 학습하는 성인의 학습경험은 각자의 삶에서 핵심 요소가 된다. 여성이 중년이라는 나이에 직업을 구하고 새로 일을 시작 하는 과정에서 직업을 통한 삶의 만족, 그리고 긍정적인 자아 만들기는 그 뒤를 이 을 성인 후반기에 중요한 영향을 미치는 만큼 재취업과정에서 느끼는 전환적인 학 습경험은 매우 큰 의미가 있다.

표 8-3 재취업 생애사건을 통한 학습 범주

주제	범주	개념
취업 생애사건을 통한 학습경험	타인에 대한 유대감 증대	• 아는 만큼 베풀고 싶음 • 남에 대한 배려와 이해심의 확장 • 받은 만큼 돌려주고 싶음 • 자신의 경험과 지식을 공유
	삶의 만족감과 자신감의 회복	• 일을 한다는 자부심 • 생산적인 일, 돈을 번다는 자신감 • 자신감이 생기니 당당해짐 • 사회의 일원이라는 소속감 • 경력전환, 재취업에 성공한 자신이 대견함 • 남편, 자녀, 시댁에게 떳떳함 • 가정이 화목해짐 • 과업달성의 성취감 • 직업적 만족으로 인한 행복
	일을 통한 배움의 확장	• 조직생활에서 배우기 • 인내하고 견디기 • 업무 습득으로 인한 전문 역량강화 • 더 나은 미래 설계 • 경력개발의 기회
	내면의 자아를 새롭게 발견	• 그늘 속에 가려졌던 새로운 나를 발견 • 다른 사람에게 도움을 주고 싶음 • 멘토와 코치의 역할을 기꺼이 수행함 • 직업을 통한 보살핌의 도덕발달 • 그전의 나와는 전혀 다른 나 • 새로 태어난 기분

지금까지 살펴본 재취업이라는 생애사건에 따른 중년기여성이 경험하는 학습은 〈표 8-3〉과 같다.

4. 나가는 말

중년기여성의 재취업과정은 생애 전환을 맞이하는, 혹은 인생 2막을 준비하는 측면에서 봤을 때 매우 역동적이고 치열한 평생학습의 장이다. 특히 생애주기 발달관점에서 재취업과정은 여성학습의 두드러진 특성이 잘 드러난다. 재취업을 위해 주변으로부터 배우고 연관된 지식(Belenky et al., 1986)을 활용하는 모습, 사람들과의 관계 속에서 일을 하게 되면서 그동안 자신의 그늘 안에 숨겨 왔던 내면의 자아를 꺼내게 되는 변화가 그것이다. 또한 재취업이라는 생애사건을 통한 인식전환은 중년기여성에게 많은 성장과 변화를 가져왔다. 중년기여성의 발달 특성이라 볼 수 있는 생성감과 도덕성의 발달은 취업을 통해 확장된다.

남을 배려하고 돌보려는 욕구는 취업경험과 맞물려 남을 이해하게 되고 후배들에게 자신의 경험을 공유하는 등의 이타심 생성과 타인에 대한 유대감을 증대시킨다. 직업적 성취감으로 인해 삶이 만족스러워지는 경험은 중년기 정체성 형성에 도움을 준다.

재취업이라는 생활사건은 그 자체가 중년기여성이 마주하게 되는 전환의 촉매제다. 중년기 재취업의 경험은 인생에 있어 강력한 '전환적 사건'으로, 제2의 인생을 위한 도약이 될 수도 있고, 비자발적인 경력전환이 될 수도 있으며, 현재의 삶을 풍요롭게 하고 만족감을 증대시킬 뿐만 아니라 향후 내 삶의 방향을 위한 과정이 되기도 한다. 일련의 모든 전환적 경험이 학습이 되고 개인의 성장을 가져오는 것은 아니지만 중년기여성은 재취업과정에서 혹은 취업이라는 생애사건을 통해 인식의 전환이라는 전환학습을 경험하였고 그 결과 많은 부분에서 변화를 가져왔다. 이는 재취업과정에서 여성이 경험하는 학습이 향후 중년기를 넘어 다음 인생의 인생구조(life structure)를 모색하는 평생학습의 과정이라는 것을 보여 준다.

참고문헌

구명숙, 홍상욱(2005). 기혼여성의 재취업 구조에 관한 사례연구: 전업주부 재취업훈련 참가자를 중심으로. 한국가정관리학회지, 23(3), 153-167.

김명자(1998). 중년기 발달. 서울: 교문사.

김용민(2010). 경력단절여성의 취업제고를 위한 맞춤형 취업효과 연구: 여성새로일하기센터를 중심으로. 한국거버넌스학회 동계학술대회 자료집 2010(12), 79-109. 2010년 12월 16일. 광주: 호남대학교.

김지혜(2008). 중년기 이혼여성의 이혼 경험에 관한 연구: 중년기 발달과업을 중심으로. 서울대학교 대학원 박사학위논문.

문란영(2013). 경력단절여성의 재취업과정에 관한 근거이론적 연구. 동신대학교 대학원 박사학위논문.

민무숙, 오은진, 이시균(2010). 경력단절여성 재취업지원 서비스 발전방안. 연구보고서 8. 서울: 한국여성정책연구원.

박금자(2001). 중년여성의 삶의 의미와 영향 요인. 여성건강간호학회지, 8(2), 232-243.

박아청(2000a). 여성의 자아정체감 형성에 대한 새로운 접근. 한국심리학회지: 발달, 13(1), 115-126.

박아청(2000b). 성인기의 자아 정체감 형성에 관한 일고찰. 사회과학논총, 19(2), 47-61.

박아청(2004). 여성의 관점에서 본 여성의 자아형성에 관한 연구에 대한 일고찰. 사회과학논총, 23(1), 411-426.

오은진(2009). 경력단절여성의 재취업 성공요인 및 경로분석. 한국여성정책연구원 정책세미나 자료, pp. 3-17. 서울: 한국여성정책연구원.

오은진, 민무숙, 김종숙, 김혜원, 김난주(2011). 여성새로일하기센터의 효율적 운영 및 발전방안 연구. 연구보고 2011-19. 서울: 한국여성정책연구원.

윤혜경(2008). 고학력 경력단절 여성의 직업진로 탐색 경험 분석. 평생교육학연구14(1), 83-112.

이경혜, 김언주(2001). 중년여성의 역할적응에 따른 자아정체감 형성과 발달에 관한 연구. 교육심리연구, 15(2), 157-176.

이수분, 이정희(2014). 취업준비 기혼여성의 진로선택에 관한 질적 연구. 인적자원관리연구, 21(5), 165-185.

이지혜(2004). 기혼여성의 학습생활 분석: 1960년대 출생 여성을 중심으로. 평생교육학연구, 10(2), 79-107.

장서영(2008). 고학력 경력단절여성의 노동시장 재진입 과정에 관한 질적 연구. 여성연구,

74(1), 79-104.

조순일(2009). 경력단절 여성의 노동시장 재진입에 관한 연구: 고학력여성을 중심으로. 연세 대학교 대학원 석사학위논문.

진성미(2010). 경력성공의 의미와 성인학습에의 함의: 남성중심 직업에서의 여성사례. *Andragogy Today: International Journal of Adult & Continuing Education, 13*(1), 141-166.

황윤주(2015). 중년기 기혼여성 재취업과정에서의 학습경험 유형 연구. 중앙대학교 대학원 박사학위논문.

황윤주, 이희수(2014). 프로그램 논리모형을 활용한 경력단절여성 재취업지원 프로그램 효과성분석: 서울시 S센터 사례를 중심으로. **직업교육연구, 33**(6), 55-79.

Azibo, M., & Unumb, T. C. (1980). *The mature woman's back-to-work book*. Chicago, IL: Contemporary Books.

Belenky, M. F., Clinchy, B. M., Goldberger, N. R., & Tarule, J. M. (1986). *Women's ways of knowing: The development of self, voice, and mind*. New York, NY: Basic Books.

Bianchi, A. (1990). *Smart choices. A woman's guide to returning to school*. Princeton, NJ: Peterson's Guides.

Brandenburg, J. B. (1974). The needs of women returning to school. *The Personnel and Guidance Journal, 53*(1), 11-18.

Brooks, L. (1976). Supermoms shift gears: Re-entry women. *The Counseling Psychologist, 6*(2), 33-37.

Brooks, A. K. (2000). Transformation. In E. Hayes, D. Flannery, A. Brooks, E. Tisdell, & J. Hugo (Eds.), *Women as learners: The significance of gender in adult learning* (pp. 139-153). San Francisco, CA: Jossey-Bass.

Candy, S. G., Troll, L. E., & Levy, S. G. (1981). A developmental exploration of friendship functions in women. *Psychology of Women Quarterly, 5*(3), 456-472.

Chodorow, N. (1974). Family structure and feminine personality. In M. Z. Rosaldo & L. Lamphere (Eds.), *Women, culture and society* (pp. 81-105). Stanford, CA: Stanford University Press.

Cooley, L. (2007). Transformational learning and third-wave feminism as potential outcomes of participation in women's enclaves. *Journal of Transformative Education, 5*(4), 304-316.

Cranton, P. (1994). *Understanding and promoting transformative learning: A guide for educators of adults*. San Francisco, CA: Jossey-Bass.

Cranton, P. (2002). Teaching for transformation. In J. M. Ross-Gordon (Ed.), *Contemporary viewpoints on teaching adults effectively*. New Directions for Adult and Continuing Education, 93, 63-72. San Francisco, CA: Jossey-Bass.

Denmark, F. L., & Klara, M. D. (2007). Empowerment: A prime time for women over 50. In V. Muhlbauer & J. C. Chrisler (Eds.), *Women over 50: Psychological perspectives* (pp. 182-203). New York, NY: Springer.

English, L. M., & Irving, C. J. (2012). Women and transformative learning. In E. W. Taylor & P. Cranton (Ed.), *The handbook of transformative learning: Theory, research, and practice* (pp. 245-259). San Francisco, CA: Jossey-Bass.

Ericksen, K., Jurgens, J., Garrett, M., & Swedburg, R. (2008). Should I stay at home or should I go back to work? Workforce reentry influences on a mother's decision-making process. *Journal of Employment Counseling, 45*(4), 156-167.

Erikson, E. H. (1968). *Identity, youth and crisis*. New York, NY: Norton.

Etaugh, C. A. (2008). Women in the middle and later year. In F. L. Denmara & M. A. Paludi (Eds.), *Handbook of the psychology of women* (pp. 271-302). Westport, CT: Praeger.

Etaugh, C. A. & Bridges, J. S. (2013). *Women's lives: A psychological exploration* (3rd ed.). Boston, MA: Allyn & Bacon.

Ettling, D., & Guilian, L. (2004). Midwifing transformative change. In E. O'Sullivan & M. M. Taylor (Eds.), *Learning toward an ecological consciousness: Selected transformative practices* (pp. 115-131). New York, NY: Palgrave Macmillan.

Fiske, M., & Chiriboga, D. A. (1990). *Change and continuity in adult life*. San Francisco: Jossey-Bass.

Gilligan, C. (1997). 다른 목소리로(*In a different voice*). 허란주 역. 서울: 동녘. (원저는 1982년에 출판).

Goodman, J., Schlossberg, N., & Anderson, M. (2006). *Counseling adults in transition: Linking practice with theory* (3rd ed.). New York, NY: Springer.

Grant, L. (2008). Authenticity, autonomy, and authority: Feminist jewish learning among post-soviet women. *Journal of Jewish Education, 74*(1), 83-102.

Hamp, J. M. (2006). Voice and transformative learning: A study of critical reflection and rational discourse in the transformative learning experience of economically disadvantaged women. Unpublished doctoral dissertation, Univ. of George Washington, Washington, DC, USA.

Hayes, E., Flannery, D., Brooks, A., Tisdell, E. J., & Hugo, J. M. (2000). *Women as learners: The significance of gender in adult learning.* San Francisco, CA: Jossey-Bass.

Herr, E. (1989). *Counseling in a dynamic society: Opportunities and challenges.* Alexandria, VA: American Association for Counseling and Development.

Jarvis, P. (1995). *Adult and continuing education: Theory and practice* (2nd ed.). London, UK: Routledge.

Josselson, R. (1987). *Finding herself: Pathways to identity development in women.* San Francisco, CA: Jossey-Bass.

Josselson, R. (1996). *Revisiting herself: The story of women's identity from college to midlife.* New York, NY: Oxford University Press.

Knox, A. (1977). *Adult development and learning.* San Francisco, CA: Jossey-Bass.

Kulik, L. (2007). Contemporary midlife grandparenthood. In V. Muhlbauer & J. C. Chrisler (Eds.), *Women over 50: Psychological perspectives* (pp. 131-146). New York, NY: Springer.

Levinson, D. J., & Levinson, J. D. (2004). 여자가 겪는 인생의 사계절(*The seasons of woman's life*). 김애순 역. 서울: 이화여자대학교 출판부. (원저는 1996년에 출판).

Luttrell, W. (1997). *Schoolsmart and motherwise: Working class women's identity and schooling.* New York, NY: Basic Books.

Madsen, S. R. (2011). Midlife career change. In M. Z. Stange & C. K. Oyster (Eds.), *Encyclopedia of women in today's world* (pp. 949-951). Thousand Oaks, CA: Sage Publications.

Merriam, S. B. (2005). How adult life transitions foster learning and development. In M. A. Wolf (Ed.), *Life span well-being.* New Directions for Adult and Continuing Education, 108, 3-13. San Francisco, CA: Jossey-Bass.

Mezirow, J. (1991). *Transformative dimensions of adult learning.* San Francisco, CA: Jossey-Bass.

Mezirow, J. (2000). Learning to think like an adult: Core concepts of transformative learning theory. In J. Mezirow & Associates (Eds.), *Learning as transformation* (pp. 3-34). San Francisco, CA: Jossey-Bass.

Miller, J. B. (1986). *Toward a new psychology of women.* Boston: Beacon Press.

Moen, P., & Wethington, E. (1999). Midlife development in a life course context. In S. L. Willis & J. B. Reid (Eds.), *Life in the middle: Psychological and social development in middle age* (pp. 3-23). San Diego, CA: Academic Press

Papalia, D. E., & Olds, S. W. (1995). *Human development* (6th ed.). New York, NY: McGraw-Hill.

Pew Research Center (2011). *Fighting poverty in a bad economy, Americans move in with relatives.* Washington, DC: Author.

Reeves, P. M. (1999). Psychological development: Becoming a person. In M. C. Clark & R. S. Caffarella (Eds.), *An update on adult development theory: New ways of thinking about the life course.* New Directions for Adult and Continuing Education, 84, 19-27. San Francisco, CA: Jossey-Bass.

Skolnick, A. (1991). *Embattled paradise.* New York, NY: Basic Books.

Sperling, L. (1991). Can the barriers be breached? Mature women's access to higher education. *Gender and Education, 3*(2), 199-213.

Sugar, J. A. (2007). Work and retirement. In V. Muhlbauer & J. C. Chrisler (Eds.), *Women over 50: Psychological perspectives* (pp. 164-181). New York, NY: Springer.

Zikic, J., Burke, R. J., & Fiksenbaum, L. (2008). Gender differences in involuntary job loss and the reemployment experience: Less there than meets the eye. *Gender in Management: An International Journal, 23*(4), 247-261.

노트 9

일터 고숙련자의 기업현장교사 도전기

일터에서 기업현장교사는 자신이 몸담고 있는 분야의 지식과 노하우가 풍부한 전문가다. 이들은 오랜 기간 일터에서 산업변화를 겪고, 기술과 환경, 인간관계 등을 익히며 다양한 경험을 통해 고숙련의 자리에 올랐다. 기업현장교사는 학습과 성장 사이를 반복적으로 순환하며 일터와 삶, 성인교육자의 역할을 연계하는 독창적인 생태계를 생성하고 이를 지속시킨다. 특히 고숙련자가 기업현장교사 영역에 진입하면서 새로운 분야와 결합하는 과정, 즉 산업현장에서 성인교육자로서의 역할에 대한 조명은 평생교육 측면에서도 큰 의의가 있다.

이 장에서는 일터 고숙련자가 초보기술인에서 기업현장교사의 역할을 수행하기까지의 성장과정을 탐색한다. 이를 통해 이들의 성장과정에서 성인교육자로서의 의미가 자신에게 어떠한 영향력을 주는지 이해할 수 있다.

1. 숙련과 고숙련

인적자원이 지닌 지식의 증가와 숙련도의 향상은 기업 경쟁력의 필수조건이다. 수준 높은 인적자원은 기술 개발을 기본으로 하며 효율적인 생산체제를 개발하고 운용할 수 있다. 아울러 생산체제를 혁신하고 기업과 집단을 효과적으로 경영하는 능력을 보유하고 있어 경제성장의 핵심 요소(김영생, 정무권, 최영섭, 2006)로 받아들여진다. 숙련된 인적자원은 현장에서 적재적소에 활용될 수 있으므로 지속적인 기업발전의 원동력이 된다.

숙련은 "연습을 많이 하여 능숙하게 익힘"(국립국어원 표준어대사전, 2016)이라는 의미가 있다. 전통적인 숙련의 개념은 '육체적인 작동의 성과'에 초점이 맞추어져 있어, 훈련을 통해 일터에서 활동할 수 있는 정신적·육체적 능력을 획득하는 것으로 이해되었다. 그러나 오늘날 숙련의 개념은 교육 및 훈련 경험을 비롯하여 다양한 지식들을 익히는 것까지 좀 더 포괄적으로 풀이된다. Winterton, Delamore Le Deist와 Stringfellow(2005)는 개인 차원에서 조직 및 사회 차원까지 다양한 학습방식을 통해 특정한 수준의 성과를 나타내는 지적 능력을 '현대적 의미로서의 숙련'으로 언급하였다.

숙련은 지식의 획득과 실행을 통해 발전되고, 환경으로부터 요구에 대응하는 목표이자, 형태의 구성요소들이 일관성 있게 잘 조직화된 행동으로 칭하기도 한다 (Proctor & Dutta, 1995: 18). 숙련은 육체적인 움직임의 측면도 있지만, 인지적·지적 능력을 요구하는 문제해결적인 숙련까지 아우르는 포괄적인 개념으로 확대된다. 숙련의 유형은 전통적으로 이해해 왔던 운동적 숙련 외에도 새로운 지식을 습득하고 활용하는 인지적 숙련, 문제해결식 숙련, 사회적 숙련 등 다양한 유형으로 분류가 가능하다(장홍근, 2009). 따라서 숙련은 어느 특정 기능의 반복적 학습에 의한 육체적 작동의 체계화가 아니라, 문제를 인식하고 분석하며, 이에 필요한 지식을 습득 활용하여 문제해결을 지향하는 지적인 과정이다.

숙련의 차원을 직무와 관련한 영역으로 범주화한 Winterton 등(2005)은 숙련을 인지적 숙련, 기능적 숙련, 협력적 숙련으로 구분하였다. 인지적 숙련은 직무를 수행하는 것과 관련되는 일반적인 교육훈련 등에 의해 습득되는 것으로 이론, 원리(개념), 지식 등으로 구성된다. 기능적 숙련은 특정 직종에서 일하는 사람이 직무를 수행하는 데 필요한 기술적 숙련으로, 장비를 사용하거나 생산 공정을 직접 다룰 때 요구되는 숙련이다. 협력적 숙련은 고용관계에서 나타나는 개인 또는 다른 업무와의 상호관계와 관련되는 동료와의 관계, 고객과의 관계 등을 말한다. 숙련은 유능하고 전문적이며 신속하고 정확한 성과에 이르게 하는 다양한 요인들의 결합이다(Welford, 1968). 또한 단순한 기능의 영역이 아닌 기술, 전문지식, 고도의 이론 등을 포함하고 있는 복잡한 체계다.

고숙련 사회에서는 인적자원을 충분히 확보하고 이를 지속적으로 고도화시켜야만 세계시장에서 제품과 서비스의 경쟁우위를 획득할 수 있다. 고숙련 사회의 중심에는 경쟁력 있는 인적자원의 핵심역량인 고숙련이 자리한다. 고숙련이란 특정 분야에서 기술 능숙도와 지식 수준이 높은 상태를 말한다. 고숙련은 경제성장과 경쟁력 강화에 중요한 의미를 갖는 자산(김영생 외, 2006)이자, 산업현장에서 노동생산성 향상을 이끄는 원인이다. 산업현장에서는 인적자원의 노동생산성 향상 전략을 강조한다. 노동생산성은 생산과정에 투입된 개인의 일정한 노동력과 그로 인해 발생한 부가가치의 비율을 의미하는데, 개인이 보유한 숙련의 정도가 노동생산성의 중요한 요인이 될 수 있다(정규승, 2008). 과거 노동의 양적인 확장을 중시했던 인적자원 전략의 목표는 질적인 가치상승으로 전환되고 있다. 한세억(2004)은 변화된 노동 환경에서는 노동시간의 증가로 더 이상 생산성을 높일 수 없기 때문에 노동 가치를 상승시키는 방법론에 집중해야 한다고 말한다.

기업은 생산조직, 시스템의 효율성, 고숙련 인력을 적절하게 활용하여 생산성을 도출한다. 이러한 기업의 생산체제에 기초한 노동생산성 결정요인으로서의 개인적 차원과 작업체제의 고숙련 차원은 기업의 생산성을 결정하는 중요한 요인 중 하나다. 아무리 고숙련 인력이 많더라도 이를 효과적으로 활용할 수 있는 직무체계와 지원시스템이 결합된 효과적인 생산체제가 구현되지 못하면 고숙련 인력의 역량을 생산성 향상으로 연결시킬 수 없다. 고숙련을 통한 노동생산성의 변화는 기업 차원뿐만 아니라 숙련형성, 전달 및 활용과 관련된 사회적인 제도를 포함한다(김영생 외, 2006).

산업현장의 기술인은 일터에서 숙련을 형성하고 그 수준을 높여 간다. 박동열 등(2011)은 '숙련'을 특정 분야에 대한 전문적인 지식과 숙달된 기술이나 능력을 말하고, '숙련 기술인'은 일정 수준 이상의 경험과 전문지식을 갖추고 탁월한 기술을 보유한 자로 설명하였다. 일반적으로 현장 경력이 10년 이상이면 고숙련자로 분류한다.

개인 역량강화 차원에서 말하는 고숙련의 개념은 인적자원적 특성으로서의 숙련, 곧 개인이 취득한 능력, 지식 및 경험의 유기적인 통합으로 정의할 수 있다. 숙련은 개별적 생산성에 따른 보상과 연결되고, 일터의 구조와 직무특성에 의해 일터에서 구체화되는 형상으로 의미를 부여할 수 있다(김영생 외, 2006). 개인으로서 숙련은 통합적이고 포괄적인 작업에 대해 지적·기술적·기능적 능력을 갖추고 체화된 기술(embodied technology)과 지식을 갖춘 인력의 특성이다. 체화된 기술이란 "기술혁신 과정 중 일어나는 문제들을 효과적으로 해결할 수 있는 특별한 지식, 아이디어, 기술 등"(김일용, 임덕순, 정선양, 1993: 78)을 의미한다. 따라서 체화된 기술은 정형화된 지식이나 기술과 같이 독립된 형태로 존재하지는 않지만 구체적인 상황에서 문제를 해결하는 노하우라고 할 수 있다.

지식정보사회의 발전으로 숙련은 물리적 힘이 필요한 기능 발휘가 아니라 지식과 정보 활용의 전문성이 더 중요한 부분이 되고 있다(윤양배, 김영생, 정무권, 2008). 개인의 숙련도 증가는 자체의 기능보다는 기술과 지식에 무게가 실린다는 것이고, 숙련도가 증가한다는 것은 발전의 과정을 거친다는 것이다. 따라서 숙련도의 증가를 확인하기 위해서는 초보자에서 고숙련자로 발전하는 단계를 탐구하여야 한다. 다음에서는 개인의 숙련도에 주안점을 두고 탐색하고자 한다.

2. 기술인의 고숙련과정

시대의 변화에 따라 요구되는 기술 숙련에 관한 과정과 그 과정 안에서 필요한 역량과 지식, 태도 등을 학자들마다 다르게 기술하고 있다. 기술 숙련과정은 기술진보, 경제성장, 사회발전 간의 중요한 연결고리인 고숙련자의 지식의 발전과 지식 확산(OECD, 1995: 3)에 중요한 틀을 마련해 준다. 학자별로 설명하고 있는 기술 숙련과정의 수준 및 단계, 영역, 직업전문성 발달 이론에 비추어 살펴보면 다음과 같다.

숙련 수준에 관련하여 1993년 스웨덴의 Ericsson이 독일의 Krampe, Tesch-Römer와 공동으로 수행한 '전문역량 습득에 있어 의도적 연습의 역할(The role of the deliberate practice in the acquisition of expert performance)' 연구가 괄목할 만하다. 4,400여 건에 이르는 논문들을 분석하여 '재능'과 '연습'에 대해 내린 이들의 연구 결과에 따르면, 어느 분야에서든 두각을 나타내기 위해서는 오랫동안 지속되는 의도적 연습(deliberate practice)이 있어야 하며, 연습량이 곧 성과의 가장 큰 결정요인이다. 이들은 전문성은 대부분의 분야에서 사실상 연습량에 의해 좌우되기 때문에 타고난 재능은 큰 영향을 미치지 못한다고 주장하였다. 또한 이들은 숙련 수준을 문외한에서 마스터까지 7단계로 구분하였고, 이에 대한 역량 및 활동내용을 제시하였다. 숙련의 수준이 올라갈수록 '연습'에 관한 강도와 밀도가 강해진다.

그러나 Ericsson 등의 연구물에 반론을 제기하는 학자들도 있다. Gobet와 Compitelli (2007)는 아르헨티나 체스 선수에 관한 연구에서 최상의 기량을 갖추는 데 어떤 사람은 2년에 가능했으며 다른 사람은 26년 혹은 평생을 연습해도 최상급에 도달하지 못한 경우를 발견하였다. 또한 Macnamara, Hambrick와 Oswald(2014)의 연구에서도 Ericsson의 주장이 맞지 않다고 보고하였다. 음악과 체스 실력에 관한 88개의 논문을 메타 분석한 그들의 연구 결과에 따르면, 의도적 연습과 기량은 분야에 따라 조금씩 달랐지만 설명에 부합되는 부분은 30% 아래를 밑돌았다.

그러나 여기에서 Ericsson의 '연습'의 의미를 잘 살펴보아야 한다. 단순히 Gladwell(2008)처럼 선천적 재능을 성과로 정제하고 전환하기 위해 필요한 '1만 시간'이 아니다. 그가 말하는 연습의 의미는 다음과 같다. 첫째, 자신의 약점을 최대한 줄이고 기량을 높이기 위한 목적으로 학습하는 것, 즉 스스로에 대한 수련이다. 둘째, 그런 목적을 위해 멘토로 부를 수 있는 사람의 존재다. 자신이 하는 노력의 방향과 성과를 끊임없이 검토하고 교정해 나가게 할 수 있는 방향타의 역할을 할 사람이 있어야 한다. 이 두 의미가 맞물려 돌아갈 때가 Ericsson이 주장하는 '의도적 연습'이 된다. 압도적인 성과를 위한 시간이 필요할 뿐이다.

앞서 언급했듯이, Ericsson은 근로자의 숙련 수준을 문외한에서 마스터까지 총 7단계로 구별하였다. 첫째, 문외한(naive)은 소속 분야에 대해 아무것도 모르는 백지상태를 일컫는다. 둘째, 초보자(novice)는 소속 분야에 대해 최소한의 정보를 접해 본 수준이다. 셋째, 신입자(initiate)는 도입 정도의 교육을 받은 초보 수준이다. 넷째, 도제(apprentice)는 분야에 따라 연수기간은 다르나 교육훈련을 받고, 지도하는 사람과 함께 생활하는 수준이다. 다섯째, 숙련공(journeyman)은 일정 정도의 경험과

표 9-1   근로자의 숙련 수준별 구분

구분	역량 및 활동 내용
문외한	• 소속 분야에 아무것도 모르는 상태
초보자	• 소속 분야에 대해 최소한의 정보를 접해 본 적이 있음
신입자	• 시작 단계에서 도입 정도의 교육을 받은 초보 수준
도제	• 교육훈련을 받고, 지도하는 사람과 같이 생활하면서 일을 돕는 경우가 많음 • 분야에 따라 연수기간은 상이하나, 평균 12년 정도임
숙련공	• 일정 정도의 경험과 기량을 갖춤 • 타인의 감독을 받지 않고 일을 하지만 작업 지시는 따라야 함 • 도달한 숙련 수준은 평생 지속되는 경향이 있음
전문가	• 특정 분야에서 많은 경험과 전문지식을 지님 • 탁월한 기량과 성과를 보임 • 주변으로부터 존경과 신뢰를 받는 위치임
마스터	• 당대의 최고 수준의 기술자로 관련 분야의 전문가들로부터 인정을 받음 • 독자적인 비즈니스를 수행함 • 특정 분야의 제반 규정과 표준, 혁신 과정에 주도적으로 참여하고 후진 양성에 힘씀

출처: Ericsson (2006a), p. 22.

기량을 갖춘 것으로 감독의 지시가 적은 수준이며, 한번 도달된 숙련 수준은 평생 지속되는 경향이 있다. 여섯째, 전문가(expert)는 특정 분야의 많은 경험과 전문지식을 지녔고, 주변의 존경과 신뢰를 받는다. 마지막으로, 마스터(master)는 독자적인 비즈니스를 수행하면서 당대의 최고 기술자로 추앙을 받고, 후진양성을 위해 노력한다. Ericsson의 숙련 수준별 구분과 역량 및 활동 내용은 〈표 9-1〉과 같다.

기술습득은 어느 순간에 이루어지는 것이 아니다. 학습자가 지식과 기능이라는 두 측면의 습득을 순차적으로 연마하고 수행하는 과정이 순환되어야 기술습득이 용이해지고, 그에 따른 기술의 수준이 드러난다. 기술습득 5단계 이론(Dreyfus & Dreyfus, 1986)은 학습자의 지식과 기능 두 측면을 기반으로 기술습득을 설명하고 있는 가장 잘 알려진 영향력 있는 이론 중 하나다(Collins & Evans, 2007). Dreyfus와 Dreyfus(1986)는 모든 사람이 전문가 수준의 기술을 가질 수 없다고 가정하고, 비행기 조종사, 체스 게임 선수, 자동차 운전사, 성인 외국어 학습자들의 기술습득과정을 연구하였다. 이들은 자신들의 연구 결과를 토대로 기술습득의 과정을 초보자, 고등초보자, 능숙자, 숙련자, 전문가 등 5단계로 구분하였다.

첫째, 초보자는 다양하고 객관적인 사실들과 특징들을 인식하고, 그들을 근거로 행동을 결정하는 규칙을 습득하는 단계다. 이 수준에서는 객관적인 사실에 초점을 맞추기 때문에 주변 맥락과 상황을 간과한다. 초보자는 실제 상황에 대처하는 경험을 한다.

둘째, 고등초보자 단계에 진입하여 보다 여유 있게 자신의 과업을 수행한다. 고등초보자는 의미 있는 요소들이 있는 구체적인 상황을 체험하면서 특정한 요소들을 인식하기 시작한다. 이것을 탈맥락적 요소들과 구분하기 위해 상황적 요소라고 한다(Fook, Ryan, & Hawkins, 2000).

셋째, 능숙자는 고등초보자보다 더 많은 경험을 하면서 현실 상황에서 인식할 수 있는 탈맥락적 요소들과 상황적 요소들을 활용한다. 이들은 다양한 요소와 맥락들이 포함하고 있는 문제에 대처하기 위해 의사결정 절차를 배운다. 능숙자는 상황을 조직화하고, 조직한 계획을 선택하고, 가장 중요한 요소들을 검토한 후 상황을 조직화할 수 있는 계획을 선택하고, 그 계획에서 가장 중요한 요소들을 검토한 후에 자신의 과업수행을 단순화 혹은 향상시킨다. 능숙자는 초보자의 탈맥락적 특징과 같은 객관적인 절차가 없으므로 스스로 어떠한 계획을 선택한다는 것은 어려운 일이다. 초보자와 고등초보자는 정해진 규칙과 절차를 따르기만 하면 되므로 책임감을 느끼지 못하지만, 능숙자는 개인의 판단으로 우선순위를 정하는 등 나름대로의 규칙과 기준을 적용한다. 이에 책임감을 가져야 한다고 생각한다. 능숙자가 선택한 계획은 실제 행동과 그 결과에 중요한 영향을 미치는데, 성공한 결과에 대해서 만족감을 느끼며 생생하게 기억하는 반면, 실패한 경우에는 쉽게 잊지 못한다.

넷째, 숙련자는 다양한 대안들의 성찰을 통해 의식적으로 목표와 의사결정을 선택하므로 정해진 규칙을 단순하게 따르지 않는다. 숙련자가 지니고 있는 풍부한 경험은 현장에서 직면한 문제를 해결할 때 유용하게 활용되며, 숙련자는 과거의 경험에 비추어 문제를 해결하고자 한다. 숙련자가 행하는 상황에 대한 이해에 관해서는 의식적인 노력이 필요 없지만, 자신이 해야 할 일에 대한 부분은 신중히 고려하여 결정해야 한다.

마지막으로, 전문가는 직관적으로 어떤 요소를 중요하게 고려해야 할지와 어떤

표 9-2 기술 수준으로 살펴보는 디버깅 모델

기술 수준	교정을 위한 능력과 습관
초보자	• 디버깅 기술의 결핍 • 프로그램을 통해 빈번하게 같은 결점 유형을 반복 • 계획을 따르는 것보다 무턱대고 프로그램을 교정함 • 오류를 잡는 데 많은 시간을 보냄 • 쉽게 포기하고, 다른 이들에게 많이 의지함
고등 초보자	• 경험을 통해 디버깅 기술을 발전시키고 경험에 비추어 현상을 인지함 • 프로그램을 통해 가끔 같은 결점 유형을 반복 • 성공과 실패 이전을 기반으로 디버깅을 위한 접근을 시작함 • 최후의 수단으로만 유사한 디버깅 기술의 낮은 시도 • 어느 정도까지 다른 이들을 의지함
능숙자	• 다양한 디버깅 기술을 앎 • 기계적으로 디버깅을 접근, 사용할 기술로 상황을 평가함 • 기술이 효과적이지 않을 때에는 대안을 세움 • 독립적으로 대부분의 결점을 알아냄
숙련자	• 전반적인 프로그램 개발 부분으로서 디버깅을 살펴봄 • 디버깅을 촉진하기 위한 프로그램의 다른 영역으로 기술을 발전시킴 • 의사결정능력과 디버깅을 위한 접근을 최대한 활용함 • 도움 요청이 드묾
전문가	• 풍부한 경험을 토대로 직감적으로 디버깅에 접근하는데, 디버깅은 제2의 본성임 • 복잡하거나 유사하지 않은 결점을 성공적으로 알아냄 • 도움 요청이 드묾

출처: Chmiel & Loui (2004), p. 20.

행동을 해야 하는지를 아는 수준으로 의식적인 사고나 규칙이 필요 없다. 전문가는 보통 숙련되고 반복적인 이해를 통해 무엇을 해야 할지를 알고 있기 때문이다. Chmiel과 Loui(2004)는 간호분야에서 실제로 적용된 기술습득 수준을 디버깅 모델을 통해 〈표 9-2〉와 같이 체계적으로 설명하였다. 그러나 이러한 모델은 과학적으로 검증된 모델이라기보다는 인공지능의 한계를 지적하기 위한 논의로 시작된 개념적 모델이라는 점을 주의해야 한다.

전문성 발달단계 이론들은 전문성의 발달과정을 명확히 구분하여 이에 대한 이해를 돕는다. 반면에 전문성 발달과정의 지나친 선형적 제시는 전문성 발달의 역동적인 특성에 대해 충분한 설명을 하지 못한다(Grenier & Kehrhahn, 2008). 그럼에도 불구하고 Ericsson(2006a), Dreyfus와 Dreyfus(1986), Feldman(1995), Alexander(2003), Anderson(2015) 등의 전문성 발달단계 이론들의 주요 공통점을 다음과 같이 제시할 수 있다. 첫째, 최고 수준의 전문가가 되기 위해서는 경험을 기반으로 한 의도적이고 지속적인 연습이 필요하다. 둘째, 무조건적인 학습이 아닌 성찰 등의 노력이다. 셋째, 개인뿐만 아니라 개인 주변과 연관된 맥락적 요인의 영향을 받아 성장, 정체 등의 복합적인 과정을 통해 전문성이 발달한다.

Dalton 등(1977)은 직업전문성 발달단계의 모형을 조직 내에서의 역할에 초점을 맞추어 제시하고 있다. 그들의 발달단계 모형에 따르면, 성공적인 조직생활을 하는 사람들은 다음의 네 가지 직업발달단계를 거친다.

첫째, 조직에 갓 고용된 상태인 '도제단계'로서 조직의 특정한 감독자 밑에서 조직의 일을 학습하는 것이 중심활동이 된다. 조직 안에서 이들은 '학습자' 혹은 '도제'로 설명된다. 이 단계의 과업은 평상적인 작업을 잘 받아들여서 해내는 것이며, 자신의 능력을 드러내면서 스스로 향상해 나갈 수 있는 주도권을 갖는 것이다.

둘째, '동료단계'로서 한 프로젝트의 기획에서 완료까지 책임을 맡는 단계다. 이때 서로가 '동료'이자 독립적인 기여자(contributor)가 된다. 수행해야 할 과업은 전문영역을 개발하여 숙련하고, 그 분야 안에서 인정받는 것이다.

셋째, '멘토(mentor)단계'로서 타인의 작업까지 책임을 지는 단계다. 이 시기에 개인은 훈련, 감독, 그리고 조직 내 다른 부서와의 상호작용을 통해 타인으로부터 그 분야의 전문가, 리더 혹은 멘토로 여겨지는데, 대부분 이 단계를 넘지 못한다.

넷째, '스폰서(sponsor)단계'로서 소수의 개인만이 도달한다. 이 단계에서의 과업은 정책을 결정하고 조직의 방향을 정하는 것이다. 이 단계에서 개인이 통상적인 조직의 일과 방향성에 책임을 지면, 다른 이들은 그를 학습할 경험을 창출하는 지원자로 여긴다. 이때 중요한 과제는 권력을 실행 및 통제하는 것으로, 자신이 지닌 권력을 개인과 조직의 이로움으로 사용할 수 있어야 한다.

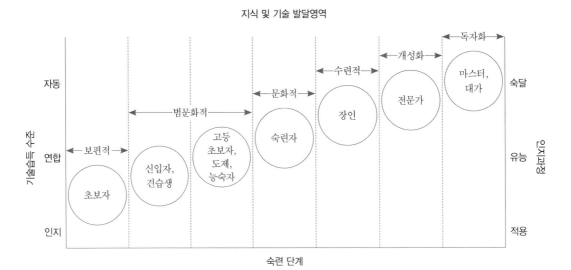

[그림 9-1] 숙련 수준 및 단계, 영역과의 관계

　　지금까지 기술 숙련과정 이론을 살펴보았다. 우리는 특정 영역의 전문적인 지식과 능력을 갖춘 사람을 '전문가'라고 칭한다. 앞서 정리한 기술 숙련과정 이론을 언급한 학자들이 정의하는 '전문가'는 환경, 행동, 능력의 수준을 극복해 나가면서 자신이 몸담은 분야의 성공 욕구를 뛰어넘는다. 이는 단순히 자신이 속한 분야의 지식과 기술의 숙련자가 아니라 신념·가치관·의미를 찾고 자신의 삶을 이끌어 간다는 의미다. 따라서 학자들이 제시하는 전문가로 성장해 가는 숙련의 수준과 과정은 비슷한 양상을 보이지만 학자들의 관점에 따라 각 단계의 의미는 서로 다르다. [그림 9-1]은 앞서 언급한 학자들의 숙련 수준 및 단계, 영역과의 관계를 보여 준다.

　　지금까지 Ericsson(2006a), Dreyfus와 Dreyfus(1986)의 연구 결과를 살펴보았다. 이를 기반으로, 다음에서는 Feldman(1995)과 Alexander(1997)의 기술 숙련과정 연구까지 탐색하여 이 연구의 참여자들이 지니고 있는 기술 숙련과정을 탐구하고자 한다. 기술 숙련단계를 비교하고, 추출된 특징적 요소들을 단계별로 살펴본다.

3. 일터학습의 개념

일을 하는 자리, 일자리, 작업장, 직장 등으로 명명되는 '일터'의 개념은 생산성, 효과성 그리고 혁신을 통해 기업의 발전에 기여하는 것과 개인의 학습을 촉진하는 지식·기술·역량을 성장시켜서 얻는 개인 개발로 이분화할 수 있다(Boud & Garrick, 1999). 여기에서 초점을 두고자 하는 일반적인 일터학습은 '일터에서의 학습'을 말하며, 기본적으로 다양한 학습활동이 업무현장에서 이루어지는 것을 일컫는다(Rothwell, Sanders, & Soper, 1999). 일터학습은 개인의 학습을 촉진하는 개발의 장이자 교육적 관계 맺음으로, 조직학습과 기업의 배움력을 제고시키는 환경의 기제다.

일터학습은 학자들의 관점에 따라 다양한 정의가 내려지고 있으며, 이론적 전개와 경험적 연구들이 주를 이룬다(Cheetham & Chivers, 2001). Boud와 Garrick(1999)은 일터학습을 현재와 미래에 필요한 역량을 개발하는 학습으로 정의하였으며, 또 다른 학자들은 동료와의 협동과정 및 사회적 상호작용의 학습(Billett, 1994; Cunningham, 1999)으로 언급하기도 한다. 또한 학습의 과정(Lave & Wenger, 1991), 역동적인 형식학습과 무형식학습 간의 상호작용을 통한 학습(Shipton, Dawson, West, & Patterson, 2002)과 매일의 일상 업무의 경험을 통한 학습(Spencer, 2001)으로 정의된다.

이처럼 일터학습에 대해 단일한 정의를 내리기 어렵고, 다양한 활동이 내포되어 있지만(Matthews, 1999), 일터학습이 경험의 연속성을 촉진하는 학습이라는 것과 학습에 있어서 개인의 경험이 중요한 영향을 미친다는 의미는 동일하다(Kolb, 1984; Marsick & Watkins, 1990; Schön, 1983). 즉, 일과 학습은 분리된 개념이 아니라는 것으로 해석할 수 있고, 앞서 설명한 일터학습의 정의들은 일터를 학습의 관점으로 본다는 점에서 공통점을 지닌다.

Watkins(1995)에 따르면, 일터학습은 개인학습을 중요시하면서도 일반적으로 집단학습을 중시한다. 이것은 조직의 기억이라는 개념의 내재화된 정보를 공유한다는 것을 의미하는데, 조직은 이렇게 축적된 정보를 조직원들과 공유함으로써 조직 내부의 업무수행 및 가치나 관점을 정교화하고 유지한다. 또한 일터학습은 노하우나 암묵적인 지식의 획득, 시공간적 한계의 극복 및 변화의 적응성의 장점을 지닌

채 능동적인 학습을 향해 나아간다. 일터에서의 학습의미는 학습의 지속적인 과정, 경험과 정보, 반복행동으로 축적된 학습인 개인의 지식을 각자의 실천과 강화를 통해 현장에 적용하는 것이다(Kirkwood & Pangarkar, 2003).

일터학습은 개인적이고 과정 중심인 암묵지를 습득하는 경로다. 암묵지는 경험적이고 실용적인데, 조직원과의 상호작용과 경험의 공유를 통해 습득할 수 있다(Nonaka & Takeuchi, 1995). Arets, Jennings와 Heijnen(2015)은 '교육을 통한 학습은 10%, 비형식교육은 20%, 무형식학습이 70% 이상이 되어야 한다'고 설명한다. 선행연구에서도 일터학습은 형식학습과 무형식학습의 기여도에서 무형식학습을 중요하게 본다(Zemke, 1985). 초보자일수록 형식학습을 지향하고, 숙련자일수록 무형식학습 형태를 지향한다는 Beitler와 Mitlacher(2007)의 연구와 일맥상통한다. 일터에서 습득되는 지식이나 능력은 선험적으로 존재하기보다는 맥락 의존적이고, 현장 실천에 의해 경험적으로 구성된다. 그리고 일터에서는 경험과 성찰이 이루어진다(Garrick, 1998). 평생학습과 인적자원개발에서는 일터에서의 경험을 통한 학습을 특히 중요시한다.

4. 일터에서 경험학습

과거 일터는 물리적인 측면에서 일하는 공간, 즉 사무실이나 공장 등을 지칭하는 무미건조한 용어였고, 조직의 목표달성을 위해 근로자는 자신의 의지와는 상관없이 일터환경에 동화되었다(Esty, Griffin, & Hirsch, 1995). 그러다 일터는 집보다 더 중요한 사회적 공간의 한 부분이 되었고, 과거의 일터환경이 다양한 모습으로 변화되기 시작하였다. 오늘날의 일터는 일–기반 학습을 통한 튼튼한 학습환경의 울타리이자 신규 채용을 촉진함과 동시에 생산에 기여하는 곳으로, 최신의 실무 지식과 기술이 쏟아진다(OECD, 2014). 특히 전 세계의 '중등교육 이후의 고품질 프로그램 활성화'로 일터에서는 기업현장교사와 훈련생들 간의 체계적인 학습 실현을 눈여겨보기 시작하면서, 일터에서 일어나는 경험학습에 주목한다.

경험으로부터 출발하는 모든 학습(Jarvis, 2004)은 개인과 환경이 접점을 이루는 구조적 성격을 가지고 있는데, 개인에 따라서 매우 다양하게 유발된다. 성인학습자는 경험을 통해 기존의 관점이나 시각을 긍정적인 방향으로 변화시키는 과정을 학습한다(이희수, 이은주, 송영선, 2011). 더 나아가 성인학습자는 경험으로 자신을 발견하고, 비판적인 성찰과정에서 능동적인 자아관을 형성하기도 한다(홍아정, 2009).

경험과 학습의 관계에서 학자들은 자신들의 이론에 기반을 두어 다양한 시각에서 관계론을 설명한다. 먼저, Kolb(1984)는 경험을 바탕으로 둔 계속적인 과정이 학습이며, 학습자의 경험으로부터 얻고 시험하는 것이 지식이라고 설명한다. Kolb의 이론은 어린 시절의 풍부한 경험은 성인학습에서 중요하게 작용한다는 Knowles(1980), 그리고 일상의 경험들을 통해 의미를 구성하고 그 의미가 설명 · 해석 · 전환되어 학습이 발생한다는 Mezirow(1991, 2003)의 경험과 학습의 연결고리에 힘을 실어 준다.

이제 성인학습론으로서의 경험과 학습을 일터로 옮겨 보고자 한다. 성과 목표 달성의 패러다임이 강조되는 시점에서 기업에 나타나는 새로운 변화는 직무현장의 학습과 관련된 프로그램을 개발하고, 그에 대한 지원을 강화하고 있다는 것이다. 일터에서 일어나는 학습을 무형식학습(informal learning)과 우연학습(incidental learning)으로 규정하였고, 그들의 특성과 효과에 대하여 연구가 많이 이루어졌다(Marsick & Volpe, 1999; Marsick & Watkins, 2001). 특히 무형식학습의 경우 체계적으로 설계하고 개발하여 그 효과를 더욱 증진시키고자 노력하고 있는데, 그 결과가 경험학습으로 나타나고 있다(Marsick & Watkins, 2001).

그러나 경험학습을 개인만의 심도 있는 변화를 계속해서 발생하게 하는 보물단지처럼 맹목적으로 생각해서는 안 된다. Mezirow의 전환학습처럼 비판적 성찰(critical reflection)이 있어야만 학습자의 기본 가정, 세계관, 가설의 변화를 발생시킬 수 있다. 이를 토대로 일터에서의 경험학습도 일반 성인학습론의 경험학습과 크게 벗어나지는 않지만, 일터를 중심으로 보이는 특징은 다음과 같다.

첫째, 직무현장에서의 경험을 통한 학습을 강조한다(Marsick & Watkins, 2001). 인적자원개발과 관련해 직무현장에서의 경험은 직무를 수행하는 과정에서 발생하는 다양한 경험을 뜻한다. 기업에서 제공하는 교육 프로그램을 통해 습득된 학습 외에 직무를 수행하는 과정에서 학습자가 경험하게 되는 모든 것은 학습의 자원이 된다. 기업교육 학습전이를 하는 것은 일종의 경험이며 학습의 자원이라 설명할 수 있다.

둘째, 무형식학습을 특징으로 한다(Marsick, 1987). 일터에서의 경험학습은 특정한 틀이나 형식화된 프로그램이 거의 없다(Enos, Kehrhahn, & Bell, 2003). 전통적으로 기업교육은 특정한 목표를 달성하기 위해 지식을 구조화하여 면대면으로 지식과 기술을 전달하는 학습 형태를 취했다. 가르치는 자나 가르침을 받는 자 모두에게 경험은 학습의 기본 재료였는데, 최근 경험을 바탕으로 이루어지는 학습이 더욱 두드러지고 있다. Enos, Kehrhahn과 Bell(2003)은 형식학습에 비해 무형식학습이 2배 이상 많이 사용되고 있다는 실증자료를 제시하였고, Arets, Jennings와 Heijnen(2015)은 『100퍼센트 성과를 위한 702010(702010 towards 100% performance)』에서 이러한 학습 경향을 증명한다. 이는 사전 계획된 교육 프로그램에서 학습이 이루어지는 것이 아닌, 정해진 학습 시간·장소·상황·내용의 틀에서 벗어나 일터에 발을 디디는 순간부터 직무현장의 경험학습이 시작된다는 것으로 해석될 수 있다. 이때 학습자의 학습 형식에 의해 많이 좌우되며, 학습을 효과적으로 일으키기 위한 다양한 도구적 장치들이 필요하다.

셋째, 학습의 과정에서 성찰(reflection)은 매우 중요하다(Marsick, 1987). Mezirow (2003)는 성찰은 경험에 대한 새로운 해석으로, 진정한 의미에서의 학습은 성찰을 통해서만 이루어진다고 설명한다. 성찰은 우리가 당연하게 받아들이고 있는 신념·사고·감정에 대한 정당성을 재평가하고 재인식해 가는 과정을 의미한다. Kolb(1984)는 단편적인 문제를 넘어서 내부에 깊게 존재하는 다양한 기본 가정과 원리에 대해 생각하고 새로운 대안을 찾는 과정이 성찰의 과정이라고 언급한다.

새로운 혁신과 변화를 추구하는 기업은 반복적인 학습 투입보다, 조직원 개개인이 경험을 통한 관점전환을 이루어 자신의 조직이나 일터에서 독창적인 방법을 가동하여 의미 있는 산출을 이루게 하는 성찰이 가미된 학습에 주목한다. 2010년 『ASTD T+D』에서 일터학습을 변화시킬 여섯 가지의 트렌드를 제시하였다. 이 여섯 가지 트렌드는 '리더십' '소셜미디어' '성과' '모바일 러닝' '클라우드 컴퓨팅' 그리고 '글로벌화'이다. 제시한 모든 요소는 '경험'이 바탕을 이루고, 성찰을 통한 조직원들의 사고 확장을 격려한다. 조직, 조직원, 기업교육에 지속적으로 영향을 미칠 트렌드가 고도화될지라도 가장 기본적인 요소는 '경험'이고, 이 경험을 '학습'으로 이동시키기 위한 다양한 변인들(민첩성, 포용력, 책임성 등)은 지속적으로 발견되고, 현장에 적용될 것이다.

5. 산업현장의 기업현장교사

'성인교육자'라는 용어는 단순하게 '성인을 가르치는 교사'로 인식되기 쉽다. 권두
승과 조아미(2001)는 평생교육 측면에서의 '성인교육자'를 미시적으로는 평생교육
현장에서 직접 업무를 담당하는 자로, 광의적으로는 평생교육에 관한 연구자와 실
천가의 의미로 본다. '성인교육자'는 더 나아가 교수, 사고, 학습자, 교육목표 그리고
자신에 대해 끊임없는 새로운 가정을 한다. Knowles(1980)는 "성인교육자는 성인학
습자의 재능과 역량을 드러내게 하고, 학습자뿐만 아니라 교수자 자신이 가지고 있
는 목표를 달성하도록 도와주는 창조적인 지도력을 가진 자"라고 칭하였지만, 성인
교육과 관련 문헌을 보면 다차원의 성인교육자의 상을 설명하고 있다.

바람직한 성인교육자의 특성으로는 자신감, 무형식성, 열성, 반응성, 창의성 등이
있다(Dean, 2002). Apps(1981)는 성인교육자의 자질로 좋은 성격, 주제에 관한 흥미,
주제를 흥미롭게 만드는 능력, 주제를 다루거나 학생을 대할 때의 객관성 등을 예로
들었다. 학습자가 더 관심을 갖거나 주제를 알기 쉽게 가공하기, 이론을 실제에 관
련시키기, 다양한 교수법에 개방적인 태도를 보이기, 협동심 · 인내심 · 낙천성 · 재
치 · 성실성 · 정직성 · 신뢰 · 진실과 같은 특성을 갖거나 높은 기준과 이상을 제시
하기, 그리고 학습자에게 긍정적이고 도움이 되는 환경을 조성하기 등도 포함된다
(Brookfield, 1995).

성인교육자의 유형화를 시도한 Cranton(2001: 28-33)은 성인교육자를 ① 내용과
과정의 관계의 특성을 보여 주는 '조직하는 교사(organized teacher)', ② 교실의 분위
기를 따뜻하고 친근하게 만들고, 학생을 지지하며, 학생들 간의 좋은 관계를 격려하
고, 개인과 관련된 각자의 요구와 기분을 확인하는 '보살피는 교사(caring teacher)',
③ 실제의 삶과 해결책을 제시하기 위해 노력하는 '실천적 교사(practical teacher)',
마지막으로 ④ 변화의 기회, 개선의 지향, 미래의 비전을 가지고 가르치는 '창조적
교사(creative teacher)'로 분류하였다. 이와 맥락을 같이 하여 Cranton(1992)은 학습
자의 세 가지 학습 유형인 타자주도형, 자기주도형, 상호변혁형으로 성인교육자의
역할을 분류하기도 하였다.

한편, Grow(1991)는 단계별 자기주도 학습(Staged-Self-Directed Learning: SSDL)을

표 9-3 Grow의 단계별 자기주도 학습 모델

단계	학습자	교육자	교수방법
낮음	의존자	권위자	즉석피드백, 훈련, 정보제공을 위한 강의, 결핍과 저항을 극복
중간 이하	흥미를 지닌 자	동기부여자, 안내자	강의의 영감과 담론 지침, 목표설정 및 학습 전략을 제공
중간	관여자	촉진자	세미나, 집단 프로젝트와 같이 평등하게 참여할 수 있도록 교육자에 의해 촉진되는 담론
높음	자기주도자	컨설턴트, 위임자	인턴십, 논문, 개별 작업 및 자기주도 학습 집단

출처: Grow (1991), p. 129.

제시하면서 교육자와 학습자가 학습과정에서 보이는 역할을 제시하였다. 낮은 단계에서 높은 단계로 이동하는 학습자의 의존 수준에서 교육자와 학습자의 역할에 대한 차이점을 발견할 수 있다. 이와 함께 학습자와 교육자 간의 불일치로 학습이 방해받을 수 있다고 언급하였다.

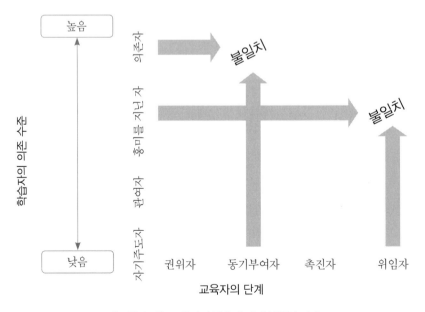

[그림 9-2] 교육자와 학습자 간의 불일치 단계

출처: Dooley, Lindner, Dooley, & Wilson (2005), p. 86을 수정함.

교육목표의 달성 외에 감동과 감화를 이끌어 내는 것 또한 성인교육자의 중요한 역할이다(김진한, 2010). 교수 유형에 따른 성인교육자의 분류도 가능하다. 예를 들면, 성인교육자는 교사 중심과 학습자 중심이 있고, 가르치는 방법에 따른 여러 가지 방식이 있는데, 성인교육자의 교수 유형은 교사가 가르치는 것에 대한 신념이 확고할 때 드러나며(Conti, 2004), 이를 통해 성인교육자의 역할 또한 차이점을 보인다.

　성인교육자는 학교 교육의 일반 교사보다 다양한 특성과 자질이 필요하고, 이들은 특정한 내용을 가르치는 것 이상의 것을 포용해야 한다는 것을 의미한다(권두승, 조아미, 2001). 성인교육자는 진실과 사랑의 두 가지 가치를 향해 사회변화 안에서의 개인 가치의 역할을 충실히 할 수 있도록 격려한다(Warren, 1971). 더 나아가 성인교육 철학의 관점에서 성인교육은 시민의 권리와 권력 안에서 자유와 사회정의, 평등한 기회와 같은 기본적인 문제와 좀 더 나은 결정을 위한 시민들의 참여에 관여하도록 해야 하는데(White, 1970: 121), 이에 대한 중추적인 역할을 성인교육자가 주도적으로 수행해야 한다.

　지식 측면에서 성인교육자는 성인교육자로서 갖추어야 할 전문지식, 즉 교수 원칙에 대한 지식(Galbraith, 1992; Knowles, 1984), 자기 자신에 대한 지식(Galbraith, 2004), 학습자에 대한 지식(Galbraith, 2004), 내용에 관한 지식(Heimlich & Norland, 1994), 방법에 대한 지식(Heimlich & Norland, 1994)을 갖추어야 한다. 기업현장교사는 이 다섯 가지 지식을 발전시키고, 자신만의 교육철학과 신념 및 비전을 세우며, 산업현장의 성인교육자로의 본질을 향상시킬 수 있도록 노력해야 한다. 정리하면, 바람직한 성인교육자는 성인학습자의 학습목표 달성과 교육욕구 충족을 위해 스스로 다양한 지식과 태도를 갖추고 그에 맞는 기술을 구사하여 성인학습자의 학습참여와 흥미가 지속될 수 있도록 격려한다. 또한 문제해결 중심의 학습을 유도하고, 교수-학습 활동의 전개 유형과 역할 및 기능을 정확히 직시하여야 한다. 이것들은 성인교육자가 갖추어야 할 가장 기본적인 자질이며, 교육의 질을 좌우할 수 있는 중요한 요소다.

　기업현장교사는 국가인적자원개발의 경제적 비효율을 낮추고, 산업현장의 불일치를 줄이기 위해 고안한 일학습병행제 도입에서 탄생한 성인교육자다(임경화, 박윤희, 장경택, 김나연, 2014). 이들은 기업에 재직 중인 숙련기술 전문가로 일학습병행제 교육훈련의 전반을 주도하는 중추적 역할을 한다. 학습근로자가 원활하게 지속적으로 훈련에 매진할 수 있도록 일차적으로는 교수자의 역할을, 이차적으로는 멘토, 상사 등의 다양한 역할을 수행한다. 평생교육 측면에서 보는 성인교육자의 특징과 자질이 이들에게도 드러난다. 초창기에는 기업현장교사의 역량과 자질을 개발할 수 있는 수단 및 교수자의 위치인 이들에 대한 지원 및 강화 체제구축이 미비하였다. 기업현장교사 역시 단순히 기업현장 내에서 후배나 학습근로자에게 기술을 전수하고 지식을 알려 주는 정도로의 소극적 교수자의 역할에 그쳤었다. 이는 '일학습병행제 기업현장교사의 육성 및 제도화 방안'(임경화 외, 2014)의 기업현장교사의 육성 및 제도화 방안을 위한 보고에도 잘 드러나 있다.

일학습병행제도가 안정화에 들어서면서 기업현장교사의 인식과 그들의 바람은 단순히 지식과 기술을 학습근로자에게 전수하는 정도를 넘어선다. Cranton(1992)과 Grow(1991)가 제시한 것처럼, 이들도 학습자의 유형을 분석하여 학습자의 수준에 맞는 눈높이 훈련과 교육을 통해 그들의 소임을 다하고자 노력한다. 가르치고 지도하는 지식과 기술의 상호작용과 공유를 통해 자신의 방식대로의 성찰을 시도하며 산업현장의 성인교육자로 나아가려는 의지가 나타난다. 다만, 아직 기업현장교사에게 일반적인 성인교육자의 모습을 투영하기에는 미흡한 점이 많다. 이들은 고숙련자이고 기술인이기 때문에 몸에 밴 기술과 지식을 타인에게 전달하는 방법이 미숙하고, 그 과정에 어려움을 느끼기 때문이다.

현장훈련은 조직성과에 유의미한 영향을 미치고, 현장훈련교사 역량 및 지원제도는 현장훈련이 조직성과에 미치는 영향을 조절한다(조세형, 윤석천, 2010). 산업현장을 위한 새로운 성인교육의 패러다임을 장착하기 위해서는 산업현장의 기업현장교사의 중요성을 주목할 수 있는 다양한 관점에서의 연구가 수행되어야 할 것이다. 또한 기업현장교사를 위한 육성제도 강화 및 자질개발과 기능제고를 위한 다양한 프로그램이 필수적이다.

다음에서는 산업현장의 성인교육자로서 기업현장교사가 일터에서 보여 주는 역할을 살펴본다. 아울러 일터에서 진행되는 지식과 기술의 전수과정에서 그들의 가르치는 의미와 신념에 대한 내용을 탐색하고자 한다. 이를 통해 기업현장교사의 현주소를 확인하고, 이들의 역할에 대한 미래상을 구현해 보고자 한다.

6. 일터 고숙련자에서 기업현장교사, 성인교육자로 거듭나기

앞서 살펴본 내용들을 바탕으로 기업현장교사의 숙련단계 과정에서 나타난 특징과 요인들, 경험학습을 통해 기업현장교사가 고숙련자로 성장하는 과정에서 드러나는 학습 유형과 요인들을 필자의 「일터에서 기업현장교사의 성장과정」 질적 연구에 참여했던 4명의 연구참여자를 통해 논의해 보고자 한다.

1) 숙련과정은 경험과 성장의 보고서

'기술(技術)'을 한자 그대로 풀어내면 '재주'다. 재주를 익히기 위해서는 오랜 기간 동안의 연습을 통해 능숙하게 익혀야 하는 숙련이 기본이다. 이로 인해 기술의 습득을 흔히 '숙련의 결과'로 연결 짓는다. 기술을 익힌다는 것, 흔히 '기술 숙련을 한다'는 의미를 과거에는 도제식의 훈련을 통해 획득하는 것으로 설명하였다. 그러나 현대적 의미의 숙련은 기술을 과거 일터 안에서 도제식으로 일대일훈련을 통해 획득되는 것과는 달리, 개인, 조직 및 사회 차원까지 포괄적으로 아우르는 숙련(Winterton et al., 2005)으로 명명하고 있다.

연구참여자 4명은 초보 기술인으로 입성하면서부터 전문가가 되기까지, '나만이 가지는 기술'이라는 생각을 하지 않았다. 혼자 기술을 습득하고, 독학하면서 자신이 어렵게 공부한 기술과 지식들을 후배들과 타인들에게 기꺼이 나누고자 하였다. 이러한 차원에서 연구참여자들은 자신의 기술 숙련과정을 세상과 잇는 과정을 통해 자신도 역시 성장해 가는 모습을 발견한다. 이 연구에서 나타난 기술 숙련과정은 크게 탐색기–초보기–성장기–고숙련기–전문가로 나타났다. 이는 보편적으로 학계에서 설명하는 숙련발달과정의 각 수준에 대한 내용을 따른다(Dreyfus & Dreyfus, 1986; Ericsson, 2006a; Feldman, 1995).

첫째, 탐색기에서는 기술 전문가가 되기 위한 점화 단계로 가족의 속박, 학교생활의 염증과 무기력, 변화를 위한 마중물 붓기가 도출되었다. 이 단계는 초보 기술인의 입문 전 단계로, 연구참여자들이 기술인이 되어야만 했던 개인적 요소와 환경적 요소가 복합적으로 나타났다. 우선, 개인적 요소로는 불우한 가정사와 가족의 기대와 자신의 이상 사이의 차이로 인한 갈등이 때로는 Ginzberg(1984)의 직업발달 단계의 '환상기'처럼 나타났다. 또한 원하던 학교진학의 포기 혹은 학교생활의 무력감은 탐색기에서 나타나는 부정적 요소로 밝혀졌다. 반면, 롤 모델을 닮아 가기 위한 노력이나 나를 일으킨 독설, 다독에서 얻는 힘처럼 연구참여자 스스로가 자신의 판로를 개척하고자 하는 안간힘도 기술전문가가 되기 위한 계기의 발판으로 해석되었다.

둘째, 초보기는 '기술인이 되기 위한 첫 단추 꿰기' 단계로, 새로운 환경에서의 적응과 탐색, 다시 쓰는 작업일지, 나를 위한 성장 박람회가 도출되었다. 연구참여자들은 제일 먼저 일터에 입성하였을 때, 낯선 곳에서의 말 걸기가 필요했다. 일터환경과 조직 분위기 적응에 대한 어려움과 낯설음의 불안과 걱정은 선행연구와 일치를 이룬다(이재실, 2011; 장원섭, 2015; Sennett, 2008). 또한 자신이 기술을 배우면서 다양하게 시행착오를 겪고, 자신의 학습능력에 대한 의구심을 갖기도 하는 시기가 이때다(이재실, 2011). 이러한 상황들은 이 단계에서 보이는 주요 요인이고, 연구참여자들은 이러한 경험을 통해 다음 단계를 가기 위한 견인 요인을 충실히 이행한다. 이 연구에서 밝힌 견인 요인은 직관력, 부지런함과 노력, 끈기, 학습을 위한 자신만의 특기 살리기, 차별성과 대각성, 공부의 재도전, 연습과 몰입, 일터 가치의 이해, 소통과 교류를 통한 학습 등 총 아홉 가지 요인이 도출되었다. 이 중 선행연구와 부합되는 요인들은 부지런함과 노력, 끈기, 공부의 재도전, 연습과 몰입, 일터 가치의 이해와 소통과 교류를 통한 학습이었다(김혜영, 이희수, 2009; 이병준, 박응희, 2015; 이재실, 2011; 이지혜, 2000; 장원섭, 2015; 한상만, 2013; Sennett, 2008). 그러나 직관력, 학습을 위한 자신만의 특기 살리기, 차별성과 대각성은 다른 선행연구에서 밝혔던 일반적인 초보기 단계에서 볼 수 없었던 독특한 양상을 띠었다. 이처럼 초보기는 성장기로 넘어가기 위한 일차적 과도기이기도 하지만, 탐색기에서 상상했던 직업의 환상이 깨지거나 부풀어지는 시기다. 초보기에서 성장기로 넘어가기 위해서는 자신의 취약성에 힘을 불어넣고, 성숙한 자세로 다음 단계를 밟아 가는 대담성을 지녀야 한다.

셋째, 성장기는 '위대한 기술인 모습을 위한 각 세우기' 과정으로 초보기에 어려웠던 시기들을 추스르고, 지식의 조각을 모아 경험을 환류한다. 이 시기는 Ericsson(2006a)의 기준에서는 신입자에서 도제 수준, Dreyfus와 Dreyfus(1986)의 기술 수준에서는 고등초보자, Anderson(2015)의 기술습득 과정에서는 자신의 오류에 대한 제거와 성공적인 수행에 필요한 여러 요소들의 연결을 강화하는 연합단계와 유사하다. 이 기간에서 가장 중요한 것은 기술인이 되기 위한 구름판을 딛는 것인데, 다른 선행연구(이지혜, 2000)에서도 발견되듯이, 성장기는 미성숙과 과거의 힘들었던 기억의 산실이다. 그러나 자기 분야의 기술인으로서의 입문을 완료하는 시기 역시 성장기이므로 고숙련자로서 비상하게 만드는 활주로이기도 하다. 성공적인 성장기를 위해서는 경험과 연구 결과에서도 보여 주었듯이, 일터에서 기술을 연마하는 학습자의 학습과 적응에 대한 배려와 경험과 학습이 순환할 수 있는 환경을 조성해 주어야 할 것이다.

넷째, 고숙련기는 '내공을 가진 기술인이 되기 위한 길을 다지는 과정'으로 '기술인의 삶에 끈질기게 달라붙기'와 '고비를 넘기 위한 성찰'이 도출되었다. 고숙련기 과정에 있는 기술인의 특성은 일정 정도의 경험과 기량을 갖추면서 도달한 숙련 수준이 평생 지속되는 경향이 있다(Ericsson, 2006a). 기술의 수준에서 보면 전문가와 크게 차이가 나지 않는다는 것을 의미한다. 이 수준은 능숙자와 숙련자(Dreyfus & Dreyfus, 1986), Anderson(2015)의 마지막 기술 단계인 자동단계(기술이 체득되어 여러 절차들이 자동화되고 실행이 빨라짐)와 유사하다. 고숙련기에서 나타난 연구참여자들은 재능에 대한 감응, 의도적 연습, 반복과 몰입을 통한 기술연마와 기술인에 대한 뱃심을 보였다. 의도적 연습으로 기술의 완벽함을 재현해 내는 선행연구와는 다르게(이재실, 2011), 한상만(2013) 연구의 명의들처럼 이들은 점차 과정의 수준이 올라가면서 이들의 감추어진 재능이 발현되는 것을 알 수 있었다. 여기에서 연습에 대한 논의가 있겠지만, 이 연구에서는 Ericsson 등(1993)이 주장한 의도적 연습과 Gladwell(2008)의 선천적 재능을 전제로 한 연습을 동시에 차용한다.

연구참여자들은 변화하는 일터와 새로운 환경을 마주칠 때마다 자신이 하고 있는 일에 대한 기준을 명확히 알고 그 길을 가고자 하였다. 기술인의 자존심은 고숙련기 과정을 버티게 한 동력이다. 고숙련기에도 고비는 있었다. 계속적인 성공의 경험 중 겪게 되는 실패의 쓴맛은 연구참여자들에게도 예외는 아니었다. 그러나 이들이 전문가를 향해 지속적으로 나아가게 한 추동력이 '성찰'이다. 성찰은 전문기술인의 숙련과정에서 전환을 가져오게 하는 독립 변인이자, 앞으로의 사고와 행동을 예측하게 하는 레이더 역할을 한다. 이처럼 성찰은 전문가 단계로 견인하기 위한 중요한 요인이다. 물론 이 과정에서만 성찰이 이루어지는 것이 아니다. 분석 결과, 고숙련자에서 두드러지게 나타난 견인 요인이 성찰이었기 때문에 고숙련기에 초점을 두었을 뿐이다. 각 단계별로 강도가 다르게 나타나는 학습자의 성찰을 상급자나 교사는 각 과정마다 개인 성찰 프로세스에 초점을 맞추어 학습자를 이해해야 하고, 이를 기록해야 한다. Koole 등(2011)의 언급처럼, 성찰은 메타인지적 과정이므로, 자기평가식 설문지로 평가하지 말고, 타당도 있게, 성찰의 근본을 엮어 내는 평가가 수반되어야 할 것이다.

마지막으로, 전문가는 '그 확신에 책임을 지는 자'로 '지속적 자기 성장을 위한 고리 만들기'와 '성인교육자가 되기 위한 문 두드림'이 도출되었다. 전문가 과정은 마스터보다는 한 수준 낮지만(Ericsson, 2006b), 풍부한 경험을 토대로 직감적으로 일을 추진하고(Dreyfus & Dreyfus, 1986), 자신의 분야의 개성화(Feldman, 1995)와 광범위하고 심층적인 지식과 새로운 지식에의 기여(Alexander, 2003)하는 위치다. 따라서 전문가 과정을 지속하기 위해서는 직관력, 자기 지식화, 재능, 통찰력이 필요하고, 이를 좀 더 발전시키기 위해서는 새로운 영감에 대한 목마름, 목표설정 그리고 배움을 베푸는 자세가 필요하다. 다른 선행연구(이재실, 2011; 장원섭, 2015)와 마찬가지로, 전문가가 되면서부터 배움을 베풀고, 후배 양성에 힘쓰는 양상을 보였는데, 이 연구에서는 이를 '성인교육자 되기'로 명명하였다.

연구참여자들은 '기업현장교사'라는 이름 아래 자신의 분야를 후배들에게 가르치고 있다. 이들은 과거에 기술과 지식을 혼자서 터득하고 익혔기에, 학습의 중요함을 누구보다도 잘 알고 있다. 자신들이 경험한 길을 후배들이 걷지 않도록 손수 팔을 걷어붙이고 '기업현장교사'로 활동하는 이들의 행보는 앞으로 많은 기술인이 배워야 할 모델이고, '기술'을 우대하는 풍토가 사회 저변에 확산되는 계기가 될 것이다.

2) 숙련 생태계에서 일어나는 경험학습

경험을 단순히 '생애사건' 혹은 '살면서 겪었던 일'이라고 제한하기에는 이해의 폭이 넓고도 깊다. 경험은 학습과 깊은 연관이 있고, 교육적인 경험은 성장이 일어나게 한다(Cross-Durrant, 2001). 이 연구에서도 연구참여자들의 심층면담을 통해 경험이 과거와 현재를 결합하고, 환경의 상호작용에 의해 변화(Dewey, 1938) 및 전환됨이 밝혀졌다. 각 기술 숙련과정 단계에서 나타나는 경험학습의 양태는 다음과 같다.

첫째, 탐색기 과정에서는, 이지혜(2010)의 연구처럼, 환경에 의한 자기주도로 '기술인'의 길로 첫발을 디딜 때 선택의 대한 자문이라든지, 특별한 경험을 통한 촉발 등이 나타났다. 경험학습 측면에서는 아직은 특별한 면이 나타나지 않은 과정이었다. 본격적으로 경험학습이 드러나는 시기가 초보기 과정부터다.

둘째, 초보기에서는 인적 · 물적 자원과 더불어 주변과의 상호작용을 통해 과업과 조직문화까지 습득할 수 있는 시기다. 이 시기에 대다수 학습자들은 환경과 상호작용하여 기술과 지식을 익힌다. 먼저, 기술을 습득한 이들에게 혹독한 훈련을 받기도 한다(이재실, 2011; 이지혜, 2000; 장원섭, 2015).

그러나 연구참여자들은 이들을 가르친 선배가 없다는 특징이 있다. 이들은 스스로 기술을 익히고 지식을 쌓았다. 물론 시간이 지나면서 타인에게 가르침을 받기는 했지만, 일터나 조직 안에서 이들을 가르치는 사수는 없었다. 따라서 이들의 학습을 촉진했던 요인으로 기술과 지식을 습득하려는 개인의 갈망 그리고 직관과 예측성이 두드러졌다. 아울러 즐거운 연습과 몰두를 통해 학습의 지속성을 유지했는데, 이는 치열함, 혹독함 등의 단어를 열거했던 선행연구와는 차이점을 보인다(이재실, 2011; 이지혜, 2000). 학습자들을 위한 기술 연마의 즐거운 연습과 몰두를 위해서는 학습을 지속하게 할 수 있는 교육적 요인(학습시간, 멘토–멘티 운영 등)의 강화가 필요하고, 이에 대한 조직의 제도적 뒷받침이 있어야 가능할 것이다.

셋째, 성장기는 본격적으로 '공부의 재도전'이 시작되면서 일터와 삶의 연속적 학습 사이클이 형성되어 가는 과정이다. 그리고 기술의 연마에 대한 깊이가 생기기 시작한다. 이때 두드러지게 나타난 요인은 감사하는 마음이었는데, 이는 다른 선행연구에서는 볼 수 없었던 독특한 요인이다. 빈손으로 학습을 일구었던 연구참여자들이 학습의 서클을 넓혀 가면서 받아들이는 신선한 경험들이 학습에 대한 이들의 의식을 전환시켰을 것이라 추측한다. 시행착오는 연구참여자들을 진정한 기술인으로서 한 발짝 다가가는 동력을 제공하는 반면, 아집은 그것을 통제한다.

넷째, 고숙련기다. Boshier(1977)는 학습의 결정이 자신의 존재 파악과 환경과의 일치 혹은 불일치의 여부에 따른다고 주장하였다. 이러한 학습의 동기부여를 가장 잘 드러내는 것이 고숙련기다. 고숙련기에서 4명의 연구참여자들은 모두 자신의 위치에서 내재적 · 자율적 동기를 갖고, 새로운 환경에 대한 개방과 자유를 지향하고,

성장 욕구 충족을 위해 학습에 매진하는 성장 지향적 동기를 지닌 것으로 밝혀졌다. 특별히 '성장 지향적 동기'로 드러난 것은 아니지만, 맥락적으로는 선행연구를 뒷받침한다(이재실, 2011; 이지혜, 2000; 장원섭, 2015). 또한 성찰 역시 경험학습에서는 중요한 요소다. 성찰은 경험에 대한 새로운 해석이자(Mezirow, 1991), 상황을 분석하는 서로 다른 관점의 숫자(Boenink et al., 2004)이기 때문이다. 앞서 설명하였지만, 고숙련기에서만 성찰이 이루어지는 것은 아니다. 특별히 고숙련기의 성찰은 프리즘을 형성하여 사고의 확장을 넓히는 경험을 얻는다. 자신의 오류를 인정하고, 새롭게 시도하려고 하는 자세를 이 시기에 얻을 수 있으려면, 지속적인 환류적 · 통합적 학습을 통해 자신을 숙련시켜야 한다.

마지막으로, 전문가 과정에서는 이미 탐색기부터 고숙련기까지 다양한 학습경험이 존재한다. 전문가가 되기 위해서는 진실한 기개와 소명인식, 그리고 목표의식이 명확해야 한다. 그렇지 않으면 고숙련인과 별반 차이가 나지 않는다. 자신을 위해 기술이나 지식을 연마하는 것도 중요하다고 생각하지만, 연구참여자들은 조직과 후진양성을 위해 성인교육자가 되겠다는 어려운 길을 선택한다. 고숙련기까지의 경험학습은 자신을 위하고, 자신을 향한, 자신에 의한 학습이라는 학습자 중심으로 학습생태계가 맞추어져 있었다. 그러나 전문가 과정에서는 선행연구에서 나타났듯이(이재실, 2011; 이지혜, 2000), 자신보다는 타인을 위한 '배움의 베풂'을 실천하고자 하였다. 배움의 베풂을 통해 이들은 생각의 전환, 오류의 인정과 학습에 대한 성숙한 태도로 전문가 과정을 지속적으로 이어 나간다. 단, 자기 자신에 대한 집착은 전문가 성장에 큰 도움이 되지 않는다.

3) 기업현장교사로서 새로운 여정의 시작

전문가는 세월과 반복의 힘으로 기술의 나이테를 빚어낸 사람들이다. 그들에게 있어 기술과 지식의 전수는 그 이상의 의미를 지닌다. 2013년에 실무형 숙련 인재를 양성하기 위해 도입된 '일학습병행제'는 초보 기술자와 고숙련자들의 학습의 장을 확대하고, 서로의 학습의 공간적 · 물리적 거리를 줄이자는 취지에서 시작되었다(고용노동부, 2012). 기업의 입장에서는 적재적소에 인재를 배치해서 좋고, 학습자 입장에서는 일을 하면서 학습을 병행한다는 것에 큰 매력이 있기에, 현재까지 기업과 학습자들의 참여가 꾸준히 늘어나고 있다(강세욱, 2016).

아무리 좋은 콘텐츠와 교육환경을 제공하여도, 체계적인 현장교육을 담당하는 사람인 '기업현장교사'가 없으면 교육 진행이 어렵다. 과거 도제제도의 틀 안에서 기술과 지식만의 습득을 강요하고, 선임의 업무 방식을 그대로 답습하는 것이 학습의 기준이었다면, 지금은 반대다. 주입식 학습이 아닌 문제해결식 · 소통식의 학습이 주를 이루다 보니, 가르침을 받아 보지 않고 개인 혼자서 독학을 했던 세대의 전문가는 무엇보다 가르치는 것을 어려워한다. 그들이 몸으로 느끼는 그 감의 미묘한 차이까지 매뉴얼이나 교재에 담아내지 못한다. 따라서 성인학습자의 교수자인 기업현장교사가 갖추어야 할 역량을 기를 수 있는 방안을 마련해야 한다(Galbraith, 2004).

일터의 인적 역량이 중요해짐에 따라 학습을 통해 개발하고 확장시킬 수 있는 지식 및 기술을 강구하려는 노력이 일고 있다(OECD, 2012, 2013).『The G20 for developing and using skills for the 21st century skills strategy』(OECD, 2015) 보고서에서는 정책 원칙과 진척 사항 측정지표로 다음과 같이 두 가지 영역을 제시하고 있다. 첫째, 일과 삶을 위한 인적 역량 개발 영역으로, 질 높은 일 기반 학습 촉진과 도제 및 다른 형태의 일 기반 학습 확대를 강조한다. 둘째, 기업 인적 역량을 위한 투자 장려로, 저숙련자 대상 인적 역량 투자와 직업훈련 제공 강화의 중요성을 주장한다. 이러한 국제기류를 통하여 우리 사회 저변에 퍼져 있는 '기술'에 대한 낮은 인식, 기술인에 대한 처우의 제고가 이루어질 수 있도록 기업현장교사의 활발한 활동 지원과 이들을 육성하고 제도화할 방안이 정착되어야 할 것이다.

7. 나가는 말

기업현장교사들은 20년 이상의 현장경력을 가지고 있다. 그들은 현장에서 다양한 경험과 학습을 통해 고숙련의 전문성을 보유하고 있다. 이 장에서는 고숙련자로서 기업현장교사의 숙련과정의 특징과 요인, 경험학습을 통한 기업현장교사의 성장과정을 분석하였다. 연구 결과와 논의를 바탕으로 결론과 시사점을 다음과 같이 제시한다.

첫째, 고숙련자로서 기업현장교사의 숙련과정에서 나타난 양상은 자신의 삶을 기반으로 겪었던 시련과 어려움을 극복하면서 배양시킨 '나만의 방법'으로 나타났다. '나만의 방법'에는 이들이 고숙련이 되기까지의 험난한 여정을 걸으면서 몸으로 습득한, 말로는 형용할 수 없는 '그 무엇'이 담겨 있다. 연구참여자들은 그들이 지닌 '그 무엇'과 이들이 거쳐 왔던 도전과 용기, 환희와 눈물의 성장기를 현장교육을 통해 발현시키고 있었다. 이들은 이미 학습의 즐거움을 통해 변화를 몸소 터득한 사람들이다. 이들은 형식교육의 틀에서 벗어나 몸으로 학습을 받아들이고 자신만의 스타일로 재해석하여 지식을 표출하였기에 무형식학습이 주를 이루는 현장교육을 통해, 기술인으로서 첫발을 디디거나 고숙련자가 되기 위한 과정을 체험하고 있는 이들에게 한 줌의 희망 종자를 쥐어 주는 것에 보람을 느끼고 있었다. 기술력과 관련 지식 등을 향상시키기 위한 지속적인 학습과 자기성찰은 학습자에게 신뢰를 주고, 그것이 자신만의 실천적 지식을 형성하고 연계하는 추동력으로 볼 수 있다. 누군가에게 지식을 전수해 주는 과정의 보람은 이들의 학습을 발전시키고 앞으로 나아가게 하는 방향타다. 이는 평생학습의 이념과 부합되는 부분으로 일터학습을 단순히 인적자원의 개발이 아닌 평생학습 관점에서 성장시켜야 하는 이유다.

이를 위해서는 기업현장교사의 역할에 대한 재정립이 필요하다. 기업현장교사는 단순히 저숙련자를 고숙련자로 양성하는 훈련가가 아니다. 그들은 기술인으로서 평생을 살아가야 하는 이들을 지원하는 든든한 인생의 선배이자 지원자라는 개념으로 접근해야 한다. 저숙련자를 훈련시키는 차가운 머리의 소유자가 아니라 마음이 우선되는, 산업현장에서 기업현장교사를 이끌 수 있는 모델이 필요하다. 마이스터고등학교 및 기술·상업 계열의 학교에서 배출되는 미래의 기술인들을 위한 '기술'의 철학적 인지와 일반인을 대상으로 한 기술에 대한 생각을 제고하기 위해 기업현장교사의 역할이 더욱 공고히 될 것이다. 이를 위해 기업현장교사의 처우에 대한 법적·제도적 측면에서의 대폭적인 지원이 필요하다. 일반적으로 기업현장교사가 활동하고 있는 교육현장의 조건이 열악하므로, 일터환경과 학습환경에 대한 개선을 이끌어 확대할 있도록 기업, 노동계, 교육계의 전략적인 예산 제고의 필요성을 시사한다.

둘째, 경험학습을 통한 기업현장교사가 고숙련자로 성장하는 과정에서 연구참여자들은 철저하게 일을 중심으로 설계하고, 전달하고, 확인하였다. 비록 연구참여자 자신들은 독자적으로 자신의 학습 스타일에 맞추어서 학습을 하였지만, 후배양성에 관련해서는 좀 더 다른 경험학습의 방식을 제안한다. 일터에서 사용가능한 지식이 학습자가 현재 맡고 있는 직무를 기준으로 연계되어야 함과 동시에 몸에 익숙해질 때까지 반복적으로 알려 주기 위함이기도 하다. 일터에서 배운 것을 현장에 적용할 수 있어야 하는 것이다. 기업현장교사는 학습자 스스로 해낼 수 있을 때까지 가르치고, 산업의 한 분야에서 기술인으로 성장할 수 있는 목표 세우기를 통해 자립할 수 있는 역량을 길러 주어야 한다. 이는 기술인 한 명, 한 명 모두 성장할 수 있도록 가르치는 사람은 그들에게 로드맵을 설계해 줄 수 있어야 한다는 것을 의미한다. 로드맵은 초보자부터 고숙련자의 성장과정까지 경력개발 경로를 제시하여 산업분야의 발전을 가져올 수 있다. 이것이 현장교육에서 구체적이고 명시적인 교육과정의 체계화 필요성이 언급되는 이유다.

아직 일학습병행제가 산업 전반에 스며들고 있진 않지만, 기업의 우수한 사례들이 점차 발굴되면서 앞으로는 기업 자체의 운영 프로그램만으로 역부족인 시점이 올 수 있다. 이를 대비하여 각 분야별 기업체들이 연합하여 기업현장교사를 중심으로 한 인적·물적 자원 확보와 체계적인 교육 인프라 구축을 하여야 하며, 고숙련자 양성에 관한 근로자와 학습자의 참여 확산을 위한 대대적인 홍보 등이 필요하다.

셋째, 인적자원개발 차원에서의 기업현장교사와 일터학습을 평생학습의 프리즘을 통해 확장해야 한다. 흔히 일터학습는 '성과 달성을 위한 전략'으로 일터 안에서만 일어나는 학습으로 이해한다. 그러나 학습은 "학습자가 살고 있는 세계와 고립되어 일어나는 법이 거의 없으며, 그 세계와 긴밀하게 관련을 맺고 영향을 받게 된다."(Jarvis, 1987) 기업현장교사와 고숙련자가 될 미래의 씨앗인 학습자의 주체적 만남의 기본원리가 평생교육이다. 일터학습은 평생학습이 이루어지는 상황에서의 맥락을 담고 있고, 세상과의 연계를 꾀한다. 그러므로 기업현장교사는 정체성 확립, 교육과정 개발 및 기업현장교육의 확산을 '자원개발과정'이 아닌 주체 변화의 중심인 '나(기업현장교사 혹은 학습자)'를 성장의 목적으로 두어야 한다. 만약 기업현장교사, 기업현장교육, 더 나아가 일터학습을 단순한 잉여가치 창출을 위한 목적으로 본다면, 이것들의 의미는 퇴색되고 만다. 틀이나 목적이 변화되어도 교육은 내재성을 가지고 있기 때문에 일터학습을 '도구적'으로 보지 말아야 한다. 교육은 역량을 지닌 인간노동력을 생성하려는 것이 아니라, 인간의 성장 및 인간이 되어 가는 것(becoming)을 지향하기 때문이다.

이 장에서는 연구의 결과를 바탕으로 기업현장교사 역할의 재정립, 기업현장교육의 체계적인 교육과정의 구축, 일터학습의 평생교육적인 접근으로 시사점을 살펴보았다. 자전거의 양쪽 바퀴가 균형을 이루고, 자전거를 조정하는 이가 페달을 힘차게 밟아야 속도를 낼 수 있듯이, 일 바퀴와 학습 바퀴가 동시에 힘을 받기 위해서는 앞서 설명했던 기업, 노동계, 교육계의 법적·제도적 측면의 제반적 지원을 공감해야 하고, 이를 시행해야 한다. 현장교육을 시작으로 학습을 통한 새로운 지식의 창출-적용-운영-확산의 프로세스를 이루기 위한 새로운 일터학습의 패러다임이 확립될 수 있는 계기가 마련되기를 바란다.

참고문헌

강세욱(2016). 일학습병행제 성과 평가. 사업평가 16-16. 서울: 국회예산정책처.

고용노동부(2012). 한국형 일학습병행제 운영매뉴얼. 서울: 고용노동부.

권두승, 조아미(2001). 성인 학습 및 상담. 경기: 교육과학사.

김영생, 정무권, 최영섭(2006). 고숙련사회와 혁신전략. 서울: 한국직업능력개발원.

김일용, 임덕순, 정선양(1993). 경쟁력강화를 위한 신생산기술정책의 국제비교 연구 – 연구개발과 생산의 연계시스템 구축. 정책연구 1993-19. 서울: 과학기술정책관리연구소.

김진한(2010). 무엇이 유능한 성인교육의 교수자로 만드는가? Andragogy Today, 13(1), 1-20.

김혜영, 이희수(2009). 간호사들의 무형식학습 양상에 관한 사례연구. 직업교육연구, 28(3), 181-207.

박동열, 조은상, 윤형한, 이용길(2011). 고숙련사회에서의 숙련기술인 육성 방안. 서울: 한국직업능력개발원.

윤양배, 김영생, 정무권(2008). 기업의 경쟁력 강화 전략과 숙련형성의 관련성 연구. 서울: 한국직업능력개발원.

이병준, 박응희(2015). 수공업 장인의 문화적 학습과정에 대한 연구: 통영장인의 학습생애사 연구. 문화예술교육연구, 10(3), 27-43.

이재실(2011). 일터경험학습을 통한 명장의 성장과정 연구. 아주대학교 대학원 박사학위논문.

이지혜(2000). 성인의 학습자 성장과정 연구: 미용인의 직업발달을 중심으로. 서울대학교 대학원 박사학위논문.

이희수, 이은주, 송연선(2011). 전직지원활동에 참여한 퇴직자의 특성과 전환학습 수준이 고용가능성에 미치는 영향. 한국HRD연구, 6(4), 61-88.

임경화, 박윤희, 장경택, 김나연(2014). **일학습병행제 기업현장교사의 육성 및 제도화 방안.** 세종: 고용노동부, 한국산업인력공단, 한국기술교육대학교.

장원섭(2015). **장인의 탄생.** 서울: 학지사.

장홍근(2009). 숙련개발체제와 노사관계. **노동리뷰,** 9, 3-14.

정규승(2008). **서비스업 노동생산성지수 개발.** 대전: 통계개발원.

조세형, 윤석천(2010). 현장훈련과 조직성과의 관계에서 현장훈련교사 역량 및 지원제도의 조절효과: 충청지역 중심으로. **직업교육 연구,** 29(2), 171-188.

한상만(2013). 경험학습을 통한 명의의 전문성 발달과정. 중앙대학교 대학원 박사학위논문.

한세억(2004). 지식기반 지역혁신시스템의 탐색과 실천: 지역특성화개발전략을 중심으로. **한국행정연구,** 13(2), 210-241.

홍아정(2009). 학습을 통한 자아의 재구성. **Andragogy Today,** 12(4), 185-218.

Alexander, P. A. (1997). Mapping the multidimensional nature of domain learning: The interplay of cognitive, motivational, and strategic forces. In M. L. Maehr & P. R. Pintrich (Eds.), *Advances in motivation and achievement* (vol. 10, pp. 213-250). Greenwich, CT: JAI Press.

Alexander, P. A. (2003). The development of expertise: The journey from acclimation to proficiency. *Educational Researcher, 32*(8), 10-14.

Anderson, J. R. (2015). *Cognitive psychology and its implications* (8th ed.). New York, NY: Worth Publishers.

Apps, J. W. (1981). *The adult learner on campus: A guide for instructors and administrators.* Chicago, IL: Follett.

Arets, J., Jennings, C., & Heijnen, V. (2015). *702010 towards 100% performance.* Maastricht, The Netherlands: Sutler Media.

Beitler, M. A., & Mitlacher, L. W. (2007). Information sharing, self-directed learning and its implications for workplace learning: A comparison of business student attitudes in Germany and the USA. *Journal of Workplace Learning, 19*(8), 526-536.

Billett, S. (1994). Situated learning in the workplace: Having another look at apprenticeships. *Industrial and Commercial Training, 26*(11), 9-16.

Boenink, A. D., Oderwald, A. K., De Jonge, P., Van Tilbutg, W., & Smal, J. A. (2004). Assessing student reflection in medical practice. The development of an observer-rated instrument: Reliability, validity and initial experiences. *Medical Education, 38*(4), 368-

377.

Boshier, R. (1977). Motivational orientation re-visited: Life-space motives and the education participation scale. *Adult Education, 27*(2), 89-115.

Boud, D., & Garrick, J. (1999). *Understanding learning at work.* New York, NY: Routledge.

Brookfield, S. D. (1995). *Becoming a critically reflective teacher.* San Francisco, CA: Jossey-Bass.

Cheetham, G., & Chivers, G. (2001). How professionals learn in practice: An investigation of informal learning amongst people working in profession. *Journal of European Industrial Learning, 25*(5), 250-292.

Chmiel, R., & Loui, M. C. (2004). Debugging: From novice to expert. *ACM SIGCSE Bulletin, 36*(1), 17-21.

Collins, H., & Evans, R. (2007). *Rethinking expertise.* Chicago, IL: The University of Chicago Press.

Conti, G. J. (2004). Identifying your teaching style. In M. W. Galbraith (Ed.), *Adult learning methods: A guide for effective instruction* (3rd ed., pp. 75-86). Malabar, FL: Krieger.

Cranton, P. (1992). *Working with adult learners.* Toronto, Ontario: Wall & Emerson.

Cranton, P. (2001). *Becoming an aduthentic teacher in higher education.* Malabor, FL: Krieger.

Cross-Durant, A. (2001). John Dewey and lifelong education. In P. Jarvis (Ed.), *Twentieth century thinkers in adult education* (pp. 63-73). London, UK: Routledge.

Cunningham, I. (1999). *The wisdom of strategic learning: The self managed learning solution* (2nd ed.). Hampshire, England: Gower.

Dalton, G. W., Thompson, P. H., & Price, R. P. (1977). The four stages of professional careers: A new look at performance by professionals. *Organizational Dynamics, 6*(1), 19-42.

Dean, G. J. (2002). *Designing instruction for adult learners* (2nd ed.). Malabar, FL: Krieger.

Dewey, J. (1938). *Experience and education.* New York, NY: The Macmillian Company.

Dooly, K. E., Lindner, J. R., & Dooley, L. M. (2005). *Advanced methods in distance education: Applications and practices for educators, administrators, and learners.* Hershey, PA: Information Science Publishing.

Dreyfus, H. L., & Dreyfus, S. E. (1986). *Mind over machine: The power of human intuition and expertise in the era of the computer.* New York, NY: Free Press.

Enos, M. D., Kehrhahn, M. T., & Bell, A. (2003). Informal Learning and the transfer of learning: How managers develop proficiency. *Human Resource Development Quarterly, 14*(4), 36-387.

Ericsson, K. A. (2006a). An introduction to cambridge handbook of expertise and expert performance: Its development, organization, and content. In K. A. Ericsson., N. Charness, P. J. Feltovich, & R. R. Hoffman (Eds.), *The cambridge handbook of expertise and expert performance* (pp. 3-19). New York, NY: Cambridge.

Ericsson, K. A. (2006b). The influence of experience and deliberate practice on the development of superior expert performance. In K. A. Ericsson., N. Charness., P. J. Feltovich, & R. R. Hoffman (Eds.), *The cambridge handbook of expertise and expert performance* (pp. 683-703). New York, NY: Cambridge.

Ericsson, K. A., Krampe, R. T., & Tesch-Römer, C. (1993). The role of deliberate practice in the acquisition of expert performance. *Psychological Review, 100*(3), 363-406.

Esty, K., Griffin, R., & Hirsch, M. S. (1995). *Workplace diversity: A manager's guide to solving problems and turing diversity into a competitive advantage.* Holbrook, MA: Adams Media Corporation.

Feldman, D. H. (1995). Learning and development in nonuniversal theory. *Human Development, 38*(6), 315-321.

Fook, J., Ryan, M., & Hawkins, L. (2000). *Professional expertise: Practice, theory and education for working in uncertainty.* London, UK: Whiting & Birch.

Galbraith, M. W. (1992). Nine principles of good facilitation. *Adult Learning, 3*(6), 10-20.

Galbraith, M. W. (2004). The teacher of adults. In M. W. Galbraith (Ed.), *Adult learning methods: A guide for effective instruction.* (3rd ed., pp. 3-21). Malabar, FL: Krieger Publishing Company.

Garrick, J. (1998). *Informal learning in the workplace: Unmasking human resource development.* London, UK: Routledge.

Ginzberg, E. (1984). Career development. In D. Brown & L. Brooks (Eds.), *Career choice and development* (pp. 169-191). San Francisco, CA: Jossey-Bass.

Gladwell, M. (2008). *Outliers: The story of success.* New York, NY: Little, Brown and Company.

Gobet, F., & Campitelli, G. (2007). The role of domain-specific practice, handedness, and starting age in chess. *Developmental Psychology, 43*(1), 159-172.

Grenier, R. S., & Kehrhahn, M. (2008). Toward an integrated model of expertise development and its implications for HRD. *Human Resource Development Review, 7*(2), 198-217.

Grow, G. O. (1991). Teaching learner to be self-directed. *Adult Education Quarterly, 41*(3), 125-149.

Heimlich, J., & Norland, E. (1994). Connecting instructional principles to self-esteem. *Adult Learning, 5*(3), 24-31.

Jarvis, P. (1987). *Adult learning in the social context.* London, UK: Routledgr,

Jarvis, P. (2004). *Adult education and lifelong learning: Theory and practice* (3rd ed.). New York, UK: Routledge.

Koole, S., Dornan, T., Aper, L., Scherpbier, A., Valcke, M., Cohen-Schotanus, J., & Derese, A. (2011). Factors confounding the assessment of reflection: A critical review. *BMC Medical Education*, doi: 10.1186/1472-6920-11-104

Ketter, P., & Ellis, R. (2010). Six trends that will change workplace learning forever. *T+D, 64*(12), 34-40.

Kirkwood, T., & Pangarkar, A. (2003). Workplace learning-beyond the classroom. *CMA Management, 77*(3), 10-12.

Knowles, M. S. (1980). *The modern practice of adult education: From pedagogy to andragogy.* Englewood Cliffs, NJ: Prentice Hall.

Knowles, M. S. (1984). *Andragogy in action: Applying modern principles of adult education.* San Francisco, CA: Jossey-Bass.

Kolb, D. A. (1984). *Experiential learning: Experience as the source of learning and development.* Englewood Cliffs, NJ: Prentice Hall

Lave, J., & Wenger, E. (1991). *Situated learning: Legitimate peripheral participation.* Cambridge, UK: Cambridge University Press.

Macnamara, B. N., Hambrick, D. Z., & Oswald, F. L. (2014). Deliberate practice and performance in music, games, sports, education, and professions a meta-analysis. *Psychological Science, 25*(8), 1608-1618.

Marsick, V. J. (1987). New paradigms for learning in the workplace. In V. J. Marsick (Ed.), *Learning in the workplace* (pp. 11-30). New York, NY: Croom Helm.

Marsick, V. J., & Volpe, F. (1999). Informal learning on the job. *Advances in Developing*

Human Resources, 3, 1-9.

Marsick, V. J., & Watkins, K. E. (1990). *Informal and incidental learning in the workplace.* London, UK: Routledge.

Marsick, V. J., & Watkins, K. E. (2001). Informal and incidental learning. *New Directions for Adult and Continuing Education, 2001*(89), 25-34.

Matthews, P. (1999). Workplace learning: Developing an holistic model. *The Learning Organization, 6*(1), 18-29.

Mezirow, J. (1991). *Transformative dimensions of adult learning.* San Francisco, CA: Jossey-Bass.

Mezirow, J. (2003). How critical reflection triggers transformative learning. In P. Jarvis & C. Griffin (Eds.), *Adult and continuing education: Major themes in education* (pp. 199-213). London, UK: Routledge.

Nonaka, I., & Takeuchi, H. (1995). The knowledge management in practice. *California Management Review, 40*, 80-89.

OECD (1995). *The measurement of scientific and technological activities manual on the measurement of human resources devoted to s&t "canberra manual", Organisation for economic co-operation and development.* Paris, France: OECD.

OECD (2012). *Better skills, better jobs, better lives: A strategic approach to skills policies.* Paris, France: OECD.

OECD (2013). *OECD skills outlook 2013: First results from the survey of adult skills.* Paris, France: OECD.

OECD (2014). *Skills beyond school: Synthesis report. OECD reviews of vocational education and training.* Paris, France: OECD.

OECD (2015). *The G20 skills strategy for developing and using skills for the 21st century.* Paris, France: OECD.

Proctor, R., & Dutta, A. (1995). *Skill acquisition and human performance.* London, UK: Sage.

Rothwell, W. J., Sanders, E. S., & Soper, J. G. (1999). *ASTD models for workplace learning and performance.* Alexandria, VA: American Society for Training and Development.

Schön, D. A. (1983). *The reflective practitioner: How professional think in action.* New York, NY: Basic Books.

Sennett, R. (2008). *The craftsman.* New Haven, CT: Yale University Press.

Shipton, H., Dawson, J., West, M., & Patterson, M. (2002). Learning in manufacturing organizations: What factors predict effectiveness? *Human Resource Development International, 5*(1), 55-72.

Spencer, B. (2001). Changing questions of workplace learning researchers. *New Directions for Adult and Continuing Education, 2001*(92), 31-40.

Warren, R. L. (1971). Truth, love and social change. In R. L. Warrent (Ed.), *Truth, love and social change and other essays on community change* (pp. 273-299). Chicago, IL: Rand McNally.

Watkins, K. E. (1995). Workplace learning: Changing times, changing practice. In R. G. Brockett & A. B. Knox (Eds.), *Workplace learning* (pp. 3-16). San Francisco, CA: Jossey-Bass.

Welford, A. (1968). *Fundamental of skill.* London, UK: Methuem.

White, T. J. (1970). Philosophical considerations. In R. M. Smith, G. F. Aker, & J. R. Kidd (Eds.), *Handbook of adult education* (pp. 121-135). New York, NY: MacMillan.

Winterton, J., Delamare Le Deist, F., & Stringfellow, E. (2005). *Typology of knowledge, skill and competences: Clarification of the concept and prototype.* Research report elaborated on behalf of Cedefop/Thessalonikim, CEDEFOP Project. Retrieved from http://www.ecotec.com/europeaninventory/publications/method/ CEDEFOP_ typology.pdf

Zemke, R. (1985). The honeywell studies: How managers learn to manage. *Training, 22*(8), 46-51.

국립국어원. **표준국어대사전.** 2019. 12. 4. 검색.

노트 **10**

사례로 알아보는 일터학습

기존의 성인학습 이론서는 이론을 중심으로 설명하고 다양한 맥락에서 학습이 어떻게 일어나는지 구분하여 제공한다. 이 장에서는 일터학습을 실제 사례 관점에서 정리한다. 일터학습의 정의를 내리고, 일터학습이 어떻게 구분되는지 설명하고, 일터에서 일어나는 다양한 성인학습을 소개한다. 이를 통해 일터학습과 일터에서 일어나는 성인학습의 이론과 실제를 입체적으로 이해할 수 있다.

1. 과정으로서의 일터학습

지난 수십 년 동안 일터학습은 연구와 실천 두 분야 모두에서 발전했다. 일터에서의 지식과 스킬이 기업과 국가 경쟁력에 기여할 뿐 아니라 일터학습 이론과 실제의 연결고리로서 일터에서의 역할도 주목받았다(Carliner, 2013; Illeris, 2011). 지식에 의존하는 일이 늘어나고, 일의 내용 주기가 점점 짧아짐에 따라 일터는 직원 역량을 이해하고 관리해야 할 과제에 직면하게 되었다. 일터학습은 이렇게 변화하는 업무에 맞게 대응하고, 직원의 역량 이슈를 설명할 수 있는 해결책으로 받아들여진다 (Jacobs & Park, 2009).

Marsick과 Watkins(1990)는 일터학습을 형식학습, 무형식학습 및 우연학습으로 구분한다. 형식학습은 인지능력을 향상시킬 수 있으나 현실 상황과 떨어져 있다는 단점이 있다. 무형식학습은 의미 있는 업무 활동과 관련이 있다는 이점을 가지지만 학습 기회를 조성하기 위해서는 주의 깊은 관심과 성찰, 방향성이 필요하다. 우연학습은 우연적인 학습 기회를 무형식학습 영역으로 가져올 때 그 효과가 극대화된다 (Marsick, Watkins, Callahan, & Volpe, 2008). 형식학습과 무형식학습은 구분할 수 있지만, 형식학습이 무형식학습을 촉진하고, 무형식학습이 종종 학습의 형식화를 만들어 내기도 한다. 무형식학습은 적용과 실험이라는 기회를 제공하여 형식학습보다 더 효과적인 지식획득을 가능하게 도와준다. 두 학습은 서로 보완적으로 작용하며 향상과 혁신을 이끌어 간다(Leslie, Aring, & Brand, 1998).

일터에서의 학습은 형식적인 강의실에서만 일어나지는 않는다. 일터학습자는 제도화된 형식교육을 통해 학습하거나, 관계를 통해 학습하기도 한다(Boud & Middleton, 2003). 일상에서 업무를 통해 무형식적으로 체화하여 학습하기도 하는데, 이러한 학습과정은 자기주도적이며 철저히 경험의 특성을 갖는다(강수택, 2000; Ollis, 2012). 인간의 삶에서 학습은 행위자가 그것을 학습행위로 인식하든 못하든 간에 끊임없이 발생하는 복합적·총체적 과정이기 때문이다(정민승, 2011).

1) 일터학습의 정의와 학습의 구분

1990년 이후로 일터학습은 인적자원개발 영역에서 중요한 주제로 떠올랐다. 기업 교육을 효과적으로 수행하기 위해서는 학습전이에 대한 연구뿐 아니라 학습자의 특성(동기, 적용의도)과 일터의 특성(상사, 풍토, 조직 환경)이 중요하다는 것을 알게 되었고, 이로 인해 일터학습에 대한 관심이 증가했다(Poell, 2014). 일터학습은 일터에서의 학습(learning at workplace), 일 관련 학습(work-related learning), 일 기반 학습(work-based learning) 등의 용어로 지난 20년간 주요 연구주제로 주목받았다 (Evans, Guile, & Harris, 2011).

일반적으로 일터학습은 일과 학습이라는 두 가지 측면을 다룬다. 여러 연구자가 일터학습의 정의를 제각각 주장하고 있다. 일상성이나 비공식성을 강조하여 일터에서 일어나는 학습, 직원들의 일상적인 업무에서 생겨나는 학습으로 정의하기도 하고(Spencer, 2001), 학습의 효과성 측면에서 실제적인 활동에서 생겨나고, 사회관계로서의 상황 학습으로 정의하기도 하고(Billett, 1994), 학습을 중심으로 경험이나 무형식성을 강조하기도 한다(Marsick & Watkins, 1990).

Cheetham과 Chivers(2001)의 주장대로, 일터학습에 대한 단일한 이론은 없고 다양한 이론적 전개와 실증적 연구만 존재한다. 일터학습 환경과 학습 결과와의 관계를 연구한 Clarke(2005)는 일터학습의 개념을 실제로 구성하는 것에 대한 합의된 정의가 존재하지 않고, 일터학습에 대한 개념적 불명확성으로 인해 범위의 문제가 생긴다고 주장한다. 실제 일터학습은 업무 자체를 수행하면서 생겨나는 계획되지 않은 학습 혹은 우연학습(도전적인 업무, 특별한 과제, 관찰, 자습, 실행 공동체 참여)뿐 아니라 현장(on-the-job) 학습에 대한 기회를 제공하는 계획된 활동(멘토링, 코칭, 감독)을 일컫는다. 결국은 형식, 현장 외(off-the-job) 교육훈련 등도 일터학습의 울타리 내에 포함된다.

일터학습을 정의하기 위해 학습의 구분은 의도성과 실천에 따라, 학습이 이루어지는 장소에 따라, 지식과 기술을 전달하는 주요 대리인(primary agency)과 전달되는 구조에 따라, 학습의 종류와 상황의 종류에 따라, 장소와 학습에 따라 혹은 학습에 대한 관점에 따라 다양한 방식으로 구분할 수 있다.

(1) 의도성과 실천에 따른 구분

Marsick과 Watkins(1990)는 형식학습, 무형식학습 및 우연학습의 구분을 의도성과 실천에 두었는데, 여기서 의도성은 학습이 계획된 또는 계획되지 않은 상황에서 발생했더라도 학습자가 학습에 대한 의식적 자각이 있는 경우를 의미한다. 이러한 의도성을 성찰(reflection)로 표현했는데, 성찰만을 강조하는 경우 형식학습은 이론적이 될 수 있다. 학습의 개념을 적극적으로 실행할 때 성찰은 향상된다. 반면, 무형식학습과 우연학습은 의식적 성찰 없이도 발생한다. 실천과 성찰에 따른 학습의 구분을 도식화하면 [그림 10-1]과 같다.

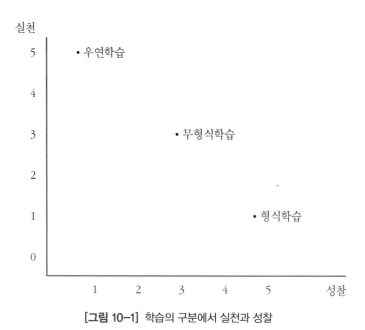

[그림 10-1] 학습의 구분에서 실천과 성찰

출처: Marsick & Watkins (1990), p. 9.

(2) 학습이 이루어지는 장소에 따른 구분

성인학습이 이루어지는 장소에 따라 학습을 구분할 수 있다. 형식학습은 정규교육기관에서, 비형식학습은 박물관이나 도서관과 같은 정규 교육기관 외에서 이루어지며, 무형식학습은 일상적인 삶에서 이루어지는 학습으로 본다(Merriam, Caffarella, & Baumgartner, 2007). 이런 구분에 따라 일터학습으로서의 형식학습은 교육, 훈련, 프로그램 등이 회사에 의해 개발되고 조직되는 것을 의미한다(Noe, 2013).

(3) 지식과 기술을 전달하는 주요 대리인과 전달되는 구조에 따른 구분

Livingstone(2001)은 지식구조가 미리 설정된 것인가 혹은 상황적인 것인가에 대한 축과 주요 대리인(primary agency)이 학습자와 교수자 중 누구인가에 따라 학습모델을 〈표 10-1〉과 같이 제시했다. 교수자가 주요 대리인인 경우 지식의 구조가미리 설정되면 형식학습이 되고, 상황적이면 무형식학습에 해당한다. 학습자가 주요 대리인이면서 지식구조가 상황적인 경우는 자기주도 학습으로 본다. 이 모델의경우 맥락·권력·제어가 주요한 관점인데, 다른 권력이나 제어의 맥락에서 인지적이거나 감성적인 부분이 어떤 역할을 하는지에 대해서는 명확하게 설명하지 못

표 10-1 학습의 기본 형태

구분		주요 대리인	
		학습자	교수자
지식구조	미리 설정	비형식학습 성인교육(further education)	형식 학교 학습 연장자의 가르침
	상황적	자기주도 학습 집단 학습	무형식학습 무형식 교육

출처: Livingstone (2001), p. 3.

하는 한계를 가진다(Sawchuk, 2008).

(4) 학습의 종류와 상황의 종류에 따른 구분

Jarvis(2010)는 가능한 학습 상황을 학습의 종류(의도적, 우연적)와 상황의 종류(형식, 비형식, 무형식)에 따라 형식 학습과 교육, 일터에서 일어나는 학습, 일상 혹은 자기주도 학습, 형식 상황의 우연학습, 비형식/무형식 상황의 우연학습, 무의식적 일상의 학습의 여섯 가지로 구분한다. 가능한 학습 상황은 〈표 10-2〉와 같다. 형식성의 정도가 학습의 종류나 학습의 행동적 결과에 영향을 주는 유일한 변인은 아니다. 사회 맥락의 정치학과 문화, 학습자와 교수자의 사회적 위치, 획득된 지식이 주어지는 상황에 따라 달라진다. 이 구분에서는 상황의 종류를 형식성에만 의존했으므로 한계가 있다.

표 10-2 가능한 학습 상황

구분		학습의 종류	
		의도적	우연적
상황의 종류	형식	형식 학습과 교육	형식 상황의 우연학습
	비형식	일터에서 일어나는 학습	비형식/무형식 상황의 우연학습
	무형식	일상 혹은 자기주도 학습	무의식적 일상의 학습

출처: Jarvis (2010), p. 42.

(5) 장소와 학습에 의한 구분

Sambrook(2005)은 일터학습(work related learning)을 일터라는 장소에서 일어나는 학습(일터에서의 학습, learning at work)과 일의 과정에 배태되어 일어나는 학습(일을 통한 학습, learning in work)으로 구분했다. 일터에서의 학습은 조직의 규모, 직무설계, 조직문화, 지배적인 경영층의 스타일, 교육담당자의 역할 등의 맥락이 중요하고, 일을 통한 학습은 학습자의 태도, 매니저나 교육담당자의 지원, 촉진 태도, 학습이 일어나는 방법(강의실, 이러닝, on-the-job 등)에 따른 과정이 중요하다고 주장한다. [그림 10-2]와 같이 맥락적인 측면을 조직적 · 기능적 · 개인적으로 보고, 과정적인 측면을 학습 그 자체와 학습 교보재, 전자교재 등으로 보아 일터학습에 영향을 주는 총체적인 틀을 제시한다.

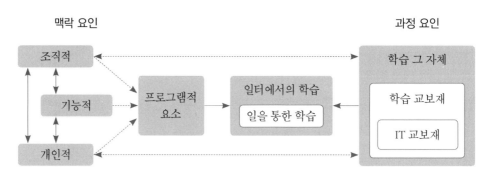

[그림 10-2] 일터학습에 영향을 주는 총체적인 틀

출처: Sambrook (2005), p. 113의 〈table 4〉를 간단히 수정함.

(6) 학습 관점에 의한 구분

Hager와 Halliday(2006)는 학습을 결과로 보고 획득의 은유를 사용한 정의와 학습을 과정으로 보고 참여의 은유를 사용한 정의 두 가지로 크게 일터학습을 구분했다. 학습을 결과로 보는 일터학습은 개별 학습자 중심이고, 업무 성과의 이성적 · 인지적 측면에 주로 집중하는 경향이 있다. 학습 그 자체를 당연한 것으로 여기고 이론화되거나 문제로 삼지 않는다. 이는 일터학습이 형식학습과 유사한 개념이 되어 획득의 은유를 사용하는 이유다(Elkjaer, 2003). 또한 일터학습과 성과 사이에서의 사회적 · 조직적 · 문화적 요인의 중요성을 경시한다(Hager, 2005). 일터학습과 성과를 체화된 현상으로 개인을 넘어 사회적 · 조직적 · 문화적 요인으로 구성된다

표 10-3 | 학습 관점에 의한 일터학습 구분

학습 관점	결과	과정
은유	획득	참여
이론	인적 자본 이론	사회적 자본 이론
중심	개별 학습자	학습공동체
주요 학자	Argyris, Schön, Marsick, Watkins	Dewey, Vygotsky, Lave, Wenger, Engeström, Billett

출처: Hager & Halliday (2006)의 내용을 표로 정리함.

고 보는 것이 학습을 과정으로 보는 관점이다. 이러한 이론은 일터학습에 대해 이성을 넘는 끊임없는 인간 품질의 통합으로 여긴다. 학습 관점에 의한 일터학습의 구분은 〈표 10-3〉과 같다.

2. 일터학습의 특성

일터는 중요하다. 성인이 깨어 있는 동안 가장 많은 시간을 보내며 우정과 사회생활을 하면서 이익을 얻는 장소이기도 하다. 그런데도 일터학습에 대한 논쟁은 만족스럽지 않다. 여전히 형식학습과 교육에 집중하고 무형식학습과 자기주도 학습은 배제되어 있다(Field, 2000). 기존의 일터학습은 형식학습과 교육에 집중되었으나 최근에 와서는 무형식학습과 우연학습에 대한 관심이 생겨나고 있다(박월서, 이도화, 2015; 위영은, 이희수, 2010; 장윤영, 이희수, 2015; Dochy, Gijbels, Segers, & Van den Bossche, 2011; Poell, 2014). 일터학습은 형식학습, 무형식학습 및 우연학습으로 나뉘면서도 상호 관계가 존재하고, 학습자 중심의 학습이면서 학습조직으로 변화하는 특성을 가진다.

1) 형식학습, 무형식학습, 우연학습의 상호관계

학습은 일에 배태(embedded)되어 있고 일은 학습에 배태되어 있으며, 초복잡성과 불확실성의 도전에 의해 상호 간에 합류지점(confluence)이 생겨난다. 이런 일과 학습의 상호 관계라는 차원에서 일터학습을 형식 · 무형식 학습 그리고 조직적 · 개 인적 수준으로 이해해야 한다(Barnett, 1999). 형식학습과 무형식학습은 〈표 10-4〉 와 같이 구분될 수 있지만 형식학습이 무형식학습을 촉진하고, 무형식학습이 종종 학습의 형식화를 만들어 내기도 한다. 무형식학습은 적용과 실험이라는 기회를 제 공함으로써 형식학습보다 더 효과적으로 지식획득을 강화한다. 두 학습은 서로 보 완적으로 작용하며 향상과 혁신으로 나아간다(Leslie, Aring, & Brand, 1998).

Eraut(2000)는 일터학습에 대해 형식학습과 무형식학습을 구분하는 다섯 가지 기 준을 처방된 학습 얼개, 조직된 학습 이벤트 혹은 패키지, 지정된 교수자 혹은 훈련 자의 존재, 자격 혹은 수강에 대한 보상, 결과에 대한 외부적인 명시로 제시한다. 형 식학습은 학교나 대학, 연수원과 같은 공식적으로 설립된 교육기관 내에서 의도적 으로 일어나는 것이다. 주로 처방된 얼개가 있으며, 때로는 구체적인 결과가 있다. 광범위한 방향이나 목표를 가질 수 있다. 대부분의 경우 무엇을 학습할 것인지에 대 한 내용을 가지고 어느 정도 기관의 제어를 인정한다(Hager & Halliday, 2006).

Beckett과 Hager(2000)에 따르면, 일터학습에서 무형식학습을 이해하는 데 중요

표 10-4 형식학습과 무형식학습

구분	형식학습	무형식학습
구성원과의 관련성	다양	니즈에 매우 관련됨
학습자에게 전달되는 정보	일관적	다양
학습방식	가르침	구성주의
적용 시기	다양한 차이	즉시 적용
지식	'조직적으로 유용한' 핵심 지식	핵심 및 기타 지식
발생 시기	계획됨	수시로 일어남
학습 발생 장소	지식이 사용된 곳이 아닌 다른 곳에서 생겨남	지식이 사용되는 곳에서 생겨남
결과물	명시됨	명시되거나 명시되지 않음
성과	성과에 책임이 있는 '교수자'에 의해 실행됨	보고된 성과가 있거나 없음

출처: Leslie et al. (1998), p. 201의 〈table 1〉을 수정함.

한 여섯 가지 요소는 다음과 같다. 첫째, 유기적·총체적이다. 둘째, 맥락적이다. 셋째, 활동과 경험에 기반한다. 넷째, 무형식학습은 목적이 아닌 상황에서 발생한다. 다섯째, 교수자에 의해서라기보다 개별 학습자에 의해 활성화된다. 여섯째, 가끔 협력적 혹은 종합적(collegial)이다. 무형식학습은 주로 경험적이고 비제도적으로 이루어지며, 우연학습은 비의도적이며 다른 활동의 부산물로 나타난다(Marsick & Watkins, 1990). 무형식학습과 형식학습과의 차이는 학습자 실행 제어의 정도, 장소, 결과물 예측의 여부로 구분되고, 우연학습과 형식학습과의 차이는 우연학습이 비형식학습의 부분이 될 수 있으므로 형식학습과 비형식학습과의 정도의 차이로 볼 수 있다. 무형식학습과 우연학습은 개인의 학습에 대한 의식적 자각의 연속선상에서 일어나며 대부분 비의도적인 결과로 나타난다.

　형식학습은 인지를 향상할 수 있으나 현실 상황과 떨어진다는 단점을 가진다. 무형식학습은 의미 있는 업무 활동과 관련된다는 이점이 있지만 학습 기회를 조성하기 위해서는 주의 깊은 관심과 성찰, 방향성이 필요하다. 우연학습은 우연적인 학습 기회를 주의 깊은 관심과 성찰, 방향성을 통해 무형식학습 영역으로 가져올 때 그 효과가 극대화된다(Marsick, Watkins, Callahan, & Volpe, 2008). 일터에서 무형식학습은 그 자체만으로 일어나지 않고 조직과 개인의 목적을 달성하는 수단으로 생겨난다. 여기서 개인의 목적은 개인적인 성취와 계발에 대한 요구, 인정과 수용에 대한 요구, 그리고 재정적 요구를 의미한다. 조직의 수익과 시장지배력 목적을 구성원의 심리적·재정적 목적과 정렬할 때 학습 기회도 극대화될 것이다. 만족하지 않는 구성원은 무형식학습을 추구하지 않을 것이기 때문이다(Leslie et al., 1998).

　Billett(2002)는 일터학습이 페다고지(pedagogy)의 특성을 가지면서 형식학습과 무형식학습 간의 차이가 줄어들면서, 우리가 실제적인 학습에 집중하게 되면 형식학습과 무형식학습은 유사점이 많다고 주장한다. 무형식학습과 형식학습을 구분하기 보다는 모든 학습에 내재된 무형식성과 형식성을 보면서 그 시사점을 이해하는 것이 중요하다(Malcolm, Hodkinson, & Colley, 2003). [그림 10-3]은 형식학습과 무형식학습이 상호 연결되어 성찰에 의한 학습으로 구성되고 실질적 지식과 이론적 지식을 관여시켜 개인의 역량으로 완성되는 것을 보여 준다(Svensson, Ellström, & Åberg, 2004).

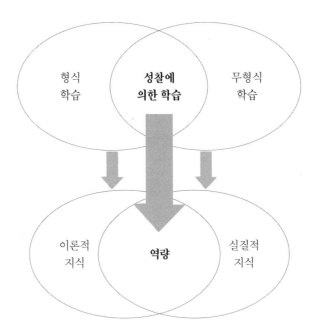

[그림 10-3] 역량에 이르는 성찰에 의한 학습

출처: Svensson et al. (2004), p. 480.

2) 학습자 중심의 학습

일터학습은 직원들이 역량 개발을 통해 더 나은 업무를 수행할 것이라고 전제한다(진성미, 2013). 일 자체가 지식에 많이 의존하고, 일에 대한 내용 주기가 점점 짧아지고 있다는 두 가지 큰 변화는 일터가 직원 역량을 더 잘 이해하고 관리해야 하는 필요성을 부각시킨다(Jacobs & Park, 2009). 학습은 더 이상 '저장하고 회상하는 것'이 아니라 '개발하고 흘러가는 것'이다(Dochy, Gijbels et al., 2011). Billett(2004)는 일터학습을 학교와 같은 교육 환경이 아니라 행동 유도와 제약이라는 사회적 환경과 개인 참여자의 상호작용에 집중하는 환경에서의 학습으로 정의했다.

다른 외부요인으로는 정형화되지 않는 일터만의 독특한 환경이 존재하고 이에 참여하는 학습자는 모든 것을 얻을 수는 있지만, 어떤 것을 가져갈지는 학습자에게 달려 있다고 주장한다. 새로운 업무 환경에서 새로운 방식으로 새로운 것을 배우고, 자신의 것으로 가져가는 사람은 결국 학습자인 일터 구성원이기 때문이다(Poell, 2014). 일터를 무형식, 비형식 혹은 비구조화된 학습환경으로 묘사하는 것은 부정적이고 정확하지 않으며 잘못된 것이다(Billett, 2002). 따라서 일터에서의 무형식학습은 활동과 행동이 학습자에 의해 주도되며 교수자 없이 학습 기간, 수준, 시간이 학습자에 의해 이루어지는 학습을 의미한다(Noe, 2013).

3) 학습조직으로의 변화

Marsick과 Watkins(1999)는 빠르게 변하는 세상에서 일, 업무, 조직, 기술과 변화에 수많은 이해가 새롭게 생겨나며, 미래의 신규 조직을 설계하는 사람은 되어 가는 (becoming) 과정에 집중해야 한다고 주장한다. 일터는 부품의 개념에서 벗어나 총체적이고 통합된 비전을 향한 학습조직으로 변화해야 하며, 일터와 일터학습의 변화는 〈표 10-5〉와 같이 Morgan의 은유(기계, 개방 시스템, 뇌, 혼돈 은유)로 설명할 수 있다.

표 10-5 일터학습 이해를 위한 은유 렌즈

은유	일의 특성	학습설계
기계	• 명확하게 정의, 분리, 조직화	• 교수 시스템 설계 • 전문가에 의한 체계적인 교육설계와 실행
개방 시스템	• 다른 일과 상호작용, 상호 관련	• 성인학습 • 학습은 협상되고, 자기주도적이고 참여적임.
뇌/홀로그램	• 자기 규제로서의 일	• 비형식학습과 우연학습 • 단일 및 이중 고리 평생학습
혼돈/복잡성	• 스스로 만드는 일 • 임의적으로 이동	• 액션기반 학습 • 선택 비중에 대한 분명한 가이드가 없음

출처: Marsick & Watkins (1999), p. 201의 〈table 13-1〉을 수정함.

3. 일터에 존재하는 학습

일터는 지식 사용, 역할과 프로세스의 복잡한 협상으로 이해되어야 한다. 일터학습을 정의할 때 대부분 많은 연구자는 일터 안에서 혹은 일터에서의 학습과 관련하여 이야기하지만 일터학습에 대해서는 좀처럼 언급하지 않는다(Poell, 2014). 일터에 존재하는 학습은 자기주도 학습, 전환학습, 경험학습, 체화학습, 상황학습, 조직학습, 확장학습 등이 있다. 실제 이러한 학습들은 분명하게 구분되어 따로 존재하는 것이 아니고 복합적으로 상호 영향을 주고받으며, 일터학습과 관계를 맺는다.

1) 자기주도 학습

자기주도 학습은 Allen Tough의 학습 프로젝트(learning projects)와 Malcolm Knowles의 성인학습자에 대한 철학적 전제로 출발했다(Long, 1991). Knowles (1975)는 자기주도 학습을 다른 사람의 도움이 있거나 혹은 없는 상황에서 학습 니즈를 진단하고, 학습목표를 설정하며, 학습에 대한 인적·물적 자원을 정의하고, 적절한 학습 전략을 선택하여 실행하고 학습 결과물을 평가하는 데 있어 개인이 주도성을 가져가는 과정이라고 정의했다. 연구자의 철학에 따라 자기주도 학습의 목적이 다른데 Knowles와 Tough는 학습자가 자기주도적으로 되는 것을 그 목적으로 보았다. Mezirow는 전환학습을 촉진하기 위해 자기주도적 학습자로 기능하기 위한 능력을 향상시키는 것으로 파악했다. Brookfield와 Collins는 해방학습과 사회적 행동 촉진을 위한 것으로 보았다(Merriam, 2001). 자기주도 학습이 모든 성인학습의 핵심적 특징이고 무형식학습과 많은 관련성이 있지만, 형식 교육기관 안과 밖에서 일어날 수 있고 무형식학습과 동일한 의미는 아니다(Ellinger, 2004).

자기주도 학습은 글로벌화와 변화하는 환경에서 기업이 경쟁하기 위한 전략으로 사용되기도 한다(Merriam & Bierema, 2013). 일터에서의 자기주도 학습 준비도와 성과 간의 관계에 관한 연구(Guglielmino, Guglielmino, & Long, 1987), 경험학습과 더불어 자기주도 학습을 통해 학습조직 구성원이 능숙한 자기주도 학습자가 되는 과정을 보여 주는 연구(Murrell & Walsh, 1993), 자기주도 학습이 영업 인력교육 및 영업

성과향상에 사용되는 연구(Artis & Harris, 2007) 등 자기주도 학습과 일터학습 간의 관계에 대한 연구는 계속된다(신덕상, 권정언, 2012; 황미소, 송영선, 이희수, 2014; Cho, 2002; Confessore & Kops, 1998; Nesbit, 2012).

> 실제 사례: 일터에서는 주로 학습자의 특성과 상관없이 정해진 교육과정과 시간에 따른 강의실 학습을 선호한다. 승진자 교육이나 핵심가치 교육 등 일터에서 필수적으로 진행해야 하는 교육이 이에 해당한다. 최근 주 52시간 근무제 시행에 따라 필수교육도 점점 줄어드는 추세다. 꼭 제도적인 측면이 아니더라도 학습자가 자발적으로 원해서 참여하는 교육과 강제적으로 동원되는 교육 결과에는 큰 차이가 있다.
> 일터에서의 자기주도 학습의 예로는 주로 온라인 교육이나 실행공동체(CoP)가 해당한다. 온라인 교육의 경우 다양한 콘텐츠를 구비해서 제공하면, 학습자가 필요에 따라 원하는 내용을 선택하여 학습한다. CoP의 경우 학습자가 자발적으로 모여 스터디를 하거나 발표를 연습하면서 자기주도 학습을 한다. 여기서 중요한 것은 어떤 의무도 부가되지 않아야 한다는 점이다.

2) 전환학습

Mezirow의 전환학습 이론은 의미 형성에 관한 것으로 성인이 그들의 인생 경험을 어떻게 해석하는지 알려 준다. 그는 기존의 경험으로 형성된 의미를 새로운 경험에 적용하거나, 새로운 기대 속에 새 의미와 관점을 적용함으로써 옛 경험을 재해석한다고 주장한다(Mezirow, 1991). 성찰이란 경험을 해석하고 의미를 부여하는 노력과 관련한 내용과 과정, 전제를 비판적으로 평가하는 과정이다. 내용에 대한 성찰은 실제 경험 그 자체에 대한 생각이다. 과정에 대한 성찰은 경험을 다루는 방법에 대해 생각하는 것이다. 전제에 대한 성찰은 경험이나 문제에 대한 지속적이고 사회적으로 구성된 가정·믿음·가치를 검증하는 것과 관련 있는 것으로 오직 전제에 대한 성찰만이 전환학습에 기여한다.

Marsick과 Watkins(1994)는 구성원이 가정에 대한 이해를 넘어서는 대화의 기초를 가지는 것이 비판적 성찰이라고 정의하면서, 질문과 피드백으로 의미의 통찰을 얻을 수 있다고 제시했다. 일터학습은 필연적으로 다른 사람과 공통된 문화에 관여하므로 전환학습은 일터에서의 학습을 이해하는 데 적절한 이론이다(Segers & De Greef, 2011). 급변하는 환경, 복잡하고 글로벌하게 연결되는 세상에서 가치를 재생 산하는 구성원은 비판적으로 생각하고, 가정에 도전하며, 조직의 변화를 능동적으 로 돕는다. 조직의 변화는 구성원이 더욱 복잡한 방식으로 사고하고 행동하는 데 달 려 있다. 전환학습은 리더와 구성원이 이러한 환경에서 개인적 · 조직적 변화에 관 여하는 자연스러운 조합이다(Watkins, Marsick, & Faller, 2012). 일터에서의 전환학습 은 비판적 성찰로부터 시작될 수 있으며 이와 관련된 연구가 진행 중이다(Merriam & Bierema, 2013).

실제 사례: 일터에서 전환학습을 의도적으로 진행하기란 쉽지 않다. 다만, 현실에 안주하 지 않고, 가정에 도전하고, 비판적으로 생각하며, 변화를 촉진하는 문화로 조직 문화를 바꾼 다면 전환학습이 일상화될 가능성은 있다. 실수를 허용하며, 가능한 많은 도전을 시도하게 촉 진하고, 어떤 일을 진행할 때 비판적으로 사고했는지 한 번 더 고려하고, 질문과 피드백을 자 유롭게 개진할 수 있는 환경이 조성되어야 할 것이다. 이런 업무 환경에서 무형식적으로 혹 은 우연적으로 전환학습이 일어난다.

기업 홈페이지에만 게시된 핵심가치가 아니라 일터의 삶에 스며 있는 핵심가치를 가진다 면 충분히 가능하다. 채용, 업무 평가, 승진을 판단하는 심사의 기준이 핵심가치이고, 일터의 일상적인 대화에서 핵심가치가 언급된다면 전환학습이 일어날 확률은 더욱 높다.

코칭으로 전환학습이 일어나기도 한다. 관점을 전환하는 질문으로 코칭대상자의 사고가 확장되고 기존의 사고나 경험이 아닌 새로운 실천법을 모색하도록 도와준다. 혹은 코칭대상 자의 존재 자체에 변화를 가져오기도 한다.

3) 경험학습

Kolb(1984)는 학습이란 경험의 전환을 통해 지식이 창조되는 과정으로 정의했다. 학습은 결과가 아니고, 경험에 기반하며, 서로 대립하는 갈등을 변증법적으로 해결 해 나가는 과정이다. 세상에 적응하는 전체적인 과정이고, 개인과 환경 사이의 상 호작용과 연관되며, 지식을 창조하는 과정이다. 그는 학습자를 네 가지 유형, 적극 적-추상적(수렴자), 적극적-구체적(조절자), 성찰적-추상적(동화자), 성찰적-구체적(분산자)으로 나누고, 개인의 학습 선호를 결정하는 학습 스타일 진단(Learning Style Inventory: LSI)을 설계했다. Boud와 Walker(1990)는 주어진 상황에서 학습이 더 잘 발생할 가능성을 높이려면 무엇을 해야 할 것인가라는 의문으로 시작하여 성찰이 경험을 통해 학습하는 주요 프로세스라는 사실을 밝혔다. 또한 이벤트에 집중하고 다양한 성찰적 활동을 통해 경험으로부터 의미를 얻는 방법을 활용하는 학습자는 증진된 학습효과를 가진다고 밝혔다. 이 모델의 주요 요소는 '경험으로 복귀' '감정에 집중' '경험의 재평가' 등이다.

Kolb의 이론은 학교에서 일터에까지 넓게 적용되며 많은 연구를 통해 지지된다. 현장학습, 실험회기, 롤 역할연기, 사례연구, 저널, 문제해결 연습 등에서 학습자들이 학습하는 것을 비판적으로 성찰하도록 도움을 준다. 각 단계를 학습자들이 체계적으로 경험하고 각 단계를 효과적으로 연결하는 것이 중요하다(Segers & Van der Haar, 2011).

Lewis와 Williams(1994)에 따르면, 일터에서 주로 사용하는 경험학습의 형태는 액션러닝, 퓨처 서치, 아웃도어 교육이며, Kolb의 네 가지 학습 유형을 적용할 수 있다. 새로운 경험에 전적으로 공개적으로 관여하고, 경험을 다른 관점으로 성찰하고 해석하여, 관찰을 논리적으로 통합하는 개념과 아이디어로 정리해서 의사결정, 문제해결 및 새로운 도전에 대해 학습을 하고 새로운 이론을 만들어 낸다.

실제 사례: 강의실에서 이론을 제시하면 학습자가 어느 정도 이해하지만 시간이 지나면 그 용어조차도 기억하지 못하는 경우가 많다. 또한 실제로 경험해 보지 않고서는 그 유용성을 알기가 어렵다. 이런 이유로 일터에서 담당자가 주도하는 방법이 역할연기나 사례연구다. 간단하게 이론을 알려 준 후 역할연기로 실제 이론을 현실에 적용해 본다. 혹은 2~3일 동안 사례연구로 학습한 내용을 활용하여 이해관계자를 대상으로 발표한다. 그렇게 하면 학습이 이해로 끝나지 않고 경험으로 연결된다. 실무에서 필요한 상황에 학습한 내용을 기억하고 적용할 수 있다.

4) 체화학습

Gardner(1998)가 인간이 가지는 아홉 가지 다중 지능 중 하나로 신체-운동적 지능(bodily-kinesthetic intelligence)을 꼽았듯이, 신체는 중요한 학습영역 중의 하나다. 학습에서의 신체는 지식의 원천이며 학습이론 확장에 기여한다(Merriam et al., 2007). 학습은 정신적인 것만이 아닌 사회적 맥락과 신체에서 일어난다. 체화학습 (embodied learning)은 의도된 신체 중심의 운동을 통한 신체의 의식과 감각을 통해 직접적으로 경험하는 학습이라고 정의될 수 있으며 신체와 정신이 통합적으로 어우러질 때 학습이 이루어진다(Freiler, 2008). Lawrence(2012)는 체화학습과 관련된 지식에 대해 [그림 10-4]와 같이 설명하는데, 마음(heart)과 사고(mind)는 삼각형의 위쪽에 있고, 신체는 아래에 있으며, 영성은 모든 지식의 중심이므로 가운데 위치한다. 체화된 지식은 기초가 되므로 아래에 있다. 지식은 의식적으로 인지하기 전까지 신체에 우선하여 존재한다.

일터는 체화학습을 조성하기 위한 장소가 될 수 있다. 일터학습과 학습자 간의 지적·감성적 연결은 상호적이며 체화된 과정이 요구된다. 몸은 내적·외적으로 지식의 중요한 자원이다(Metcalfe, 2008). Schuyler(2010)는 리더십 계발에 있어 체화학습과 정신교육이 효과적이고 강력한 행동을 이끌어 낸다고 주장한다. 체화학습은

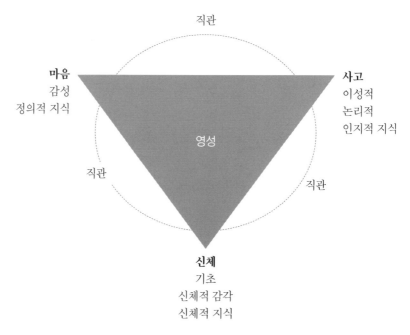

[그림 10-4] 직관적 전체 지식

출처: Lawrence (2012), p. 7.

경영, 조직과 리더십 계발 교육에서 탐색되고 성공적인 사례를 개발하기 시작한다
(Merriam & Bierema, 2013; Meyer, 2012).

실제 사례: 아직까지 체화학습의 일터 사례는 많지 않다. 명상이나 마음 챙김 교육이 그 예
에 해당한다. 신체와 마음을 다스리는 게 중요하다고 하지만 일터에서는 즉각적인 성과를 내
는 교육에 더 많은 투자를 하다 보니, 체화학습은 일부 몇몇 기업에서만 체계적으로 이루어
지고 있다. 일터학습자의 스트레스 관리 차원에서 일회성 특강을 진행하기도 하지만, 앞으로
는 인지적인 학습만 강조하기보다 마음과 사고, 신체를 연결하는 통합적인 학습이 필요하다.

5) 상황학습

Lave와 Wenger(1991)는 Cop와 합법적 주변 참여와 같은 용어로 일터학습을 신
참자가 Cop의 전적인 멤버십을 가져가는 사회학습 과정으로 보았다. 도제제도의
중요성과 Cop 내에서의 참여로서의 학습을 강조하면서 학습을 정해진 항목에 대한
획득이라기보다는 주어진 사회적 · 문화적 · 물리적 환경에서 적절히 기능하는 것
으로 보았다. Lave와 Wenger는 Cop에서 합법적인 주변적 참여로서의 학습에 대한
실행기반 이론과 Orr의 실증적인 조사를 통해 상황학습의 기반을 다졌다. 이를 토
대로 Brown과 Duguid(1991)는 업무와 학습, 혁신이 각각 구분된 활동이 아니며 상
호 경쟁적이지 않고 보완적으로 작용하여, 업무가 이루어지는 Cop에서 학습과 혁
신이 일어나는 것을 발견했다. Wenger(1998)는 그와 Lave의 초기 생각을 발전시켜
Cop를 교육적 · 조직적 · 사회적 관점으로 해석했다. 사회적 참여로서의 학습은 경
험으로서의 학습으로 의미, 행함으로서의 학습으로 실천, 소속으로서의 학습으로
공동체, 됨으로서의 학습으로 정체성 등으로 구성되며 이들 요소는 내적으로 연관
되어 있다고 설명했다.

Allee(2000)는 Cop의 가치를 비즈니스, 공동체, 개인의 관점에서 구분하고 이것
이 지식 공유와 비즈니스의 성과를 얻는 강력한 도구라고 주장한다. 비즈니스 측
면에서 전략을 도출하고, 내적 · 외적으로 빠르게 문제를 해결하며, 인재의 개발 ·
채용 · 유지에 도움이 된다고 주장했다. 공동체가 얻는 가치는 특정 역량에 대한
공동의 언어, 방법, 모델을 생성하고 대규모의 지식과 전문성을 함양하는 것이다.

개인적인 혜택은 개인의 기술과 역량이 향상되면서 지식근로자로서 항상 준비되고 조직에 기여하기 위한 도전과 기회를 제공받는 점이다. Wenger, McDermott와 Snyder(2002)는 조직과 구성원에 대한 혜택을 각각 단기적 가치와 장기적 가치로 정리했다. 이들에 따르면, 조직의 측면에서는 단기적으로 비즈니스 성과가 향상되고 장기적으로는 조직의 능력이 개발된다. 공동체 구성원의 측면에서는 단기적으로는 업무에 대한 경험이 향상되고 장기적으로 전문가로 발전할 수 있다. 일터에서의 상황학습은 Cop를 통해 드러나고 이에 대한 연구들이 진행된다(오성호, 김보영, 2016; 장윤영, 2009; Fenwick, 2008).

> 실제 사례: 앞서 자기주도 학습에서 언급했듯이, 일터에서 Cop는 자발적으로 조직되고 운영된다. 물론 회사의 목적에 따라 회사의 전략에 맞게 조직하기도 한다. 자격증 취득이나 영어학습을 지속하기 위한 Cop가 일터에서 존재한다. 실제로 운영되는 것을 살펴보면 학습을 위한 부분도 존재하지만, 사회화 역시 중요한 부분을 차지한다.

6) 조직학습

Argyris와 Schon(1978)은 개인과 기업의 측면 모두에서 깊이 있게 학습과정을 검토하면서 두 가지 기본 학습 모델을 만들었다. 모델 1은 우리 자신의 개인적 포부와 소망에 맞추어서 세상을 조작하고 형성하려고 한다는 전제를 토대로 한 것이다. 모델 1에서 경영자들은 개인적 목표 수립에 집중한다. 모델 1의 경영자들은 다른 사람을 변화시킬 준비를 갖추지만 그들 자신의 생각과 작업 관행을 변화시키려는 그 어떤 시도에 대해서도 저항한다. 모델 1의 조직은 '단일고리학습(single loop learning)'을 한다. 이와 대조적으로, 모델 2의 조직은 '이중고리학습(double loop learning)'을 강조한다. 이중고리학습이 일어나는 순간은 조직의 잘못이 근본적인 규정, 정책 그리고 목표의 수정을 수반하면서 감지되고 고쳐질 때를 의미한다. 대부분의 조직은 단일고리학습에서는 탁월하지만 이중고리학습에서는 커다란 어려움을 겪는다(Argyris, 2002).

Schön(1983)은 행동 중 학습(knowing-in-action)과 함께 행동 중 성찰(reflection-in-action)이라는 개념을 제시했다. 일상적인 행동 중 학습을 유지하면서 그것을 떨쳐

버리거나 성찰을 할 때 기대하지 않게 행동 중 성찰이 발생한다. 사람들은 경험으로부터 상황을 이해하고 문제를 해결하고자 시도하며, 행동을 제안하고, 상황을 행동의 결과를 통해 재해석하는 과정을 거친다. 이러한 행동 중 성찰을 전문적 실행에 연결하는 전문적인 실천가는 특정 상황을 여러 번 다시 만나는 전문가다. 이러한 성찰적 실무가들이 상호작용하면서 조직은 성장한다.

조직학습은 개별 조직구성원의 정보 습득과 해석 활동이 조직 내 다른 구성원과 공유되어 조직구성원의 행동이 변화하고 수행 면에서 향상을 가져오게 함으로써 개별적인 학습 결과가 조직 차원으로까지 옮겨 가는 것이다. 그러므로 조직학습 촉진을 위해서 조직구성원이 지식을 상호 공유하는 것이 가장 중요하다.

> 실제 사례: 조직에 개별적으로 존재하는 전문가의 비결을 어떻게 끌어내어 공유해서 조직의 지식으로 확산할 것인지가 일터학습 담당자의 고민이다. 개인이 습득한 지식을 시스템상에서 공유하거나, 사례연구 등의 방식으로 발표하기도 한다. 때로는 학습자 간에 자유로운 대화와 질문의 시간을 제공하여 자연스럽게 전문가의 성찰이 다른 사람에게 옮겨 가기도 한다.

7) 확장학습

새로운 지식이나 스킬을 획득하여 상대적으로 행동의 변화를 가져오는 것을 학습으로 가정한다면 이러한 학습은 일터에서는 적합하지 않다. 사람이나 조직은 매번 불안정한 혹은 정의되지 않은 상태에서 학습하기 때문이다. 개인의 삶이나 조직의 관행에서 중요한 전환의 시점에서는 기존에 없던 새로운 것을 빠르게 학습할 필요가 있다. Engeström(2001)은 활동을 만들어 감과 동시에 학습한다는 의미로 이를 확장학습이라고 정의했다. 그는 일터를 일터 규정, 노동의 구분과 중재하는 인공물로 구성된 활동시스템으로 간주하고 학습을 활동시스템 내에서의 작업 과정으로 보았다. 활동시스템이 해결되어야 할 모순과 긴장을 지속해서 보여 주기 때문에 사회적·조직적·문화적 요인을 주입하여 학습이 발생한다.

학습과 개발은 사람들이 금방 만들어 낼 수 있는 게 아니라 천천히 진화하는 것이다. 새로운 활동이 어디에서나 즉시 생겨나는 것은 아니다. 구활동과의 모순으로 발전하는 것이다(Dochy, Engeström, Sannino, & Van Meeuewn, 2011). 조정이 필요하

표 10-6　일터학습 이론

대표학자 및 이론	대상	학습의 이유	학습내용	학습방법
Knowles & Tough의 자기주도 학습	개인	• 자기주도적이 되는 것 • 자기주도적 학습자 • 해방학습과 사회적 행동 촉진	• 학습 니즈 진단 • 학습목표 설정 • 적절한 학습 전략을 선택 실행 • 학습 결과물 평가	• 개인이 주도성을 가져감
Mezirow의 전환학습	개인	• 예상치 못한 딜레마 • 세계관의 파괴	• 새로운 의미관점 • 보다 성찰적·비판적·개방적	• 의미 생성과 해석 • 비판적 성찰 • 담론 • 행동 • 관점전환

Kolb & Boud의 경험학습	개인	• 갈등
		• 차이
		• 불일치
			• 지식의 생성
			• 사고와 믿음의 재학습
				• 경험의 이해와 전환
				  −구체적 경험
				  −성찰적 관찰
				  −추상적
				  −개념화
				  −적극적 실험

Freiler의 체화학습	개인과 조직	• 경험	• 스킬 • 통합적 사고	• 정신과 신체의 결합
Lave & Wenger의 상황학습	실행공동체 구성원 신참자와 고참자	• 스킬과 지식의 개발 • 완전한 멤버십 취득 • 창의적인 문제해결	• 정체성과 개성의 구성 • 스킬	• 실행공동체의 참여 • 합법적 주변 참여
Argyris & Schön의 조직학습	개인과 조직	• 지속적으로 변화하는 환경에서의 생존 • 성찰적 실무자 되기	• 가정에 대한 도전 • 새로운 설명 구축/re-frame	• 단일고리학습/모델 I • 이중고리학습/모델 II • 성찰

Engeström의 확장학습	활동시스템에 관여된 집단 조직 (조직 간 학습)	• 모순
		• 이중 연결
			• 업무 활동의 새로운 형태
			• 현재 없는 것
				• 광범위한 학습 사이클
				  −질문하기
				  −분석하기
				  −모델링
				  −실행하기
				  −성찰하기
				  −통합하기

출처: Dochy, Gijbels et al. (2011), p. viii의 〈table 0.1〉을 수정·보완함.

고, 지속적으로 고객 맞춤화가 필요한 제품이나 서비스를 협동적으로 운영하며, 다양하고 느슨하게 연결된 양자 간의 일터환경에서 새롭게 이해되는 개념이 상호구성(co-configuration)이다. 상호구성 환경에서의 학습은 오랫동안 간헐적으로 시간이 요구되며 다양한 상호작용을 통해서 이루어질 수 있다. 이때 학습은 고객이나 사용자의 기여에 많이 의존한다(Engeström, 2004).

> 실제 사례: 급변하는 현대사회에서는 사전에 준비된 내용을 학습시키기보다는 학습하는 방법을 알려 주는 학습이 필요하다. 어떤 새로운 내용이 나오더라도 빠르게 흡수하고 적용하는 능력이 요구된다. 일터에서 확장학습을 적용하는 사례는 기본적인 내용을 학습시킨 후 새롭게 추가되는 능력을 모듈 방식으로 추가해서 학습을 제공하는 것이다. 예를 들어, 리더십 교육을 한다고 하면, 리더십의 기본적인 내용을 숙지시킨 후, 시대나 환경의 요구에 따라 재빨리 새로운 이론이나 스킬을 모듈 방식으로 제공한다.

지금까지 살펴본 일터학습의 이론 측면과 대상자, 학습의 이유, 내용 및 방법은 〈표 10-6〉과 같다.

4. 나가는 말

이 장에서는 학습이 이루어지는 장소, 상황 및 관점에 따라 구분되는 일터학습의 정의를 살펴보았다. 일터학습은 형식학습·무형식학습·우연학습으로 나뉘면서도 상호 관계가 존재하고, 학습자 중심의 학습이면서 학습조직으로의 변화해 나가는 것을 그 특성으로 볼 수 있다. 일터는 지식 사용, 역할과 프로세스의 복잡한 협상으로 이해되어야 한다. 일터에서 존재하는 학습은 자기주도 학습, 전환학습, 경험학습, 체화학습, 상황학습, 조직학습, 확장학습 등이 있다. 실제 이러한 학습들이 분명하게 구분되어 따로 존재하는 것은 아니고 복합적으로 상호 영향을 주고받는다.

일터는 치열하다. 느긋하게 강의실에 앉아 학습을 즐기고, 학습자와 상호작용하면서, 새로운 것을 받아들일 여유가 없다. 일터학습 담당자는 학습자의 시간을 최소한으로 적용하면서 효과는 극대화하는 방법을 모색해야 할 것이다. 이와 동시에 학습의 결과가 어떻게 성과에 기여할지 고민해야 한다. 우선, 일터의 성숙도와 학습자의 성향을 고려하여 어떤 일터학습을, 어떻게 적용해야 할지 계획을 세우고 실천해 보자.

참고문헌

강수택(2000). 일상생활세계와 성인학습: 성인학습 생활화의 사회조건. *Andragogy Today: International Journal of Adult & Continuing Education, 3*(1), 2-33.

기영화(2000). 성인교육의 일상학습 개조. *Andragogy Today: International Journal of Adult & Continuing Education, 3*(1), 34-61.

박월서, 이도화(2015). 학습조직화코칭 프로세스가 자기주도적 학습능력을 통해 직무성과에 미치는 영향, **인적자원관리연구, 22**(4), 49-74.

신덕상, 권정언(2012). 감정노동과 소진이 자기주도 학습에 미치는 영향. **한국HRD연구, 7**(4), 51-71.

오성호, 김보영(2016). 연구개발 직군의 실행공동체 개인요인, 상호작용요인, 지원요인, 환경요인이 지식공유 및 학습전이에 미치는 영향: L전자를 중심으로. **HRD연구, 11**(1), 81-107.

위영은, 이희수(2010). 개념지도 작성에 근거한 무형식학습 개념의 형성 과정 탐구. **평생교육학연구, 16**(4), 107-130.

장윤영(2009). 기업 내 실행 공동체(Community of Practice) 진화에 관한 연구. 중앙대학교 대학원 석사학위논문.

장윤영, 이희수(2015). 영업 역량이 영업성과에 미치는 영향과 일터학습의 조절효과: IT 영업인력을 중심으로. **인적자원관리연구, 22**(2), 231-249.

정민승(2011). '학습동기'에서 '학습욕망'으로. **평생교육학연구, 17**(1), 217-235.

진성미(2013). 경력 자본과 경력 아비투스: 경력과 일터학습. **평생학습사회, 9**(3), 73-92.

황미소, 송영선, 이희수(2014). 호텔직원의 근무부서와 자기주도성이 서비스제공수준에 미치는 영향. **호텔경영학연구, 23**(6), 113-131.

Allee, V. (2000). Knowledge networks and communities of practice. *OD Practitioner, 32(4)*, 4-13.

Argyris, C. (2002). Double-loop learning, teaching, and research. *Academy of Management Learning & Education, 1(2)*, 206-218.

Argyris, C., & Schön, D. A. (1978). *Organizational learning: A theory of action perspective.* Mass: Addison Wesley.

Artis, A. B., & Harris, E. G. (2007). Self-directed learning and sales force performance: An integrated framework. *Journal of Personal Selling & Sales Management, 27*(1), 9-24.

Barnett, R. (1999). *Learning to work and working to learn.* In D. Boud & J. Garrick (Eds.), Understanding learning at work (pp. 29-44). London: Routledge.

Beckett, D., & Hager, P. (2000). Making judgments as the basis for workplace learning: Towards an epistemology of practice. *International Journal of Lifelong Education, 19*(4), 300-311.

Billett, S. (1994). Situated learning-A workplace experience. *Australian Journal of Adult and Community Education, 34*(2), 112-130.

Billett, S. (2002). Critiquing workplace learning discourses: Participation and continuity at work. *Studies in the Education of Adults, 34*(1), 56-67.

Billett, S. (2004). Workplace participatory practices: Conceptualising workplaces as learning environments. *Journal of workplace learning, 16*(6), 312-324.

Boud, D., & Middleton, H. (2003). Learning from others at work: Communities of practice and informal learning. *Journal of Workplace Learning, 15*(5), 194-202.

Boud, D., & Walker, D. (1990). Making the most of experience. *Studies in Continuing Education, 12*(2), 61-80.

Brown, J. S., & Duguid, P. (1991). Organizational learning and communities-of-practice: Toward a unified view of working, learning, and innovation. *Organization Science, 2*(1), 40-57.

Carliner, S. (2013). How have concepts of informal learning developed over time?. *Performance Improvement, 52*(3), 5-11.

Cheetham, G., & Chivers, G. (2001). How professionals learn in practice: An investigation of informal learning amongst people working in professions. *Journal of European Industrial Training, 25*(5), 247-292.

Chisholm, C. U., Harris, M. S. G., Northwood, D. O., & Johrendt, J. L. (2009). The

Characterisation of Work? Based Learning by Consideration of the Theories of Experiential Learning. *European Journal of Education, 44*(3), 319-337.

Cho, D. (2002). The connection between self-directed learning and the learning organization. *Human Resource Development Quarterly, 13*(4), 467-470.

Clarke, N. (2005). Workplace learning environment and its relationship with learning outcomes in healthcare organizations. *Human Resource Development International, 8*(2), 185-205.

Confessore, S. J., & Kops, W. J. (1998). Self-directed learning and the learning organization: Examining the connection between the individual and the learning environment. *Human Resource Development Quarterly, 9*(4), 365-375.

Dochy, F., Engeström, Y., Sannino, A., & Van Meeuewn, N. (2011). *Inter-organisational expansive learning at work*. In F. Dochy, D. Gijbels, M. Segers, & P. Van den Bossche (Eds.), *Theories of learning for the workplace: Building blocks for training and professional development programmes* (pp. 126-147). Oxon: Routledge.

Dochy, F., Gijbels, D., Segers, M., & Van den Bossche, P. (2011). *Theories of learning for the workplace: Building blocks for training and professional development programmes*. Oxon: Routledge.

Elkjaer, B. (2003). Organizational learning with a pragmatic slant. *International Journal of Lifelong Education, 22*(5), 481-494.

Ellinger, A. D. (2004). The concept of self-directed learning and its implications for human resource development. *Advances in Developing Human Resources, 6*(2), 158-177.

Engeström, Y. (2001). Expansive learning at work: Toward an activity theoretical reconceptualization. *Journal of Education and Work, 14*(1), 133-156.

Engeström, Y. (2004). New forms of learning in co-configuration work. *Journal of Workplace Learning, 16*(1/2), 11-21.

Eraut, M. (2000). Non-formal learning and tacit knowledge in professional work. *British Journal of Educational Psychology, 70*(1), 113-136.

Evans, K., Guile, D., & Harris, J. (2011). *Rethinking work-based learning: For professionals and professionals who educate*, In M. Malloch, L. Cairns, K. Evans, & B. N. O'Connor (Eds.), *The SAGE handbook of workplace learning* (pp. 149-161). CA: Sage Publications.

Fenwick, T. (2008). Workplace learning: Emerging trends and new perspectives. *New*

Directions for Adult and Continuing Education, 2008(119), 17-26.

Field, J. (2000). *Lifelong learning and the new educational order.* Stoke on Trent: Trentham Books.

Freiler, T. J. (2008). Learning through the body. *New Directions for Adult and Continuing Education, 119,* 37-47.

Gardner, H. (1998). 다중지능의 이론과 실제(*Multiple intelligences: The theory in practice*). 김명희, 이경희 공역. 경기: 양서원. (원저는 1993년에 출판).

Guglielmino, P. J., Guglielmino, L. M., & Long, H. B. (1987). Self-directed learning readiness and performance in the workplace. *Higher Education, 16(3),* 303-317.

Hager, P. (2005). Current theories of workplace learning: A critical assessment. In N. Bascia, A. Cumming, A. Datnow, K. Leithwood, & D. Livingstone (Eds.), *International handbook of educational policy* (pp. 829-846). Dordrecht: Springer.

Hager, P., & Halliday, J. (2006). *Recovering informal learning: Wisdom, judgement and community.* Dordrecht: Springer.

Illeris, K. (2011). Workplaces and learning. In M. Malloch, L. Cairns, K. Evans, & B. N. O'connor (Eds.), *The SAGE handbook of workplace learning* (pp. 32-45). London: Sage.

Jacobs, R. L., & Park, Y. (2009). A proposed conceptual framework of workplace learning: Implications for theory development and research in human resource development. *Human Resource Development Review, 8(2),* 133-150.

Jarvis, P. (2010). *Adult education and lifelong learning: Theory and practice* (4th ed.). Oxon: Routledge.

Knowles, M. S. (1975). *Self-directed learning: A guide for learners and teachers.* New York: Association Press.

Kolb, D. A. (1984). *Experiential learning: Experience as the source of learning and development.* New Jersey: Prentice-Hall.

Lave, J., & Wenger, E. (1991). *Situated learning: Legitimate peripheral participation.* Cambridge: Cambridge University Press.

Lawrence, R. (2012). Intuitive knowing and embodied consciousness. *New Directions for Adult and Continuing Education, 134,* 5-13.

Leslie, B., Aring, M. K., & Brand, B. (1998). Informal learning: The new frontier of employee & organizational development. *Economic Development Review, 15(4),* 12-18.

Lewis, L. H., & Williams, C. J. (1994). Experiential learning: Past and present. *New Directions in Adult and Continuing Education, 62*, 5-16.

Livingstone, D. W. (2001). Adults' informal learning: Definitions, findings, gaps and future research. *NALL Working Paper, 21*, 2001. Centre for the Study of Education.

Long, H. B. (1991). *Self-directed learning: Consensus & conflict*. In H. B. Long & Associates (Eds.), *Self-directed learning: Consensus & conflict* (pp. 1-9). Norman: Oklahoma Research Center for Continuing Professional and Higher Education of the University of Oklahoma.

Malcolm, J., Hodkinson, P., & Colley, H. (2003). The interrelationships between informal and formal learning. *Journal of workplace learning, 15*(7/8), 313-318.

Marsick, V. J., & Watkins, K. E. (1990). *Informal and incidental learning in the workplace*. London: Routledge.

Marsick, V. J., & Watkins, K. E. (1994). The learning organization: An integrative vision for HRD. *Human Resource Development Quarterly, 5*(4), 353-360.

Marsick, V. J., Watkins, K. E., Callahan, M. W., & Volpe, M. (2008). Informal and incidental learning in the workplace. In M. C. Smith & N. DeFrates-Densch (Eds.), *Handbook of research on adult learning and development* (pp. 570-600). New York: Routledge.

Merriam, S. B. (2001). Andragogy and Self-Directed learning: Pillars of adult learning theory. *New Directions for Adult and Continuing Education, 87*, 3-13.

Merriam, S. B., & Bierema, L. L. (2013). *Adult learning: Linking theory and practice*. John Wiley & Sons.

Merriam, S. B., Caffarella, R. S., & Baumgartner, L. M. (2007). *Learning in adulthood: A comprehensive guide* (3rd ed.). San Francisco: Jossey-Bass.

Metcalfe, B. D. (2008). A feminist poststructuralist analysis of HRD: Why bodies, power and reflexivity matter. *Human Resource Development International, 11*(5), 447-463.

Mezirow, J. (1991). *Transformative dimensions of adult learning*. San Francisco: Jossey-Bass.

Meyer, P. (2012). Embodied learning at work: Making the mind-set shift from workplace to playspace. *New Directions for Adult and Continuing Education, 134*, 25-32.

Murrell, P. H., & Walsh, J. P. (1993). Leadership development at federal express corporation. *Human Resource Development Quarterly, 4*(3), 295-302.

Nesbit, P. L. (2012). The role of self-reflection, emotional management of feedback, and self-regulation processes in self-directed leadership development. *Human Resource Development Review, 11*(2), 203-226.

Noe, R. A. (2013). *Employee training and development* (6th ed.). New York: McGraw-Hill.

Ollis, T. (2012). *A critical pedagogy of embodied education: Learning to become an activist.* New York: Palgrave Macmillan.

Poell, R. (2014). Workplace learning. In N. Chalofsky, T. S. Rocco, & M. L. Morris (Eds.), *Handbook of human resource development* (pp. 215-217). Hoboken, NJ: John Wiley & Sons.

Sambrook, S. (2005). Factors influencing the context and process of work-related learning: Synthesizing findings from two research projects. *Human Resource Development International, 8*(1), 101-119.

Sawchuk, P. H. (2008). Theories and methods for research on informal learning and work: Towards cross-fertilization. *Studies in Continuing Education, 30*(1), 1-16.

Schön, D. A. (1983). *The reflective practitioner: How professionals think in action.* New York: Basic books.

Schuyler, K. G. (2010). Increasing leadership integrity through mind training and embodied learning. *Consulting Psychology Journal: Practice and Research, 62*(1), 21.

Segers, M., & De Greef, M. (2011). Transformational learning: The perspective of J. Mezirow. In F. Dochy, D. Gijbels, M. Segers, & P. Van den Bossche (Eds.), *Theories of learning for the workplace: Building blocks for training and professional development programmes* (pp. 37-51). Oxon: Routledge.

Segers, M., & Van der Haar, S. (2011). The experiential learning theory: D. Kolb and D. Boud. In F. Dochy, D. Gijbels, M. Segers, & P. Van den Bossche (Eds.), *Theories of learning for the workplace: Building blocks for training and professional development programmes* (pp. 53-65). Oxon: Routledge.

Spencer, B. (2001). Changing questions of workplace learning researchers. *New Directions for Adult and Continuing Education, 92*, 31-40.

Svensson, L., Ellström, P. E., & Åberg, C. (2004). Integrating formal and informal learning at work. *Journal of Workplace Learning, 16*(8), 479-491.

Watkins, K. E., Marsick, V. J., & Faller, P. G. (2012). Transformative learning in the workplace: Leading learning for self and organizational change. In E. W. Taylor & P. Cranton (Eds.), *The handbook of transformative learning: Theory, research and practice* (pp. 373-387). San Francisco: Jossey-Bass.

Wenger, E. (1998). *Communities of practice: Earning, meaning, and identity.* Cambridge, United Kingdom: Cambridge University Press.

Wenger, E., McDermott, R., & Snyder, W. (2002). *Cultivating communities of practice: A guide to managing knowledge.* Boston, MA: Harvard Business School Press.

내용

저자 소개

이희수(Lee Hee Su)

중앙대학교 교육학과 교수다. 중앙대학교 교육학과를 졸업하고 동 대학원에서 박사학위를 받았다. 석사과정을 마친 후 1987년부터 2003년 3월까지 한국교육개발원에서 연구원으로 일하며 정책연구를 익혔다. 평생교육, 인적자원개발 분야에서 활동하고 있다.

김혜영(Kim Hye Young)

서울평생교육진흥원 모두의학교팀 팀장, 한국여성평생교육회 이사, 한국평생교육학회 이사다. 중앙대학교 교육학과를 졸업하고 동 대학원에서 석·박사학위를 받았으며, 서울평생교육진흥원 정책·홍보팀 팀장, 서울제일대학원대학교 조교수, (주)사이버엠비에이 교수설계팀 팀장을 역임하였다. 주요 관심분야는 평생교육정책, 전문직 계속교육, 혁신적 학습플랫폼이다.

송영선(Song Young Sun)

건국대학교 부교수, 한국인력개발학회 창립 간사 및 이사, (사)한국강사협회 자문, (사)한국멘토교육협회 자문이다. 중앙대학교 교육학과를 졸업하고, 고려대학교 교육대학원에서 기업교육을 전공하였으며, 중앙대학교 일반대학원에서 평생교육 박사학위를 받았다. 한국산업심리연구원 연구실장, (사)한국블랜차드컨설팅그룹 기획실장, Key Consulting 대표를 역임하였으며, 주요 관심분야는 학습문화, 평생학습도시, 교수역량, 고등교육 및 평생교육 정책이다.

홍숙희(Hong Sook Hee)

한국평생교육학회 이사 및 감사, 한국평생교육총연합회 이사, 한국평생교육사협회 이사, 제주평생교육장학진흥원 전략기획부장이다. 연세대학교 교육대학원에서 산업교육을 전공하였으며, 중앙대학교 일반대학원에서 평생교육 박사학위를 받았다. 한국지역사회교육협의회 간사 및 부천협의회 사무국장, 부천시평생학습센터 소장, 국가평생교육진흥원 초빙연구원, 가톨릭대학교 교육대학원 겸임교수를 역임하였으며, 주요 관심분야는 지역사회교육, 평생학습도시와 지역평생교육체제, 학습공동체와 학습 환경·문화, 자기주도학습과 학습지원체계다.

이소연(Lee So Yeon)

한국평생교육사협회 이사, 한국평생교육학회 이사, 인문경영원 부설 시민학습연구소 소장이다. 중앙대학교 교육대학원에서 평생교육을 전공하였으며, 동 대학교 일반대학원에서 평생교육 박사학위를 받았다. 부천시평생학습센터 소장, 부천지역사회교육협의회 이사 및 수석강사, 부천시지역사회보장협의체 대표위원을 역임하였고 주요 관심분야는 평생학습도시, 읍면동근거리 평생학습체계 구축, 시민교육과 주민자치, 실천공동체이며, 현장연구, 프로젝트, 연수와 자문 등을 중심으로 활동하고 있다.

백수정(Baek Soo Jung)

국내 퍼실리테이션 박사 1호이며 퍼실리테이션 전문기업 '퍼실리테이션위드'를 운영하고 있다. 인사혁신처 역량면접교수로 활동하였으며, 현재 지방자치인재개발원 역량교육 퍼실리테이터로 활동 중이다. 한양대학교 교육대학원에서 인재개발을 전공하였으며, 중앙대학교 일반대학원에서 평생교육 박사학위를 받았다. 기업을 비롯한 지방자치단체 및 전국 교육청과 함께 민주적 소통을 위한 퍼실리테이션 원탁토론, 워크숍 및 퍼실리테이션의 이해를 돕기 위한 강연을 하고 있으며 퍼실리테이터도 양성하고 있다. 주요 관심분야는 조직문화와 퍼실리테이션, 퍼실리테이션 리더십, 퍼실리테이션 역량 등이다.

안동윤(Ahn Dong Youn)

LG전자에서 역량진단과 리더십교육을 담당하고 있다. 중앙대학교 교육학과를 졸업하고 동 대학교 일반대학원에서 교육행정 석사학위와 평생교육 박사학위를 받았다. 저·역서로는 『사례로 교육하기』(학이시습, 2014), 『직접해보는 사례연구』(공역, 박영스토리, 2017)가 있으며, 주요 관심분야는 사례연구교수법, 사례연구방법론, 역량평가센터(assessment center)다.

황윤주(Hwang Youn Joo)

서울시50플러스재단 정책연구센터장이다. 이화여자대학교 사회복지대학원에서 사회교육을
전공하였으며, 중앙대학교 일반대학원에서 평생교육 박사학위를 받았다. (주)신세계백화점
마케팅 담당 문화팀, 서울특별시 서부여성발전센터 교육팀장을 역임하였고 주요 관심분야는
중장년세대(50플러스) 생애전환과 앙코르커리어, 경력단절여성(중장년여성) 학습과 경력설
계, 성인발달과 평생학습이다.

오성숙(Oh Seong Suk)

한국커뮤니케이션협회 이사, 한국성인교육학회 학술이사, 한국기술교육대학교 능력개발교
육원 주 강사, 숭실사이버대학교 평생교육상담학과 겸임교수다. 중앙대학교 교육대학원에서
평생교육을 전공하였으며, 동 대학교 일반대학원에서 평생교육 박사학위를 받았다. (주)대교
눈높이사업부문 전문강사, (주)시앤피 컨설팅그룹 수석연구원을 역임하였다. 주요 관심분야
는 일터학습, 평생교육강사의 역량, 평생직업능력개발이다.

장윤영(Chang Yoon Young)

외국계 기업 영업교육 팀장, 브런치의 '일과삶' 작가이자 번역 작가다. 중앙대학교 글로벌인적
자원개발대학원에서 HRD 전략학을 전공하였으며, 동 대학교 일반대학원에서 평생교육 박사
학위를 받았다. 한국 오라클 세일즈 & 파트너 아카데미 부장, (주)LSI컨설팅 교육 솔루션지원
팀 팀장, (주)와이더댄 인사팀 교육담당 부장을 역임하였으며, 주요 관심분야는 일터학습, 실
행공동체, 역량모델링이다.

평생교육의 육의전을 열다
Opening the Yuk-Ui-Jeon of Lifelong Education

2021년 3월 5일 1판 1쇄 인쇄
2021년 3월 10일 1판 1쇄 발행

지은이 • 이희수 · 김혜영 · 송영선 · 홍숙희 · 이소연
          백수정 · 안동윤 · 황윤주 · 오성숙 · 장윤영
펴낸이 • 김진환
펴낸곳 • ㈜ **학 지사**
          04031 서울특별시 마포구 양화로 15길 20 마인드월드빌딩
대표전화 • 02-330-5114   팩스 • 02-324-2345
등록번호 • 제313-2006-000265호

홈페이지 • http://www.hakjisa.co.kr
페이스북 • https://www.facebook.com/hakjisabook

ISBN 978-89-997-2348-3 93370

정가 18,000원

출판 · 교육 · 미디어기업 **학 지사**
간호보건의학출판 **학지사메디컬** www.hakjisamd.co.kr
심리검사연구소 **인싸이트** www.inpsyt.co.kr
학술논문서비스 **뉴논문** www.newnonmun.com
원격교육연수원 **카운피아** www.counpia.com